Antje Olivier/Sevgi Braun

Anpassung oder Verbot
Künstlerinnen und die 30er Jahre

Antje Olivier/Sevgi Braun

Anpassung oder Verbot

Künstlerinnen und die 30er Jahre

Droste Verlag

Die Deutsche Bibliothek - CIP-Einheitsaufnahme

Olivier, Antje:

Anpassung oder Verbot : Künstlerinnen und die 30er Jahre /
Antje Olivier/Sevgi Braun. - Düsseldorf : Droste, 1998
ISBN 3-7700-1098-1

Schutzumschlag: Petra Schneider unter Verwendung des Fotos „Girl“ von Lotte Jacobi, Berlin, um 1930 (Standort Museum Folkwang, Essen)
Satz: DTP-Satz Droste Verlag
Druck und Bindung: Clausen & Bosse, Leck
ISBN 3-7700-1098-1

Inhalt

Zum Geleit

„Sobald der Entschluß zur Emigration unweigerlich ist, tritt die Frau ganz auf den Plan. Dieser Entschluß erweckt ihr ganzes Wesen, Teile ihres Wesens, die ein gewöhnliches, alltägliches Leben wahrscheinlich nie gezeigt hätte... Jetzt ist sie wieder die Frau von Kriegszügen, von Verbannungen, von Völkerwanderungen. Sie wird vor den ungewöhnlichsten Augenblick gestellt, auf daß sie ihn zwinge, die Züge des gewöhnlichen Lebens anzunehmen, damit man ihn ertragen kann. Auf dem fremden, wilden Bahnhof, im Geknatter der fremden Sprache hält sie Gepäck und Kinder zusammen. Mißtrauisch mustert sie das Zimmer, von dem der Mann behauptet, es sei provisorisch. Sie reißt das Fenster auf. Sie hat das Nähzeug zur Hand und näht rasch einen Knopf fest. Sie beschnuppert das Bettzeug. Der Mann schimpft wohl über all das Gehabe, doch ist er plötzlich erleichtert. Der furchtbarste Augenblick des gemeinsamen Lebens wird dadurch gezähmt und gebändigt. Geht diese Kraft der Frau ab, dann ist es schwerer für die Familie." So Anna Seghers, Künstlerin, Literatin, Emigrantin, die den größten Teil ihres Exils in Mexiko verbrachte. „Mit dem Gesicht nach Deutschland schreibend", voller Leidenschaft, nie resigniert und in der Hoffnung, daß sich nach dem Zweiten Weltkrieg etwas bewegen lassen könne, kehrte sie 1947 in ihre Wahlheimat Berlin zurück, wo sie weiterhin politisch tätig blieb.

Mit dem Gesicht nach Deutschland gewandt, lebten die meisten der Künstlerinnen unseres Bandes. Das Exil als Chance? Einige von ihnen wurden erst im Ausland zu politischen Künstlerinnen und haben den Kampf um ihre Existenz und um ihre Kunst mit allen Mitteln während des Krieges fortgesetzt. Die elf Künstlerinnen dieses Buches sind so verschieden wie die Blumen einer Sommerwiese. Sie hatten fast alle einen gemeinsamen Boden, auf dem sie wuchsen: Deutschland. Jedoch: Die meisten von ihnen hatten im veränderten Deutschland nach 1933 nichts mehr zu suchen; sie fielen von der Popularität in die Anonymität, sie wurden denunziert, beraubt, vertrieben, zeitweise vergessen. Gerade hatten die Frauen in der Weimarer Republik die ersten Früchte der bürgerlichen Frauenbewegung (Zugang zu Hochschulen, allgemeine Bildungschancen, Wahlrecht, Anrecht auf Arbeitsplätze etc.) genießen können, da wurde der neuen Freiheit durch die nationalsozialistische Politik ein jähes Ende gesetzt.

Nur wenige konnten im Exil an die alte künstlerische Tätigkeit anknüpfen. Die Jüdin, Sozialistin und Ärztin Käthe Frankenthal: „...mietete einen Kasten und verkaufte icecream in den Straßen von New York." Die meisten Frauen, ob Jüdinnen oder Nicht-Jüdinnen, arbeiteten zu Beginn ihres Exils als Haushalts- und Küchenhilfen, in Restaurants, als Sekretärinnen und Stenotypistinnen. Emigrierte Frauen erwiesen sich in diesem Punkt als ungemein flexibel im Gegensatz zu ihren Männern, die oft auf der Ausübung ihres angestammten Berufes beharrten. So waren es vorwiegend die Frauen der exilschockierten Männer, die für den Lebensunterhalt sorgten, die ein Netz von Hilfsorganisationen bildeten, sich unterstützten.

Elf Schicksale sind es aus dunkler, aufregender und schwerer Zeit, elf Lebenswege, die sich zum Teil gekreuzt haben, ohne daß die Frauen ein Stück Weg miteinander gingen. Schmelztiegel, Angelpunkt vieler künstlerischer Ideen war für viele von ihnen Berlin. Ob Dadaismus, Expressionismus, Futurismus: im Berliner „Café des Westens" traf man sich in den zwanziger Jahren und schien nicht zu wissen, daß der „Tanz auf dem Vulkan" bereits begonnen hatte. Auch nicht alle Künstlerinnen wurden im Exil automatisch zu Freunden. Viele blieben sich fremd.

Nach der sogenannten Machtergreifung erlitten Tausende von Künstlerinnen und Künstlern einen entscheidenden Karriere-Einbruch, von dem sie sich oft bis zu ihrem Lebensende nicht mehr erholten. Ihr Schaffen war blockiert, durchkreuzt, nicht mehr „künstlerisch wertvoll", und schon gar nicht „volkstümlich wertvoll", wie die neuen Bewertungen des Propagandaministeriums nun hießen. „Entartet“ war nun plötzlich die Kunst, die einst so viele Anhänger hatte. Von der Vorzeige-Künstlerin zum „Volksschädling“, von der Deutschen zur Staatenlosen: nichts war man schneller los als die deutsche Identität, den deutschen Paß. Der Weg in die Anonymität ging manchmal rasant vor sich. Das Eigentum (Grundstücke, Häuser, Mobiliar, Kunstwerke, Bibliotheken, Musikinstrumente etc.) einschließlich der Bankkonten wurde als „herrenloses Gut“ von den Nazis beschlagnahmt; Werte in Millionenhöhe, Bilder, Musikinstrumente, Manuskripte, ganz persönliche Dinge, gingen in den Besitz des NS-Staates und in den Besitz vieler Privatleute über, die bis heute keine Rechenschaft über diese Plünderungen abgeben mußten.

Wie sah die Wirklichkeit in Deutschland 1939 aus? Was erwartete eine Frau, die nicht das Exil als Ausweichmöglichkeit hatte, vielleicht auch nicht als Lösung sehen wollte? Fünfzehn Millionen Frauen wurden als Arbeitskräfte mobilisiert und sollten das Defizit von neun Millionen Männern füllen, die Soldaten wurden. Doch nicht nur den Männerberuf, zu dessen Ausübung sie vorher nicht tauglich schienen, galt es zu ersetzen. Nein, Deutschland brauchte viele Kinder. Nie zuvor wurden in Deutschland so viele Kinder geboren wie zwischen 1933 und 1945, und nie zuvor war die Abtreibungsziffer so hoch wie im Krieg (600.000 pro Jahr). Jüdische Frauen, aber auch „Zigeunerfrauen“ und andere „unliebsame“ Gruppen wurden zwangssterilisiert. Auf der anderen Seite fehlte es an „gutrassigen“ Kindern, und da die deutschen Frauen nicht schnell genug gebären konnten, holte man aus den besetzten Ländern „arisierungsfähige“ Säuglinge und Kleinkinder ins Reich, um sie zu „guten“ Deutschen zu machen.

Währenddessen, angesichts von Restriktionen, Drohungen, Versprechen, Hoffnung auf Besserung („weil alles ja doch wie ein Spuk schnell vorbeigehen wird“), haben einige von unseren Künstlerinnen geschrieben, gemalt, musiziert und getanzt, so, als ob es keinen nationalsozialistischen Terror und auch keinen Krieg gäbe. So, als ob sie gar nichts von einem Mißbrauch ihrer Kunst wissen wollten, ließ sich Eta Harich-Schneider noch weit bis in den Krieg hinein als musikalische Botschafterin ins Ausland schicken und Leni Riefenstahl mit Staatsaufträgen für die nationalsozialistische Idee einspannen. Andererseits mußten die Ausdruckstänzerinnen Mary Wigman und Gret Palucca erleben, die in der neuen Tanzwelle, die Deutschland erfaßt hatte, Aufschwung erwarteten, daß ihr Tanz sich nicht mühelos in die neuen, gigantischen Tanzformationen für Nazi-Großveranstaltungen umfunktionieren ließ.

Nicht für alle Frauen unseres Buches hieß Exil auch Rettung. Charlotte Salomon, Tochter eines Berliner Arztes, als Malerin hochbegabt, von der Hochschule als Jüdin verwiesen, glaubte sich in Südfrankreich vorerst in Sicherheit. Sie malte weit über tausend Bilder und gab diese einem Arzt zur Aufbewahrung. Vielleicht ahnte sie, daß französische Kollaborateure ihr Versteck an die Gestapo verraten würden. Vielleicht auch wußte sie längst, zu welchen Greueltaten das NS-Regime fähig war.

Tausende jüdischer und unerwünschter Mitbürger wurden mit rigoroser Kaltblütigkeit ausgelöscht. Niemand war bei den Nazis schneller zu ersetzen als ein unerwünschter Mensch. In allen Positionen, in den Theatern, in Orchestern, in den Verlagen, standen bereits die „arischen", deutschen Parteimitglieder in Warteposition, um die freigewordenen Plätze nahtlos einzunehmen.

Den ungeheuren Qualitätsabfall in der deutschen Literatur, Musik, Bildenden Kunst, im Film, auf der Bühne nahmen die NS-Machthaber nach 1933 scheinbar „gerne" in Kauf. Die deutsche, „gereinigte" Literatur sollte auch ohne die während der Bücherverbrennung zerstörten 12.500 Titel auskommen. Die deutsche Musik existierte ja auch weiter ohne Richard Tauber, die „Comedian Harmonists", ohne Mendelssohn und Mahler, ohne Otto Klemperer, Bruno Walter und Kurt Weill, um nur einige wenige zu nennen. Heute wissen wir: Bis jetzt, spät in die neunziger Jahre dieses Jahrhunderts, hat sich weder die Musikszene noch die Kunst, noch die Literatur von diesem „Ausverkauf" erholt. Nicht nur, daß man solch genialen Ideen, wie sie das Bauhaus darstellte, die Existenz nahm, sondern auch allen experimentierfreudigen Projekten beim Theater und im Film, im modernen Tanz, in der Neuen Musik und in der Bildenden Kunst machte man ein für allemal den Garaus.

Wir können nur Spekulationen darüber anstellen, wie sich die Kunst der dreißiger Jahre, an der die Frauen unseres Bandes einen wichtigen Anteil hatten, ohne nationalsozialistischen Eingriff weiterentwickelt hätte. Ihre ganze Kreativität, welcher der NS-Staat ein jähes Ende setzte, litt in doppelter Weise unter Hitlers Allmacht. Es wurde ja nicht nur ihre Kunst, sondern auch das Recht der Frau zur autonomen Kunstausübung zerstört.

Für die meisten hieß der einzige Ausweg: Exil. Nicht nur das Überleben der Familie und ihrer Kunst stand hier im Mittelpunkt, sondern sie gaben auch Beispiele des politischen Widerstands. So auch Erika Mann, die am 1. Januar 1934 in ihrem Zürcher Exil-Kabarett „Die Pfeffermühle“ mutig weiter an ihre deutschen Landsleute appellierte:

„Beteiligt Euch, – es geht um Eure Erde!
Und Ihr allein, Ihr habt die ganze Macht!
Seht zu, dass es ein wenig waermer werde,
In unserer schlimmen, kalten Winternacht!

Die ist erfuellt von lauter kaltem Grauen, –
Solange wir ihm nicht zuleibe gehn;
Wehrt Euch und kaempft, – und dann lasst uns doch schauen,
Ob die Gespenster diesen Kampf bestehen!

Bestehn? Ich glaub' es nicht!
Die Sonne siegt zum Schluss!
Warum? Weil solches Licht
Am Ende siegen muss!“

A. Olivier und S. Braun

Von Wuppertal nach Jerusalem

Else Lasker-Schüler: Literatin und unfreiwillige Vagabundin

„On gehungert han eck een janzet Jahr on 5 Monate, und nu han eck Bilderbestellungen und leb wieder on verpust meck wacker een bisken..." Im breitesten Heimatdialekt berichtet die deutsche Dichterin am 27. Januar 1935 dem Wuppertaler Dichterfreund Paul Zech, der nach seiner Verhaftung über Prag, Paris, Genua, Neapel schließlich nach Argentinien ging, über ihre persönliche Situation im ersten Jahr der Emigration in der Schweiz. Sie schreibt ihm, daß sie eineinhalb Jahre gehungert habe, daß sie nun aber nach einigen Bilderverkäufen ein wenig verpusten und aufleben könne. Elf Tage später entschuldigt sie sich in einem Brief an die Radiogenossenschaft Zürich (die ihr allzu pathetisches Rezitieren vorgeworfen hatte) mit den Worten: „Ich bin immer in Trance beim Vortragen... Daß ich pathetisch spreche, was mir gerade bei sogen. Deklamatorinnen auf die Nerven geht – war von Ihnen sicher nur eine Wortverwechslung. Denn stark sprechen und pathetisch verunglimpfen im Vortrag ist gerade das Gegenteil."

Else Lasker-Schüler hatte 1933 Deutschland verlassen, verlassen müssen: das Land, dessen Sprache sie so bereicherte, daß ihre Verse noch fast einhundertdreißig Jahre nach ihrer Geburt revolutionär, ungebrochen und frisch wirken. Die Kraft ihrer Sprache ist die Kraft einer Dramatikerin, die sich in Lyrik erschöpft hat. Oder besser: die Stärke einer Lyrikerin, die im tiefsten Innern dramatisch war.

Bis heute steht sie einzig da in der lyrischen Landschaft unseres Jahrhunderts. Selbst neben ihren großen dichtenden Kolleginnen Nelly Sachs und Rose Ausländer ist sie wie ein Urgestein, das sich nicht fassen läßt.

In ihrem ersten Exil, der wohlhabenden Schweiz, hungert sie. Sie friert, sie lebt in unwürdigen Unterkünften, sie hat niemals Geld zur Verfügung, und sie freut sich über jedes verkaufte Buch, über jede Lesung. Wir zählen vier Jahre vor Kriegsausbruch, 1935. Wir sind in Zürich, im Hospiz Augustinerhof in der St. Peterstraße.

Hier lebt die Dichterin seit dem 19. April 1933. Im März des Jahres war ihr Schauspiel „Arthur Aronymus" im Berliner Schillertheater von den Nazis noch vor der Generalprobe abgesetzt worden. Sie verstand, was da auf sie zukam, und flüchtete. Sie war über Basel in die Schweiz eingereist, hatte sich aus Angst vor der Gestapo in Zürich, Ascona und Bern aufgehalten, aber nicht gemeldet. Sie besaß kaum etwas, hatte ihre wenigen Habseligkeiten in einem großen Koffer verstaut. Das Hungern kannte sie aus Berlin, und mit Kälte war sie auch vertraut. Sie hat auf Parkbänken übernachtet, und niemand hat sie, die deutsche Literatin, würdig in Empfang genommen. Schließlich wird sie in Zürich wegen Landstreicherei festgenommen. Sie ist 64 Jahre alt.

Erst nach der polizeilichen Festnahme der „Landstreicherin" erfahren die Schweizer, wer unter ihnen weilt. Die Schweizer Wohlfahrt zahlt ihr das Nötigste, die Jüdische Gemeinde nimmt sich ihrer an. Sylvain Guggenheim, ein jüdischer Seidenfabrikant, unterhält sie von da an. Unregelmäßig, aber immer wieder. Else Lasker-Schüler ist ja nicht die erste, die die Zürcher Fremdenpolizei registriert, und sie ist auch nicht die erste, die seit 1930 über die Schweizer Grenze gekommen ist. Die Schweiz befürchtete, wie andere europäische Länder, schon früh eine Überfremdung. Und so erwies sich das offiziell neutrale Land für viele Flüchtlinge sowie für Juden als „Falle".

In Zürcher Akten ist die Dichterin die „Hotelaufenthalterin", die „Rubrikantin", die „Gesuchstellerin" oder einfach die „Obgenannte". Else Lasker-Schüler: „Zerschlagen kam ich blutend in Zürich an. Ich lag 6 Nächte am See hier versteckt, da Niemand momentan in Zürich, den ich kannte vom Krieg her. Nun kann ich leben, natürlich sehr schmächtig, da so viele Emigranten hier."

Sechzig Jahre dauerte es, bis Mitarbeiter der Else-Lasker-Schüler-Gesellschaft Wuppertal bei der Vorbereitung einer großen Ausstellung zum 50. Todestag im Jahre 1995 in der Zürcher Buchhandlung

Oprecht, die in den dreißiger Jahren zum Künstlertreffpunkt geworden war, einen alten Koffer mit Briefen, Zetteln und Habseligkeiten von Else Lasker-Schüler fanden. Die Manuskripte sind mittlerweile dem Lasker-Schüler-Archiv in Jerusalem übergeben worden. Sechzig Jahre brauchte es auch, bis Literaturkenner, Lyrik-Fans, anläßlich dieser Ausstellung, die in Zürich und Wuppertal zu sehen war, etwas mehr über die erbärmlichen Zeiten nach 1933 erfuhren. Wenn bei uns ein Dichter gedruckt vorliegt, mag man den ungerne mit materieller Not und Verzweiflung zusammenbringen. Die „größte deutsche Lyrikerin" war zwar wegen ihrer absonderlich zigeunerhaften Manieren in Berlin immer argwöhnisch betrachtet worden, aber allein die Tatsache, daß sie ein Aufenthaltsrecht in der Schweiz erhielt, rückte sie bei einigen oft in die Reihe von Elite-Exilanten wie Thomas und Erika Mann. Weit gefehlt.

Nein, sie konnte nicht in Deutschland und nicht im Exil die Popularität und die Millionen-Auflagen eines Thomas Mann vorweisen. Und auch nicht ein solides Konto, das einem prominenten Exilanten die Behörden freundlich stimmte und über den Verlust der Heimat hinwegtrösten mochte. Wie auch immer die Dichterin zu anderen deutschen Zeitgenossen eingestellt sein mochte – ihr Einsiedlertum hatte ja schon in Berlin begonnen –, im Exil waren die Flüchtenden aufeinander angewiesen. So notiert Klaus Mann im September 1933 in sein Tagebuch: „Mit Erika und der Lasker-Schüler im Kino ‚Im Zeichen des Kreuzes' [der Film, der Göring zum Reichstagsbrand angeregt hat]. Erregend durch pathetischen Riesenkitsch, Sadismus und Parallelen zu heute... Lasker-Schüler [gedankenflüchtig und verzweifelt] zeigt hübsche Indianerbildchen, die sie verfertigt, um sich zu beruhigen." Die Mann-Familie nahm sie nicht ernst. Sie hatte genug mit sich selbst zu tun.

Wie fern die Dichterin diesem Kreis stand, zeigt auch Lasker-Schülers Brief vom 20. September 1933 – einen Tag nach dem Kinobesuch in Zürich –, in dem sie Klaus und Erika Mann bittet, kein politisches Kabarett mehr zu machen. Dann fährt sie fort: „Zum Zeichen meiner allerliebsten Gesinnung erlaube ich mir, zwei Murmeln, entzückende Glasschieber... beizulegen." Auch damit trifft sie auf völliges Unverständnis, und Klaus Mann notiert in sein Tagebuch: „Völlig verrückter Brief von der Lasker-Schüler, mit zwei Glasschussern. Ihr hier gleich geantwortet."

Else Lasker-Schüler litt, und nur wenige bemerkten es. Wieder ist es aber Klaus Mann, der kritische und sensible Geist, der in sein Tagebuch notiert. 3. August 1934: „Die Lasker-Schüler getroffen. Ihr zerstörtes Affengesichtchen mit den starken Augen." Und am gleichen Tag: „Nachmittags mit der Lasker-Schüler im ‚Terrasse'. Schwatzt gespenstisch, doch dazwischen immer genial über Palästina, den Rabbi von Alexandria, die arme Julie Wassermann und Geistererscheinungen (ein blutiger Arm mit Hand im Zimmer)..."

Wie nicht anders zu erwarten: Else Lasker-Schüler fiel auch hier durch alle Netze der Freundschaft und Solidarität. Klaus Mann, der wie viele andere von der materiellen Not der Dichterin nichts zu bemerken schien, in seinem Lebensbericht „Der Wendepunkt": „Die literarische Emigration konnte sich sehen lassen; in ihren Reihen gab es Ruhm, Talent, kämpferischen Elan. Besonders während der ersten Jahre des Exils, von 1933 bis 1936, war dies Gefühl der Zusammengehörigkeit stark und echt. Ja, die verbannten Literaten bildeten wohl so etwas wie eine homogene Elite, eine wirkliche Gemeinschaft innerhalb der diffusen und amorphen Gesamtemigration... Man wußte, was man wollte." Ein deutscher Schriftsteller, der im Exil lebte, habe eine doppelte Funktion: „...einerseits ging es darum, die Welt vor dem Dritten Reich zu warnen und über den wahren Charakter des Regimes aufzuklären, gleichzeitig aber mit dem anderen, dem besseren Deutschland, dem illegalen, heimlich opponierenden also, in Kontakt zu bleiben und die Widerstandsbewegung in der Heimat mit literarischem Material zu versehen..."

Die Dichterin, 1869 in Wuppertal-Elberfeld als Kind jüdischer Eltern geboren, die sich inzwischen „Prinz von Theben", „Jussuf" oder „Tino von Bagdad" nannte, als literarische Widerstandskämpferin? Nein, sie hat von Zürich aus weder Gegenpropaganda betrieben noch für „feindliche" Sender oder Zeitungen gearbeitet. Sie saß zwar im Zürcher Café „Odéon", besuchte die Oprechtsche Buchhandlung oder war im Schauspielhaus am Pfauenplatz anzutreffen. Schließlich wartete sie inbrünstig auf eine Aufführung ihres Schauspieles „Arthur Aronymus". Weder zu Ignazio Silone noch zu A. M. Frey, zu Konrad

Heiden, Alexander Moissi, Elisabeth Bergner, Albert Ehrenstein oder Stefan Zweig unterhielt sie lange oder gar freundschaftliche Kontakte. Man kam zwar manchmal zu ihren Lesungen, für die sie jeweils eine Genehmigung brauchte. Ansonsten war sie als Vierundsechzigjährige eine Einsiedlerin.

Einen Tag nach ihrer Ankunft in der Schweiz gab sie ein erstes Lebenszeichen aus Zürich. Sie schrieb an die ihr wohlbekannte Hulda Pankok nach Düsseldorf: „Meine liebe Chefredakteurin in Düsseldorf und sehr große Dichterin. Wie wunderbar und stark ist Ihre Geschichte und wie freue ich mich damit... Vielen Dank. Endlich hier nach schweren Jahren. Kommen Sie doch auch und Ihr Maler... Verzeiht unordentliche Karte. So lieb von Ihnen alles. War Trost. Bald sende ich ein Schweizer Edelweißtüchlein in treuer Liebe Ihre Else Lasker-Schüler."

Weder von ihren Wuppertaler noch von ihren Berliner Freunden hat sie je ein einziger im Exil besucht. Auch materielle Unterstützung war nicht von dort zu erwarten. Im Gegenteil. Immer wenn sie mit Lesungen ein paar Franken verdient hatte, schickte sie einen Teil an ihre Schwester Anna und deren Kinder. Wie sie überhaupt immer großzügigst mit dem wenigen umging, was ihr an Honoraren ausgezahlt wurde. Für sie selbst blieb oft nur ein kleiner Teil übrig.

Um sich über Wasser zu halten, mußte sie also auch im Exil schreiben. Da sie sich mit den bisherigen deutschen Verlagen überworfen hatte (und die berühmte Cassirer-Gesamtausgabe nicht verkauft war), konnte sie nicht mit fürstlichen Tantiemen rechnen. Doch auch das Schreiben wollte man ihr verbieten. Am 15. November unterschrieb die Dichterin schweren Herzens ein Papier der Zürcher Fremdenpolizei folgenden Inhalts: „Fremdenpolizeiliche Weisung. Aufnahme der Erwerbstätigkeit. Ich nehme davon Kenntnis, daß mir, trotz Einreichung eines Gesuches um Bewilligung der Erwerbstätigkeit als Dichterin, diese Erwerbstätigkeit wie überhaupt jeder Stellantritt und jede Erwerbstätigkeit bis auf weiteres verboten bleiben. Es ist mir eröffnet worden, daß ich im Falle der Zuwiderhandlung gegen diese Weisung Bestrafung nach Art. 22 der bundesrätlichen Verordnung über die Kontrolle der Ausländer vom 29. November 1921 ('Wer den Vorschriften dieser Verordnung oder den besonderen Weisungen der

Fremdenpolizeibehörde ... zuwiderhandelt, wird mit Buße bis 2000 Fr., bei Wiederholung nicht unter 50 Fr. bestraft'] und administrative Maßregelung [Weg- und Ausweisung] zu gewärtigen habe; weiterhin ist mir ein gleichlautendes Doppel des Protokolls ausgehändigt worden."

Anfang November war sie zu einer Lesung nach Bern gereist; begleitet wurde sie von einem ihrer Schweizer Fürsprecher, vom Berner Rechtsanwalt Emil Raas [1910-1973]. Sie war ihm so dankbar, daß sie ihm Dutzende von beschriebenen und bemalten Bögen übersandte und gleichzeitig ein Visum für eine Paris-Reise beantragte. Den Stempel für Paris erhielt sie nie, dafür einen Verweis der Fremdenpolizei von Zürich, sie habe sich verspätet angemeldet und eine unerlaubte Erwerbstätigkeit ausgeführt. Else Lasker-Schüler mußte 37 Schweizer Franken zahlen, ihren Paß durfte sie behalten. Ihr Logis im Zürcher Hospiz wird weiterhin von der Jüdischen Gemeinde übernommen. Vierzehn Tage nach der Strafgebühr sieht sie Klaus Mann wieder. Er vertraut seinem Tagebuch an: „In den Augustinerhof zu Lasker-Schüler. Ihre echte Zerstörtheit; Spuren legitimen dichterischen Wahnsinns."

Doch er versucht wenigstens, ihre Kunst zu unterstützen. Im Märzheft 1934 seiner literarischen Zeitschrift „Die Sammlung" veröffentlicht er drei Gedichte von ihr: „Abendzeit", „Hingabe" und „Die Verscheuchte" [ursprünglich nannte sie es „Das Lied der Emigrantin"]. Daneben erscheinen kleine Essays der Dichterin in der Zürcher Zeitung: Die Honorare sind gering, und eigentlich darf sie ja nicht erwerbstätig sein. Auch von einer fast heimlichen Publikation einiger Gedichte in Deutschland spürt sie finanziell nichts. Die Dichterinnen Elisabeth Langgässer und Ina Seidel hatten in einer Anthologie „Herz zum Hafen. Frauengedichte der Gegenwart" Lasker-Schülers „Ein alter Tibetteppich" und „Joseph wird verkauft" abgedruckt. Ob sie von dieser Veröffentlichung je erfuhr? Wir wissen es nicht.

Mit Deutschland hatte Else Lasker-Schüler längst gebrochen. Nur wenige Briefe gingen noch aus Zürich an ihre Schwägerin Lindwurm-Lindner und an deren Kinder. Vergessen war auch eine Ehrung, über die sich manch anderer Autor gefreut hätte. Im November, kurz vor der Ausreise also, war ihr noch eine Würdigung zuteil geworden, an der sie sich nicht lange freuen konnte. 1932 wurde ihr – eventuell durch Vermittlung ihres damaligen Freundes Gottfried Benn – der damals höchste Literaturpreis verliehen, der Kleist-Preis. Sie erhielt ihn nicht ungeteilt; der zweite Preisträger war ein nationaldeutscher Schriftsteller, Richard Billinger. Verhindern konnten die Nazis ihre Ehrung noch nicht – ein Jahr später hätte man sie sicherlich nicht mehr geehrt –, und so rächt man sich im „Völkischen Beobachter" 1933 folgendermaßen: „Die Tochter eines Beduinenscheichs erhält den Kleistpreis". Und dann wettert man gegen die Jury: „Es gibt nämlich kaum ein die jüdische Anmaßung besser beleuchtendes Beispiel als die Taten der Kleiststiftung, zu deren Gründung seinerzeit bekanntlich 44 Juden und 17 Deutschstämmige aufriefen... Diese anderen früheren Kleistpreisträger waren, wie man sich entsinnt, vorwiegend Juden, Halbjuden, Pazifisten, Pasquillanten, Bolschewisten, Nullen... und Tantiemejäger. Wir erinnern nur an den Juden Oskar Loerke, Fritz v. Unruh, den Klassiker des Reichsbannergeistes, den ostjüdisch orientierten Arnold Zweig, welcher in einem seiner Romane die deutschen Offiziere verunglimpfte und die Diakonissinnen des Weltkriegs als lüsterne Dirnen zeichnete... Aber das dicke Ende kommt in Form der knabenhaft-dürren Jüdin Else Lasker-Schüler nach. Der diesjährige Kleistpreisträger Erich Ziegel gestattete sich nämlich die Herausforderung, neben Billinger ebenerwähnte ‚Rose von Libanon' dem deutschen Parnaß einzureihen... Wir meinen, daß die rein hebräische Poesie der Lasker-Schüler uns Deutsche gar nichts angeht, und empfehlen Herrn Ziegel, zu der erwähnten kleinen, zweifellos jüdischen Gemeinde überzutreten, was ja gerade ihm nicht schwer fallen dürfte..." Dann zitiert der „Völkische Beobachter" die „Vossische Zeitung", in der die Dichterin so charakterisiert worden war: „...die seltsamste aller Gestalten im dichtenden Deutschland, dem Polizeipapier zufolge unter Elberfelds Schornsteinen geboren, dem Takte ihres Blutes nach die Tochter eines Beduinenscheichs, körperlich wohnhaft im Kaffeehause, geistig in der Wüstenoase daheim – das ist Else Lasker-Schüler." Und das Nazi-Blatt fügt noch ironisch hinzu: „So ist diese Literatin, die man mit dem Namen Kleist in Beziehung zu stellen wagte!... Mögen Juden und Judengenossen die Erzählungen der Lasker-Schüler... entzückend finden... für uns ist, was immer eine Jüdin auch schreibt, vor allem keine deutsche Kunst."

Ob die Dichterin diese Schmähreden gelesen hat? Sie wird sich sicherlich mehr an die Begründung zum Kleist-Preis gehalten haben, in der es heißt: „In den Büchern Else Lasker-Schülers finden sich viele Verse, die den ewiggültigen Schöpfungen unsrer größten deutschen Meister ebenbürtig sind... Daß der überzeitliche Wert dieser Dichtung bisher nur von einer kleinen Gemeinde erkannt ist und daß Else Lasker-Schüler noch niemals eine offizielle Anerkennung fand, rechtfertigt diese späte Ehrung durch den Kleist-Preis." Ja, es war eine späte Ehrung. Die Dichterin war zu jenem Zeitpunkt 63 Jahre alt. Die Stimmung in Berlin, in Deutschland, war längst umgeschlagen. Die Nazis sammelten ihre Sympathieträger. Zwei Monate nach der Preisverleihung wurde Adolf Hitler zum Reichskanzler „gewählt". Hindenburg hatte resigniert.

Die Ehrung war also erfolgt, doch die Wirkung nur halbherzig. Niemand wagte es mehr, sich zu einer jüdischen Dichterin zu bekennen. Fünf Monate sollten noch vergehen, bis sich die Dichterin zur Ausreise entschloß. Fünf Monate, in denen sich gewaltig viel veränderte. Im Februar 1933 wurden die Grundrechte der Weimarer Verfassung aufgehoben, Juden wurden bereits auf offener Straße erschossen, ein Referat „Rassenhygiene" wurde beim Reichsinnenminister gebildet, am 23. März wurde das sogenannte „Ermächtigungsgesetz" verabschiedet, die Nazis konnten jetzt auch ohne Parlament Gesetze erlassen.

Else Lasker-Schüler hat den Boykott jüdischer Geschäfte in Berlin miterlebt, und sie hat gelesen, daß die NSDAP zum Boykott jüdischer Ärzte und Rechtsanwälte aufrief. Sie hörte davon, daß nichtarische Beamte entlassen werden sollten. In den Kaffeehäusern Berlins, in denen sie verkehrte, war man beunruhigt und verängstigt. Noch konnten jedoch Lesungen stattfinden, und Else Lasker-Schüler las aus ihrer Erzählung „Arthur Aronymus und seine Väter". Das Publikum war begeistert, sie trat auf, exotisch wie immer, mit Schnürenjackett, sie war der Prinz von Theben, und sie faszinierte ihre Hörer derartig, daß sie immer wieder auf die Bühne kommen mußte.

Zehn Tage vor der Machtergreifung teilt sie noch zuversichtlich einem Freund mit, daß ihr Stück „Arthur Aronymus" vielleicht im Februar schon Premiere in Darmstadt haben würde. Und eine Woche vor der Machtergreifung geht die Dichterin in Berlin ins Schauspielhaus. Sie sieht in einer Inszenierung von Gustav Lindemann „Faust II". Es ist die letzte Berührung mit deutscher Dichtung in ihrem Heimatland, und – obwohl sie nach eigenen Aussagen Goethe nie gelesen hat – sie ist restlos begeistert. In einem Dankesbrief an Lindemann schreibt sie: „Nur ein Dichter kann zaubern. Und gestern Abend zauberten Sie die Menschen in einen zauberischen Zustand – fünf Stunden lang –, und noch durch die dunklen und hellbeleuchteten Straßen wandelten die Zuschauer und Verträumten wie im Bann."

Dann erlebt sie den vorgetäuschten Reichstagsbrand mit, der Ausnahmezustand betrifft auch sie, und schließlich schreibt sie – ohne jegliche politische Erklärung – am 1. April 1933 an den Wuppertaler Jugendfreund Klaus Gebhard, sie wolle ihre Gedichte nun in Zürich, St. Gallen und Luzern lesen. In wenigen Wochen, vielleicht Tagen, muß der Entschluß zur Auswanderung in ihr gereift sein. Wer hatte sie gewarnt? Vielleicht niemand. Sie muß die politische Lage gespürt haben. Sie muß gespürt haben, daß jeder Monat, den sie länger in Berlin blieb, tödlich sein könnte. Berlin, die Stadt, in der sie als Literatin reüssierte, in der sie auf die wichtigsten Förderer ihrer Laufbahn traf, die Stadt ihrer ersten Verleger, die Stadt des Vaters ihres Sohnes Paul: alles mußte sie binnen kurzem vergessen, hinter sich lassen. Als sie am 19. April 1933 den Zug nach Zürich besteigt, wird sie auf dem Bahnsteig noch von Nazis angepöbelt und nach eigenen Aussagen zusammengeschlagen. Doch man läßt sie abfahren.

Literarisch war es genau der falsche Moment. Sie hatte sich seit langem einen Namen gemacht. Gottfried Benn war in ihr Leben getreten, die Nationalgalerie hatte Bilder von ihr und ihrem Sohn Paul angekauft, ihre Werke wurden gedruckt und gelesen. Ihr Schauspiel „Die Wupper" war unter der Regie von Jürgen Fehling im Staatstheater aufgeführt worden. Und dies, obwohl sie ständig Ärger mit ihren Verlegern hatte und 1925 bereits ihre berühmte Verleger-Schelte „Ich räume auf" im Lago-Verlag Zürich drucken ließ. Der Grund für ihren Ausbruch war, daß sie sich von ihnen in der Inflationszeit „übers Ohr gehauen" fühlte. Mit der Veröffentlichung sorgte sie für ein neues Berliner Stadtgespräch, die Verlage versuchten sich zu rechtfertigen. Zurück bleibt der Eindruck, daß die Dichterin keineswegs Unrecht hatte, als sie bemängelte, daß einige Verlage ihr auch noch in der Inflationszeit das Honorar in „völlig entwerteter Mark" gezahlt hatten, ohne die Summen entsprechend aufzuwerten.

Ein Mensch trat damals aus der großen Zahl der literarischen Neulinge, der Phantasten, Hochbegabten und Expressionisten heraus: der Dichter Gottfried Benn, oder besser: der Arzt Dr. Gottfried Benn. Im Jahre 1912 war sie ihm begegnet, in ihrem Stammcafé im „Café des Westens", wo sie tagelang, nächtelang zubrachte. Sein Gedichtband „Morgue" war erschienen. Die Gedichte gefielen ihr, und der Mann auch. Sie war ja frei, hatte sich 1910 von ihrem zweiten Ehemann Georg Levin, einem Künstler (den sie fortan Herwarth Walden nannte), getrennt. Benn war 26 Jahre alt, die Dichterin war 43. Obwohl sie meistens behauptete, sie sei mindestens sechs Jahre jünger. Sicherlich hat auch Benn ihr wahres Alter nicht gewußt.

Sie hatte sich wirklich verliebt, nannte ihn Giselheer, gestreifter Tiger, Doktor Faust oder Doktor Benn. Gerne spielte sie auch mit seinem Namen, nahm ihm ein „n" am Nachnamen weg, übersetzte es aus dem Hebräischen ins Deutsche, und schon war er ihr „Sohn". Siebzehn Gedichte hat sie im ersten Überschwang für ihn gedichtet, die auch in ihren „Gesammelten Gedichten" abgedruckt wurden. Für sie war er schön, sie nannte ihn den „dichtenden Kokoschka" und freute sich, daß er auch Hebräisch lesen und schreiben konnte. Die Dichterin besang und bedichtete ihn, er widmete ihr Gedichte, stellte sich mit ihrem literarischen Können auf eine Stufe. In ihren „Hebräischen Balladen" ist ihm das Gedicht „Joseph und Pharao" gewidmet, in dem es heißt: „Sein Königskopf ruht an meiner Schulter".

Er, der Pastorensohn, der Arzt geworden war, hatte andere Vorstellungen vom Leben als Else Lasker-Schüler. Doch er war ihr ebenso ergeben wie sie ihm. Beide tauchten in die Boheme der Weltstadt Berlin ein, Benn zog nächtelang mit ihr von Cafés zu Kinos, verbrachte die restlichen Nächte in ihren einfachen Dachstuben, die sie nach der Trennung von Walden angemietet hatte. Es gibt Literaturkenner, die sagen, Benn wäre nicht Benn geworden, wenn er diese Zeit mit Else Lasker-Schüler nicht gehabt hätte. Vielleicht.

Doch nicht überall wurde sie verstanden und geliebt. Am 23. Oktober 1912 wird sie von ihrer Heimatstadt Wuppertal zu einer

Lesung eingeladen. Im Kaisersaal der Stadthalle ist sie Gast der Literarischen Gesellschaft. Im „Generalanzeiger" nennt man sie danach eine „Sensation", und der Rezensent schreibt: „...Das Publikum ist starr vor Staunen, bis es sich der Wirklichkeit erinnerte und kopfschüttelnd, lachend und schwatzend dasaß oder – verschwand... Frau Lasker Schüler schlug plötzlich einen anderen Ton an und sagte: ‚Ich bitte um Ruhe, ich lese hier das Allerfeinste vor. So geht das nicht weiter, ich bin das anders gewöhnt. Wünschen Sie, daß ich weiterlese?' Zaghaftes Händeklatschen war die Antwort. Ich muß gestehen, die Mitglieder einer literarischen Gesellschaft dürften doch mehr Selbstzucht und Achtung zeigen. Man kann diese radikalste Vertreterin der modernen radikalen Lyrik ablehnen und sie doch ruhig anhören. Eine hohe dichterische Kraft wohnt zweifellos in der seltsamen Frau..."

Im „Täglichen Anzeiger für Berg und Mark" vom gleichen Tag hat man sie so geschildert: „mit unheimlich glühenden Augen" und dem „Gesangston, der in seiner bewegten Höhe und stellenweise Vibration einförmig wirkte... Die Lyrik ist häufig schwülstig und von unklaren Gefühlen durchwühlt, gelegentlich auch naturalistisch..."

Es wäre nicht Else Lasker-Schüler, wenn sie auf die Ereignisse des Abends nicht sofort geantwortet hätte. Noch in der Nacht setzt sie sich in ihrem Hotelzimmer in Wuppertal hin und beschwert sich bitter bei der Literarischen Gesellschaft: „Dem literarischen Verein des Herrn Kerst mangelt es an Seele, mit der Neugier – allein – faßt man keine Kunst, dem literarischen Verein... fehlt es am ersten – an Takt, dem literarischen Verein des Herrn Kerst fehlt es am allergeringsten – an Gastfreundschaft... Herrn Kerst rate ich seinen literarischen Verein als Filiale seiner Schule umzuwandeln und bei seiner Fibel zu bleiben und seine erwachsenen, unerzogenen Kinder zu erziehen zu Menschen, bevor er sie in die Literatur einführt. Ich habe in den Hauptstädten der Welt solch einen Beifall geerntet, daß ich diese Katastrophe wie eine Groteske betrachten würde, hätte sie sich nicht in meiner Heimat begeben..." Mit Recht hat sie die Kränkung der Elberfelder Literaturbanausen nie verwunden: „Die Bürger haben mein Künstlertum nie verstehen können, schon in der Schule hatte ich täglich darum Kämpfe mit Lehrerinnen und Schülerinnen auszustehen... da ich mich auf die Seite der Bedürftigen stellte."

Zurück nach Berlin. Im November des Jahres 1912 wurde sie von ihrem zweiten Mann, Herwarth Walden, geschieden, den sie 1903 geheiratet hatte. Doch wieder war ein Kreis von Künstlerfreunden da, der sie auffing. Neben Gottfried Benn lernte sie auch Franz und Maria Marc kennen und freundete sich eng mit ihnen an. Beide nahmen sie mit aufs Land (was die Dichterin jedoch nicht lange aushielt), und Marc versuchte, finanzielle Gönner für die Freundin zu finden; August Macke half, und der Freundeskreis erweiterte sich durch den berühmten Kunsthändler, Verleger und Mäzen Paul Cassirer, durch Ehefrau Tilla Durieux, Paul Wegener, Karl Schmidt-Rottluff, Max Pechstein, Otto Pankok, Egon Adler und Heinrich Campendonck. Karl Kraus, der Wiener Kritiker, hatte in seiner Zeitschrift „Die Fackel" einen Spendenaufruf für Else Lasker-Schüler veröffentlicht, und nun wußten es alle: Sie war neben allen literarischen Erfolgen eine arme Frau, eine bettelarme Dichterin. Franz Marc stiftete ihr in der allerschlimmsten Not sein Bild „Der Traum", das auf einer Auktion zu ihren Gunsten verkauft wurde. Und Else Lasker-Schüler schrieb am 22. Februar 1917 an einen Minister in Berlin: „Ich bitte Sie recht sehr mir aus der Kriegskasse für Schriftsteller freundlichst ein Darlehen zukommen zu lassen. Ich wäre Ihnen dankbar. In aller Hochachtung, Else Lasker-Schüler, Berlin Postamt 50, postlagernd."

Die Reaktionen auf den Hilferuf waren äußerst verschieden. Zum Beispiel Franz Kafka: Es war bekannt, daß er ihre Gedichte nicht ausstehen konnte. Trotzdem schickte er fünf Kronen und schrieb an seine Freundin: „Ich kann ihre Gedichte nicht leiden, ich fühle bei ihnen nichts als Langeweile und Widerwillen wegen des künstlichen Aufwands. Auch ihre Prosa ist mir lästig… es arbeitete darin das wahllos zuckende Gehirn einer sich überspannenden Großstädterin… ich weiß den eigentlichen Grund nicht, aber ich stelle mir sie immer nur als eine Säuferin vor."

Die künstlerische Liaison mit Benn dauerte, die Liebesbeziehung mit ihm jedoch war nur kurz. Trotzdem gibt es immer wieder Anspielungen in Versen, und sie mochte ihn nicht verlieren, der sich inzwischen schon mit anderen Frauen getröstet hatte. Benn war angeblich der einzige Freund, der neben ihr stand, als sie ihren einzigen Sohn Paul 1927 beerdigen mußte. Er widmete ihr noch 1931 sein Oratorium „Das Unaufhörliche" [das von Paul Hindemith vertont wurde], und er beglückwünschte sie nach dem Kleistpreis telegrafisch: „Der kleistpreis so oft geschändet durch die verleiher wie durch die prämierten wurde wieder geadelt durch sie. Ein glückwunsch der deutschen dichtung. gottfried benn."

Doch im Grunde hatte er ihr – als die Nazis an die Macht kamen – schon ferngestanden. Er war der deutschnationalen Idee schnell und restlos verfallen und sagte in seiner Totenrede für Max von Schillings, den Präsidenten der Preußischen Akademie der Künste [1933]: „Was für eine grandiose, was für eine rätselhafte deutsche Bewegung hatte sich hochgekämpft und trug uns nun alle, eine politische Bewegung, die nach Macht strebte, aber eine, die von einem neuen deutschen Menschen sprach." Klaus Mann antwortete ihm am 5. März 1933, kurz vor der „Bücherverbrennung" unmißverständlich: „Was konnte Sie dazu bringen, Ihren Namen… denen zur Verfügung zu stellen, deren Niveaulosigkeit absolut beispiellos in der europäischen Geschichte ist…" Es kam noch schlimmer bei Benn, der sich sogar als Arzt für die Euthanasie einsetzte und am 14. Juli 1933 schrieb: „…daß diese Reinigung des Volkskörpers nicht nur aus Gründen der Rasse-Ertüchtigung, sondern auch aus volkswirtschaftlichen Gründen erfolgen muß, wird einem klar, wenn man hört, daß in Deutschland die an sich viel zu geringe Kinderzahl heute nur von den Schwachsinnigen erreicht wird, und der meistens auch wieder schwachsinnige Nachwuchs kostet dem Staat enorme Summen." Ob Else Lasker-Schüler diesen Schwachsinn je gelesen hat? Mit Sicherheit nicht, denn Benn trieb mit ihr ein Doppelspiel. Seine wahre Einstellung zum Nationalsozialismus war positiv, obwohl man seine Gedichte ablehnte. Als sie längst in Zürich lebte, wir zählen mittlerweile August 1937, schrieb der NS-Ideologe Wolfgang Willrich [der sich ausführlich zur „Entarteten Kunst" ausgebreitet hat] an Benn: „Jedenfalls ist das eine sicher: wenn jemand genannt werden muß als spiritus rector der bolschewistischen Wollust am Ekelhaften, die in der entarteten Kunst ihre Orgien feierte, dann haben Sie ein Anrecht darauf, an erster Stelle angeprangert zu werden…" Und am 18. März 1933 teilte der Präsident der Reichsschrifttumskammer Benn mit: „…verlieren Sie das Recht zu jeder weiteren Berufsausübung innerhalb des

Zuständigkeitsbereiches der Reichsschrifttumskammer..." Unterzeichnet war der Brief von einem Provinzjournalisten namens Wilhelm Ihde. Präsident der Kammer war damals Hanns Johst, ein Führertreuer.

Wie im Ersten Weltkrieg, in dem er Sanitätsoffizier war, wurde Benn nun auch im Zweiten Weltkrieg wieder Soldat. Er heiratete insgesamt dreimal, zwei seiner Ehefrauen starben, und seine dritte Frau wurde 1912 geboren, in dem Jahr, in dem er Else Lasker-Schüler in Berlin begegnete.

Die Literaturwelt hatte längst vergessen, daß sich Lasker-Schüler und Benn einmal so nahe gewesen waren. Und diese vorübergehende Nähe zu einer jüdischen Autorin schlachtete Benn nach dem Krieg skrupellos für sich aus. Wie erstaunt waren die Zuhörer, im Jahre 1952 im British Centre in Bonn, aus dem Munde von Benn (es war der siebte Todestag der Dichterin) plötzlich so viel Privates und Intimes zu hören. Benn zeichnete damals, wie wir heute wissen, kein ehrliches Bild der Freundschaft; zu eilig hatte er sie im Nazi-Deutschland alleingelassen. Doch vierzig Jahre nach ihrem ersten Zusammentreffen klang das alles ein wenig anders. Benn: „Und dies war die größte Lyrikerin, die Deutschland je hatte. Mir persönlich sagte sie immer, sagt sie auch heute mehr als die Droste, als Sophie Mereau oder Ricarda Huch. Ihre Themen waren vielfach jüdisch, ihre Phantasie orientalisch, aber ihre Sprache war deutsch, ein üppiges, prunkvolles, zartes Deutsch, eine Sprache reif und süß... Immer unbeirrbar sie selbst, fanatisch sich selbst verschworen, feindlich allem Satten, Sicheren, Netten, vermochte sie in dieser Sprache ihre leidenschaftlichen Gefühle auszudrücken... Das Jüdische und das Deutsche in einer lyrischen Inkarnation!"

Es ist der Soldat zweier Weltkriege Gottfried Benn, der sich um die Reinerhaltung der deutschen Rasse sorgte, der hier das jüdische Deutschtum von Lasker-Schüler preist. Der gleiche Benn, der einst an Klaus Mann schrieb, „daß man über die deutschen Vorgänge nur mit denen sprechen kann, die sie auch innerhalb Deutschlands selbst erlebten... aber mit den Flüchtlingen, die ins Ausland reisten, kann man es nicht. Diese haben nämlich die Gelegenheit versäumt, den ihnen so fremden Begriff des Volkes nicht gedanklich, sondern erlebnismäßig in sich wachsen zu fühlen…" Die berühmte Rede Benns deckte eine Tatsache zu, die viele jüdische Künstler schmerzlich erlebten: das Alleingelassenwerden von Freunden, die politisch anders gesinnt waren.

Doch zurück zu Else Lasker-Schüler. Viel Geheimnisvolles verbirgt sich in ihrer Gestalt. Kaum darf man sich an ihre eigenen Notizen halten, noch viel weniger Biographisches in ihren Versen suchen. Weder ihr Alter entpuppte sich als korrekt noch die Kindheitsbeschreibungen. Die Menschen um sie herum tarnte sie mit neuen Namen, verlieh ihnen eine andere Identität. Sie selbst war das beste Beispiel für diese Tarnung. Nach der Trennung von Herwarth Walden stürzte sie „in die Nacht ihrer tiefsten Not" und konnte sich nur mittels der Umbenennung in „Prinz von Theben" über Wasser halten. Sie schlüpfte einfach in die Prinzenrolle. Und da sie sich seit Beginn der Berliner Boheme-Zeit exotisch kleidete, war der orientalische Look, den sie fortan trug, nur eine Variante.

Ihre neue Identität wurde so verinnerlicht, daß sie sich bei ihrem einzigen Moskaubesuch von der Zarin als Prinzessin anreden ließ und entsprechend behandelt werden wollte. Später, als sie bereits nach Zürich gegangen war, äußerte sie einmal den Wunsch, Mussolini, und zwar in ihrer Funktion als ein orientalischer Prinz, zu besuchen und ihn zu bitten, sich mehr für die europäischen Juden einzusetzen. Dieses Schreiben der Dichterin an den Duce ist bis heute nicht aufgefunden worden.

Wir gehen zurück. 1894, also mit 25 Jahren, hatte die Dichterin in Wuppertal den Arzt Berthold Lasker geheiratet und war mit ihm nach Berlin gegangen, weil er dort eine Praxis eröffnete. Schrecklich verliebt gebärdeten sich beide nicht, und es ist bekannt, daß der Bräutigam am Abend der Verlobung lieber ein großes Schachturnier absolvierte. Nun, auch die junge Ehefrau schien ein Familienidyll nicht anzustreben. Als Arztgattin war sie ebenfalls denkbar ungeeignet, wollte lieber Gedichte schreiben und Malerei studieren. Sie mietete sich ein eigenes Atelier und nahm Malunterricht bei Simon Goldberg. Sie zeigte sich als eigenwillig und hochbegabt, und bald schrieb sie: „Schließlich lebten der mir angetraute hochbedeutende Arzt und alle anderen Menschen unserer Umgebung, nur als unsere Statisten, als Hintergründe und

Ausgangspunkte unserer abenteuerlichen Einfälle." Die innere Trennung von Lasker war also schon bald vollzogen. Mit immenser Autonomie fand sich Else Lasker-Schüler in der Großstadt Berlin zurecht. Die Ehe hatte ihr vielleicht nur als Eintrittskarte gedient.

1898, vier Jahre nach ihrer Heirat, trifft sie in Berlin jenen Unbekannten, der bis heute anonym geblieben ist. Ein Franzose, ein Italiener, ein Grieche? Auf der Suche nach seiner Identität führt die Dichterin alle in die Irre, ihre damaligen Zeitgenossen wie uns heute, mehr als fünfzig Jahre nach ihrem Tod. Sie ist damals unsterblich verliebt und schreibt an eine ihrer Schwestern aus der Zeit der Schwangerschaft: „...aber ich soll brillant aussehen, auf Ehre, es gäbe ein garçon, sagen die Leute dann..." Am 24. August 1899 läßt sie sich in die Universitäts-Frauenklinik Berlin einweisen. Da sie kein Geld hat, gestattet sie, daß Studenten bei der Geburt dabei sind; es war, wie die Filmemacherin Helga Sanders-Brahms meint, eine sogenannte Demonstrationsgeburt. Um ihr Zimmer bezahlen zu können, putzt sie die Räumlichkeiten.

Auf der Geburtsurkunde wurde ein Junge namens Paul eingetragen, Sohn der Elisabeth, genannt Else Lasker geborene Schüler, Ehefrau des praktischen Arztes Doktor der Medizin Jonathan Berthold Barnett Lasker, beide mosaischer Religion, wohnhaft zu Charlottenburg... Ihr Mann akzeptierte das Kind als ehelich, obwohl Else sich anders äußerte. Vom Tag der Geburt an spann sie ihre geheimnisvollen Fäden um die Identität des Vaters, der theoretisch natürlich auch der Ehemann sein konnte. Doch das war ihr, der Phantastin, wohl zu bürgerlich.

Else Lasker-Schüler war schon längst nicht mehr regelmäßig zu Hause. Sie hatte sich einer literarischen Vereinigung angeschlossen und traf dort auf den Allround-Literaten Peter Hille, der meistens mit den Taschen voller Manuskripte und Papierschnipsel in den Kneipen saß, den Literaten zuhörte, sie ermunterte, Lesungen organisierte. Doch auch hier wußte niemand, von wem das Kind war. Sie hat es niemandem verraten, auch nicht einem Mitglied ihrer engsten Familie. Niemand nahm ihr ab, daß es ein Grieche namens Alkibiades war; jeder wußte, wie schnell sie Menschen mit Phantasienamen bedachte.

Doch ein halbes Jahr nach der Scheidung heiratete sie wieder, diesmal den zehn Jahre jüngeren Musiker Levin alias Herwarth Walden, Verleger und Komponist. Er redigierte literarische Zeitungen und gründete dann durch die Initiative von Karl Kraus die berühmte Künstlerzeitschrift „Der Sturm". Der Sohn Paul ist fünf Jahre alt, und sie hat mit 75 Pfennig pro Monat mit ihm leben müssen. Else Lasker-Schüler ist froh, wieder eine kleine Familie zu haben. „Wir sind wirkliche Künstler, wirkliche, geborene, die meisten sind ja Philister", schreibt die Dichterin aber auch. „Es gibt kaum etwas, das ich nicht in meiner Hand getötet habe, jedes Gesetz und alles, womit sichs der Bürger bequem macht. Aber auf den Knien rutsche ich zu allem, was unangetastet ist, zu jedem Wunder..."

Bildende Künstler und Schriftsteller trafen sich damals im „Café des Westens", später im „Romanischen Café". Wer die Rechnungen von stundenlangem Zechen bezahlte? Manchmal waren es andere, manchmal verkaufte jemand etwas. Die Schauspielerin Tilla Durieux (1880-1971) erinnerte sich noch gut an diese Zeit und schrieb in ihrer Biographie über Else Lasker-Schüler und Herwarth Walden: „Dieses Ehepaar mit seinem unglaublich verzogenen Sohn konnte man nun von mittags bis spät nachts im ‚Café des Westens' unter all den wilden Kunstjüngern und Kunstfrauen antreffen. Else war klein und schmächtig, von knabenhafter Gestalt mit kurzgeschnittenem Haar, was damals sehr auffallend wirkte. Ihr Mann hingegen trug langwallendes blondes Haar..." Und weiter berichtet sie: „Die kleine Familie nährte sich, wie ich vermute, nur von Kaffee, den ihnen der bucklige Oberkellner mitleidig stundete. Das Kind ging inzwischen heimlich zu den Kuchenschüsseln und nahm sich in unbewachten Augenblicken, was ihm gefiel..."

Unter materiellen Nöten, mit Litern von Kaffee entstehen die wunderschönsten Gedichte, darunter der „Tibetteppich": „Deine Seele, die die meine liebet/ist verwirkt mit ihr im Teppichtibet/Strahl in Strahl, verliebte Farben/Sterne, die sich himmellang umwarben/ Unsere Füsse ruhen auf der Kostbarkeit/Maschentausendabertausendweit. Süßer Lamasohn auf Moschuspflanzenthron/wie lange küßt dein Mund den meinen wohl/und Wang die Wange buntgeknüpfte Zeiten schon."

Else Lasker-Schüler hat Erfolg. Sie macht eine Lesereise nach Wien, Karl Schmidt-Rottluff porträtiert sie als „Prinz von Theben", ihre „Hebräischen Balladen" werden bei A. R. Meyer in Berlin verlegt; die Titelzeichnung stammt von der Dichterin. In der Zeitschrift „Saturn" wird sie sehr gelobt. Paul Zech: „Die Lyrik der Else Lasker-Schüler ist eine harte, oft grausame Kunst... Die Sprache ist ein helles Wunder. Man wird vergeblich nach den vulgären Rudimenten unseres abgenutzten lyrischen Idioms suchen. Wie ein ehrfurchtsvolles Stammeln fließen die Worte dahin. Inbrünstig und geläutert. Urworte in kristallisiertester Reinheit..."

Und wenn sie erst liest! Die Menschen geraten in Berlin in Aufregung, sind verwirrt und fasziniert, wenn sie in ihrer neuen Kostümierung, als Prinz von Theben, mit einem Messingdolch im Gürtel, mit Pluderhose und Tigerfellmütze auf die kleinen Bühnen steigt. Manchmal nimmt sie Glöckchen oder Schellen mit, sie klingt, sie summt, sie verbreitet ungewöhnliche Stimmung. 1909 verliebt sich Herwarth Walden in eine Engländerin, und Else zieht einmal wieder aus einer Wohnung aus, um sie nie wieder zu betreten. Danach hat sie nur noch in billigen Hotels oder Dachkammern gehaust. Paul ist elf Jahre alt, und sie schickt ihn in ein Internat nach Hellerau bei Dresden. Woher sie wohl das Geld nimmt?

„Diese Frau schreibt für einen ganz kleinen Kreis von Menschen, die meistens lange Haare tragen und selber dichten..." hatte sich im Januar 1913 jemand in der „Krefelder Zeitung" über die Dichterin geäußert. Er fuhr fort: „Wenn sie nicht imstande ist, den Erfordernissen des Tages und der Zeit gerecht zu werden und einem gesunden Volk gesunde geistige Kost zu bieten mag, dann soll sie das Schreiben doch aufgeben und in irgendeinem anderen Beruf arbeiten." In einer anderen Kritik aus jener Zeit wird sie hingegen eine der „eigenartigsten und herrlichsten Dichterinnen deutscher Gegenwart" genannt.

Der Sohn Paul wird von ihr abgöttisch geliebt, im Malen unterrichtet und zeigt bald Talent. Sie animiert ihn früh zu kleinen Zeichnungen, und er malt alle aus dem Freundeskreis seiner Mutter. Natürlich auch sie selbst. Das Boheme-Leben in Berlin hat er jahrelang mitgemacht, mitmachen müssen. Aber welcher Junge findet es nicht schön, nach der Schule in Kaffeehäusern herumzuziehen, die Freiheit der Kunst zu atmen, ohne gängelnde Aufsicht, doch immer in der Nähe seiner poetischen Mutter? Anderen, also Freunden gegenüber soll Paul mehrfach über das unstete Leben seiner Mutter geklagt haben. Else Lasker-Schüler bestritt immer, daß Paul sich beschwert hatte. „Ich klagte ihm: Wäre ich doch lieber eine einfache bürgerliche Mutter mit Haus und Herd! Dann sagte er jedesmal dieselben zwei Worte: Nur nicht!"

Da sie sich selbst kaum ernähren kann – am schlimmsten war es in den Jahren des Ersten Weltkriegs –, ist auch kaum etwas für den Jungen übrig. Doch Else versteht sich aufs kultivierte „Betteln". Sie schreibt an Dutzende von Malerfreunden, Literaten, vermögende und unvermögende Menschen, um dem werdenden Maler Paul die berufliche Karriere vorzubereiten. Sie schildert ihn als Wunderkind, sie läßt ihn völlig als Autodidakten aufwachsen und kann ihm keine fundierte Ausbildung geben. Sie preist seine kleinen Zeichnungen mit den ihrigen an. Als er später nach München geht, sehen ihn dort Künstlerfreunde in den Kneipen, während er schüchtern den Gästen eine Zeichnung unterschiebt und sie bittet, das kleine Kunstwerk zu kaufen.

Durch das ständige Herumirren in kalten Cafés und Kneipen – die Wohnungen seiner Mutter sind auch nicht gerade komfortabel – erhält Paul eine schwächliche, kränkliche Konstitution. Im Dezember 1925 besucht die Dichterin Paul, der eine langwierige Grippe hat und nicht genesen will, in München. Ein Arzt stellt fest: Lungen-Tuberkulose. Paul muß ins Krankenhaus eingeliefert werden, und seine Mutter verkauft „Theben" für 100 Mark, um die medizinische Betreuung bezahlen zu können. Der Düsseldorfer Kunsthändler und Verleger Alfred Flechtheim (1878-1937) hatte den Band mit Gedichten und Lithographien in seinen „Luxus-Ausgaben" im Querschnitt-Verlag Frankfurt drucken lassen. Von München wird Paul nach Agra und später nach Davos gebracht.

Als sich am 7. Januar 1926 ihr Förderer, der berühmte Kunstmäzen Paul Cassirer, in Berlin das Leben nimmt, fällt eine wichtige Vertrauensperson in Else Lasker-Schülers Leben weg. Er wollte ihr Gesamtwerk herausbringen, was er zeitlebens nicht mehr vollenden konnte. Doch als Verleger und Förderer von Lasker-Schüler, Frank Wedekind, Heinrich Mann, René Schickele und vielen andern ist er in die Literaturgeschichte eingegangen. Sie sieht den Selbstmord so: „Sie... Ich... haben ihn gerichtet, sie [seine Frau] hat ihn gerichtet, und er hat sich selbst gerichtet." Gemeint war die Ehe mit der populären Schauspielerin Tilla Durieux, die nach anfänglicher Begeisterung nach dem Ersten Weltkrieg in eine Krise geraten war. Geschäftlich lief alles nach 1918 schlecht, einige Künstler waren im Krieg gefallen. Die Ausrufung der Republik brachte Unruhe, Arbeitslosigkeit und Verwirrung in die Kunstszene.

1926: Es ist das Jahr, in dem man Else Lasker-Schülers 50. Geburtstag feiert. Obwohl das Datum nicht stimmt. Sie hatte, wie wir wissen müssen, vor der zweiten Eheschließung ihren Paß geändert, sich um sieben Jahre jünger gemacht. So glaubten also die deutschen Behörden, sie sei 1876 geboren. Viele gratulieren, sie läßt es geschehen, sie freut sich über die verfrühten Ehrungen, und Arnold Zweig schreibt in seiner Gratulation: „...die besten Gedichte, die schönsten, lockersten, einfachsten Strophen einer ganzen Literaturepoche... In einer bourgeoisen Zeit wie der heutigen steht sie als Monstrum, als eine Abnormität, als ein wirklicher Dichter."

Doch immer ist da die Krankheit des Sohnes. Er ist wieder nach München gebracht worden und liegt im Krankenhaus Schwabing. Von ferne schreibt Else Lasker-Schüler an einen Arzt, er möge ihrem Sohn Salzsäure verabreichen, das habe auch bei ihrer Mutter geholfen. Wie sie das wohl gemeint hat? Dann wird er wieder in die Schweiz transportiert, läßt sich in Lugano behandeln, sie besucht ihn dort und läßt sich immer wieder von den Ärzten vertrösten, daß es ihm bald besser gehe. So pendelt sie mittellos zwischen Berlin und Davos. Sie macht Schulden und nennt sogar die Summe: mehr als 100.000 Mark.

Als Paul trotz aller Pflege in Davos nicht deutlich zu genesen scheint, holt sie den Sohn einfach zurück nach Berlin. Zwar kann sie ihm keine gute Unterkunft, sprich Wohnung bieten, aber am Berliner Staatstheater wird zum zweitenmal ihr Schauspiel „Die Wupper" gezeigt; das bringt wenigstens ein paar Tantiemen, die sie für die medizinische Versorgung Pauls ausgibt. Wieviel Hoffnungen hatte sie in eine künstlerische Entwicklung dieses Sohnes gesetzt! Eine große Befriedigung war es für sie als Mutter, als das Journal des „Werkbundes" im Januar 1926 einige Zeichnungen Pauls druckte. Und auch die Nationalgalerie kaufte einige ihrer und Pauls Bilder an. Das müßte sie eigentlich stolz gemacht haben. Doch wurde alles überschattet von seiner Krankheit. Else Lasker-Schüler schreibt im Januar 1927 an den Wiener Freund Paul Goldscheider, daß der Erfolg ihres Stückes „Die Wupper" unwichtig sei im Vergleich zu dem Todeskampf ihres Jungen. Auch die Federn auf dem Hut des Prinzen von Theben könnten sie nicht mehr darüber hinwegtrösten, daß „das Liebste im Leben nicht zu halten ist". Wörtlich: „...die Augen scheuen, die Seele ist wie gerissenes Seidenpapier, und das Zimmer schreit laut vor Erregung." Deutlicher kann eine Mutter ihren Schmerz wohl kaum in Worte fassen, als dies hier die Dichterin tut.

Wieder muß sie das Krankenbett Pauls in Berlin verlassen, um auf Lesereise zu gehen. Sie muß Geld verdienen und tut dies auch zusehends mit dem Verkauf ihrer Zeichnungen. Im Februar wird sie wieder einmal in die Schweiz eingeladen und liest im Schwurgerichtssaal von Zürich. Die Komponistin und Pianistin Lilly Reiff-Sertorius [1866-1958] begleitet sie und spielt Lasker-Lieder, die sie in Musik gesetzt hat. Hier im Salon der Fabrikantengattin und hochbegabten Musikerin [sie war für einige Monate Schülerin von Franz Liszt in Weimar gewesen] trafen sich später oft die Exil-Künstler; Thomas Mann war hier gerne zu Gast, und auch Else Lasker-Schüler gehörte dazu. Thomas Mann hat die Mäzenin in seinem „Doktor Faustus" verewigt und nannte ihren Salon zeitlebens „Genie-Hospiz". Sie war neben dem zweiten Ehemann Herwarth Walden die einzige, die Lasker-Schüler-Texte vertonte: angesichts der ungeschliffenen, kraftvollen und jedes traditionelle Versmaß sprengenden Texte ein nicht alltägliches Unterfangen. Die Musikerin, von Thomas Mann und in Zürich überall liebevoll „die alte Frau Reiff" genannt, starb dort im Jahre 1958.

Zurück in Berlin, geht das Bittstellen weiter. Else Lasker-Schüler ist wirklich erfinderisch in der Auswahl ihrer Adressaten. Es sind dabei nicht immer nur Freunde, es sind manchmal gänzlich Unbekannte wie jener in Wien lebende Paul Goldscheider, den sie nie kennengelernt hat. Oder sie schreibt an den damaligen Finanzminister a. D. Dr. Reinholdt, um für ihre „Stadt Theben" eine finanzielle Anleihe zu

1 Die Dichterin Else Lasker-Schüler, Berlin ca. 1927.

machen. Er ist so unsagbar tragisch und komisch zugleich, dieser Bittbrief einer armen Dichterin, die vor allem die ärztliche Versorgung ihres Sohnes nicht gewährleisten kann. Sie schreibt u.a.: „Ich habe 15 Bücher gedichtet und ein Manuskript und drei broschierte Werke verstauben in meinem Kopf. Das ist doch schade?... Betrachten Sie mich nur, wie unmodern ich gekleidet und zerrissen bin! Will ich aber eine der Broschüren wegschicken, schleudert sie mit sich aus den Fächern: Taschentücher, Strümpfe, Bänder, meine thibetanische Spielkrone... meine entzückenden Nippes, den kleinen Vogelbauer... Mein Eau de Cologne fällt auf Gottfried Benns Gebeine mit Widmung..." Sie hat nie etwas von diesem Finanzminister erhalten, mit Sicherheit auch keine klare Antwort, vielleicht nicht einmal eine formale. Ob sie von einem Finanzminister des auslaufenden 20. Jahrhunderts eine Antwort erhalten hätte, bleibt fraglich.

Alle Bemühungen scheitern auch in jenen Monaten, einen neuen Verleger für die Dichterin zu finden. Das „Berliner Tageblatt" veröffentlicht jenen Aufruf, der Folge ihrer Verlegerschelte war, die sie unter dem Titel „Ich räume auf" geübt hatte. So lesen die Berliner, denen die Gestalt der Else Lasker-Schüler wohlbekannt ist: „Künstlerischer Wert und wirtschaftlicher Erfolg stehen in unvereinbarem Gegensatz. Die Gründe dieser Erscheinung mögen hier unerörtert bleiben... Es mag hier auf eine Äußerung Gerhart Hauptmanns hingewiesen werden: ‚Wäre ich Verleger, ich würde froh sein, ihre Werke erwerben zu können.' Sicherlich wird es der Nachwelt grotesk erscheinen, daß trotz solcher Äußerung ein Verleger für diese Dichterin ... im Wege des öffentlichen Aufrufs gesucht wurde... Gesucht wird ein Verlag, der gewillt und imstande ist, die gesamten Werke Else Lasker-Schülers in wirksamer Weise zu vertreiben... Mitteilungen werden zwecks Weiterleitung an die Schriftleitung dieser Zeitung erbeten..." 2. November 1927.

Drei Wochen danach muß Else Lasker-Schüler miterleben, wie ihr einziger Sohn Paul im Alter von 28 Jahren stirbt. Auch dies verarbeitet sie literarisch: „In der Dunkelheit trug ich seinen wehen Blick in meinen Augen durch die Nacht. Ich hätte ihn tragen können, so leicht war sein großgewachsener Körper geworden. Dunkel sind wir Lebenden, so dunkel, wir finden uns selbst nicht..." Ihr Sohn hatte in seiner Sterbestunde seine Mutter gebeten, nicht direkt an seinem Bett zu sitzen. Er konnte ihre Blicke, ihre Nähe beim Sterben nicht ertragen. Wie sehr er seine Mutter geliebt hat, wissen wir kaum. Ob er sich letzlich nach einer „ordentlichen“, bürgerlichen Mutter sehnte, die ihm regelmäßig als Kind das Essen zubereitete, immer zu Hause war und keine materiellen Sorgen hatte, ist kaum zu beantworten. Die Dichterin jedoch hatte ihren Sohn abgöttisch geliebt. Und nur durch ihre Verwandlungsmöglichkeiten in die Gestalt eines Prinzen von Theben hat sie diese Liebe überstehen können, die so grausam durch den Tod unterbrochen wurde.

Paul wird in Berlin auf dem Friedhof Weißensee begraben. Gottfried Benn ist, wie bereits erwähnt, neben der trauernden Mutter. In jener berühmten Rede von 1952 beschreibt er dieses Erlebnis so: „Im heutigen Berlin bin ich wahrscheinlich einer der wenigen, die Else Lasker-Schüler persönlich kannten, sicher der einzige, der am Grab ihres Sohnes Paul neben ihr stand… dieser Sohn, der ihr so viel Leiden brachte, für den sie ihre wenigen Einkünfte ausgab, für den sie Liebesbriefe austrug und bei seinen Freundinnen um Rendezvous und Zärtlichkeiten warb, Paul, oft von ihr besungen, ein zarter, schöner Junge, sein Vater war angeblich ein spanischer Prinz – Päulchen, wie sie ihn nannte, der mit einundzwanzig an Tuberkulose starb.“ Benn irrte, Paul starb mit 28 Jahren. Auch hier ist eine Differenz von sieben Jahren wie in der Biographie der Lasker-Schüler… Und nochmals die Dichterin in einem Brief an Hugo Bergmann: „Denken Sie, mein geliebter Junge, mein Paul, ist am 14. Dezember gestorben. Ich kann es kaum niederschreiben. Ich fühle ich muß bald nach Jerusalem.“ Und sie schreibt: „Ich will in Palästina die Herden hüten und mit ihnen weiden auf den Wiesen wo menschenhohe Gräser wachsen und man sich zwischen Stengeln und Rauschen verstecken kann…“ So ersehnte Else Lasker-Schüler das Heilige Land herbei, ihre Herzensheimat über viele Jahre.

Wir begegnen ihr nun wieder in Zürich, ihrem ersten Exil. Es ist März 1934. Sie hat gerade das Geld für eine Schiffsüberfahrt nach Palästina zusammengeliehen – Sylvain Guggenheim war ihr wieder behilflich –, und so verläßt sie am 24. März mit dem Schiff „Esperia“ Genua Richtung Alexandria. In Jerusalem wird sie nicht besonders aufwendig empfangen, schließlich ist sie auch dort – wie in der Schweiz – eine von Tausenden, die aus Europa anreisen und die Flucht vor den Nazihäschern antreten. Nur Gershom Sholem, der große jüdische Dichter, begrüßt sie und ist – wie Erika Klüsener und Friedrich Pfäfflin im Marbacher Magazin zum 50. Todestag der Dichterin (dem wir viele liebenswerte Details über die Lyrikerin verdanken) bemerken – entsetzt über ihr Aussehen. „Zur Zeit befindet sich hier, soweit ich verstehe, hart an der Grenze des Irrsinns, Else Lasker-Schüler, die in jedes andere Land der Welt wohl besser paßt als in den wirklichen Orient. Immerhin bleibt sie eine verblüffende Erscheinung. Sie hat eine halbstündige Unterredung mit dem König David gehabt… Und ich bin leider nicht einmal überzeugt, daß sie ihn so wirklich gesehen hat."

Wie ist Else Lasker-Schüler nun wirklich in Jerusalem aufgenommen worden? Da man ihr niemals aufs Wort glauben kann, auch nicht ihren Tagebuch-Eintragungen, ist diese Frage schwer zu beantworten. Doch im Zuge der allgemeinen Einreisewelle ist sie, die exotische Lyrikerin, wohl ein wenig untergegangen. Am 4. Mai schrieb sie jedenfalls aus Jerusalem: „Morgen fahre ich nach Tel-Aviv. Überall muß ich vortragen – so ernähre ich mich auch – wie die Vögel lebe ich im Wildwest Jerusalem…" Doch Ende Mai schon ist sie resigniert von Palästinas mangelnder Aufmerksamkeit: „Ich habe geglaubt, in Wahrheit in Palästina geehrt zu werden – nicht allein mit dem Mund. Ich habe ein Viertel Leben, ja ein ganzes nichts getan als allen Juden Ehre gemacht. Habe mich prügeln lassen von Antisem. – wie oft – und nun so?" Daß solch phantastische kolorierte Zeichnungen wie „Jussuf reitet durch die Wüste" in Jerusalem entstanden sind, wirkt daneben fast unglaublich. Die Lasker-Schüler widmet dieses Blatt ihrem alten Förderer und Freund aus Berliner Zeiten, Karl Kraus.

Das Traumland Palästina – eine Enttäuschung? Jeder, der „Jussuf" und den „Prinzen" geliebt hat, kann ihre Erschütterung verstehen. Vielleicht wäre sie bei ihrem ersten Jerusalem-Besuch schon für immer im Lande geblieben, wenn man sie entsprechend geehrt hätte? Vielleicht. Die Dichterin aber packt wieder ihren alten Koffer und fährt im Juni zurück in die Schweiz. Jetzt ist ihre Adresse das „Hotel Glockenhof" in Zürich. Es ist nicht bekannt, ob sie von einer jüdischen Organisation in Palästina regelmäßig finanziell unterstützt wurde, um die nächsten Monate oder Jahre zu überleben. Die leidenschaftliche Hebräerin Else Lasker-Schüler, die seit dreißig Jahren in orientalischen Kleidern herumläuft, war auch in Jerusalem eine Randfigur. Ihr literarisches Können hat man in den beginnenden Kriegs- und Kriegsvorbereitungswirren kaum schätzen können. Zurück in der Schweiz, erhält sie prompt von der Zürcher Fremdenpolizei ein Bußgeld, weil sie sich nicht früh genug zurückgemeldet hat. Es ist anzunehmen, daß man gehofft hatte, sie würde ganz in Palästina bleiben. Die Schweiz als Durchgangsland war zwar für Tausende von Künstlern, Regimegegnern und Prominenten ein genehmes Ziel. Doch hatte man längst verstanden, daß es bei den allermeisten wirklich nur ein vorübergehendes Ziel bleiben durfte. Was die Exilanten an Geld mitbrachten, wurde zwar gerne auf entsprechenden Konten gelagert und verbucht, doch die Schweiz pochte auf ihre Neutralität. Und das hieß im Jahre 1933: keinen Ärger mit den Nazis provozieren.

Fazit für Else Lasker-Schüler: Sie wurde als arme Asylsuchende auf die Liste der Weiterreisenden gesetzt. Sie wurde über Monate hin bespitzelt, und in Berichten heißt es, daß sie „über keine eigenen Mittel verfügt, sondern auf die Wohltätigkeit von Privatpersonen angewiesen ist... Die weitere Anwesenheit der Petentin ist weder notwendig noch erwünscht und stellen wir Antrag auf Verweigerung weiterer Aufenthaltsbewilligung, unter Ansetzung von Ausreisefrist." Am 30. Oktober dann ist es soweit. Man schreibt ihr, das heißt die Fremdenpolizei der Stadt verhängt die Verfügung: „Der obgenannten Person wird der Aufenthalt im Kanton Zürich verweigert. Zum Verlassen des zürcherischen Kantonsgebietes wird ihr eine Frist bis 15. November 1934 angesetzt. Die Notwendigkeit eines langfristigen Aufenthaltes kann nicht nachgewiesen werden. Es bestehen zudem berechtigte armenrechtliche Bedenken."

Die Dichterin war 65 Jahre alt und heimatlos. Einmal wieder heimatlos geworden, und das in einem Land, das anderen Exil-Literaten gerne Asyl gewährte. Eine solche Anordnung, wie sie ihr geschickt wurde, macht sich in den Händen eines Thomas Mann recht merkwürdig aus. Die Schweiz unterschied – das läßt sich heute nicht mehr leugnen – sehr deutlich zwischen armen und wohlhabenden Flüchtlingen. Else Lasker-Schüler fiel durch diese strengen Maschen, die nach der Höhe des Bankkontos und der allgemeinen Popularität festgezurrt wurden. Sie bleibt und schreibt weiter, obwohl ihr das verboten war. Sie gibt die Palästina-Erinnerungen zu Papier, die später als „Das Hebräerland“ im Verlag Oprecht in Zürich erscheinen werden.

Dann verläßt sie für ein Jahr die Stadt Zürich und geht nach Ascona, wo sie sich in einer Konditorei einmietet. Das Geld von verkauften Buch-Exemplaren aus der ehemaligen Cassirer-Zeit scheint momentan zu reichen. Sie atmet auf… und verliebt sich prompt in einen „schönen Asconer“, den Signore Pedrazzini. „Ich liebe ihn mit meiner ganzen Seele, ich liebe ihn wie ein Hirte vom Hügel…“ Sie kann die Miete für einen ganzen Monat im voraus bezahlen. Und während in ihrer deutschen Heimat die Nürnberger Gesetze zu greifen beginnen und der Entzug der staatsbürgerlichen Rechte für jüdische Bürger beschlossen wird, schaut sie jung-verliebt dem italienischen Schwarm nach.

Und während Deutschland und Berlin für das erste große propagandistische Ereignis der damaligen Zeit, die Olympiade, rüstet, bemüht sie sich, einen Verleger für „Das Hebräerland“ zu bekommen. Der berühmteste Verlag für Exilanten, der Querido-Verlag in Amsterdam, fordert das Manuskript an. Doch dann bekommt ihr Anwalt Dr. David einen Brief der Eidgenössischen Justizbehörde:

„Laut ihren eigenen Angaben hält sich Frau Lasker bereits seit April 1933 in der Schweiz auf. Durch Aufenthaltsbewilligung während 3 Jahren ist ihr genug Zeit eingeräumt worden, die mehrmals geäußerte Absicht der Übersiedlung nach Palästina vorzubereiten… Sie strebt offenbar dauernde Festsetzung in unserem Lande an, was auch aus ihrem Aufenthaltsgesuch vom 17. September 1936 an die Städtische Fremdenpolizei Zürich hervorgeht, worin sie angab, daß sie für immer in der Schweiz bleiben möchte. Ihre dauernde Anwesenheit in unserem Lande läge aber im Hinblick auf die große Überfremdung nicht im Interesse der Schweiz, was schon in unserem Rekursentscheid vom 26. Dezember 1935 betont wurde… Frau Lasker hat längstens auf Ende dieses Monats die Schweiz zu verlassen. Die Kosten… werden der Rekurrentin auferlegt und von Ihnen durch Nachnahme erhoben...“

Was macht die Dichterin? Sie fährt erst einmal nach Italien. Kaum steigt sie in Mailand aus dem Zug, wird sie von italienischen und deutschen Faschisten angepöbelt. „Sie lockten mich in eine Quergasse... und dann schlug einer der Kerle so auch meinen Körper, daß ich genau fühlte, wie in den Kriegsjahren so oft, meine Rippen brachen. Ich habe in der Nazizeit, als ich in Berlin war, gelernt, man soll sofort hinfallen…"

Als sie nach Zürich zurückkommt, ist man dort verstimmt über den „Trick" mit der Italien-Reise, der ihre Aufenthaltszeit künstlich verlängert. Doch der Brief traf sie aus einem anderen Grunde im unrechten Moment. Am Zürcher Schauspielhaus liefen bereits die Proben für die Uraufführung von „Arthur Aronymus und seine Väter". Regie sollte Leopold Lindtberg (früher Schauspielhaus Düsseldorf) haben, das Bühnenbild stammte von Teo Otto. Unter den Mitwirkenden fand man zahlreiche Exilanten, die dem Schauspielhaus seit Monaten neuen Schwung verliehen. Neben Grete Heger, Erwin Kalser, Leonard Steckel, Kurt Horwitz, Ernst Ginsberg und anderen war auch der aus Düsseldorf geflohene Wolfgang Langhoff im Ensemble zu finden.

Langhoff war Gewerkschafts-Obmann am Düsseldorfer Stadttheater gewesen und gehörte zur „Revolutionären Gewerkschaftsopposition"; im Düsseldorfer Ensemble war er Nachfolger von Ewald Balser geworden. 1928 trat er in die KPD ein, 1930 gründete er die Agitpropgruppe „Nordwest ran", eine reine Arbeiter-Schauspieltruppe, die großes Ansehen genoß. Man arbeitete grundsätzlich nur mit Laienschauspielern. Bereits 1933 waren Lindtberg, Hübner und Parker als Dramaturgen entlassen worden, weil sie Juden waren. Acht weitere Ensemblemitglieder erhielten keine Vertragsverlängerung. Langhoff wurde inhaftiert und im Juli 1933 mit 480 anderen von der „Ulmer Höh" in Düsseldorf in das Börgermoor bei Papenburg in das Emsland transportiert. Hier entstand eines der berühmtesten Widerstandslieder, das Lied von den „Moorsoldaten", das die Häftlinge als Arbeitslied anstimmten und das ihnen zu Anfang nicht verboten wurde. Dann wurde Langhoff auf die Lichtenburg in Prettin bei Torgau verlegt, ein weiteres Arbeitslager. Ende April 1934 wurde er überraschend entlassen. Der Druck Lindtbergs, der aus Zürich protestierte und sich an die Presse gewandt hatte, war wohl so groß geworden, daß die Nazis ihn laufen ließen. Er ging nach Zürich und wurde Ensemblemitglied am Schauspielhaus. Seine Erinnerungen an das Arbeitslager im Moor hat er bereits 1935 niedergeschrieben, sie wurden in zwölf Sprachen übersetzt. Ergebnis: Er wurde ausgebürgert. „Der fanatische Vorkämpfer und Funktionär der KPD, der in kommunistischen Veranstaltungen zum Klassenkampf hetzte..." hieß es. In Zürich spielte er auch in einer Lindtberg-Inszenierung als erstes einen kommunistischen Jungarbeiter (Friedrich Wolf: Professor Mannheim). Doch auch als Karl Moor in Schillers „Räubern" begeisterte er die Zuschauer.

„Arthur Aronymus" von Else Lasker-Schüler hatte demnach gute Voraussetzungen in Zürich. Das Haus wurde von 1926 bis 1938 von Ferdinand Rieser als Privattheater geführt, und man spielte anfänglich gutes Boulevard-Theater. Als 1933 die erste Ausreisewelle zahlreiche hervorragende Schauspieler in die Schweiz trieb, ergriff Rieser schnell die ungeheure Chance, die gefährdeten Künstler für sich spielen zu lassen. Man spielte nun zeitgenössisches Theater, Avantgarde, aber auch klassische Dramen. Der Spielplan änderte sich vollkommen, die Qualität stieg mit den hervorragenden deutschsprachigen Exilanten. Langhoff gehörte zu denen, die sich weiterhin politisch engagierten. Er wollte einen antifaschistischen Schauspielerverband gründen, doch ihm wurde bald jede politische Betätigung verboten. Die Restriktionen seitens des Kantons Zürich wurden stärker, bis schließlich Rieser das Theater verpachten mußte. Der Kampfgeist des Ensembles blieb jedoch bestehen. Langhoff wurde noch in hervorragenden Rollen gesehen: in „König Ödipus", in „Nathan der Weise" oder in „Mutter Courage".

Ein halbes Jahr nach Kriegsende reist Langhoff wieder nach Deutschland. Er möchte nirgendwo anders spielen. Er kommt im zerstörten Düsseldorf an („Wieviel Hände streckten sich mir entgegen, wieviel Augen leuchteten vertraut und freundlich auf..."), und er wird Intendant der Städtischen Bühnen. 1946 geht er an das Deutsche Theater in Berlin und arbeitet mit Gustaf Gründgens, der dann in Düsseldorf sein Nachfolger sein wird.

In Zürich jedenfalls spielt er am Samstag, dem 19. Dezember 1936, den Kaplan Bernard Michalski in „Arthur Aronymus". Das Publikum ist begeistert, Else Lasker-Schüler wird gefeiert, sie ist überglücklich. Nach der Begeisterung kommt die Enttäuschung. Aus unbekannten Gründen wird das Stück nach einer zweiten Aufführung ohne jede Erklärung einfach abgesetzt. Bis heute müssen wir uns mit Erklärungsversuchen abgeben. War es ein Privatstreit zwischen der Dichterin und der Ehefrau des Intendanten? Es soll außerdem ein Verdikt seitens der Deutschen Botschaft gegeben haben, weil es das Stück einer jüdischen Autorin war?! Finanzielle Gründe? Rieser hatte einige zeitgenössische Stücke im Spielplan, die nicht immer ein volles Haus garantierten. Oder war es die merkwürdige Kritik in der Zürcher Zeitung, die zur Absetzung führte? Warum um Himmels willen nur zwei Abende für Else Lasker-Schüler?

Die Autorin wendet sich empört an die Zeitung, rechtfertigt sich, schreibt, der Kritiker habe sie politisch überschätzt, sie sei nur eine Dichterin. Im Februar erscheint eines ihrer allerschönsten Gedichte „Mein blaues Klavier“ in der „Neuen Zürcher Zeitung“. Gleichzeitig schreibt ihr wieder die Fremdenpolizei, daß sie das Land bis März 1937 definitiv zu verlassen habe. Was tut die Dichterin? Sie erfährt freudestrahlend, daß 179 Zeichnungen ihres Sohnes Paul im Künstlerhaus am Hirschengraben in Zürich ausgestellt werden. Dann fährt sie ein zweites Mal nach Jerusalem. Alles, was sie jetzt tut, wird von einem Detektiv überprüft: Ab- und Anreise, Hotelaufenthalte, einfach ihr ganzes privates Leben. Ende August kehrt sie wieder zurück nach Zürich, und das Ringen um eine endgültige Aufenthaltsgenehmigung wird intensiver. Andere Schriftsteller verbürgen sich für sie. 1938 teilt man dem deutschen Generalkonsul mit, daß sie die deutsche Staatsangehörigkeit verloren habe. Da heißt es lapidar: „Die Geheime Staatspolizei, Berlin SW... Betrifft: Aberkennung der deutschen Staatsangehörigkeit der jüdischen Emigrantin Else Lasker geb. Schüler gesch. Lewin, 11. 2. 1869 in Wuppertal-Elberfeld geboren… Die jüdische Emigrantin Else Lasker besitzt die deutsche Staatsangehörigkeit. Sie war die typische Vertreterin der in der Nachkriegszeit in Erscheinung getretenen emanzipierten Frauen. Durch Vorträge und Schriften versuchte sie, den seelischen und moralischen Wert der deutschen Frau verächtlich zu machen. Nach der Machtergreifung flüchtete sie nach Zürich und brachte dort ihre deutschfeindliche Einstellung durch Verbreitung von Greuelmärchen zum Ausdruck. Ihre schriftstellerische Tätigkeit setzte sie fort und veröffentlichte Artikel in dem berüchtigten deutschfeindlichen Pariser Tageblatt... Eine Vermögensbeschlagnahme und Verfallserklärung erübrigen sich, da Vermögenswerte im Inlande nicht festgestellt werden konnten... Eine Erstreckung der Ausbürgerung auf Familienangehörige kommt nicht in Betracht, da die Lasker, die 2mal verheiratet war, von ihrem letzten Ehemann rechtskräftig... geschieden worden ist..."

Gelesen hat das die Dichterin nicht. Sie hätte es kaum überlebt, sie hätte getobt, protestiert, oder vielleicht geschwiegen? Der Deutsche Generalkonsul in Zürich nimmt die Ausbürgerung wortlos zur Kenntnis. Er hat „keine Einwände". Else Lasker-Schüler zeigt sich in Briefen erschüttert von den Ereignissen in Deutschland. Sie hört von der Reichsprogromnacht vom 9. November 1938, und sie möchte einen guten Anwalt für den Juden Herschel Grynszpan finden, der den deutschen Botschaftssekretär vom Rath in Paris erschoß. Dann wieder resigniert sie über allen Vorkommnissen und freut sich auf Jerusalem. In einem Brief heißt es: „Ich bin zugrundegegangen vor innerer Einsamkeit." Weder die in Zürich ansässigen Literaten, die das politische Schicksal mit ihr teilen, noch die nicht wenigen Publikationen ihrer Gedichte in Schweizer Zeitungen können sie halten. Am 21. März 1939 will sie die Schweiz verlassen. Als habe sie geahnt, was sich politisch anbahnt, schrieb sie: „Ich hab nichts zu verlieren, aber die Schweiz weiß nicht, wer in ihren Toren weilt."

Während einige ihrer Bilder in der Galerie von Matthiesen Ltd. in London ausgestellt werden, packt sie endgültig ihre Koffer. Sie kommt in Jerusalem an, die Stadt ist ihr fast schon vertraut, sie quartiert sich wieder im Hotel Vienna ein, wie bei ihrer letzten Reise. Doch sie ist kränklich, die Überfahrt hat ihr stark zu schaffen gemacht. Dritter Klasse, mit fünf oder sechs Frauen in einer Kabine. Das war zuviel.

Ein drittes Mal Palästina in ihrem Leben, ein drittes Mal das gelobte Hebräerland, das sie in ihrer Dichtkunst schon besungen hatte, als sie noch keinen Fuß in das Land gesetzt hatte. Daß es ihr hier vergönnt sein würde, würdevoll zu leben, war kaum zu erwarten. Damals hieß das von Engländern besetzte Land noch Palästina, und Tausende von in aller Welt verfolgten Juden schauten gebannt auf die zionistischen Einheitsbestrebungen. Wer dennoch nach Palästina einwanderte, tat dies unter hohen Risiken. Aus Deutschland hatten sich bereits viele in Jerusalem angesiedelt, viele, die politischen Weitblick hatten, oder einfach, die ihre eigene Angst ernst nahmen. Auch der berühmte jüdische Religionswissenschaftler Gershom Sholem aus Berlin war darunter, der anfänglich unter ähnlich ärmlichen Verhältnissen in Jerusalem lebte wie Else Lasker-Schüler. Beide trafen sich mehrfach und konnten Berliner Erinnerungen austauschen, wenngleich die jüdische Kabbala und Mystik nicht Lasker-Schülers Thema war.

Erhalten ist aus jener Anfangszeit in Jerusalem einer ihrer liebenswert-persönlichsten Briefe, gerichtet an den englischen Oberkommandanten vom 7. Mai 1940. Lasker-Schüler schreibt darin halb englisch, halb deutsch: „Excellenz, ich bin die Dichterin Else Lasker-Schüler, vor sieben Jahre aus Berlin geflohen in die Schweiz. In den sieben Jahren war ich dreimal hier im Lieben Lande gewesen, habe ein Palästinabuch geschrieben und I am going to write the second book… I begg your pardon, Sir, that I speak from me, but I would like, Sir, you have Vertrauen zu meinem Wort. Ich erlaube mir einige Zeilen zu senden, Ihnen, Excellenz, I begg you, I begg you to read all, Sir. Ich richte meine Zeilen an Ihr ‚Herz', Sir. Else Lasker-Schüler." Man muß schon sehr in politischen Kämpfen verhärtet sein, um auf solch einen Brief nicht zu antworten. Es ist nicht bekannt, ob der Jerusalemer Oberkommandant jemals reagiert hat und ob er Lasker-Schülers Gedichtband „Mein Herz" je las.

Im „lieben Land" – wie sie schrieb – hatte die Dichterin zwar Gönner und Financiers, wie den unermüdlichen Sylvain Guggenheim und den New Yorker Verleger Salman Schocken. Auch die Jüdische Gemeinde half. Und sie schrieb weiterhin Bittbriefe, sogar an den Direktor der Jerusalemer Universität. Er solle ihr noch einmal „das halbe Pfund leihen…"

Und wieder einmal trifft sie auf Menschen, die ihr helfen, die sie als Freunde bezeichnen kann. Einmal auch scheint sich Else Lasker-Schüler verliebt zu haben. Es gibt einen Brief vom Frühjahr 1940 aus Jerusalem, Hotel Vienna, an Werner Senator: „Ich danke Ihnen, lieber wertester Adon, im Herzen (hier hat sie ein wirkliches Herzchen gemalt) viele Male schon, für ihre liebevollen Mühen… wie kann ich je mich revanchieren? Ich hatte ehemals offene Türen, sie schlugen mir vor der Nase zu!! Doch spielt man hier im Cinema ein Film aus Texas. Ich säh ihn gern von spät bis früh. Darf ich Sie enviter dazu?? [Die 7. Reihe ist mein gout]."

Um ihre eigenen und die Vorträge anderer Literaten in feste Bahnen zu lenken, gründet sie in einem letzten Schaffensrausch die Vortragsvereinigung „Der Kraal". Und sie beginnt wieder mit dem Schreiben. Es ist ihr letztes Schauspiel „IchundIch", aus dem sie einige Male liest. Auch Martin Buber hört und unterstützt sie, und sie dankt ihm überschwenglich. Für den „Kraal" schreibt sie selbst die Einladungen, die sie persönlich herumbringt, sie organisiert die Leseabende, wählt sorgfältig die eingeladenen Künstler aus, und es bildet sich endlich wieder ein Kreis von Freunden um sie herum. Fast so wie damals in Berlin.

Doch schon überfordert dies alles die schwindenden Kräfte der Künstlerin. Sie wird immer öfter kränklich, sie ernährt sich weiterhin schlecht – unabhängig davon, ob ihr Geld zur Verfügung steht oder nicht. Sie hat nach dem Aufenthalt im Hotel Vienna eine einfache kleine Wohnung bezogen, doch dort sieht es ungemütlich und unaufgeräumt aus. Sie besitzt – wie die wenigen Besucher, denen sie Zutritt gewährt, berichten – kein Bett und schläft in einem einfachen Liegestuhl. Vom 13. September 1941 ist ein Brief an einen Unbekannten erhalten, den sie – wie meist – mit „Adon" [Herr] beginnt: „Ich habe erst gestern im Blumenthal-Paper gelesen von der Bombe etc. Ich sah Sie auch nicht in der Synagoge heute. Oder Sie saßen in fernerer Reihe – bis dahin kann ich nicht mit meinen von den Naci geschlagenen Augen niemand erkennen..." Und dann berichtet sie ihm von einem Besuch in der alten arabischen Post in Jerusalem. Sie hatte einer Angestellten einige ihrer Bücher geschenkt. Else Lasker-Schüler: „Ich mußte sie ihnen schenken. Eines Tages sagte mir eine der Araberinnen, sie habe mit dem Direktor gesprochen. Ich könnte, wenn ich wollte, an der Post angestellt werden. Ich glaube, da die Araber Takt besitzen, man könnte ohne Risico sie – ein paar zunächst – einladen..." Der Brief beendet die Dichterin mit einer kolorierten Zeichnung von Blümchen: „...an diese Veilchen denk ich immerdar. Ich habe Sehnsucht nach meiner Heimat und weine, aber ich weiß, ich seh sie wieder."

Aus jener Zeit stammt auch die unvergleichliche Erzählung einer anderen Deutschen, Susi Weltsch, die privaten Kontakt zu Lasker-Schüler unterhielt. Sie hatte die Dichterin in ihrer bescheidenen Behausung mit Blick auf Jerusalem besucht und gefragt, ob sie ihr eine Freude machen könne. Sie wolle ihr einmal zu Hause etwas kochen. „Was hätten Sie denn gern?" fragte Susi Weltsch. Und die Dichterin antwortete wie aus der Pistole geschossen: „Saubohnen – aber bitte mit Margarine zubereiten!" Die Freundin stellte sich also in die Küche, mitten in der Nacht schellte das Telefon, Else Lasker-Schüler war am Apparat: „Bitte nicht vergessen, die Saubohnen mit Butter." Am nächsten Tag brachte sie ihr das bestellte Essen. Die Dichterin schaute kaum in den Topf, obwohl sie sicherlich tagelang nichts Warmes gegessen hatte. Man unterhielt sich. Beim Herausgehen fragte sie erst: „Na, wie haben Sie sie gekocht?" „Wunschgemäß mit Butter." „Mit Butter? Butter rühre ich nicht an!"

Man begegnet immer noch Menschen, die die Dichterin in den letzten Jahren und Monaten in Jerusalem gesehen und bei ihren Lesungen gehört haben. Schon diese Lesungen waren ein intimes Erlebnis für Menschen, die gut zuhören können, die sich leiser Töne erfreuen. Meist begann Lasker-Schüler mit einer offiziellen Begrüßung, die sie vom Blatt ablesen mußte. Sie begrüßte viele Freunde persönlich – jedoch nicht mit ihren korrekten Namen. Jedem versuchte sie einen charakteristischen Phantasienamen zu geben. Und weil sie in dieser Begrüßungszeremonie so ungeübt war, passierte es, daß sie Menschen begrüßte, die gar nicht im Raum anwesend waren. Wenn sie las, las sie leise. Man mußte gewaltig aufpassen. Dazwischen läutete sie manchmal mit einem Glöckchen.

Jeder kannte sie mittlerweile im Stadtviertel, manche schauten ihr nach, manche mieden sie, doch wer sie liebte, blieb bei ihr stehen. Dieses träumerische große Kind mit den glühenden Augen war sie bis ins hohe Alter geblieben. Sie liebte noch im letzten Lebensjahr den billigen Schmuck, die flatternden Kleider, die orientalische Gewandung.

Schließlich erscheint 1943 ihr letzter Gedichtband, „Mein blaues Klavier", in Jerusalem, der Titel ist wieder mit einer eigenen Zeichnung verziert: „Abschied von den Freunden". Genau heißt die Widmung: „Meinen unvergeßlichen Freunden und Freundinnen in den Städten

Deutschlands – und denen, die wie ich vertrieben und nun zerstreut in der Welt. In Treue!" Die Ausgabe ist auf 330 Exemplare limitiert.

Wir haben Winter 1943. Eine befreundete Familie schenkt ihr einen Mantel, und es kommt eine typische Lasker-Schüler-Reaktion. Sie bedankt sich zuvor, schreibt aber dann: „Wer hat den Mantel getragen gehabt? Ich weiß, ihr meint es gut, aber ich bin Jussuf." Sie gibt den Mantel, obwohl sie ihn dringend benötigt, wieder zurück. Nur wenige Menschen, jüdisch-deutsche Literaten vorwiegend, halten ihr die Treue, darunter der Freund Werner Kraft, der auch ihre letzten Jahre in seinen Tagebüchern beeindruckend festgehalten hat. Daß sie innerlich einer der einsamsten Menschen in ihrem unfreiwillig-freiwilligen Exil Jerusalem ist, wird jedem deutlich, der sie besucht. Und gleichzeitig ist sie wieder einmal verliebt in S. Sie widmet ihm Liebesgedichte, die sie öffentlich liest, sie sucht seine Gesellschaft, und Werner Kraft notiert in sein Tagebuch: „Einer solchen Frau als Geliebter begegnet zu sein, stelle ich mir, für einen Mann, als das größte Unglück vor…"

Der deutsche Arzt Dr. Adolf Wagner entdeckt sie Anfang 1945 ganz verloren auf der Straße. Sie macht einen so erbärmlichen Eindruck, ist unterernährt und verhungert, daß er sie sofort zu einem Essen und einem warmen Kaffee einlädt. Sie läßt sich helfen, in ihre Wohnung jedoch läßt sie ihn nicht. Am 16. Januar erleidet die Dichterin zu Hause einen Herzanfall und muß in das Hadassa-Krankenhaus auf dem Skopus eingeliefert werden. Am 22. Januar stirbt sie fast 76jährig an Angina pectoris. Sie wird am Fuße des Ölbergs beigesetzt, der Rabbiner Kurt Wilhelm spricht am Grab ihr Gedicht „Ich weiß, daß ich bald sterben muß".

Deutschlands bedeutendste Lyrikerin ist tot. Im eigenen Land wird es kaum zur Kenntnis genommen. Erst zu ihrem 50. Todestag, im Jahre 1995, häufen sich die Ausstellungen, Drucklegungen, Ehrungen. Sie, die vortäuschte, zu träumen, war wacher als mancher politische Realist. Die Dichterin, die sich als orientalischer Prinz verkleidete, wußte, wie man mit Trauer umgeht, wie man Schmerzen in Verse ummünzt. Hatte sie nicht 1935 geschrieben, als sie zum erstenmal in Palästina war und den Zwiespalt zwischen Juden und Arabern sofort erkannte: „Wissen Sie, wie man das jüdisch-arabische

Problem lösen könnte? Es gibt nur einen Weg: Freude schaffen. Wir gründen einen Rummelplatz für Juden und Araber, wo sie gemeinsam Reibepfannkuchen essen, Karussell fahren und Glückshafen spielen. Am Eingangstor zum Rummelplatz aber muß stehen: Für Gott…"?

Von der Berliner Hochschule zum japanischen Kaiserhof

Eta Harich-Schneider: Eine Pionierin des Cembalos kämpfte gegen deutsches Unwesen

Sie überstand die Bombennächte von Berlin, wurde von der Berliner Musikhochschule gejagt, reiste mitten im Krieg mit ihrem Cembalo durch die Lande, überlebte den Feuersturm im Mai 1945 in Tokio und erforschte dort als erste Europäerin die klassische Volksmusik Japans. Als Schülerin der weltberühmten Cembalistin Wanda Landowska hatte sie die von ihrer Lehrerin begonnene Renaissance des Cembalospiels weiter popularisiert. Auf dem Höhepunkt ihres Schaffens geriet sie Ende der dreißiger Jahre in Berlin in die Intrigen von nazihörigen und eifersüchtigen Professoren. Doch sie gab nicht auf, kämpfte fair, kämpfte tapfer. Trotz alledem kündigte man ihr, der niemals offiziell ernannten Professorin Eta Harich-Schneider. Warum? Sie hatte sich zu heftig für ihre jüdischen Schülerinnen und Schüler eingesetzt, war nicht in die Partei eingetreten und wagte es, den Direktor der Hochschule zu verklagen, einen aufrechten Deutschen. Außerdem – so sagte man ihr bei der fristlosen Kündigung – sei sie überzeugte Katholikin, das könne man schon gar nicht erdulden. Dreißig Jahre danach klagte die Musikerin gegen ihren ungerechtfertigten Rausschmiß... und verlor in erster und zweiter Instanz. Lag es an den ehemaligen Nazis, die noch und wieder in der deutschen Justiz vertreten waren?

Noch im Alter von achtzig Jahren konzertierte sie, hielt Vorträge, schrieb weiter an ihren musiktheoretischen Schriften über alte japanische Musik und wurde in aller Welt von Musikwissenschaftlern bestaunt und bewundert wegen dieser Studien, die bisher niemand vollbracht hatte. 1965 gab die UNESCO eine Schallplatte mit der von ihr aufgefundenen und erforschten Musik Japans heraus, die den Grand Prix du Disque erhielt. Für diese jahrzehntelangen Forschungsarbeiten, darunter allein fünfzig Bände mit transkribierter japanischer Musik, war sie in Japan mit allen Ehrungen, die ihr in Deutschland seit 1939 nicht mehr zuteil geworden waren, ausgezeichnet worden.

Als sie 1976 ein letztes Mal in Berlin spielte, hatte sie einen vollen Saal. Der Regierende Bürgermeister Klaus Schütz war zugegen und allerlei Prominenz, daneben auch ein paar getreue Hörer aus den dreißiger Jahren. Doch die Berliner Kritiker kannten die 82jährige nicht mehr, sie schrieben etwas von einer „erstaunlich großen Gemeinde“ und „wenig altersbedingten Fingerhemmungen“. Daß Eta Harich-Schneider bis 1941 eine Meisterklasse an der Berliner Hochschule innehatte, daß sie bis in die Kriegszeit hinein unzählige Konzerte mit alter Musik organisiert und geleitet hatte: all dies war der Nachkriegsgeneration nicht mehr bekannt. Man hatte sie aus dem Gedächtnis getilgt, und dafür hatten ja nachweislich einige ihrer alten Kollegen an der Hochschule gesorgt. Wie hatte die fünfzehnjährige Schülerin Eta bei ihrem ersten Besuch in der Berliner Fasanenstraße siebzig Jahre zuvor gesagt: „Die Hochschule… kam mir vor wie ein Weihetempel, eine andere Welt…“ Diese andere Welt, damals bewundert und geliebt, entpuppte sich jedoch bald als ein Tempel der Intriganten. Und hätte sie nicht eine so fanatische Musikliebe gehabt und ihre Schüler so innig geliebt, hätte sie diesem „Weihetempel“ in den entscheidenden Jahren der Hitler-Ära schon eher den Rücken gekehrt. Ja, wenn…

Margarethe Harich-Schneider wurde am 16. November 1894, nicht 1897, in Oranienburg geboren. Die Startbedingungen zu einer großen Künstlerin waren Ende des letzten Jahrhunderts eigentlich nicht so schlecht. Der Großvater: die „rechte Hand“ des preußischen Ministers für geistliche und Unterrichtsangelegenheiten, hochgeehrter Ordensempfänger für vielerlei Verdienste. Der Papa: ein promovierter Geologe, der in Neu-Guinea Gold suchen sollte und später in den Staatsdienst eintrat. Die Mama: Sie hatte eine schöne Stimme und alle Hände voll zu tun, die sechs Kinder zu ernähren. Man wohnte damals in Kassel. Der geplante Klavierunterricht wurde wegen mangelnder Musikalität einer Schwester gestrichen, doch Eta zeigte sich talentierter. Immer wieder stand sie am Klavier, bis der Vater ihr endlich ein Jahr Unterricht zugestand.

In ihrer nach Tagebuchaufzeichnungen ungemein lebendig geschriebenen Zeitschilderung „Charaktere und Katastrophen" schreibt Eta Harich-Schneider von jener Zeit: „Für mich war es viel schlimmer, daß ich keine Waffen hatte, um J. S. Bach vor dem Familienforum zu verteidigen. Ich hatte mich in die Inventionen und Sinfonien verliebt, ohne sagen zu können, was daran so schön sei." Mittlerweile lebte die Familie in Frankfurt an der Oder, Eta besuchte die Höhere Töchterschule, zeigte sich hochbegabt, als der Vater auf die „einfallsreiche" Idee kam, sie früher aus der Schule zu nehmen. Sie sollte plötzlich kochen lernen. Wahrscheinlich war es ein letztes frauenkulturfeindliches Aufbegehren eines Menschen, der sah, daß auf einmal Frauen zu den Hochschulen strebten und nicht nur an den Herd.

Doch plötzlich schien ihn der Entschluß zu reuen, er gab ihrem Drängen und der Begabung nach und fuhr mit ihr nach Berlin, um sie für die Aufnahmeprüfung in die Klavierklasse vorzustellen. Johannes Schulze ließ sie vorspielen und testete auch ihr Gehör. Als sie jeden angeschlagenen Ton sofort benennen konnte, meinte er lachend: „Warum verschweigst du denn dein absolutes Gehör?" Sie war angenommen und überglücklich. Der Vater kapitulierte vor dem Talent, obwohl er sich jahrelang weigerte, die Konzerte seiner Tochter zu besuchen. Mit einer Ausnahme. Mitte der zwanziger Jahre spielte Eta Harich-Schneider in ihrer Heimatstadt Frankfurt, und plötzlich saß ihr Vater im Zuschauerraum. Nach dem Konzert kam er in die Garderobe, war wie verwandelt und murmelte immer: „Das Köpfchen... was hat sie für ein Köpfchen... Daß das alles da drinnen so lebt."

Der Erste Weltkrieg begann. Als sie ihren Vater daran erinnerte, daß er ihr doch immerhin ein Klavierstudium versprochen hatte, blockte er ab. Die Kriegszeiten seien zu unruhig, um ein junges Mädchen allein nach Berlin zu schicken, hieß es. Und wieder war ihre Karriere unterbrochen. Durch eine anonyme Feldpostkarte lernte sie einen jungen Lyriker, Walther Harich, kennen, der sich intensiv mit E.T.A. Hoffmann beschäftigte und später eine Biographie über den Dichter schrieb. Sie verliebten sich, schließlich trug Eta den [die] gleichen Vornamen wie der berühmte Dichter: E.T.A. War es, um das Elternhaus verlassen zu können und ihr Leben in die eigenen Hände zu nehmen? Eta gab seinem Drängen nach, beide heirateten, und Eta wurde kurz darauf schwanger. Doch so schnell, wie er gekommen war, verschwand Walther wieder aus dem jungen Eheleben; er mußte als Soldat an die Ostfront. In Berlin-Steglitz mietete sich die junge Ehefrau alleine eine Wohnung, das Töchterchen Lili wurde geboren. Ihren Flügel hatte sie nach Berlin geholt, und trotz Krieg schien es eine idyllische Zeit zu werden.

Da sich das Klavierstudium an der Berliner Hochschule verzögert hatte, nahm Eta Unterricht bei dem letzten Liszt-Schüler Conrad Ansorge. Sie wurde ein zweitesmal schwanger. Gleichzeitig wurden die Lebensmittel so knapp, daß sie nach der Geburt kaum ihre beiden Kinder ernähren konnte. Walther kam als ein Nervenbündel aus dem Krieg zurück, trank viel, wurde unleidlich und verschwenderisch und wollte nach Süddeutschland ziehen. Im Jahre 1921, beide hatten verzweifelt ein Zusammenleben versucht, verließ Eta ihren Mann, ein Jahr später wurde sie – „schuldlos", wie es damals hieß – geschieden. Die Kinder, beides Mädchen, blieben bei ihr.

Als erstes galt es, einen vernünftigen Klavierunterricht fortzusetzen, und dies tat sie in Berlin bei Rudolph Maria Breithaupt, zu dessen Schülerinnen und Schülern bekannte Namen zählten wie Manfred Gurlitt, Grete von Zieritz und Lotte Kallenbach. Auch die Komponisten und Neutöner Alois Haba und Paul Hindemith gehörten zum Freundeskreis, die Eta mit Neuer Musik bekanntmachten. Sie hatte keine Scheu vor der Avantgarde und wurde bald zu einer Spezialistin für Neue Musik auf dem Klavier. Daneben vervollständigte sie ihre Studien bei Wilhelm Klatte, Musiktheorie. In alten Viehwaggons fuhr sie von Frankfurt/Oder zum Unterricht nach Berlin und erhielt erste Engagements als Pianistin, die sie zwar ermutigten, aber kaum ausreichten, um sich und die Kinder zu ernähren. Ihr Berliner Debüt wurde jedoch ein Erfolg. Sie spielte in der berühmten Singakademie die Erstaufführung einer Klaviersuite von Hindemith, dann einige Préludes von Debussy und den großangelegten Zyklus „Bilder einer Ausstellung" von Modest Mussorgsky: wahrlich ein anstrengendes Programm ohne Bach, ohne Mozart und Beethoven.

Damit hatte sich die junge Pianistin einen Namen für Neue Musik gemacht, und sie wurde prompt von der Internationalen Gesellschaft für Neue Musik zum Jahresfest 1927 nach Frankfurt/Main eingeladen. Aus jener Zeit soll auch die hübsche Episode stammen, in der der jüdische Dirigent Jascha Horenstein nach einem Konzert zu ihr sagt: „Sie sind ja unwahrscheinlich begabt. Und Sie sind wirklich kein bißchen jüdisch?"

Jüdisch waren zu jener Zeit viele, und nicht nur Jascha Horenstein. Da gab es unter den Dirigenten Leo Blech, Otto Klemperer, Bruno Walter, Josef Rosenstock, Eugen Szenkar, Manfred Gurlitt, Otto Dessoff, Selmar Meyrowitz und auch Alexander von Zemlinsky, den die Nazis in ihrer Spezial-Rassensprache „jüdisch versippt" nannten. Beginnen wir, die Sänger und Pianisten, Musikpädagogen, Geiger und Cellisten aufzuzählen, so treffen wir auf die Elite der gesamten europäischen Musikszene. Wir denken an den großen Geigenlehrer Carl Flesch, an Vasa Prihoda, Fritz Kreisler, Emanuel Feuermann. Bronislaw Huberman wurde als „Deutschenhetzer" von den Nazis früh außer Landes geschickt. Auch unter den Sängern, die hochbejubelt an deutschen, vor allem aber Berliner Theatern engagiert waren, fanden sich zahlreiche jüdische Künstlerinnen und Künstler: Jan Kiepura, Alexander Kipnis, Lilly Lehmann, Richard Tauber, Fritzi Massary, Franz Schmidt und viele mehr. Bis 1932 war die Operettensängerin Massary hoch populär; Berlin befand sich in einem Massary-Fieber. Von einem Tag zum andern war sie unerwünscht; sie ging nach Wien.

Wenn 1925 aus dem Munde eines jüdischen Dirigenten die Bemerkung „kein bißchen jüdisch" kam, so war das zwar ironisch gemeint, dennoch auch verdientermaßen selbstbewußt-arrogant; denn es entsprach ganz den Tatsachen. An der Hochschule für Musik in der Berliner Fasanenstraße unterrichteten u. a. die Juden Franz Schreker, Alfred Einstein, Max Friedlaender, Hugo Leichentritt [die große Cembalistin Wanda Landowska hatte die Hochschule bereits 1921 verlassen], und alle waren Nutznießer der großen preußischen Kulturreform des jüdischen Pädagogen Leo Kestenberg. Schließlich: Wer als Komponist damals etwas publizieren wollte, hatte kaum eine „Chance", einen nicht-jüdischen Verlag zu finden: Peters, Bote & Bock,

Eulenburg, Simrock, Schlesinger, Universal-Edition; die Reihe kann fortgesetzt werden. Zudem waren fast alle großen Kunstsammler und Kunstmäzene Juden: Alfred Flechtheim, Paul Cassirer, Kurt Wolff, Samuel Schocken. Millionenwerte investierten sie in Kunst, förderten junge talentierte Künstlerinnen und Künstler, kauften vorwiegend deutsche Kunst an; denn sie fühlten sich ja als Deutsche.

Etliche Male irrten sich die Nazis auch, als sie anfingen, jüdische Künstler in eigenen Listen (auch zum Beispiel im „Lexikon der Juden in der Musik") zu benennen. Manchmal „irrten" sie sich auch ganz bewußt, um jemanden loszuwerden. Zum Beispiel bei Arnold Schönberg. Der war längst zum Christentum konvertiert; als man ihn 1932 aber als Juden abstempelte und außer Landes jagte, trat er prompt wieder zum Judentum über. Auch dies kein Einzelfall.

Die berühmten zwanziger Jahre: einerseits ein unvergleichlicher kultureller Schmelztiegel von Kunstrichtungen mit Aufbruchstimmung, andererseits auch schon erste Anzeichen jenes Grauens, das so unmerklich das Leben der Menschen in Deutschland veränderte, daran erinnerte sich auch Eta Harich-Schneider noch später in ihren Memoiren. Auf den Straßen wurde es nachts zusehends unruhig, politische Extreme lieferten sich Straßenschlachten, und ihre Töchter kamen aus der Schule, verheult und verprügelt. Die Tochter Susanne hatte sich mit einem Nazi-Mädchen auf einen Streit eingelassen, die Mitschülerin Edith Goldschmidt gehörte bereits einer kommunistischen Jugendorganisation an und zog Susanne politisch mit. Die ging mit ihr in die Arbeiterviertel Berlins und „predigte" den Arbeitslosen, es würden bessere Zeiten kommen. Die Mutter, als Konzertpianistin lehrend und spielend unterwegs, ahnte davon nichts. Doch es kam noch schlimmer.

Susanne, die nachts heimlich Gedichte schrieb und hoch talentiert schien, hatte Kontakt zu den Schriftstellern Kurt Hiller und Kurt Tucholsky, aber auch zu Armin T. Wegner aufgenommen, publizierte hinter dem Rücken der Mutter in der „Weltbühne" und übte sich sogar in paramilitärischen Aktionen. Eines Abends, aus für uns unbekannten Gründen, wollte sie sich in der Küche der Berliner Wohnung mit Gas umbringen, doch das Streichholz zündete nicht, und sie überlebte. Der SA-Mann, der sich helfend einfand, schien mißtrauisch, allerdings konnte ihn die Mutter, die mittlerweile nach Hause gekommen war, beruhigen. Im Stadtviertel war Eta Harich-Schneider ab sofort eine „Rabenmutter", deren Vernachlässigung nur noch den Selbstmord der Tochter nach sich ziehen konnte.

Die Tochter hat sich nach verzweifelten Versuchen, in den dreißiger Jahren sinnvoll politisch tätig zu sein, immer wieder der kommunistischen Partei angeschlossen, auch nach ihrer Heirat war sie in der späteren DDR literarisch und politisch aktiv und erfolgreich, veröffentlichte zahlreiche Erzählungen und Romane. Nach dem Zweiten Weltkrieg trat sie in die SED ein, war Mitglied im Demokratischen Frauenbund in Berlin, wurde Redakteurin der „Berliner Zeitung" und hatte schließlich eine unerfreuliche, zermürbende Liaison mit dem damaligen Chefredakteur des „Neuen Deutschland", Rudolf Herrnstadt. „Meine Zusammenarbeit mit den Sowjets ist unbeschreiblich schön", hatte sie 1949 zwar noch an ihre Mutter geschrieben, die bereits in Japan war. Und: „Das nächstemal werde ich Dir analysieren, was an diesen Menschen bewegend ist wie eine vorwärtsgleitende Flut - zum Guten hin." Im Dezember 1949 verübte Susanne einen zweiten Selbstmordversuch, der „gelang". Eta Harich-Schneider, die sofort nach Berlin fuhr, fand sie nur noch tot auf. Wieder einmal hatte sie den Gashahn geöffnet. Die gesamte Presse erwartete nun von ihr, daß sie den Kommunisten die Schuld am Tod ihrer Tochter gebe. Sie ließ sich jedoch auf keine Mutmaßungen ein. Für sie stand fest: Es war Liebeskummer.

Zurück zu den zwanziger Jahren. In Deutschland hatte sich eine wahre „Cembalo-Bewegung" gebildet, welche die Ziele der musikalischen Jugendbewegung mit denen der Schulmusikreform zu vereinbaren trachtete. Zahlreiche Komponisten schrieben damals für Cembalo: Castelnuovo-Tedesco, Wolfgang Fortner, Heinrich Kaminski, Konrad Lechner, Robert Oboussier, Walter Piston, Francis Poulenc, Goffredo Petrazzi, Kurt Thomas, Virgil Thomson und andere. Nicht mehr das strahlende Virtuosentum sollte im Mittelpunkt des Musiklebens stehen, sondern die kleine kammermusikalische Vereinigung, das „collegium musicum".

Auch Eta Harich-Schneider stürzte sich in die Arbeit. Sie begab sich 1928 zur größten Cembalistin der damaligen Zeit, Wanda Landowska, nach St. Leu-la-Forêt in die Nähe von Paris, um Unterricht zu nehmen. Die polnische Jüdin Landowska hatte Berlin, wo man eigens eine Cembaloklasse für sie eingerichtet hatte, nach der Ermordung ihres Ehemannes 1921 verlassen, unterrichtete an der Ecole Normale de Musique in Paris und baute später in St. Leu ihr legendär gewordenes Zentrum für Alte Musik auf. Dorthin kamen Cembaloschüler aus aller Welt, und dorthin fuhr auch Eta Harich-Schneider, um bei der „prima clavicembalista assoluta" ihren letzten Schliff zu bekommen.

Da ihr die Fahrten nach Frankreich auf Dauer wegen ihrer Berliner Schülerzahl unmöglich waren, wählte sie 1929 auch Günther Ramin in Leipzig als einen Lehrer aus, der politisch neutral schien und nicht aus jener Ecke der Wandervogel-Volkslied-Bewegung kam, die das Cembalo zum brav zirpenden Volkslied-Begleitinstrument degradieren wollte, eine Bewegung, die sich u. a. mit dem Namen Fritz Jöde verbindet. Ramin und Landowska: dazwischen lagen weltbewegende Unterschiede. Der eine nüchtern, aus alter deutscher Bach-Tradition kommend, die andere neo-romantisch, doch auch wieder analytisch, gleichzeitig auch hochmodern, vor allem deshalb, weil sie sich mit dem alten Klangbild des Cembalos nicht mehr zufriedengab und eigene Instrumente mit tiefen Baß-Registern bei Pleyel in Paris in Auftrag gab. Daß diese große Pionierin der Cembalokunst Deutschland und auch Frankreich verlassen mußte, ist eines der tragischsten Kapitel deutscher Musikgeschichte. Die Beschlagnahmung von Instrumenten und Bibliotheken durch den Sonderstab Musik von Reichsleiter Rosenberg, kurz ERR genannt (ausgeführt von den Chef-Ideologen Wolfgang Boetticher und Hans Gerigk), ist mittlerweile hinlänglich bekannt. Gerigk verstarb im Sommer 1997 als geachteter Rezensent der „Ruhrnachrichten" in Dortmund. Boetticher unterrichtet als Emeritus noch heute an der Göttinger Universität und hat ein beachtliches „dickes Fell" entwickelt, wenn man ihn an seine Taten von damals erinnert. Landowska verlor durch die Nazi-Beschlagnahmung ihre gesamte Bibliothek, dazu mehr als ein Dutzend wertvoller Instrumente, auch historische Instrumente, die unwiederbringlich beschädigt und zerstört wurden (s. auch Katalog „Entartete Musik" von Girth und Dümling und Willem de Vries' Publikation „Sonderstab Musik").

Damals, im Sommer 1929, konnte niemand davon etwas ahnen. Die Cembalokurse in St. Leu, in herrlicher Umgebung, mit gestrengem Unterricht zwar, aber auch vielen Festen und Feiern im Garten des großen Anwesens, gehörten lange zu den schönsten Erinnerungen von Eta Harich-Schneider. Landowska schlug sie auch prompt als ihre Nachfolgerin für die Cembalo-Klasse in Berlin vor; die Berufung wurde zwar sofort eingeleitet, aber damit begann ein zermürbender Kampf um Positionen, ein Kampf, den Harich-Schneider tapfer über Jahre hinweg führte. Weil die Landowska zum Beispiel Berlin offiziell nicht mehr betreten wollte (und konnte), beauftragte sie ihre Schülerin, musiktheoretische Schriften aus der Staatsbibliothek für sie zu beschaffen. Auch sie – wie später Harich-Schneider – arbeitete lebenslang an theoretischen Veröffentlichungen zur Geschichte des Cembalos und zur „Musique ancienne", wie ihr grundlegendes Werk heißt. „Notre chère Wanda adorée" verstarb im amerikanischen Exil im Jahre 1959. In der Kunst vieler Schülerinnen und Schüler ist sie jedoch lebendig geblieben, auch wenn sie interpretatorisch gegensätzlich waren.

1932 erscheint im Kasseler Bärenreiter-Verlag ein grundlegendes Werk über „Das Cembalo" aus der Feder des berühmtesten deutschen Cembalo-Bauers Hanns Neupert, Bamberg. Das Buch, das noch mehrere Auflagen erleben sollte, erwähnt in keiner Zeile den Namen Eta Harich-Schneiders, obwohl sie diejenige war, die Neupert-Instrumente spielte und in aller Welt bekannt machte. Lediglich Albert Schweitzer (der nie als Cembalo-Spezialist galt) und Wanda Landowska werden von Neupert in dem Kapitel erwähnt, in dem er von einer großen „Cembalo-Bewegung" in Deutschland spricht. Zufall? Nun, die Hochschulklasse von Landowska übernahm Harich-Schneider im Jahre 1933 noch ohne Komplikationen, obwohl sie offiziell nie in den Rang einer Professorin erhoben wurde. Revanchiert für ihre Fürsprache hat sie sich dafür bei Landowska, als sie, die Arierin, in ihrer Wohnung der Jüdin Landowska erlaubte, heimlich Meisterkurse für einen elitären Kreis von Schülern durchzuführen. Daß dieses Unternehmen, das auf regen Zuspruch traf, von niemandem boykottiert und denunziert wurde, ist fast ein Wunder. Landowska wäre wohl kaum heil aus Berlin herausgekommen.

Im gleichen Jahr wurde Eta Harich-Schneider, mittlerweile „die" Cembalistin Deutschlands, nach Rom eingeladen, wo der deutsche Kronprinz gerade zu Gast war. Sie sollte einen Abendempfang festlich ausgestalten; politisch verhielt man sich damals, so beobachtet sie, relativ unbesorgt; Mussolini nahm Hitler noch nicht ernst. Doch als die Cembalistin zurück nach Berlin kam, es war Februar 1933, war Hitler inzwischen an die Macht gekommen. Die Restriktionen gegenüber Juden gehörten zu den ersten Gesetzen der neuen Machthaber. Plötzlich wurde ihr verboten, jüdische Musiker in ihrem Collegium für Alte Musik zu beschäftigen. Harich-Schneider, politisch nicht uninformiert, vor allem aber resolut und in der Hochschule hoch angesehen, reagierte nicht. Sie ließ weiterhin ihre jüdischen Musiker Ossip Bernstein, Eva Heinitz und Mosa Chavivi mitspielen.

Doch schnell änderte sich die Lage. Das Cembalo als rein historisches Instrument, das längst vom Klavier abgelöst worden war, paßte den musikalischen Ideologen nicht ins Konzept, sie hätten es lieber zum reinen Volksmusikinstrument umfunktioniert. Man schickte ihr kaum noch gute Studenten in die Klassen, verlagerte ihren Unterricht in die Nebenfächer und versuchte sie abzudrängen. Doch sie blieb hart. Harich-Schneider bot weiterhin ihre begehrten Stilkundeseminare an, die auch von anderen Studenten besucht wurden, es kamen auch Dirigenten und Komponisten in ihre Klassen, die immer restlos überfüllt waren. Und währenddessen wartete sie auf die Ernennung zur ordentlichen Professorin. Das Gesuch hatte sie erstmals im Dezember 1934 eingereicht. Man ließ sie warten. Lange.

Eine erste Konzertreise nach Skandinavien stand an, überall wurde sie begeistert empfangen, meist reiste sie mit ihrem eigenen Cembalo oder Clavichord. In Dänemark erlebte sie erstmals offenen Nazihaß unter den Besuchern ihrer Konzerte, in Schweden schien man noch arglos auf Hitlers wachsende Macht zu reagieren. Kaum zurück in Berlin, wurde sie zum frisch ernannten Direktor der Berliner Musikhochschule, Fritz Stein, gerufen. Er wollte teilhaben an ihren Erfolgen und bat sie, ihn als ständigen Orchesterleiter im Collegium für Alte Musik zu engagieren. Mit blutendem Herzen mußte sie diese Einmischung geschehen lassen: Es war der Anfang einer jahrelangen, zermürbenden Kompetenzstreiterei.

Fritz Stein entpuppte sich als ein trauriges Kapitel in der Biographie der Cembalistin. Der Kieler Musikwissenschaftler war Anfang 1933 als Nachfolger von Schünemann in die verantwortungsvolle Position des Hochschul-Direktors hineingehievt worden und begann sofort mit seinen „Säuberungsaktionen". Beispiel: Anstelle des fristlos entlassenen jüdischen Pianisten und Dirigenten Leonid Kreutzer wurde Carl Adolf Martienssen geholt, der die ganzen Kriegsjahre bis 1945 unterrichtete. Anstelle des „fristlos zu entlassenenen ausländischen Juden" Emanuel Feuermannn kamen der Cellist Paul Grümmer und Adolf Steiner ins Amt. Sechs andere Umbesetzungen nahm Stein vor, hier handelte es sich auch um jüdische und nicht parteigetreue Mitarbeiter.

Seine eigene Amtseinführung begleitete er mit einer Ansprache (am 2. Mai 1933), in der es heißt: „...er gibt mir die Gewähr, daß ich meine Arbeit für die deutsche Kunst einzig und allein unter das oberste Gesetz der Pflicht und des Verantwortungsgefühls stellen kann, zu dem ich schon in meiner Jugend in der strengen Schule Philipp Wolfrums, eines unserer deutschesten Musiker, erzogen wurde... Nicht Artisten wollen wir heranzüchten, sondern deutsche Künstler bilden, die ihren Beruf auffassen als eine heilige, volkhaft, seelisch und weltanschaulich fundierte Kulturaufgabe..." Deutsch zu sein genügte also schon nicht mehr. Es war bereits die Rede vom deutschesten... Derselbe Mann, Professor Fritz Stein, hatte die Lage verstanden, und er schrieb fünf Monate danach an die Ortsgruppe der NSDAP in Berlin, man möge ihm sagen, warum er bisher noch nicht in die Partei aufgenommen worden sei: „Aufrichtig dankbar für alles, was Sie für meine baldige Aufnahme in die Partei tun können, bin ich mit deutschem Gruß..." Stein war, wie viele ehrgeizige und Mitläufer-Nazis, Mitglied im fanatischen Kampfbund für deutsche Kultur (der besonders in den Institutionen aufräumte) und war dort inzwischen Reichsleiter der Fachgruppe Musik geworden. Nun sollte das NSDAP-Parteibuch seine Position in Berlin noch krönen.

Stein entwickelte sich zu einem Nazi-Ideologen, der auch vor der Kirchenmusik nicht haltmachte. In einem von Stein angeregten Brief schrieb Staatskommissar Hans Hinkel an Reichsbischof Ludwig Müller Mitte 1934: „Reichsbischof Dr. Müller ist seit langem mutiger Bekenner des Nationalsozialismus. Ein Mann, der aussieht wie er, verkörpert das, was wir nordische Rasse nennen. Ein Reichsbischof, der selbst gut geartet ist, muß zwangsläufig auch das Gute für die Kirche wollen..."

Fritz Stein wurde bald ins Präsidium der Reichsmusikkammer gewählt, die zur Reichskulturkammer gehörte und damit dem Reichspropagandaministerium von Joseph Goebbels unterstellt war. Richard Strauß, der Komponist aus München, wurde Präsident und wurde nach 1935 durch Peter Raabe ersetzt. „Die Reichsmusikkammer bertrachtet sich als Dienerin eines großen Werkes, sie hat dieses Werk zu ihrer eigenen Sache gemacht und wird Mittel und Wege finden, um wie bisher stetig aufwärtsschreitend das deutsche Musikleben, dessen Schicksal zweifellos nicht in der Oper entschieden wird, zu einer neuen Blüte emporzuführen." (Geschäftsführer Ihlert, 1935)

Eta Harich-Schneider hat, wie die meisten Musiker ihrer Zeit, von den großspurigen Vorhaben der neuen Machthaber zu Anfang wenig gewußt oder wahrhaben wollen. Sie spürte den neuen Geist zwar an den Zwängen in ihrer Hochschule, doch der Zulauf zu ihren Seminaren war so groß, daß man sie noch relativ unbehelligt ließ. Leider täuschten auch die Erfolge ihrer im barocken Palais Monbijou in Berlin durchgeführten Kammerkonzerte (bei denen sie damals schon historische Instrumente einsetzte) über manches hinweg. An der Person des Komponisten Paul Hindemith enzündete sich dann ein Streit, der nie beigelegt wurde. Hindemith hatte einen Lehrauftrag an der Hochschule, und er galt als einer der vielversprechenden Neutöner Deutschlands. Er war ein „Vertreter der neuen Sachlichkeit" und hatte in den Jahren 1932 und 1933 noch keinerlei Schwierigkeiten. Man warf ihm zwar 1933 schon vor, er mache jede musikalische Modeströmung mit und sei überall zu Hause, nur nicht in der „deutschen Volksseele", doch solche Angriffe hielten sich in Grenzen.

Zu einem offenen Konflikt kam es dann durch das Verbot von Hindemiths Oper „Mathis der Maler" (war der Name Matthias Grünewald vielleicht auch jüdisch?), und Wilhelm Furtwängler, der die Mathis-Sinfonie in Berlin dirigierte, setzte sich vehement für Hindemith ein. Hindemith drohte mit Abwanderung, Furtwängler trat als Vizepräsident der Reichsmusikkammer zurück und gab die Leitung der Berliner Philharmonie ab. Der ganze Eklat ging durch die Presse, Goebbels schaltete sich ein und hielt auf einer Großkundgebung im Sportpalast eine seiner berüchtigten demagogischen Reden, in der er forderte, „rücksichtslos und ohne Furcht vor absterbenden Kunstcliquen und Claquen dagegen anzugehen... Wir verwahren uns auf das energischste dagegen, diesen Künstlertypus als deutsch angesprochen zu sehen." Wohlgemerkt, er meinte Hindemith und nicht Furtwängler. Den brauchte er noch zu Propagandazwecken.

An der Hochschule protestierten die Studenten inzwischen energisch für Hindemith – er war als ausgezeichneter Lehrer sehr beliebt. Aus dem Lehrerkollegium hatte nur ein einziger Mensch den Mut, für den gescholtenen Komponisten einzutreten: Eta Harich-Schneider. Und schon hatte sie sich wieder unbeliebt gemacht. Hindemith ist dann 1934 nach Istanbul und Ankara gegangen, um auf Einladung Atatürks das türkische Musikleben zu reorganisieren. Fritz Stein setzte sich während seiner Abwesenheit für eine Rückkehr und die Aufführung der Oper „Mathis der Maler" ein, Hindemith kam im Winter 1935/36 zurück, er ließ sich locken, denn es war wegen der bevorstehenden Olympiade politisches Tauwetter angesagt. Alle ließen sich davon blenden, es gab sogar Juden, die in jenem Jahr wieder nach Deutschland zurückkehrten und damit erst recht ihren Henkern in die Hände fielen.

Im Mai 1937 eröffnete Goebbels in Düsseldorf die Ausstellung „Entartete Musik", bei der auch Hindemith vertreten war. Damit war sein berufliches Aus dokumentiert. Hans Severus Ziegler, Leiter des Gaukulturamtes der NSDAP, Verfasser der Schrift „Entartete Musik", die 1938 im Völkischen Verlag Düsseldorf herauskam, in seiner Eröffnungsrede: „Was in der Ausstellung Entartete Musik zusammengetragen ist, stellt das Abbild eines wahren Hexensabbats und des frivolsten, geistig-künstlerischen Kulturbolschewismus dar..." Hindemith hatte bereits am 22. März 1937 seine Kündigung an der Musikhochschule eingereicht, im September 1938 verließ er Deutschland und ging über die Schweiz in die USA, wo er später noch oft mit Eta Harich-Schneider zusammentraf.

Bertolt Brecht hat ihm Ende der dreißiger Jahre aus der dänischen Emigration einen vielsagenden Solidaritätsbrief geschrieben, in dem es heißt: „Ob Sie es wollen oder nicht, Sie können eine Musik, wie sie in Hitlerdeutschland verlangt wird, nicht schreiben. Es nützt nichts, wenn Sie ‚Mein Kampf' vertonen... Sie können die Hand zum Hitlergruß erheben – dazu kann man Sie vielleicht zwingen –, aber in dem Augenblick, wo Sie den Taktstock erheben, wird die Konkurrenz auf dem Posten sein..." Hindemiths Odyssee – exemplarisch für unzählige deutsche Musiker jener Zeit – beinhaltet Aufenthalte in Kanada, den USA, in Mexiko, in der Schweiz. In Deutschland wollte er sich nicht mehr etablieren, wenn er auch immer wieder bei Gastkonzerten anzutreffen war. Zu Eta Harich-Schneider hielt er lebenslang Kontakt und wollte ihr in den USA sofort eine Professor an der New Haven Universität beschaffen. Leider zerschlug sich dieser Plan. Der Komponist starb 1963 in Frankfurt am Main und bleibt trotz aller nationalsozialistischen Verfolgungen einer der renommiertesten deutschen Komponisten dieses Jahrhunderts.

Noch haben wir das Jahr 1935, Eta Harich-Schneider hält in Berlin tapfer aus, nimmt Restriktionen in Kauf, setzt sich für jüdische Studenten ein und wird wieder einmal durch Fritz Stein getäuscht, der sie – mündlich vorerst – endlich zur Professorin ernennt. Sie ist erleichtert und glaubt an einen Umschwung. Auch sie wurde ein „Olympia"-Opfer, als man damals das Ausland glauben machen wollte, es herrsche ein liberaler Geist in Deutschlands Kulturszene. Dazwischen immer wieder Auslandsreisen, Konzerte in Italien, sie erlebt Mussolini bei einer seiner öffentlichen Reden. Sie spielt im Goethehaus in Frankfurt, bei Kerzenbeleuchtung im Artushof in Danzig, in Ländern des damaligen Baltikums, und sie spürt überall Begeisterung. Das Cembalo habe sie aus dem Bereich des Dilettantismus befreit, sagt man ihr. Als treuen Zuhörer gewinnt sie den Physiker Max Planck, der in Berlin einen Lehrauftrag hat, und er gehört fortan zu ihrem Freundeskreis. Und wieder wird sie nach Italien eingeladen. Die Stimmung ist mittlerweile aufgeladen, sie spürt etwas von einem „Tanz auf dem Vulkan".

In Berlin hatte sich mittlerweile vieles zusammengebraut. Ein deutsch-nationaler Flötist namens Gustav Scheck war in ihr Collegium gekommen, um sie offensichtlich politisch unter Kontrolle zu halten, und machte ihr das Leben schwer. Auch Professor Stein mischte sich plötzlich in ihre Konzertplanungen ein, wo er nur konnte. Doch sie ließ sich nicht beirren. Zwei grundlegende Bücher entstanden damals: „Die Kunst des Cembalospiels“ (später bei Bärenreiter in Kassel gedruckt) und „Zärtliche Welt – François Couperin in seiner Zeit“ (später spielte sie das Gesamtwerk des französischen Barockkomponisten auf Platte ein), und auch das verschaffte ihr nicht nur Freunde, sondern auch Neider. Auch der damalige Chefredakteur der Zeitschrift „Die Musik“, Hans Gerigk, bestellte bei ihr einen Artikel über Stilaufführungen der Cembalomusik. Sie nahm die Gelegenheit wahr und schrieb in jener Zeitung, die bereits vor Judenhaß triefte, einen viel beachteten Artikel. Sie ahnte nicht, daß dieser Artikel nur dazu diente, sie musiktheoretisch angreifen zu können. Und so geschah es auch.

Doch die Angriffe bezogen sich vorläufig auf die jüdischen Studenten ihrer Klassen. Die drei besten Cembalisten waren Juden, und die Hochschule erlaubte letztlich nur noch ein Prozent. Harich-Schneider kämpfte für jeden und wurde täglich unbeliebter bei der Hochschulleitung. Ihr erklärter Gegner, jener nationalistisch gesinnte Flötist Scheck, hatte sich derweil über ihren Artikel in der Musikzeitschrift erregt und bezichtigte sie der Ignoranz.

Am 17. Januar 1936 wurden alle Hochschullehrer auf Hitler vereidigt, und jeder mußte schwören, „dem Führer und Reichskanzler treu zu sein und sein Amt gewissenhaft und uneigennützig zu verwalten“. Eta Harich-Schneider schreibt in ihrer Biographie, sie habe heimlich das Wörtchen „treu“ beim Sprechen weggelassen. Mehr konnte sie sich derzeit an Widerstand nicht erlauben. Oder hätte sie einfach die Hochschule verlassen sollen, um den ganzen Spuk nicht mitzumachen? Vielleicht gehörte sie aber auch zu den deutschen Künstlern, die immer noch glaubten, auch die Nazi-Machthaber könnten ihnen angesichts einer gewissen Popularität nichts anhaben. Ein trügerischer Glaube. Ein Propagandaministerium, das sich zur obersten Kulturinstanz eines ganzen Landes aufschwang, nahm gerne in Kauf, daß viele Prominente Deutschland den Rücken kehrten. Es warteten ja genug linientreue Nachfolger in den Startlöchern, und da verkraftete man auch den Abgang von Medienstars wie den „Comedian Harmonists“, eines Richard Tauber, eines Franz Schmidt und einer Fritzi Massary.

Schließlich war auch ihre Cembaloklasse „judenrein“, nur im Collegium für Alte Musik gab es noch jüdische Musiker, obwohl ihnen öffentliche Auftritte verboten waren. Anstelle dessen veranstaltete Eta Harich-Schneider oft Hauskonzerte, immer in der Angst, von irgend jemandem verpfiffen zu werden. Der heldenhafte Einsatz für die jüdischen Studenten brachte ihr inzwischen von seiten der Hochschule den Beinamen „Judenfreundin“ ein. Sie ließ es geschehen und schien noch ahnungslos. Da erhielt sie plötzlich einen Brief von Fritz Stein, der ihr „Verstöße gegen die kulturelle Linie“ vorwarf und ihr gleichzeitig mitteilte, er werde nun die Monbijou-Konzerte organisieren und leiten. Es war ihm längst ein Dorn im Auge, daß diese populären Konzerte von einer nicht linientreuen Frau geleitet wurden. Eta Harich-Schneider reagierte prompt, versammelte ihre Freunde um sich und setzte die Reihe fort. Stein tobte. Und doch brauchte er sie als Vorzeige-Musikerin.

Zum Beispiel bei einem Konzert im Mai 1936. Göring, Goebbels und Hitler sowie die gesamte NS-Kulturprominenz waren anwesend. Wie auf heißen Kohlen saß Eta an ihrem Cembalo, mußte das Deutschland-Lied spielen und schließlich auch noch – ohne Noten – das Horst-Wessel-Lied. Ob sie jemals daran gedacht hat, ein solches Propaganda-Konzert abzulehnen? Schließlich wurde sie als Reklameträgerin des von ihr doch so verhaßten Regimes benutzt...

Immer mehr jüdische und unbequeme Musiker verließen Deutschland. Eta nahm herzlich Abschied von Hindemith, auch das brachte ihr wieder Mißgunst ein. Gleichzeitig wurde die Künstlerin von einer Reichsfrauenführerin besucht, die sie bat, in die Partei einzutreten: „Stehen Sie nicht abseits, Frau Harich-Schneider. Sie sind eine graziöse Frau, und das ist reichswichtig“, hatte sie ihr gesagt.

Dann kam die Reichskristallnacht vom 9. und 10. November 1938. Danach durften die Juden keine öffentlichen Veranstaltungen mehr besuchen. Viele wurden in sogenannte „Judenhäuser“ umgesiedelt und aus ihren alten Wohnungen herausgeschmissen. Jüdische Betriebe wurden arisiert, und die deutschen Juden sollten in ihrer Gesamtheit einen „Sühnesold“ von einer Milliarde Reichsmark bezahlen. Kein Jude konnte mehr ein öffentliches Amt oder eine Stellung bekleiden. Schließlich hatte man auch die großen Versicherungen unter Druck gesetzt, nach den Millionenschäden der Kristallnacht keinen Pfennig Entschädigung zu zahlen. Auch Hauskonzerte mit Juden waren nun gefährlich geworden.

Die politische und persönliche Hetze spitzte sich 1939 zu, Scheck beschimpfte sie wegen ihres Stilkunde-Artikels in der längst gleichgeschalteten Zeitschrift „Die Musik", doch als sie dem damaligen Chefredakteur Gerigk eine Entgegnung anbot, verweigerte er ihr eine publizistische Verteidigung. Direktor Stein hatte sich inzwischen negativ über sie geäußert und sie diffamiert. Sie sei nicht deutsch, sie verhielte sich nicht deutsch als Berliner Professorin. Außerdem war sie ihm wohl zu beliebt.

Der Streit um jenen harmlosen Artikel über die Kunst des Cembalospiels weitete sich aus, wurde künstlich hochgespielt, um sie von der Hochschule zu vertreiben. Und da Stein ihre Konzertreihe übernehmen wollte, hatte man noch einen Grund, der gegen sie sprach. Im Briefkasten fand Eta Harich-Schneider ein Schreiben von Stein: „Von heute an entziehe ich Ihnen die Leitung der Konzerte in Monbijou und bin in dieser großen Zeit für Sie nicht mehr zu sprechen. Über Programme und Mitwirkende entscheide ich allein und werde Sie als Cembalistin weiterbeschäftigen. Bei Widerspruch werden Sic entlassen." Danach begann ein endloser Kampf der Anwälte, ein Rechtsstreit ohnegleichen; in allen Verhandlungen und Verhören war deutlich zu spüren, wie die Stimmung unter den Juristen umgeschlagen war. Es kam zu lautstarken Auseinandersetzungen, Stein verlor die Fassung. Das Gerichtsurteil lautete, Monbijou solle von beiden, von Stein und Harich-Schneider, gleichberechtigt als Konzertreihe verwaltet werden. Ein Teilerfolg?

Weil sie sich mit der angedrohten Kündigung ihrer Lehrtätigkeit an der Hochschule und dem Einschnitt in ihre künstlerische Tätigkeit nicht abfinden wollte, strengte sie ein Disziplinarverfahren gegen Stein an. Hinzu kam, daß Stein ihr bis jetzt eine ordentliche Professur verweigerte, obwohl sie jahrelang den Dienst einer Lehrstuhlinhaberin versah. Auch hier zogen sich die Vernehmungen hin, es wurden auf der gegnerischen Seite Falschaussagen gemacht. In der Verhandlung im März 1940 hagelten alle Vorurteile auf sie herab: Sie sei für die Jüdin Wanda Landowska eingetreten, sie habe jüdische Schüler über Gebühr behalten, sie sei judenhörig, außerdem habe sie eine „römisch-rabulistische“ Denkweise. Der Richter brüllte in den Raum: „Ja, wenn Sie damals schon auf den Tisch gehauen und sich gewehrt hätten, dann hätten Sie mir imponiert. So hätte eine deutsche Frau reagieren müssen.“

Wenige Tage später, es war am 20. April, Hitlers Geburtstag, fand sie ihre fristlose Kündigung im Briefkasten vor. Begründung: Sie habe gegen Stein prozessiert und unbegründete schwerste Beschuldigungen gegen ihn erhoben. Die Presse erfuhr davon und war auf ihrer Seite. Die Familien Planck, Hindemith, der Verlag Bote & Bock und zahlreiche Freunde schrieben ihr, die „Allgemeine Musikzeitung“ in Leipzig setzte sie plötzlich aufs Titelblatt, sie war die „berühmteste deutsche Cembalistin“, man bot ihr Konzerte im Beethovensaal anstelle des hübschen Monbijou-Gebäudes an. Und sie nahm das Angebot an. Jedoch: Als sie genug Musiker beisammen hatte, schlich sich jemand nachts an die Plakate und überschrieb sie mit „ausverkauft“. Die Schikanen gingen also weiter, denn Scheck und Stein hatten mittlerweile an Terrain gewonnen. Es war das Jahr 1941, der Krieg lief auf Hochtouren, die Propagandameldungen überschlugen sich, und inmitten allen Streites, mit der Entlassung in der Tasche und einem Rechtsstreit ungeahnter Länge im Rücken, konzertierte Eta Harich-Schneider weiter.

Sie reiste mitten im Krieg nach Dänemark, nach Schweden und Norwegen und war wieder in Italien zu Gast. Als reisende Musikerin konnte sie zu jener Zeit politisch kaum neutral bleiben. Wer 1940 und 1941 Auslandsreisen antrat und in offiziellen Veranstaltungen auftrat, konnte es, wo immer die Konzerte stattfanden, nur mit der Billigung der Nazis tun. Norwegen galt als relativ treuer Vasall Deutschlands, und Italien war faschistisch. Eine Eta Harich-Schneider, die von Botschaftsräten empfangen, auf Diner-Parties der jeweiligen Regierenden herumgereicht wurde, war unfreiwillig zur Nazi-Protagonistin geworden. Sie überliefert uns zwar in ihrer Biographie unendlich viele humorvolle Details, die ihren verbalen Mut, ihre Zivilcourage dokumentieren, doch sie genoß es als Tochter eines großbürgerlichen Elternhauses auch ungeniert, in ebenfalls großbürgerlichen Kreisen, die meist deutschfreundlich, selten deutschfeindlich waren, ein und aus zu gehen. Hitler-Deutschland provozierte eine perfide Doppelmoral.

Die Ufa-Filmgesellschaft, des Propagandaministers liebstes Kind, wurde 1940 auf sie aufmerksam und wollte einen Film über sie drehen. Sie sagte freudig zu. Eta Harich-Schneider merkte offensichtlich wenig oder nichts von den opulenten Filmvorhaben des Film-Fans Joseph Goebbels, dessen Babelsberger Filmmaschinerie in den Kriegsjahren auf Hochtouren lief. Unerwünschte Schauspielerinnen und Schauspieler waren längst brotlos geworden, doch die Kinos waren voll wie nie zuvor. Der Film als Propagandamittel stand in der Rangordnung aller Künste ganz oben. Hätte die Künstlerin nicht besser „nein" sagen sollen zu einem solchen Unterfangen, das ihr erstmals Gelegenheit bot, ihr künstlerisches Können allein auf der Leinwand unter Beweis zu stellen? Hat man sie mit dem Filmangebot ideologisch gar kaufen wollen? Goebbels war sich der Attraktivität von Preisen, Auszeichnungen und Propaganda-Maßnahmen wohl bewußt, und so mancher Künstler ist darauf hereingefallen.

In den vom Sonderstab Musik des Reichsleiters Rosenberg (ERR) übereifrig bereits im September 1940 beschlagnahmten Büchern, Instrumenten und Papieren der Wanda Landowska fanden sich – und das wurde Eta Harich-Schneider bald zugetragen – auch ihre eigenen Briefe. Sie hatte über Jahre brieflichen Kontakt zu ihrer jüdischen Lehrerin unterhalten und hatte sie ja inkognito nach Berlin zum Unterrichten eingeladen. Und sie war mehrere Male in ihrem Domizil in Frankreich gewesen, um die Studien fortzusetzen. Das alles war verdächtig und bestätigte die These von der „Judenfreundin". Wieder gab es Freunde, die sie warnten, wenigstens jetzt Deutschland schnellstens zu verlassen. „Sie halten sich wohl für kugelsicher", sagte einer ihrer Freunde, doch sie lachte nur. Die Hochschule hatte ihr eine lächerlich kleine Abfindung für die verlorenen Stelle gegeben, und – erwartungsgemäß – hatte sich jener mittelmäßige Flötist ihres Orchesters, Scheck, auf ihren Posten gehievt. Er lehrte aus ihrem Cembalobuch und begann seine erste Vorlesung mit den Worten: „Frau Professor Harich-Schneider hat ein wunderbares Buch geschrieben, nach dem wir arbeiten wollen. Schade, daß sie eine so schlechte Kollegin ist." Das Gebäude der von ihr ins Leben gerufenen Monbijou-Konzerte wurde wenig später von Bomben restlos zerstört. Ihr Widersacher Stein hatte keine Gelegenheit mehr, die berühmte Konzertreihe unter seinem Namen dort fortzusetzen.

Anfang 1941: Eta Harich-Schneider wurde plötzlich ins Auswärtige Amt bestellt. Man wolle sie auf Konzertreise schicken, und zwar nach Japan, denn sie könne im Ausland viel besser für Deutschland eintreten als im eigenen Land, hieß es. Das war deutlich, und jetzt verstand sie endlich. Sie verstand endlich, daß sie höchst unerwünscht war und daß die Konzertreise ein gutgemeinter Tip eines Beamten war, der sie vor weiteren Nazi-Schikanen bewahren wollte. Sie beantragte sofort das Visum, und am Tag der ersten Filmvorführung ihres Ufa-Streifens bekam sie ihren Ausreisestempel. Es war der 29. April 1941. Eta Harich-Schneider bestieg die vorletzte Transsibirische Eisenbahn, die im Krieg Richtung Osten rollte, und fuhr über Rußland, die Mandschurei bis nach Japan. Berlin und Nazi-Deutschland ließ sie hinter sich.

Drei Monate danach erfolgte der Befehl Hitlers an Heydrich, sich um eine „Endlösung des Judenproblems" zu kümmern, die ersten Transporte rollten nach Theresienstadt und in andere polnische Lager. Dies mitzuerleben blieb Eta Harich-Schneider erspart. Sie hatte lange in Deutschland ausgeharrt, vielleicht zu lange. Andere Musiker hatten Deutschland bereits früh verlassen, als sie erste künstlerische Restriktionen erlitten. Hermann Scherchen zum Beispiel. Der berühmte Dirigent ging bereits 1932 ins Ausland, als man ihn in seiner Eigenschaft als Berater der Reichsrundfunkgesellschaft aufforderte, keine Werke jüdischer Komponisten mehr aufzuführen. Auch Otto Klemperer, Bruno Walter, Kurt Weill, Paul Hindemith und andere Künstler waren schon längst im Exil. Künstlerisch hat die Musikerin – wie wir es aus heutiger Sicht beurteilen können – nur so lange durchhalten können, weil sie harmlose „alte Musik" spielte.

Hätte sie in jedem ihrer Konzerte das Werk eines Neutöners, eines „Kulturbolschewisten" und eines Zwölftöners vorgesehen, hätte man ihr von seiten der Hochschule und der Reichsmusikkammer längst den Stuhl vor die Türe gesetzt. Doch solange sie mit den Goldberg-Variationen des Komponisten Johann Sebastian Bach sogar in besetzten Ländern Furore machte und die kriegsmüden Herren auf festlichen Empfängen bei Laune hielt, blieb sie relativ ungeschoren. Bis auf die Animositäten des Musikhochschul-Chefs, seine Eifersucht auf ihr Können, ihr Einsatz für die jüdischen Studenten (die 1941 aber auch nicht mehr präsent waren) und ihr Aufbegehren gegen die Kündigung war sie politisch nicht direkt ins Kreuzfeuer geraten. Hätte man sie als Gefahr für den deutschen Ruf im Ausland angesehen, wäre sie niemals noch 1940 auf Reisen geschickt worden. Ihr Ausharren bis 1941 ist ein Phänomen, das bis heute rätselhaft bleibt. Bis 1941 nicht mitschuldig zu werden ein weiteres, über das wir nicht urteilen wollen. Liebte sie Deutschland so, wie andere, die alle Warnungen ausschlugen, bis es zu spät war?

Da saß sie nun mit Menschen aus vielen Ländern, mit Soldaten und Zivilpersonen in der Transsibirischen Eisenbahn. Die wochenlange Fahrt ging über Irkutsk, den Baikal-See, Sibirien, China, Korea; Dutzende von Grenzkontrollen, Durchsuchungen ihres Gepäcks und endlose Fragen nach ihrem Fahrtziel überstand sie. Sie hatte einen Reisebegleiter von „Intourist" zur Seite, der ihr aus mancher Verlegenheit half. Und sie stand stundenlang im Aussichtswagen der damals noch recht komfortablen Eisenbahn, um die endlose Landschaft zu betrachten. Immer mehr japanische Soldaten stiegen zu, der Zug machte halt in einem kleinen Ort namens Manchouli. Da hörte sie plötzlich deutsche Laute. Es waren Deutsche aus den USA, die in Unkenntnis der politischen Lage über den Landweg nach Deutschland zurückkehren wollten, um dem Führer zur Verfügung zu stehen. Niemand von ihnen schien zu ahnen, in welch ein verändertes Europa man kam. Nach der Fahrt durch Korea ging es auf eine Fähre, und schließlich kam sie in der japanischen Hafenstadt Shimonoseki an. Das letzte Stück Richtung Tokio wurde wieder mit dem Zug zurückgelegt. Todmüde erreichten die zahlreichen Fahrgäste den Bahnhof der Weltstadt. Unter ihnen Deutschlands bekannteste Cembalistin, Eta Harich-Schneider, Berlin.

Abgeholt wurde die Künstlerin standesgemäß von der Gattin des Deutschen Botschafters, die sie bereits aus Berlin kannte und als heimliche Kommunisten-Sympathisantin verehrte. Standesgemäß war Eta Harich-Schneider denn auch Gast der Deutschen Botschaft, und ihr wurde ein Trakt des großen Botschaftsgebäudes als Wohnung zugewiesen. Die erste Station ihres Exils war erreicht; sie konnte nicht ahnen, daß Japan kurze Zeit danach sich an der Seite Deutschlands in den Krieg einmischen würde. Ihr waren noch wenige Monate der Ruhe gegönnt. Durchkreuzt wurde diese Ruhe jedoch von einem Mann, der später in aller Welt zu Berühmtheit gelangte. Er war Spion.

Spätestens nach seiner Enttarnung 1941 wußten es auch die Deutschen: Richard Sorge, der in Tokio lebte, hatte als Doppelagent deutsche militärische Vorhaben an Stalin, an die Sowjetunion, verraten. Sorge war wochenlang auf den Titelseiten der Zeitungen zu finden, die Empörung war groß. Nur Insider wußten, daß er während seines Japan-Aufenthaltes ein enger, ja intimer Freund von Eta Harich-Schneider war. Sie war im Oktober 1946 jedoch Zuhörerin beim Nürnberger Militärgerichtshof; ihre private Affäre mit Sorge war dabei kein Thema. Seine Enttarnung jedoch war auch für sie ein böses Erwachen. Sie wußte zwar, daß er mehrmals in der Sowjetunion gewesen war und sich früher auch kommunistisch betätigt hatte (aber das hatte ja auch ihre Tochter Susanne getan), doch war ihr nie der Gedanke gekommen, daß er diese Verbindung zur Sowjetunion noch aufrechterhielt.

Richard Sorge hatte sich zu Anfang ihres Japan-Aufenthaltes als Deutscher gerne mit ihr unterhalten, Neuigkeiten aus Deutschland ausgetauscht und entpuppte sich als Musikfreund. Nach ihrem ersten großen Konzert in der vollbesetzten Musikhalle von Tokio und weiteren ausverkauften Konzerten in Kobe, Osaka und Kioto schrieb er für die „Frankfurter Allgemeine Zeitung“ einen lobenden Artikel und erwähnte ihre Bedeutung für den deutsch-japanischen Kulturaustausch. Privat wirkte er unstet, war oft angetrunken und schimpfte auffällig über Nazi-Deutschland und sagte – wie sie in ihrer Biographie schreibt: „Der Kommunismus ist etwas Großes und Schönes.“ Als Spion verdächtig wurde er ihr nicht angesichts solcher Formulierungen. Außerdem war sie nach eigenen Worten auch ein wenig verliebt.

Die Enttarnung Sorges, spätere Konflikte mit dem Botschafter, der Eintritt Japans in den Krieg: all dies machte die nächsten Monate in Tokio brisant. Wiederholt riet man ihr, das Land zu verlassen. Doch gleichzeitig wurde sie als Zeugin in Sachen Sorge vernommen; der deutsche Botschafter Ott, in dessen Haus sie Gastrecht genoß, sollte verständlicherweise wegen Sorge entlassen werden, es fanden Hausdurchsuchungen bei ihr statt, weil man geheime Briefe und Papiere Sorges vermutete. Am 29. September 1943 verkündete das Kriegsgericht Tokio die Todesstrafe durch den Strang für Richard Sorge, den Doppelagenten. Das Urteil wurde ein Jahr später, am 7. November 1944, vollstreckt. Eine kurze, abenteuerliche Freundschaft endete abrupt.

Eta Harich-Schneider, in Berlin schon intensiv in kirchlichen, sprich katholischen Kreisen zu Hause, fand in Tokio bald Anschluß an eine Jesuiten-Gemeinde und besuchte regelmäßig deren Gottesdienste. Kontakt hatte sie auch zu ihrem ehemaligen Berliner Kollegen Manfred Gurlitt, der in Japan als Operndirigent tätig war. Auch der Komponist und und Operndirigent Klaus Pringsheim, den sie aus Berlin kannte, war nach Tokio ausgewandert und arbeitete im Bereich der Oper. Man veranstaltete gemeinsame Konzerte, natürlich mit „genehmer" Musik, mit Mozart und Bach, daneben gab Eta Harich-Schneider – wie in Berlin – regelmäßig Hauskonzerte, die vor allem von der deutschen Kolonie gerne besucht wurden. Im April 1942 mußte jeder in Tokio eine Gasmaske erwerben, um sich auf amerikanischen Fliegeralarm vorzubereiten. Freunde rieten ihr, die Wohnung aus dem Zentrum Tokios aufs Land zu verlegen; viele verließen die Stadt. Und endlich packte auch Eta Harich-Schneider ihr Cembalo und die nötigsten Dinge ein. Zusammen mit einer japanischen Hausdame verließ sie die Hauptstadt; die Amerikaner waren nur eine Flugstunde von Tokio entfernt; es war höchste Zeit.

Die ländliche Idylle dauerte bis Mitte Oktober. Länger hielt sie es nicht aus, dann kehrte sie nach Tokio zurück. Im Dezember gab es fast jeden Tag Fliegeralarm, die deutsche Botschaft wurde teilweise geräumt, und auch Eta Harich-Schneider, die mittlerweile eine andere Wohnung bezogen hatte, fühlte sich bedroht. Die Stadt Kobe brannte völlig aus, und man riet ihr dringend, nun wirklich die Stadt zu verlassen. Der Yamaha-Flügel wurde verpackt und in ein Ausweichquartier gebracht, und immer kam es zu Angriffen. Die amerikanischen Truppen rückten näher und näher. Ausgehen durfte sie nur in vorschriftsgemäßer Kleidung mit einem Kissen um den Kopf gebunden; Gasmasken wurden vorwiegend von Männern getragen. Sollten sie vielleicht alleine überleben?

Bei aller Bedrohung gab es immer wieder Konzerteinladungen, in Kioto im Jesuitenkolleg spielte sie, während die Alarmsirenen von weitem ertönten. Und wieder Großalarm in Tokio, während Harich-Schneider bei Klaus Pringsheim zu Gast war. Sie half bei Löscharbeiten in den Straßen, fand ihr eigenes Quartier aber unversehrt. Im Radio gab man die Kapitulation Deutschlands bekannt und den Tod Hitlers. Wohlmeinende Freunde, wohlgemerkt Japaner, kommen, um ihr mit kleinen Geschenken diese Nachricht zu „erleichtern". Zurück in ihr ländliches Ausweichquartier gekehrt, findet sie alles durchwühlt. Nach dem letzten Angriff hatten sich dort voreilig japanische „Kriegsgewinnler" – so die Musikerin – breitgemacht und betrachteten sie wohl als feindliche Ausländerin. Mit Mühe und Not kann sie noch ihre beiden Instrumente retten. Ansonsten ist das Haus vollkommen verwüstet.

Es ist Mai 1945, ein Großteil der Hauptstadt ist noch unversehrt, und man beginnt gerade zu hoffen. Da ertönt wieder Alarm. Mit ihrem Fluchtkoffer in der Hand rennt Harich-Schneider auf die Straße, trifft auf andere Deutsche, man rennt los, doch da haben schon die Bomben ihr Werk getan, ganze Straßenzüge brennen, und es herrscht ein unangenehmer Wind, der den Brand weiterträgt. Ganz in der Nähe ihres Hauses ist ein Feuer entstanden, verzweifelt versucht sie zu löschen, doch vergeblich. Das Haus brennt ab. Sie überlegt keine Minute und rennt los, übergießt sich mit Wasser, sogar der Asphalt brennt, sie erreicht eine Brücke, rechts und links stehen die Häuser lichterloh in Flammen. Wieder treibt der Wind das Feuer weiter, zündet es erneut an. Als die Flammen unheilvoll nahe kommen, springt sie einfach in einen Abwasserkanal: Dieser Sprung hat ihr das Leben gerettet. Die Nacht des Feuersturms überlebt sie wie durch ein Wunder.

Am nächsten Morgen sieht sie, daß die deutsche Botschaft völlig ausgebrannt ist, nur das Jesuitenkolleg hat überlebt. Die Deutschen wurden in ein Ausweichquartier nach Karuizawa gebracht, dort gab es zu essen, neue Kleidung und ein wenig Ruhe. Doch der Krieg war für Japan noch nicht zu Ende. Es kam noch die gräßlichste Kriegstat der Amerikaner, der Atombombenabwurf auf Hiroshima. Ganz Japan, ja die ganze Welt war wie gelähmt. Einen Tag vorher hatte die Künstlerin ein Konzert ausschlagen müssen, weil sie Reiseverbot hatte. Dann erfuhr man von einem weiteren Abwurf auf Nagasaki. Alle waren geschockt; der japanische Kaiser unterschrieb seine Kapitulationserklärung. Die Kaisertreuen nahmen ihm das übel und verbrannten das Papier. Die Palastwache revoltierte.

Zurück in Tokio, konnte Eta Harich-Schneider in der zerstörten Stadt jedoch bald ein kleines leerstehendes Haus, das früher einer deutschen Familie gehört hatte, beziehen. Ganz, ganz allmählich begann das normale Leben wieder. Doch auch hier, in den ersten Monaten nach Kriegsende hatte sie mit Denunziation zu kämpfen. Plötzlich hieß es, sie sei ein Nazi-Spitzel, der von Goebbels nach Japan geschickt worden war. Alte Freunde, die vor Kriegsende in ihre Konzerte gekommen waren, blieben plötzlich fern. Sie hatte den Eindruck, daß man nur zu jüdischen Emigranten freundlich war. Oder täuschte sie sich?

Den Entschluß, in die USA zu gehen, muß sie wohl schon während des Krieges gefaßt haben; jedenfalls beantragte sie die Ausreise; auch Pringsheim wollte das Land verlassen. Da hieß es plötzlich, die Deutschen würden zwangsrepatriiert, und sie erhielt kein Visum. Gleichzeitig kam der Solidaritätsbrief von Paul Hindemith, der ihr eine Professor an der New Haven University anbot. Auch der Landowska-Schüler Ralph Kirckpatrick meldete sich aus Amerika, um sie dort künstlerisch zu unterstützen.

Die Wartezeit nutzte Eta Harich-Schneider, um das zu intensivieren, was sie bereits zu Anfang ihres Japan-Aufenthaltes begonnen hatte: die Beschäftigung mit der traditionellen japanischen Musik „gagaku". Außerdem hatte sie die japanische Pinselschrift bereits lückenhaft erlernt; auch hier wollte sie sich weiterbilden. Sie erhielt Zugang zum japanischen Instrumentenmuseum, wo man sie als Frau anfänglich recht mißtrauisch anschaute, doch sie ließ nicht locker. Sie ließ sich im berühmten koto-Spiel unterrichten und studierte Tag und Nacht die japanische Schriftsprache. Allmählich ging ihr der Ruf einer Gelehrten voraus; man war erstaunt, daß sich ausgerechnet eine deutsche Musikerin so intensiv für die klassische Musik des Gastlandes interessierte.

1946 übertrug man ihr die musikalische Erziehung der kaiserlichen Hofmusiker. 1947 erhielt sie die Dauer-Aufenthaltsgenehmigung für Japan, das „permanent resident“-Papier, und bald waren die Ausreisepläne für Amerika schnell vergessen. Es folgten zahlreiche Konzerte in Tokio, sie unterrichtete Studenten und Schüler, veranstaltete Hauskonzerte und trug sich mit dem Gedanken, im Stil der Berliner Monbijou-Konzerte eine barocke Reihe durchzuführen. Ihr musikalischer Vertrauter wurde Prinz Takamatsu, der sie fortan sehr unterstützte und ihre wissenschaftlichen Arbeiten zu alter japanischer Musik mit Interesse zur Kenntnis nahm. Ihre Arbeiten, darunter unzählige Transkriptionen japanischer Musik, Übersetzungen aus dem Japanischen, Musikinstrumentenkunde usw., kamen gut voran, doch immer wieder stellte sie fest, daß sie die erste war, die sich bei der Erforschung der alten japanischen Musik alleine auf Originalquellen stützte. Harich-Schneiders große Publikation „A History of Japanese Music“ ist mehrbändig und besteht aus Buch- und Schallplattenveröffentlichungen. Sie gilt bis heute als das grundlegende Werk zu diesem Thema.

1949 erhielt sie ein Visum für Amerika und fuhr über Los Angeles nach New York. Von der Guggenheim-Foundation, der sie ihre wissenschaftlichen Arbeiten über japanische Musik vorstellte, erhielt sie ein Stipendium, das zweimal verlängert wurde. 1950 reiste sie erstmals zu Konzerten wieder nach Deutschland, die Hamburger Musikhochschule bot ihr eine Professur an, der Bärenreiter-Verlag wollte ihr Cembalobuch verlegen, und schließlich hoffte sie immer noch insgeheim, nach Berlin zurückkehren zu können. Mittlerweile war Werner Egk Hochschul-Direktor geworden, aber der Versuch schlug fehl. Sie wurde als „unerwünscht“ abgekanzelt.

In Hamburg gab es erste Schallplattenaufnahmen, sie spielte u. a. das Cembalo-Werk Couperins ein. In anderen Städten hielt sie Referate, sie spielte in Düsseldorf, Köln, Essen und Frankfurt. Auch Paris und Uppsala standen auf ihrem Terminkalender, sie traf ihre Tochter Lili nach vielen Jahren wieder und mußte eine furchtbare Entfremdung feststellen. Ein zweites Mal floh sie aus Deutschland, aus Berlin und kehrte in die USA zurück, um dort mit ihrem selbstgegründeten Barock Chamber Music Players Konzerte zu geben und sich endlich einen akademischen Grad zu erwerben, und zwar in Japanologie und Soziologie. Die New York School for Social Research bot sich dafür an, jene berühmte Akademie, die im Zweiten Weltkrieg allein von europäischen, vorwiegend jüdischen Emigranten gegründet worden war und die vielen Auswanderern in den Anfangsjahren zum geistigen Halt wurde; ähnlich wie auch die Exilzeitung „Aufbau", in der zahlreiche Literaten in jener Zeit publizierten und sich schreibend das Unrecht von der Seele reden konnten. Im November 1951 veröffentlichte der „Aufbau" ein großes Interview mit Eta Harich-Schneider. Dazwischen erlebte sie immer wieder merkwürdige Formen von Diskriminierung als Deutsche. Ein Konzert wurde ihr einmal von einer jüdischen Organisation angeboten, und plötzlich boykottierte man sie mit Plakaten, auf denen sie als „Nazi harpsichordist" dargestellt wurde. Doch sie verschaffte sich zusehends einen guten Namen im Bereich der Alten Musik und der japanischen klassischen Musik. Vor allem in Japan erhielt sie bereits in den fünfziger Jahren die wissenschaftliche Anerkennung, die ihr zustand.

Die USA als Exilland sollten jedoch nicht ihre endgültige Entscheidung werden. 1955 bot man ihr überraschend die Cembaloklasse an der Akademie für Musik und darstellende Kunst in Wien an. Sie akzeptierte sofort, sicherlich auch in der Hoffnung, dies sei eine Entschädigung bzw. eine Rehabilitierung für den ungerechtfertigten Rausschmiß in Berlin. Sie packte einmal wieder ihr Cembalo ein und ging nach Wien. 1957 wurde sie zur Professorin ernannt und unterrichtete bis Anfang der sechziger Jahre in der österreichischen Hauptstadt, die von da an zu ihrer Wahlheimat wurde. Wenn sie Wien verließ, dann nur, um sich immer wieder in Japan ihrer Forschungsarbeit und in den USA ausgedehnten Konzerten und Vorträgen zu widmen. Privat hatte sie 1960 einen weiteren Schicksalsschlag zu verwinden: Ihre zweite Tochter Lili, die als Schauspielerin hochbegabt war, aber – so die Mutter – „in die Anonymität einer Ehe flüchtete", verstarb ganz plötzlich an einer nicht definierten Krankheit. Nur das Unterrichten und die Anhänglichkeit ihrer Wiener Schüler haben Harich-Schneider darüber hinweggeholfen.

Doch das in Berlin erlittene Unrecht an der eigenen Hochschule saß noch immer tief. Eta Harich-Schneider hatte einen Antrag auf Entschädigung gestellt und mußte sich nun nach Berlin begeben, da die ersten Verhandlungen anstanden. Was hier ab 1958 auf sie zukam,

2 1977, im Alter von 83 Jahren, nahm Eta Harich-Schneider den Orden „Von der Heiligen Krone“ des japanischen Kaiserhauses entgegen. Rechts Uchida Hiroshi, Chef des Protokolls.

gleicht einer jener juristischen Farcen, die sich vor allem die nicht entnazifizierten Beamten damals leisten konnten. Es gab Falschaussagen, Beschimpfungen, Auslassungen, verschwundene Papiere. Der Prozeß zog sich schließlich bis zum Jahre 1967 hin. Sie verlor. Die Hochschule blieb hart und wollte ihr keine Entschädigung zahlen. Sie verlor ein zweitesmal. Schließlich, als sie in letzter Instanz den Bundesgerichtshof bemühte, gewann Eta Harich-Schneider in einem Verfahren, das dreißig Jahre lang gedauert hatte und Ähnlichkeiten mit der nicht eingelösten Professur der Berliner Komponistin und Dirigentin Elisabeth Kuyper hat. Auch sie mußte lange nach dem Krieg um die Anerkennung als Professorin kämpfen. Schließlich bewilligte man ihr ein paar Mark für ihre Rente. Die Demütigung jedoch, die nazitreue Kollegen, eitle, diensteifrige Mitläufer, Eta Harich-Schneider angetan hatten, hatten ihre Spuren hinterlassen. Ob sie sich so spät noch über die juristische Rechtfertigung freuen konnte?

Ihre Freude waren die Besuche und Anerkennungen in Japan. Sie kehrte noch mehrfach dorthin zurück, veröffentlichte zahlreiche wichtige Werke der japanischen Musikforschung, wurde 1977 sogar vom japanischen Staat, sprich Kaiserhof, mit dem Orden „Von der Heiligen Krone" geehrt und gilt bis heute in Japan als die einzige westliche Musikgelehrte, die an die Quellen der traditionellen Musik vorgedrungen ist. Der japanische Kronprinz wurde ihr eifrigster Verehrer und Förderer, und manche Male durfte sie im kaiserlichen Palais zu Gast sein.

Noch 1983 – also mit 89 Jahren – nahm die Musikerin einen Lehrauftrag für musikalische Ethnologie im Bereich der japanischen Musik an der Innsbrucker Hochschule an. Unermüdlich kämpfte sie gegen ihr sich verschlimmerndes Augenleiden und gegen andere körperliche Schwächen an. Eta Harich-Schneider verstarb im Jahre 1986 in ihrer europäischen Wahlheimat Wien. Mit ihr starb eine der letzten großen, umfassend gebildeten Musikerinnen und Musikforscherinnen unserer Zeit, eine mutige Frau, die den schmalen Grat zwischen Widerstand und Anpassung so ging, daß sie ihre Würde behielt.

Als der Westdeutsche Rundfunk im November 1997 eine Gedenksendung über sie veranstaltete, wußte niemand, daß die Gedenksendung drei Jahre zu spät kam. Die Musikerin hatte nämlich – wie viele Künstlerinnen ihrer Zeit – bei ihrem ersten Amerika-Aufenthalt im Jahre 1949 ihr Geburtsdatum im Paß ändern lassen, von 1894 auf 1897. Auch das ist Eta Harich-Schneider.

„Die Sammlung gehört in die Charité!"
Hannah Höch: die einzige Frau unter den Berliner Dadaisten

Sie flüchtete während der Bombenangriffe auf Berlin nie in den nächsten Bunker, sondern saß nächtelang auf einem Hocker in ihrem Garten. Dort in ihrem abgelegenen Häuschen in Berlin-Heiligensee hat sie die sechs Jahre des Zweiten Weltkriegs zugebracht. Nur einmal, als sie eine englische Maschine gefährlich nahekommen hörte, ist sie in ihr Häuschen gerannt; sie hatte Glück: Die Bombe fiel nicht in ihren Garten. Es wäre eine Katastrophe geworden. Denn auf ihrem Dachboden hatte sie, mit Brettern und Teerpappe vernagelt und mit einer speziellen Konstruktion versehen, einen Großteil ihres künstlerischen Lebenswerkes versteckt; versteckt vor dem Zugriff der Nazis, denen sie seit langem ein Dorn im Auge war. Als die russische Armee im Frühjahr 1945 nach Berlin vorrückte, hat sie die wertvollen Schätze für ein paar Wochen in ihrem Garten buchstäblich vergraben: ein verzweifelter Versuch, ihre unzähligen Zeichnungen, Collagen, Briefe und Dokumente zu retten. Und es gelang ihr. Daß Hannah Höch niemals einen Bunker in Berlin aufsuchte, war nicht nur heldenhafter Mut, sondern geschah nach eigenen Worten aus der Angst, dort einigen Nazis zu begegnen, die sie als „entartete Künstlerin" wiedererkannt hätten. Und denen sie seit Jahren aufgefallen war, weil sie an hohen politischen Feiertagen nicht ordnungsgemäß flaggte.

So hat sie die furchtbarsten Jahre der Verfolgung, der ständigen Angst vor Entdeckung seitens der Nazis, auch den Einmarsch der Russen überlebt. Und mit ihr überlebte das vollständige Werk einer bedeutenden Künstlerin aus einer Zeit des Umbruchs, die sich Dada nennt: ein kunsthistorisches Dokument, das seinesgleichen sucht.

Von den anderen Dadaisten jener Zeit – Raoul Hausmann, Richard Huelsenbeck, Hans Richter, Hans Arp, Sophie Taeuber-Arp – ist nach zwei Weltkriegen kaum etwas in dieser Geschlossenheit erhalten. Hannah Höch, die tapfere alte Dame der Dada-Kunst, hatte mit „innerer Emigration“ auf die Zeichen ihrer Zeit geantwortet, hatte sich gänzlich aus der Öffentlichkeit zurückgezogen und sich damit aus dem Blickfeld der Nazis entfernt. Noch lange nach dem Krieg steckte sie voller Angst vor dem Entdecktwerden, lebte sie dieses Versteckspiel weiter, als dauere der Krieg noch an. Ihr erster Biograph Heinz Ohff: „Sie hat sich vergessen lassen.“

Wer sie in den sechziger Jahren in ihrem ganz von Grün überwucherten Häuschen in Berlin-Heiligensee besuchte, wurde fast „erschlagen“ von den Schätzen, die sie in ihrem langen Leben angesammelt hatte. Sie war eine große Sammlerin, und sie hob alles auf: Tagebücher, Notizen, Reisebeschreibungen, Manuskripte, Briefe von Dadaisten, Programme von Dada-Veranstaltungen, Fahrkarten, Eintrittskarten. Nach ihrem Tod im Jahre 1978 blieb ihr Nachlaß leider nicht an einem Ort. Ein Teil ihrer Werke ging in den Besitz der Berlinischen Galerie über, andere Werke waren vom Kupferstichkabinett und der Nationalgalerie Berlin angekauft worden. Ihre gesamte Bibliothek ging an einen Schweizer Kunstsammler. In Händen der überlebenden Familie (in Berlin lebt noch eine Schwester, Marianne Carlberg) befinden sich ebenfalls noch zahlreiche Werke.

Wer in den achtziger Jahren einmal die Ehre hatte, den damaligen Bundespräsidenten Richard von Weizsäcker in der Villa Hammerschmidt in Bonn zu besuchen, traf dort auf ein unbekanntes Ölgemälde von Hannah Höch mit dem Titel „Holland“. Und wer einmal im ersten Frauenhotel Deutschlands, dem Berliner Hotel „Artemisia“, übernachtet hat, fand einen ganzen Raum liebevoll ausgestattet mit Bildern und Collagen vor. Das war lobenswert. Aber gehörte Hannah Höch als berühmtestete Dada-Vertreterin Deutschlands nicht auch inzwischen in das aufwendig restaurierte Adlon-Hotel? Werke wie „Die Tragödin“ oder „Die Dompteuse“ wären dort an historischem Ort unter den Augen der Weltöffentlichkeit zum Ende des 20. Jahrhunderts ein wirklicher künstlerischer Blickfang geworden und hätten gezeigt, daß das neue Berlin die Kunstwerke einer alten Berlinerin nicht vergessen hat. Ein Hannah-Höch-Museum gibt es nicht, auch keine zentrale Höch-Forschungsstätte, die jungen Kunsthistorikern die Arbeit erleichtern könnte. Das idyllische kleine Häuschen in Heiligensee wird mittlerweile von einer fremden Familie bewohnt. Man hat, wie die Höch-Spezialistin Jula Dech in einem Symposion zu Hannah Höch im Jahr 1989 mit Recht anmerkte, versäumt, den letzten Wohnsitz der Künstlerin, der so viel Persönliches von ihr widerspiegelte, zu einer Gedenkstätte zu machen, so wie es mit der Schaffung des Käthe-Kollwitz-Museums geschah. Und wären nicht junge, engagierte Kunstwissenschaftlerinnen wie Renate Berger, Jula Dech und Ellen Maurer in Berlin Ende der achtziger Jahre an den Senat herangetreten, dann wäre Hannah Höch bis heute noch das „Dada-Dornröschen" geblieben, das ihr männliche Mitstreiter der Dada-Zeit völlig zu Unrecht als Beinamen gaben. Diesen Frauen zu verdanken ist auch die große Höch-Retrospektive des Jahres 1989 in der Berlinischen Galerie und die Herausgabe einer Dokumentation unter dem Titel „Da-da zwischen Reden" in der Reihe „Der andere Blick", Frauenstudien in Wissenschaft und Kunst des Berliner Senats.

Nein, mittlerweile ist Hannah Höch keine Unbekannte mehr, und auch die Dada-Bewegung ist spätestens seit der Entdeckung der Pop-Art wieder „modern" geworden. Wie modern Höchs Werk ist und wie zeitlos, zeigt sich schon nach eingehender Beschäftigung mit ihren Collagen aus den zwanziger Jahren. Und dann erst ihre ersten Fotomontagen, eine Technik, die man bis dahin überhaupt nicht kannte! Ja, sie war eine wahre Pionierin der Kunst der zwanziger Jahre und sollte trotzdem nicht nur auf ihre Pionierleistung in der Montage-Technik festgelegt werden. Sie kannte keine Stilrichtung („Ich möchte die festen Grenzen verwischen, die wir Menschen... selbstsicher... zu ziehen geneigt sind..."). Noch bis ins hohe Alter galt sie bei Fragen von Journalisten und Historikern allgemein als verschlossen, „diskret" nannte man es, und wenn jemand eine falsche Frage nach ihrem Leben oder Werk stellte, blieb sie stumm. Obwohl sie ansonsten alles Beschriebene und Bedruckte verwahrt hatte: einen Teil des Briefnachlasses verbrannte sie nach dem Krieg, darunter auch Briefe von und an ihren damaligen Lebensgefährten Raoul Hausmann, einen der Wortführer der Berliner Dada-Bewegung. Sie kannte materielle

Not nicht nur in Kriegszeiten, sondern noch lange danach. Doch sie hatte sich auch damit abgefunden, daß bei den wenigen Ausstellungen nie mehr als ein Bild verkauft wurde.

Mit einer „Ehrenrente" von rund 300 Mark im Monat lebte sie noch bis in die sechziger Jahre und war mehr als erstaunt, als der damalige Assistent des Direktors der Berliner Museen, Eberhard Roters, ihr für einige Kunstwerke insgesamt 100.000 Mark anbot. Sie war so erstaunt über den hohen Preis (den männliche Künstler jener Zeit bei Verkäufen nicht selten erhielten), daß sie dafür fast ihren ganzen Nachlaß hergegeben hätte. 1961 hatte sie ein Villa-Massimo-Stipendium erhalten, was ihr ein Jahr lang finanziellen Freiraum gestattete. Privat lebte sie mehr als bescheiden, vorwiegend von den Erträgen ihres eigenen Gartens, in dem sie nicht nur ein Meer von Blumen, sondern auch Gemüse „zum Überleben" zog.

Hannah Höch, die unvergessene Vergessene der Berliner zwanziger Jahre: Wer war sie? Sie hieß eigentlich Johanne Höch und wurde am 1. November 1889 in Gotha geboren. Sie war die älteste von fünf Geschwistern. Die Atmosphäre des Elternhauses war liberal, man verehrte die Ideale der Freimaurer, hielt nicht viel von kirchlicher Gebundenheit, und zahlreiche Künstler gingen ein und aus. Hannahs große Toleranz fremden Meinungen und Richtungen gegenüber stammt von daher: ein Faktum, das sich auch in ihrem Werk widerspiegelt. Keiner dogmatischen Richtung angehören, alle zu Wort kommen lassen und niemanden verdammen: dahinter steckt wohl keine Zügellosigkeit, sondern eine besondere Toleranz Andersdenkenden gegenüber. Schon als Mädchen galt sie – wie ihre Schwester Marianne berichtet – als überaus großzügig.

Mit dreizehn Jahren, nach Abschluß der Volksschule, hilft sie im väterlichen Büro (der Vater war Geschäftsmann und Unternehmer) mit, was sie aber nicht befriedigt. Die Mutter von Hannah ist künstlerisch und musikalisch hochbegabt und hält die Mädchen zu ersten Klebe- und Collagearbeiten an. Hannahs Talent ist offensichtlich so groß, daß man sie – typisch für eine klassische Mädchenausbildung – zum Studium an die Kunstgewerbeschule, Klasse für Glasgestaltung, nach Berlin schickt. Warum sie nicht die Kunstakademie besuchte? Sie wäre dort zwar eine der allerersten weiblichen Studenten geworden, aber… Nein, die intellektuellen Vorarbeiten zur meisterhaften Collagetechnik waren in einer Kunstgewerbeschule nicht schlecht aufgehoben. Zu Beginn des Ersten Weltkriegs wird die Schule geschlossen, und Hannah muß als Rote-Kreuz-Helferin arbeiten. 1915 setzt sie jedoch ihr Studium an der Lehranstalt des Berliner Kunstgewerbemuseums in der Klasse von Emil Orlik fort: Auch hier ist der Krieg allgegenwärtig, und die Ateliers der Schule werden als Lazarett und teilweise zu künstlerischen Zwecken benutzt. Im selben Jahr lernt sie den Wiener Raoul Hausmann kennen, der drei Jahre älter ist als sie und zum Malerei- und Bildhauerei-Studium nach Berlin gekommen ist. Sehr bald freunden sich beide künstlerisch, dann auch privat miteinander an. Über Hausmann hört Hannah Höch erstmals von einer Gruppe von Avantgardisten, die sich in der Zeitschrift „Sturm“ von Herwarth Walden (dem zweiten Ehemann von Else Lasker-Schüler) artikulieren und die sich ungeachtet der allgemeinen wirtschaftlichen Misere, der Arbeitslosigkeit und der desperaten Stimmung im Ersten Weltkrieg in Berlins berühmtem „Café des Westens“ treffen. Dort diskutiert man heftig über Expressionismus und Kubismus, über die Chancen, bei den Verleger-Mäzenen Flechtheim und Cassirer etwas unterzubringen, über die fehlenden Künstlerfreunde, die ins Exil gegangen sind, und über neue Seinstheorien.

In dieser Weltstadt der neuen Kunstrichtungen schlägt sich Hannah Höch als Layouterin im Berliner Ullstein-Verlag durch. Glück hat sie, diese Stelle zu bekommen, denn somit kann sie ihr Studium finanzieren. Zehn Jahre lang bleibt sie dem Verlag treu. Aus jener Zeit stammen auch ihre allerersten Collagen. Mit Hausmann verbindet sie inzwischen eine tiefe Freundschaft; zweimal wird Hannah Höch schwanger, und zweimal läßt sie eine Abtreibung vornehmen: Episoden, die sie später noch oft künstlerisch verarbeiten wird.

1917 kehren die ersten Berliner Künstler aus ihrem unfreiwilligen Kriegs-Exil nach Deutschland zurück. Und sie bringen etwas mit, das eine ganze Epoche revolutionieren wird. Zum Beispiel Richard Huelsenbeck: von Hause aus eigentlich Mediziner und Psychoanalytiker, in den Kriegszeiten dann als Literat und Avantgarde-Vordenker tätig: Er hatte in Zürich in der Keimzelle der Dada-Bewegung gewirkt. Dort lebten, arbeiteten, hungerten, phantasierten sie alle: Romain Rolland,

René Schickele, Frank Wedekind, der Theaterautor und Essayist Hugo Ball, der rumänische Autor Tristan Tzara, der Maler Marcel Janco, der Maler Hans Arp und die Tänzerin Sophie Taeuber (die später seine Frau wird), die Maler Kurt Schwitters und Hans Richter und schließlich der anarchistische Poet Erich Mühsam. Sie alle waren Entwurzelte des Krieges, persönlich und künstlerisch heimatlos geworden. Doch in dieser Zeit des „Nichtstuns“ entwickelten sie sich zu starken, ja aggressiven Gegnern der bisherigen Kunstströmungen. Alle hatten ein erklärtes Ziel: den Widerstand gegen die geschmacklichen, also ästhetischen Maßstäbe ihrer Zeit.

Hugo Ball und seine Freundin Emmy Hennings (eine Berliner Diseuse) waren zur Tat geschritten. Sie hatten in einem kleinen Bierlokal mit Namen „Meierei“, nicht gerade in der besten Gegend von Zürich, Räume gemietet und eröffneten dort das „Cabaret Voltaire“. Cabaret hießen damals viele „Etablissements“, und die Varieté-Kunst blühte in Paris, in New York, in Berlin, einfach überall. Es gab Feuerschlucker und Zauberkünstler, Kunstradfahrer und Jongleure, Clowns und Tänzerinnen, die vorwiegend im klassischen Tanz ausgebildet waren. Im „Cabaret Voltaire“ in Zürich fing alles recht chaotisch und ganz spielerisch an. Es wurden Gedichte von Apollinaire und Erich Mühsam rezitiert, erste Werke von Hans Arp oder Viking Eggeling wurden ausgestellt, dazu spielte man die keineswegs anarchistische Musik eines Camille Saint-Saëns. Doch dabei blieb es nicht. Vor allem die Dichter und Schriftsteller unter den Künstlern entpuppten sich als die Vordenker. Sie wollten die Sprache von Logik und üblicher Syntax befreien. Verse ohne Wörter entstanden, man rezitierte aus Büchern, deren Seiten man zufällig mit dem Brieföffner aufschlug, es entstanden die ersten „Lautgedichte“.

„Dada“ hieß das alles jedoch noch nicht. Dieses zufällig gefundene Wort, von dem bis heute niemand, auch niemand der Dabeigewesenen, weiß, woher es stammt, kam erst 1916 auf. Die Künstler hatten hingegen einen solchen Zulauf mit ihren literarisch-künstlerischen Veranstaltungen, daß man neue Räume suchte. So wurde in Zürich die „Galerie Dada“ ins Leben gerufen, in der man Klee, Feininger, Kandinsky, de Chirico, Modigliani und andere ausstellte. Ein Blick in die Programmgestaltung der Zürcher Gruppe spricht für sich:

Da gab es beispielsweise eine russische Soirée mit Lesungen aus dem Werke von Turgenjew, der Musik von Rachmaninoff und Skrjabin, dazwischen erklangen russische Soldatenlieder, und der Erlös war für russische Emigranten bestimmt. Dann gab es einen Abend mit Richard Huelsenbeck, der ausschließlich Lyrik schwarzer Schriftsteller rezitierte. Oder einen Tanzabend mit Emmy Hennings, die in Masken von Janco auftrat. Hugo Ball selbst gestaltete im Juni 1916 eine Lesung in kubistischer Verkleidung aus Kartonstücken und brachte seine ersten „sinnlosen" und lautmalerischen Gedichte vor. Sophie Taeuber lud Freunde aus dem Kreis des berühmten Tanz-Pioniers Walter Laban zu einer „Fète littéraire" ein.

Hugo Ball, der sich 1917 jedoch schon mit den anderen verkrachte, über jene Zeit: „Die Galerie hat drei Gesichter. Tagsüber ist sie eine Art Lehrkörper für Pensionate und höhere Damen. Am Abend ist der Kandinsky-Saal bei Kerzenbeleuchtung ein Klub der entlegensten Philosophien. An den Soiréen aber werden hier Feste gefeiert von einem Glanz und einem Taumel, wie Zürich sie bis dahin nicht gesehen hat." In einem ersten Manifest hatte man es etwas später so formuliert: „Wir Künstler als Vertreter eines wesentlichen Teils der Gesamtkultur wollen uns mitten in die Dinge hineinstellen, die Verantwortung für die kommende, ideelle Entwicklung im Staate mitübernehmen. Das ist unser Recht. Wir verkünden, daß dieses künstlerische Bewegungsgesetz unserer Epoche in umfassender Formulierung bereits vorliegt. Die Geistigkeit einer abstrakten Kunst bedeutet die ungeheure Erweiterung des freiheitlichen Gefühls des Menschen. Unser Glaubensziel ist brüderliche Kunst: neue Sendung des Menschen in der Gemeinschaft. Die Kunst im Staat muß den Geist des gesamten Volkskörpers widerspiegeln. Kunst zwingt zur Eindeutigkeit, soll Fundament des neuen Menschen bilden, jedem einzelnen und keiner Klasse gehören… wir bekämpfen kraftverzehrende Systemlosigkeit… Solche Arbeit verbürgt dem Volke höchsten Lebenswert und ungeahnte Möglichkeiten. Wir werden den gewaltigen Strömungen Ausdruck verleihen, den zerstreuten Bestrebungen greifbare Richtung geben." Unterschrieben war das Manifest von Arp, Baumann, Eggeling, Giacometti, Henning, Helbig, Janco, Morach und Richter. Die „Zürcher Post" vom 3. Mai 1919 druckte es in vollem Wortlaut ab.

Natürlich war die damalige „normale“ Kunstszene mit solchen Postulaten überfordert. Weder die deutsche noch die schweizerische Kunstwelt war auf eine solche Richtungsänderung vorbereitet. Skepsis und Unverständnis waren ebenso an der Tagesordnung wie die Euphorie einiger weniger. Zürich als Schmelztiegel vieler politischer und nicht-politischer Flüchtlinge zeigte sich jedoch liberal und ließ die Künstler gewähren. Man akzeptierte ihre Verrücktheiten. Dazwischen aber gab es damals immer wieder Eingriffe der Zürcher Polizei, die aufgrund unzähliger Klagen aus der Nachbarschaft wegen Lärmbelästigung und anderer Dinge mit Kündigung der Räumlichkeiten drohte. Ball überwarf sich schließlich mit Tzara so sehr, daß er Ende Mai 1917 Zürich verließ, mit der Dada-Bewegung brach und sich mit Emmy Hennings in Ascona niederließ.

Ähnlich wie man die Stellung Hannah Höchs im Berliner Dada-Kreis immer unterschätzte, so geschah es nach dem Krieg auch mit Sophie Taeuber-Arp in Zürich. Die 1889 in Davos geborene Künstlerin wurde in der Gewerbeschule St. Gallen und den Lehr- und Versuchswerkstätten in München ausgebildet und wurde 1916 Lehrerin an der Kunstgewerbeschule Zürich. Schon früh arbeitete sie mit Stickereien und Papier, entwarf Masken, Marionetten und Kostüme; daneben trat sie als Tänzerin auf. Sie entwarf das Dekor zu „König Hirsch“ von Carlo Gozzi; die Entstehung der „Dada-Köpfe“ ist vorwiegend auf ihre Initiative zurückzuführen. Ihr Anteil am Werk von Hans Arp ging dabei weit über die Ausführung textiler Arbeiten hinaus. 1915 waren sie Arbeits- und Lebensgefährten geworden, und es entspricht sicherlich nicht der Wirklichkeit, Sophie Taeuber nur als „anspruchslose, leise Dada-Künstlerin“ zu apostrophieren. Daß sie eine Verbindung zwischen Kunstgewerbe und Dada schuf, ist dabei nicht zu unterschätzen. Beide Richtungen haben davon profitiert. Außerdem entsprach eine solche Verbindung zwischen angewandter und abstrakter Kunst ganz dem Bauhaus-Gedanken.

Die Ausstrahlung der Dada-Bewegung war mittlerweile groß und griff auch auf andere Länder über. Sogar in New York bildete sich ein dadaistischer Kern, gegründet von europäischen Emigranten des Ersten Weltkriegs. Um den Fotografen Alfred Stieglitz sammelten sich hier Künstler wie Marcel Duchamp und Francis Picabia, später kamen der Fotograf Man Ray, der Komponist Edgar Varèse und andere dazu. Die gemeinsam herausgegebene Zeitung nannte man „291" nach der Hausnummer der Galerie Stieglitz. Man veranstaltete eine erste große Ausstellung der „Unabhängigen" in der Grand Central Gallery, und Duchamp schockierte alle, als er anfing, normale Gebrauchsgegenstände zu Kunstwerken zu deklarieren, indem er nichts anderes tat, als sie zu signieren. Zum Ärgernis wurden die Dada-Inszenierungen, als er es einmal wagte, eine einfache Toilettenschüssel auf den Kopf gestellt für eine Ausstellung vorzuschlagen. „Ready-made"-Kunst nannte man solche Werke, die nur in besonderer Weise vom Künstler drapiert oder postiert wurden. Picabia gab dann seinerseits eine Zeitung mit Namen „391" heraus, Duchamp gab die „New York Dada"-Zeitung heraus, schon bildeten sich gegensätzliche Lager. Nach Beendigung des Krieges war „die Luft raus", und viele Künstler kehrten wieder in ihre Heimatländer zurück. Man Ray und Duchamp gingen nach Paris.

Hier hatten sich die Künstler André Breton, Louis Aragon und Paul Eluard zu einer eigenen Dada-Bewegung zusammengeschlossen. Sie wollten sich von den Kubisten absetzen, organisierten eigene Veranstaltungen im Grand Palais und in der Université Populaire, gaben eine eigene Zeitung heraus, schufen einen „Salon Dada" und zerstritten sich schließlich - wie überall in den Dada-Gruppen. Doch die Ausstrahlung erfaßte noch bis 1920 die italienische Kunstszene, auch in Spanien, in Belgien, in Japan und Lateinamerika kam es zu dadaistischen Bewegungen. Schließlich hatten alle während und nach dem Krieg ein Ziel: Absage an traditionelle Kunstvorstellungen, Absage an traditionelle Moral, Absage an Schulen, wie sie der Futurismus oder Expressionismus darstellten, Absage an Allgemeinverständlichkeit von Kunst und Literatur. Man wollte bewußt zerstörerisch und bilderstürmerisch sein und nahm auch in Kauf, daß die Bewegung letztlich nur einen Teil der Kunstfreunde zu interessieren schien. Einen Verkaufserfolg erbrachte Dada nie, und hätte nicht das Ende des Ersten Weltkriegs der Bewegung ein historisches Ende gesetzt, so wäre sicherlich mancher der Dada-Künstler buchstäblich verhungert. Dada hat seine Sprengkraft vor allem in der gemeinsamen Aktion entfaltet, in den Manifestationen oder Kundgebungen, in den Soiréen. Dada als Gesamtkunstwerk ließ sich eben besser in Aktionen erleben, aber verkaufen, nein, das ließ sich Dada nicht.

Zurück nach Berlin. Hier hatte Raoul Hausmann mit Richard Huelsenbeck eine eigene Dada-Gruppe gebildet. Vorbild war das Zürcher „Cabaret Voltaire". Und gemeinsamer erklärter „Feind" waren das preußisch-militärische, deswegen auch patriarchalische System, der Militarismus, die Aufrüstung, der Kapitalismus. Kein anderer als George Grosz, der große Karikaturist und Anti-Militarist, hat diese Themen damals so pointiert und deutlich in seiner Kunst benannt. „Deutschland ein Wintermärchen" nannte er einen Zyklus aus den Jahren 1917 bis 1919, in dem er damals bereits den deutschen Patriotismus anprangerte. Schockierend sind aus jener Zeit auch die „Kartenspielenden Kriegskrüppel" von Otto Dix, realistisch durchaus, alldieweil man zusammengeschossene Soldaten täglich auf den Straßen Berlins vorfand. Der im Krieg zerfetzte Mensch, der körperlich versehrte Mensch, der Krüppel eben, fand plötzlich Eingang in die Kunst. So wie auch der Kleinbürger, der Kraftprotz, der engstirnige und bigotte Charakter, dessen Aggression versteckt schien, zum Objekt der Künstler wurde. Mit Grosz und Dix wurden die Dada-Anhänger deutlich politischer, entfernten sich von den endlosen ästhetischen Diskussionen, wurden aggressiver, nannten politische Ereignisse beim Namen und griffen schonungslos alles an, was nach Patriotismus roch. Veröffentlicht wurde vieles aus jener Zeit im Malik-Verlag von Wieland Herzfelde, der sich damit unschätzbare Verdienste erworben hat.

Liest man heute die Parolen eines Otto Gross, der Hausmann sehr beeinflußt hat, glaubt man, die Formulierungen von Feministinnen der achtziger Jahre dieses Jahrhunderts zu hören. Gross, der besessen war von der Idee eines gewaltfreien Zusammenlebens und von der Gleichheit der Geschlechter, hat viele Schriftsteller wie Werfel, Kafka und Hasenclever beeinflußt. Er hatte erkannt, daß die „psychischen Typen von Männlichkeit und Weiblichkeit seiner Zeit künstlich geschaffene Produkte, Resultate der Anpassung an bestehende Verhältnisse waren, die es durch eine erotisch-soziale Revolution zu verändern galt...." Gross erkannte, daß die „Vorstellung einer anarchistischen, sich in freien Liebesbünden organisierenden Gemeinschaft" mit der traditionellen Einteilung in die Macht des Mannes und der

Unterdrückung der Frau nicht zu vereinbaren war. Gross: „Der Revolutionär von heute, der... die Beziehungen der Geschlechter in einer freien und glückverheißenden Zukunft sieht, kämpft gegen Vergewaltigungen in ursprünglichster Form, gegen den Vater und gegen das Vaterrecht. Die kommende Revolution ist die Revolution fürs Mutterrecht."

Gross stand damals – und auch heute – nicht allein da, wenn er postulierte: „Die Familie ist der Herd aller Autorität, weil hier das Patriarchat die Individualität in Ketten schlägt." Viele Menschen – vor allem Künstler – dachten damals in neuen Bezügen, die das tradierte Bild einer monogamen Zweierbeziehung aufweichte. Und man dachte nicht nur so liberal. Man lebte auch so. Ob es die Künstler, Schriftsteller, Tänzer, Philosophen waren, die sich auf dem legendären Monte Verità in der Schweiz zusammenfanden, die Anarchisten und Pazifisten oder die Lebensreformer: die Propheten neuer Formen des Zusammenlebens hatten viele Antworten auf die stürmischen Fragen der Nachkriegsgeneration. Moralische Zwänge wurden als kleinbürgerlich abgetan, man lebte oftmals in Dreierbeziehungen oder gänzlich unverheiratet. Frauenfreundschaften waren – vor allem in Großstädten wie Berlin – an der Tagesordnung, und man pflegte seine Homosexualität ebenso wie andere Lebensformen. Die alte Familienstruktur war „out".

Man ging sogar soweit – und wieder sei hier Gross zitiert –, Frauen die Fähigkeit zuzusprechen, eine Gemeinschaft ohne Machtausübung über andere zu leben. „Die Erde" veröffentlichte 1919 einen Aufsatz von Otto Gross, in dem er alle Kultur- und Lebensbereiche revolutionieren wollte und dem Patriarchat ade sagte, das nur den „Kult um das männliche Ego" konserviere. „Die wahren Männer treten heute für die Ablösung der Besitzrechte des Mannes an die Frau und eine Aufhebung der Minderwertigkeitsfamilie genau so ein wie für die ökonomisch-kommunistische Gemeinschaft..." schrieb er.

Mit solchen Gedanken waren Raoul Hausmann und Hannah Höch täglich konfrontiert, solches debattierte man nächtelang und versuchte es wenigstens in Ansätzen zu leben. Hausmann selbst, der die Liebe als „Durchdringung von Geist, Seele, Körper und Sexualität, frei von Besitzansprüchen und Besitzgier" charakterisierte, wollte die neuen libertinistischen Gedanken vor allem im persönlichen Bereich ausleben und verlangte von Hannah Höch, daß sie mit ihm und seiner Ehefrau eine eheähnliche Beziehung einging. Ihm schien dieses Dreiergespann keinerlei Probleme zu bereiten, während Hannah Höch darunter litt.

Als sie deswegen immer wieder ihre Bedenken anmeldete, bezichtigte er sie der Kleinbürgerlichkeit, indem er schrieb: „Du trittst ja gegen meine anderen Beziehungen gar nicht von Dir aus auf, sondern Dein Vater oder Großvater in Dir ist es, der Dich diese Verhältnisse unerträglich finden läßt…" Er glaubte ihr nicht, daß sie sich tief innerlich dagegen wehrte, und er hielt es für überholte Konventionen, hinter denen sie sich verbarg.

Zusammengelebt und zusammengearbeitet hat Hannah Höch mit Raoul Hausmann von 1917 bis 1922; eine Zeit voller Höhen und Tiefen, Nähe und Distanz. Sie litt unter seinem autoritären Wesen, sie verweigerte sich ihm, man trennte sich oft, es kam zu Angriffen von seiten Hausmanns; in ihrem Tagebuch finden sich etliche Hinweise, die auf eine lange Leidenszeit schließen lassen.

Im März 1918 notierte sie: „Leib und Seele, Kraft und Hingabe, Leidensfähigkeit, Schaffensfreudigkeit… ich muß fordern… wenn ich mich ganz an einen Menschen gebe, einen ganzen Menschen auch für mich, und nicht einen Teil eines Menschen." Der Dada-Kreis der zwanziger Jahre war, wie man sieht, kein Auffangbecken für traditionelle Männer, die sich aufgrund eines Kindes für eine einzige Frau entschieden. Schlimm an dieser Geschichte ist vor allem die Tatsache - typisch für viele Künstler-Ehen -, daß Hausmann neidisch auf Hannah Höchs künstlerische Erfolge war, auf ihre fast alleinige Autorschaft bei der Erfindung der Fotomontage, was er gerne verniedlichte und verneinte. „Wann immer ihr Name zur Dadazeit veröffentlicht wurde, sorgte Hausmann dafür, daß er entstellt wurde", schrieb Hanne Bergius im großen Hannah-Höch-Katalog von 1991. Es ist noch viel schlimmer: In vielen kunsthistorischen Veröffentlichungen wird sie heute noch oft nur beiläufig zum Thema Fotomontage erwähnt, obwohl ihre Pionierleistung spätestens seit den großen Ausstellungen Mitte der sechziger Jahre und dem großen Symposion von 1989 bekannt ist. Daß sich Hausmann in der Dada-Szene lautstärker artikulierte und als Wortführer galt, sagt uns heute, wenn wir die Zeit kritisch hinterfragen, nichts über seine Aufrichtigkeit. Daß Hannah Höch aber jahrelang als „brötchenschmierende Muse der Berliner Dadaisten" galt: dagegen können wir uns heute zur Wehr setzen und anhand ihres Lebenswerks solche Behauptungen Lüge strafen.

Es ist mittlerweile zwei Jahre nach Kriegsende, wir haben das Jahr 1920. Man begründet in Berlin das „Politische Cabaret", in dem Walter Mehring Wortführer wird. Bald kommen Mies van der Rohe und Walter Gropius vom Weimarer Bauhaus dazu (das nach 1922 in Dessau beheimatet war und 1933 von den Nazis geschlossen wurde), auch finden sich russische Konstruktivisten wie Malewitsch und Lissitzky ein. Man bricht mit Waldens Zeitschrift „Sturm", die man nun des Reaktionismus bezichtigt. Es entstehen andere, konkurrierende Zeitungen, jede Richtung hat ihr eigenes Blatt: „Der Dada" oder „Jedermann sein eigener Fußball" oder „Das Bordell". Bei der „Ersten Internationalen Dada-Messe" in der Galerie Otto Burchard im Juli 1920 stellt Hannah Höch neben ihren Puppen auch ihre wohl berühmteste Montage „Schnitt mit dem Küchenmesser Dada durch die letzte weimarer Bierbauchkulturepoche Deutschlands" aus. Es ist das einzige Werk der einzigen Frau, die unter 27 männlichen Dada-Künstlern ausgestellt hat. Es ist ihre erste großangelegte Fotomontage, die heute – wenige hundert Meter entfernt von der damaligen Galerie – in der Berliner Neuen Nationalgalerie hängt. Heute haben Hunderttausende von Kunstinteressierten das Werk gesehen; damals kamen nur rund 300 Besucher in die Ausstellung, von der Kurt Tucholsky – selbst wohl enttäuscht – sagte: „Es ist ziemlich still in der kleinen Austellung und entrüsten tut sich eigentlich auch niemand mehr." Für Entrüstung sorgte ein Foto der Ausstellung mit sämtlichen Dadaisten erst 17 Jahre später, bei der Ausstellung „Entartete Kunst" in München.

Im „Winterthurer Tageblatt" erschien kurz nach der Ausstellung der Bericht eines Arztes, Dr. W. Liebbrand, der sich wegen des häßlichen „Selbstporträts" eines Berliner Dadaisten zu folgenden Bemerkungen anschickte: „Unlängst ging ich durch die Säle der Berliner Kunstausstellung und geriet in die dadaistische Abteilung… Es gibt eine ganze Reihe organisch bedingter Geisteskrankheiten, bei denen

3 Hannah Höch mit ihren Dada-Puppen auf der „Ersten Internationalen Dada-Messe“ 1920.

die Kranken einen Betätigungsdrang im dadaistischen Sinne haben. Vor allem ist es das sog. jugendliche Irresein, bei welchem im Zustand der Katatoni… Dinge ähnlicher Art entstehen… Wir besitzen in der Klinik für Gemütskranke der Charité eine kleine Ausstellung dieser Werke… Die von mir genannte organische Krankheit ‚jugendliches Irresein' und die allgemein als psychopathisch bekannte Minderwertigkeit, zu der viele Künstler, Verbrecher, selbst begabte Leute gehören, sind nun von jeher oft in der Bestimmung schwer voneinander zu trennen… so sind wir Irrenärzte den Dadaisten für ihre Ausstellung dankbar. Ob man dem Volke allerdings recht tut, dies zu zeigen, ist fraglich: die Sammlung gehört in die Charité." Ein Jahr zuvor hatte dieselbe Zeitung bereits geschrieben: „Wie im politischen Leben, so braust gegenwärtig durch das Reich der Kunst ein Sturm, der alles bis dahin Festgewurzelte niederstürzen soll, um Raum für eine neue Kunst zu schaffen… Wir lehnen diesen Bolschewismus in der Kunst so glatt ab wie den Bolschewismus überhaupt." Es sind Worte, wie sie Jahre später in zahlreichen deutschen Blättern erscheinen und die der gesamten Avantgarde den Garaus machen sollten.

Doch die genannte Collage von Hannah Höch verdient ein paar Worte. Es ist ein großartiges Dokument der Zeitgeschichte, das aus unzähligen montierten Fotos, Abbildungen und Versatzstücken entstanden ist. Wir finden darin das gerade in New York fertiggestellte, 3.000 Personen fassende Pennsylvania Hotel ebenso wie die Wallstreet, das Berliner Schloß ebenso wie die Weimarer Nationalversammlung oder eine Warteschlange vor einem Arbeitsamt (schließlich begann 1920 die Massenarbeitslosigkeit) oder ein Platzkonzert im Freien. Die Künstlerin hat siebenmal irgendwelche Tiere einmontiert, wie einen heiligen Elefanten aus Benares, einen jungen Löwen mit Flasche, dann eine Katze, Pferde, eine Springmaus und einen Adler. Daneben sind technische Objekte reichlich vorhanden und überdecken beim allerersten Hinsehen die Menschen. Kugellager und Räder, Autoreifen und Flaschenzüge, ein Feuerlöscher und eine Flugzeugkanzel, dann zwei Rädchen, die wie eine Acht gewunden sind, im Auge von Albert Einstein, ein Schiffsmotor und ein Zahnrad. Was sollten diese vielen der Bewegung gewidmeten Teile andeuten? Vielleicht eine insgeheime Kraft, sich aus der Erstarrung der Nachkriegszeit jederzeit fortbewegen zu können? Oder eine Hommage an ein voll-industrialisiertes Deutschland, das schließlich erst in der Aufrüstung zum Zweiten Weltkrieg bedrohliche Gestalt annahm?

Bevor wir eine weitere Deutung angehen, sollten wir die zahlreichen Menschen auf dieser berühmtesten Collage Hannah Höchs nennen: Wilhelm II. und der Kronprinz Wilhelm von Preußen werden gezeigt; der zweite per Montagetechnik mit einem Schottenrock bekleidet. Dann der greise Generalfeldmarschall von Hindenburg, der auf einer halbbekleideten Frau sitzt. Gustav Noske, der damalige Reichswehrminister und SPD-Abgeordnete, ist zu finden wie auch Friedrich Ebert, der aus dem Kopf von Einstein herausfliegt. Ein Kopf von Karl Marx ist an den Schiffsmotor geklammert, und der Kopf von Lenin ist untrennbar verbunden mit einem kleinen Frauenkörper. Dann kommen die Damen der Collage. Weder Else Lasker-Schüler fehlt, die Hannah Höch wohl persönlich kannte, noch Käthe Kollwitz oder die berühmteste Filmschauspielerin damaliger Zeit, Asta Nielsen, die mit Matrosenmütze und Uniformjacke bekleidet ist, oder die Tänzerinnen Nidda Impekoven und Sent M'ahesa. Schließlich sind abgebildet der damals schon berühmte indische Dichter Rabindranath Tagore [Literatur-Nobelpreis 1919] und die Berliner Dadaisten Richard Huelsenbeck, Johannes Baader, John Heartfield und Raoul Hausmann. Doch nicht ihm läßt sie den Ruhm des größten Kopfes dieser illustren Gesellschaft, sondern Albert Einstein. Wie wahllos in die Collage einmontierte Wörter und Satzteile runden das Bild ab. „Legen Sie ihr Geld in dada an“ ist dabei eine ebenso witzige wie wohl ernstgemeinte Aufforderung, oder der Satz: „He, he, Sie junger Mann. Dada ist keine Kunstrichtung.“ Unterzeichnet hat Hannah Höch die Collage mit „20 Hannchen Höch“. Sie nennt sich bescheiden Hannchen Höch, so, wie man sie in Dada-Kreisen oft nannte. Später erst hat sie ihrem Namen Hanna das „h“ am Ende zugefügt und sich fortan „Hannah Höch“ betiteln lassen.

Was bei vielen Höch-Collagen – und auch bei dieser größten – auffällt, ist die Bewegung all ihrer Frauengestalten. Frauen schweben, tanzen, springen meist im Raum einher, sie lassen sich nicht einfangen und sind der Unruheträger manchen Bildes. Waren es die zahlreichen hervorragenden Tänzerinnen Berlins, die in den zwanziger

Jahren um Mary Wigman herum Furore machten, die ihr dabei vorschwebten? Scharen von tanzenden Frauen kamen damals ja bekanntlich nach Berlin, um bei Laban oder Wigman zu lernen, und nicht nur die Erfinderin des grotesken Tanzes, Valeska Gert, war Hannah Höch bekannt. Die Zeitschriften des Ullstein-Verlages, wo Hannah Höch arbeitete, brachten fast täglich Aufnahmen mit Tänzerinnen, und im Grunde mußte sie die Fotos nur ausschneiden und in ihren neuen Kontext bringen.

Zerstückelung und Zusammensetzung unter eigenem Blickwinkel: dieser Technik bedienten sich mittlerweile auch andere. George Grosz zerstückelte Frauen nicht per Collage, sondern malte sie oft als Opfer, die von Mördern zerstückelt werden. Vieles an seinen Zeichnungen gibt die alltägliche Gewalt wieder, und vieles davon zeigt – so sehr man sich auch damals in Dada-Kreisen davon freimachen wollte – die Gewalt an Frauen. Auch einem so berühmten Maler wie Max Ernst glaubte Hannah Höch nicht, daß er Frauen nicht als Lustobjekte sah. In ihrer Collage von 1920 „Dada-Ernst" verwendet sie einige Frauenbeine, die von Körpern abgeschnitten sind, setzt eine barbusige Frau daneben und postiert mitten ins Bild eine große Säge, die scharf wie ein männlicher Blick alle Frauen des Kunstwerkes seziert, durchschneidet.

Lange nach dem Krieg soll Hannah Höch in einem Interview einmal gesagt haben, sie hätte damals, in der Zeit vor dem Zweiten Weltkrieg, nichts mit der Frauenbewegung zu tun gehabt. Und doch: Wie sie ihre Frauen collagiert, zerschneidet, postiert und in Szene setzt, oft mit männlichen und weiblichen Körperteilen versetzt, manchmal zweigesichtig, manchmal androgyn, ist höchst frauenbewußt. „Weibchen" hat sie nie dargestellt. Es gibt bei Hannah Höch keine Gewaltverherrlichungen und Gewaltdarstellungen, wie sie Dix und Grosz schufen. Ihre Kritik an der Gesellschaft ist nie zynisch oder aggressiv. Vieles hat eine ungeheure Leichtigkeit, vieles steckt voll Humor, und man muß nicht lange suchen, um die gemeinten sozialen Fragen und Ungerechtigkeiten der Zeit zu erkennen. Hannah Höchs Werke erschlagen nicht, nein, sie laden zu intensiver Betrachtung ein. Weil ihre Werke weniger plakativ und aggressiv waren: hatte sie vielleicht deshalb nicht den schnellen Dada-Ruhm erlangt wie ihre männlichen Kollegen?

Da ist zum Beispiel ihr „Bürgerliches Brautpaar“, das sie auch im schaffensreichen Jahr 1920 zusammensetzte, in hellen, freundlichen, bräunlichen Farben. Da steht der Bräutigam im dunklen Smoking neben seiner Braut. Doch diese ist nicht anschmiegsam und voll Erwartung auf das Hochzeitsfest, sondern ist ein simpler Garderobenständer mit stilisiertem Frauenoberkörper und umgehängtem weißen Hochzeitsschal. Keine Brautjungfern empfangen sie an der geöffneten Kirchentür, sondern ein einsamer kleiner Blumentopf, während auf der anderen Seite ein alter Kohlenherd mit einem Kochtopf und einer Kaffeemühle auf die eifrige Hausfrau wartet.

1921 freundet sich Hannah Höch mit Kurt Schwitters an, der als „autonomer“ Dadaist, keiner Gruppe angehörig, in Hannover seine Merz-Bilder und Collagen malte und mit seiner 1920 geschaffenen „Ursonate“ für Stimme Furore machte. In Hannover hatte er sein berühmtestes Liebesgedicht „An Anna Blume“ an alle Litfaßsäulen schlagen lassen. Es ist köstlich, wie er darin formuliert: „Oh du, Geliebte meiner siebenundzwanzig Sinne, ich liebe Dir! - Du, Deiner, Dich Dir, ich Dir, Du mir. - Wir? ... Wer bist Du, ungezähltes Frauenzimmer, Du bist – bist Du? – Die Leute sagen, Du wärest, – laß sie sagen, sie wissen nicht, wie der Kirchturm steht...“ Auch er hat aus Resten seiner Schreibtischtätigkeit, zum Beispiel aus Zeitungen und Fahrkarten, seine berühmten Collagen geformt, unabhängig vom Berliner und unabhängig vom Zürcher Dadaismus. Gemeinsam mit seiner Frau und Hannah Höch plant er nun eine Reise nach Prag, die er „Anti-Dada-Merz-Tournee“ nennt; fortan bleibt Hannah Höch dem Maler und seiner Frau freundschaftlich verbunden. Er gibt, nachdem Dada offiziell für tot erklärt wurde, eine eigene avantgardistische Zeitschrift „Merz“ heraus und ändert sein Hannoveraner Haus in einen sogenannten „Merzbau“ um.

Der Höhepunkt der Dada-Zeit war – so wenig es auch die Künstler wahrhaben wollten – vorbei. 1921 schrieb Hannah Höch an ihre Schwester Grete: „Für Frauen, wie wir es sind, gibt es noch keine Männer, sicher bringt die Zeit, die aus unserer Revolutionierung geboren wurde, einmal auch unseresgleichen den Ausgleich, wir aber sind Kämpfer.“ 1922 trennt sich Höch endgültig von Hausmann und hinterläßt als künstlerischen Abgesang ihre Collage „Meine Haussprüche“.

1924 reist Hannah Höch, künstlerisch und privat nun unabhängig geworden, nach Paris und lernt unter anderm Piet Mondrian und seine Zeitschrift „De Stijl" kennen. Diese Zeitschrift, wie auch Schwitters' „Merz", wurde nicht nur in Deutschland gelesen. Auch in den Niederlanden hatte sie zahlreiche Anhänger. In Amsterdam gab es eine junge Fremdsprachenkorrespondentin, die für die Blätter Artikel übersetzte und sie verkaufte. Til Brugman hieß sie, oder besser: Mathilda Maria Petronelle Brugman, die am 16. September 1888 in Amsterdam geboren wurde. Schon früh hatte sie sich von ihrem erzkatholischen Elternhaus losgesagt, hatte Sprachen gelernt und lebte mit der Gesanglehrerin Sienna Masthoff zusammen. Mondrians Satz „Der Künstler-Mann ist Frau und Mann zugleich: deshalb braucht er keine Frau zu haben. Die Künstler-Frau ist niemals ein vollständiger Künstler, also kann man nicht sagen, daß sie keinen Mann nötig hat." wurde von vielen emanzipierten Frauen der damaligen Zeit insofern „befolgt", als sie in großer Selbstverständlichkeit ohne einen männlichen Partner lebten. So auch Til Brugman.

Bei dem ungarischen Maler Lajos d'Ebneth lernte sie in der Nähe von Den Haag im Jahre 1926 Hannah Höch kennen, die auf dem Wege zu Schwitters war. Til Brugman überredete die Berliner Künstlerin kurzerhand zu einer Reise nach Paris und Grenoble. Ihre Freundschaft ist schnell gewachsen, und schon entschließt sich Hannah Höch zu einem Umzug nach Den Haag. Die beiden Frauen wohnen und arbeiten zusammen. Höch läßt sich von den grotesken Kurzgeschichten und Romanen der Holländerin anregen; diese schreibt an einem autobiographischen Zyklus, und 1935 erscheint eine ihrer Sammlungen unter dem Titel „Scheingehacktes". Dank Hannah Höch kennen wir heute einige ihrer unveröffentlichten Werke, die in Berlin im Hause von Hannah Höch den Krieg überdauert haben. Der Einfallsreichtum von Til Brugman schien unerschöpflich, ihre Wortspiele, ihre grotesken Geschichten, ihre Lautgedichte – ganz im Geist des Dada: alles diente der gegenseitigen Befruchtung. Hanna Höch schuf Illustrationen zu ihren Geschichten, und man plante die Herausgabe eines gemeinsamen Werkes.

In vielem nahm die Dichterin den Surrealismus bereits voraus. In ihrer Erzählung „Himalia" schrieb sie zum Beispiel von einer Frau, die ganz wörtlich von ihrem zukünftigen Ehemann Stückchen für Stückchen nach seinem Vorbild umfunktioniert wird, doch bald ist es keine Frau aus Fleisch und Blut mehr, sondern eine Frau mit Glasaugen und elastischen Brüsten. Die Groteske „Warenhaus der Liebe" spielt im berühmten Berliner Institut für Sexualwissenschaft von Dr. med. Magnus Hirschfeld, das als erstes Sexualinstitut seiner Zeit u.a. mit dem Vorurteil aufräumte, daß Homosexualität eine Krankheit sei. In diesem Werk gibt es zum Beispiel eine „Liebesuniversität in Patchamatak": eine Wortschöpfung, die Til Brugman immer wieder verwendet. In einem ihrer dadaistischen Briefe (oder ist er nur grotesk?) aus jener Zeit an Hannah Höch taucht jener imaginäre Ort auch auf. Brugmann schreibt darin: „...Ich lehre jetzt auch Patchamatisch. Es freuen sich die Leute über die vielen Zisch-Bell-Backen und Klatsche-Laute. Meistens wird mit der Zunge geschnallt, daß es knallt. Es klingt sehr frisch und derb. Es riecht nach Erde und schmeckt gelb. Auch knallt es leise mit der Nase. Auf die flache Hand. Ungemein munter sind meine Stunden. Man lebt nur einmal in Patchamatac..."

Brugman attackierte unter dem Mantel der Groteske alles, was sie bürgerlich fand: die katholische Kirche, die Schulmedizin und das tradierte Geschlechterverhältnis. Inwieweit Hannah Höch die offenen Zeilen der Freundin mit Genugtuung las, können wir nur ahnen. Es wird ihr gutgetan haben, aus der alten, sie einengenden Bindung zu Raoul Hausmann in diese weit offenere Frauenfreundschaft geraten zu sein, die ihr als Künstlerin ihren vollen Freiraum ließ. Höch nannte die Freundin liebevoll „einen Eulenspiegel unserer Zeit" und lebte mit ihr bis 1936 zusammen. Die holländische Freundin will sich auch danach noch nicht mit einer Trennung einverstanden erklären. 1936 schreibt sie ihr einen Brief: „Haben wir nicht das so seltene Band einer vollkommenen geistigen Gemeinschaft? Ist unsere Arbeit nicht eine Einheit – geht unser Empfinden nicht über einer Spule?... Du warst manchmal kribbelig beim Durchsehen meiner Arbeiten, aber andere Menschen – und ich habe es versucht – verstehen überhaupt nichts davon – Hannatje haben wir einander doch noch tieferes, die gegenseitige Anregung gegeben, die seelisch-geistig-körperliche Spannung..."

Während der Jahre mit Til Brugman hatte Hannah Höch mehrere Einzelausstellungen in Holland. Im Ausstellungskatalog für Den

Haag schrieb Höch die folgenden Sätze, die wie ein Lebensprogramm klingen: „Ich möchte die festen grenzen verwischen, die wir menschen, selbstsicher, um alles uns erreichbare zu ziehen geneigt sind. ich male bilder, mit denen ich dieses faßbar, anschaulich zu machen suche. ich will dartun, daß klein auch groß und groß klein ist, nur der standpunkt, von dem aus wir urteilen, wird gewechselt und jeder begriff verliert seine gültigkeit. und alle unsre menschengesetze verlieren ihre gültigkeit..." Diesen Entwurf führt sie fort: „...am liebsten würde ich der welt heute demonstrieren, wie sie eine biene, und morgen wie der mond sie sieht, und dann, wie viele andere geschöpfe sie sehen mögen... möchte das unmöglich scheinende möglich ahnen lassen. möchte eine reichere welt erleben helfen, um dieser, uns bekannten, dann gütiger verbunden sein zu können."

1929 nimmt sie die Freundin mit nach Berlin, im Jahr darauf entsteht eine ihrer beeindruckendsten Fotomontagen „Die Dompteuse", in der ein hübscher, aber künstlicher weiblicher Kopf mit behaarten Männerarmen und einem Frauenkörper dargestellt ist. Das Bild gibt vieles von dem wieder, was sie in einigen ihrer Werke zu formulieren wagt: die Zweigeschlechtlichkeit aller Menschen, das Männliche und das Weibliche in uns. Die Freundin hingegen zerstückelt oder verfremdet sie kaum in ihren Collagen. Im Gegenteil. Von ihr gibt es ein sehr atmosphärisches Ölgemälde, das heute im Gemeentemuseum in Den Haag hängt, mit kräftigen Pinselstrichen gemalt, die Farben strahlend in Braun, Gelb und Blau. Til Brugman ist so dargestellt, wie sie auf allen Fotos zu erkennen ist: mit einem männlichen Anzug und einer korrekt gebundenen Krawatte über einem Herrenhemd.

Im gleichen Jahr ist Höch mit 17 Fotomontagen auf der Ausstellung „Film und Foto" vertreten; eine Wanderausstellung, die auch in Japan, der Schweiz, Schweden und Wien gezeigt wird. 1931 beteiligt sich Hannah Höch an einer internationalen Ausstellung zugunsten der Organisation „Frauen in Not", und 1932 wird sie endlich in das Dessauer Bauhaus eingeladen. 15 Fotomontagen und 31 Aquarelle bereitet sie für diese bislang größte Werkschau vor. Doch bis zur Eröffnung ändern sich die politischen Verhältnisse. Die Nazis schließen das Dessauer Bauhaus und beenden eine visionäre Vorstellung von gegenseitiger Befruchtung vieler Kunstdisziplinen, wie es seitdem nie mehr in der Kunstgeschichte praktiziert wurde. Es ist das erstemal in Hannah Höchs künstlerischer Laufbahn, daß ihre Werke öffentlich geächtet werden. 1933 kann sich Hannah Höch an einer großen Ausstellung im Palais des Beaux Arts in Brüssel beteiligen. Danach kehrt sie nach Berlin zurück und erlebt dort am 30. Januar 1933 die Machtergreifung. Durch das Bauhaus-Verbot bereits gewarnt, trafen sie die neuen künstlerischen Maßnahmen nicht unvorbereitet. Daß sie – wie alle Expressionisten, Futuristen, Kubisten und Dadaisten – zu den „entarteten Künstlern" zählen würde, hat sie nicht überrascht.

Die ersten Jahre nach der nationalsozialistischen Machtübernahme sind für Hannah Höch einsame Jahre. Sie entschließt sich nicht zur Emigration – wie viele ihrer Malerfreunde, die von einem Tag zum andern brotlos werden –, sie zieht sich in eine Form der inneren Emigration zurück. 1934 gibt es noch eine Einzelausstellung in Brüssel und in Den Haag, wo alleine 42 Fotomontagen gezeigt werden, 1936 erfolgt die Trennung von Til Brugman. Im gleichen Jahr unterzieht sich Hannah Höch in Berlin einer schweren Augenoperation. In ihrem Tagebuch vermerkt sie am 4. Mai: „Til weg. Matthis nach Rubensstr. gezogen".

Im Juli 1937 eröffnete Hitler in München die legendäre Kunstausstellung „Entartete Kunst" und setzte die Werke der plötzlich „Entarteten" den Werken seiner „deutschen" Künstler entgegen. Das neu eröffnete opulente Haus der Deutschen Kunst zeigte über 900 Werke der „volksgesunden" Künstler Breker, Peiner, Thorak und anderer. Diese Große Deutsche Kunstausstellung war ein politischer Schachzug ersten Ranges, wurde mit pompösem Festzug und zahlreichen Eröffnungsfeierlichkeiten gehalten und lockte eine ungeheure Besucherzahl an. Mit der Sichtung der „Entarteten Kunst" hatte das Reichspropagandaministerium einen Künstler mit Namen Wolfgang Willrich beauftragt. Sein Buch „Die Säuberung des Kunsttempels" erschien bereits im Frühjahr 1937 und wurde zum Maßstab für alles, was Deutschland nun als „entartet" bezeichnete. Anhand dieses Buches wurden staatliche und städtische Kunstsammlungen und Museen nach zeitgenössischer Kunst durchforstet, Ateliers „gesäubert", Kunstwerke beschlagnahmt, später auch teilweise zerstört und vernichtet. Viele berühmte Werke sind seitdem verschwunden.

Natürlich waren die Dadaisten unter den zeitgenössischen Künstlern den Machthabern ein besonderer Dorn im Auge. Goebbels hatte kurz zuvor den Präsidenten der Reichskammer der bildenden Künste, Adolf Ziegler, ermächtigt, die „im deutschen Reichs-, Länder- oder Kommunalbesitz befindlichen Werke deutscher Verfallskunst seit 1910 auf dem Gebiete der Malerei und der Bildhauerei zum Zwecke einer Ausstellung auszuwählen und sicherzustellen". Diese Anweisung war auf den 30. Juni 1937 datiert; bis Mitte Juli wurden in einer Eilaktion Hunderte von „entarteten" Werken von insgesamt 110 Künstlerinnen und Künstlern aus deutschen Museen „entnommen", um in München gezeigt zu werden. Nur weniges hat danach den Weg in die angestammten Museen und Ausstellungshallen zurückgefunden. Die meisten Titel rutschten in die Anonymität, wanderten in geheime Magazine und Archive oder wurden versteckt gehalten.

Schon 1930 hatte Olaf Gulbransson seine berühmte dadaistische Karikatur auf Hitler gemalt und im „Simplicissimus" veröffentlicht. 1933 mußte er daraufhin seine Ausstellung in der Städtischen Galerie schließen. Die Karikatur ist bezeichnet „Auf zum Kampf gegen die Bastardisierung der deutschen Kunst", trägt Hitlers Kopf in der Mitte, umgeben von Nazi-Parolen wie „Neue Lügenbolde entlarvt", „kein Jude deutscher Beamter", „die Zentrumsgefahr".

In der Münchner Ausstellung der „Entarteten" fehlten keine wichtigen Werke der Dada-Zeit; ja, es war wirklich die bisher umfassendste Schau dieser neuen Richtung. An einer Wand des Dada-Raumes hing das Plakat „Nehmen Sie Dada ernst, es lohnt sich", an anderer Stelle das Plakat der Dada-Zeit „Dilettanten erhebt Euch gegen die Kunst". Vertreten waren Werke von Kurt Schwitters, Paul Klee, Otto Dix mit seinem berühmten Bild „Kriegskrüppel". Die anderen Kunstfreunde aus jener Zeit waren in anderen Sälen der Ausstellung präsent. Alles, was die Dadaisten in ihrem pazifistischen Engagement an Kriegsgreuel dargestellt hatten, sollte hier als Ausgeburt von kranken Hirnen, als Produkte künstlerischen Wahnsinns gelten. Hitler, der bereits mit Wolfgang Willrich und Adolf Ziegler von der Reichskammer der bildenden Künste am 16. Juli 1937 eine Vorbesichtigung der Ausstellung in München vornahm, hatte wohl Anstoß daran genommen, daß man im dritten Dada-Raum die Werke von Kurt Schwitters absichtlich schief aufgehängt hatte. Zur Eröffnung der Ausstellung ist dies noch korrigiert worden.

Mit den Dadaisten hatte Hitler übrigens schon 1934 abgerechnet und auf dem Nürnberger Parteitag gewettert: „Das ganze Kunst- und Kulturgestotter von Kubisten, Futuristen und Dadaisten ist weder rassisch begründet noch völklich erträglich…" Diesen Satz schrieb man später an eine Wand der Dada-Ausstellung, auf der man raffiniert Teile aus Schwitters', Klees und Kandinskys Bildern vergrößert hatte und mit alten Nummern der Zeitschrift „Dada" in einer eigenen Collage verband. Also verstanden die Nazis auch etwas von dieser Technik, die sie doch eigentlich angeprangert hatten?

Schon in der Publikation „Säuberung des Kunsttempels" hatte Willrich sich selbst in einer dadaistischen Collagentechnik versucht und einige herausragende Beispiele der Dada-Kunst nebeneinandergestellt. Darin findet sich auch Hannah Höchs „Journalisten" von 1925, zusammen mit Werken von Campendonk, Otto Freundlich, Walter Kampmann, Nikolaus Braun, Paul Goesch. Diese Verwendung eines ihrer Werke hat ihr die Ächtung der Nationalsozialisten eingebracht. Kein weiteres Werk von ihr wurde jedoch in der Münchener Ausstellung gezeigt; sei es, weil ihre Collagen vorwiegend unpolitisch waren, betont Häßliches wie bei Grosz oder Dix nicht anstrebten, oder sei es, daß man sie, wie so oft bei den Nazis, als Frau und Künstlerin nicht ernst nahm. Jedoch: Das Berufsverbot war mit der Erwähnung bei Willrich gegeben. Nun mußte sie damit rechnen, daß man irgendwann ihr Atelier auf den Kopf stellte.

Hören wir einmal kurz in die Rede Adolf Hitlers zur Großen Deutschen Kunstausstellung vom Juli 1937 hinein, als er sich als Initiator einer neuen Kunstrichtung feiern lassen wollte: „Aus der Geschichte der Entwicklung unseres Volkes wissen wir, daß es sich aus einer Anzahl mehr oder weniger unterschiedlicher Rassen zusammensetzt, die im Laufe von Jahrtausenden dank dem gestaltenden Einfluß eines bestimmten überragenden Rassenkernes jene Mischung ergaben, die wir heute in unserem Volke vor uns sehen… Die tiefinnere Sehnsucht nach einer solchen wahren deutschen Kunst, die in sich die Züge dieses Gesetzes der Klarheit trägt, hat in unserem Volke immer gelebt… Nicht bolschewistische Kunstsammler oder ihre literarischen Trabanten haben die Grundlagen für den Bestand einer neuen Kunst geschaffen, sondern wir, die wir diesen Staat ins Leben riefen... Denn wenn ich nun einmal nicht mehr geleistet hätte in meinem Leben, als nur diesen einen Bau hier veranlaßt zu haben, dann hätte ich schon dadurch für die deutsche Kunst mehr getan als alle die lächerlichen Skribenten unserer früheren Judenzeitungen oder die kleinen Kunstkleckser, die, ihre eigene Vergänglichkeit vorausahnend, als einzige Empfehlung nur die Modernität ihrer Schöpfungen anzupreisen hatten." Und er fügt hinzu: „Ich weiß aber, daß... das neue Deutsche Reich eine unerhörte Blüte der deutschen Kunst veranlassen wird... noch niemals war dabei die Bemessung der dazu nötigen Mittel großzügiger als im nationalsozialistischen Deutschland... Denn die Kunst ist nun einmal keine Mode. So wenig wie sich das Wesen und das Blut unseres Volkes ändert, muß auch die Kunst den Charakter des Vergänglichen verlieren, um statt dessen in ihren sich fortgesetzt steigernden Schöpfungen ein bildhaft würdiger Ausdruck des Lebensverlaufes unseres Volkes zu sein. Kubismus, Dadaismus, Futurismus, Impressionismus haben mit unserem deutschen Volke nichts zu tun..."

Was macht Hannah Höch derweil? Sie versucht, sich in der Stadt Berlin einem Zugriff der Machthaber zu entziehen. Sie versteckt zahlreiche Werke, von denen sie weiß, daß sie einer „Prüfung" nicht standhalten werden, sie versteckt vor allem die Korrespondenz mit ihren ehemaligen Dada-Freunden, die zum größten Teil im europäischen Exil sind. Kurt Schwitters war 1937 nach Norwegen emigriert, George Grosz ging in die USA, Hans Richter verließ Deutschland, um in die Schweiz und dann in die USA zu gehen. Dort unterrichtete er mit Léger, Duchamp, Man Ray, Max Ernst und Calder am City College in New York. Sophie Taeuber und Hans Arp waren nach Südfrankreich geflohen. Paul Klee hatte nach seiner fristlosen Entlassung an der Düsseldorfer Kunstakademie im Dezember 1933 bereits Deutschland verlassen und hielt sich als kranker Mann in der Schweiz auf. Berlin war eine Stadt des nationalsozialistischen Terrors geworden. Warum ging nicht auch Hannah Höch?

Es mögen ganz private Gründe gewesen sein, die sie im Lande hielten. Obwohl sie wußte, daß sie in höchstem Maße gefährdet war.

Als alleinlebende Frau, die skurrile Bilder malte und sich aus dem politischen Geschehen absentierte, war sie in jedem Fall verdächtig, und es gibt genug Beispiele von Denunziation aus jener Zeit, die sich allein an der Tatsache entzündeten, daß jemand unverheiratet leben wollte. Vielleicht hatte Hannah Höch daran gedacht, sich für die Kriegszeit eine andere Identität zu beschaffen? Sie hatte, wie ihre damalige Tagebuchnotiz verrät, 1936 bereits einen Konzertpianisten kennengelernt, der wesentlich jünger als sie war: Kurt Matthies. Sie heiratete ihn im selben Jahr und ging mit ihm unerschrocken in einem Wohnwagen auf Reisen in zahlreiche europäische Länder und entzog sich auf diese Weise wenigstens zeitweise dem Zugriff der Nazis. Zur Ehe selbst hat sie damals einmal gesagt: „Ich brauchte ein Kind, und er brauchte eine Mutter."

1939 wurde es ihr zu brenzlig in ihrem damaligen Atelier, und sie verließ die Stadt, um sich in Berlin-Heiligensee in einem kleinen ehemaligen Flugwärter-Häuschen mit großem Garten niederzulassen. Dort, in einer Gartensiedlung, umgeben von den Armen des Tegel-Sees, bringt sie zahlreiche eigene Werke, aber auch Werke befreundeter Dada-Künstler unter, um sie vor den Nazis und den Bomben zu retten. Im vorletzten Kriegsjahr 1944 wird Hannah Höch geschieden; die Gründe sind unbekannt. Die letzten Kriegsmonate erlebt sie völlig alleine in ihrem Haus. Bei jedem Bombenangriff, und in manchen Nächten der Jahre 1943 und 1944 gibt es mehrmals Alarm, bangt sie um ihr kleines Häuschen mit Garten, um ihre Kunstwerke und die Werke anderer Freunde und beobachtet den Himmel. Sie hatte Glück. Die Schrebergärten und Außensiedlungen der Stadt lagen meist nicht im Planquadrat der Bomberpiloten, da sich dort weder Industrie noch wichtige Gebäude befanden.

In den ersten Nachkriegsjahren bleibt es vorerst still um Hannah Höch, 1946 und 1957 gibt es zwei Ausstellungen in der Berliner Galerie Rosen. Auch nimmt kaum jemand davon Notiz, daß sie 1961 Stipendiatin der Villa Massimo in Rom wird. Endlich aber erfolgt eine Ehrung. 1965 wird sie – längst überfällig – an die Akademie der Künste in Berlin berufen. Die erste größere Nachkriegsausstellung findet 1963 in der Galleria del Levante in Mailand statt, die erste Berliner Ausstellung größeren Ausmaßes dann 1964 in der Galerie Nieren-

4 Hannah Höch bei der Arbeit in ihrem Atelier in Berlin-Heiligensee (um 1970).

dorf und 1968 in der Galerie im Schinkelsaal. Und trotzdem: Noch aus den sechziger Jahren stammt die Schilderung einer Nachbarin, die beobachtet hat, daß Hannah Höch wöchentlich einige kleine Blumensträuße aus ihrem wilden Garten pflückte, um sie auf dem nächsten Wochenmarkt zu verkaufen.

1971 ist sie dann wieder in aller Munde. Die Akademie der Künste stellt ihre Collagen aus den Jahren 1916 bis 1971 aus, 1974 ist sie erstmals in Kioto, Japan, mit einer größeren Werkauswahl anzutreffen und 1976 im Musée d'Art Moderne in Paris und in Berlin. Das New Yorker Goethe-Institut holt 1977 in einer Ausstellung „Berlin now – contemporary art" ihre Werke in die USA, 1978 zeigt man auch erstmals in Berlin ihre Aquarelle, eine Technik, der sie sich mit zunehmendem Alter zuwendet. Zu den letzten größeren Collagen des Alters gehören die Titel „Loch im Himmel" von 1965 und „Schöner Erdgeist" von 1968.

Als autobiographische Rückschau auf ihr eigenes Leben formt sie in den Jahren 1970 bis 1972 die große Collage „Lebensbild". Sie ist mittlerweile achtzig Jahre alt. Mindestens zehnmal taucht ihr eigenes Konterfei darin auf, es sind ihre Kinder- und Jugendbilder, Selbstporträts, aber auch die Künstlerin als reife Frau: Alles wirkt wie aus dem Fotoalbum herausgeschnitten. Daneben sind aber auch Familienangehörige, Freunde, Künstler zu finden. Ihr Häuschen und ihr wunderschöner, alles überwuchernder Garten ist vertreten wie auch große krakenähnliche Kakteenarme, die nach ihr greifen. Sie selbst erscheint immer als tiefernster Mensch in allen Lebensphasen; einmal teilt sie ihr Gesicht mit dem ihrer Katze.

Am 31. Mai 1978 - zwei Jahre nach ihrer großen Retrospektive in Paris und in der Nationalgalerie Berlin - verstirbt Hannah Höch in ihrem Häuschen in Berlin-Heiligensee, wo sie auch begraben wird. Vier Jahre nach ihrem Tod bringen die jungen Düsseldorfer Galeristen Remmert und Barth eine erste Werkschau; darunter findet sich auch eines der schönsten Gedichte der Künstlerin.

Wir
von der Ewigkeit kommend
zur Ewigkeit gehend
sind wir gezwungen
die Hölle zu schauen
und ein wenig Glanzpapier
Siebzig Jahre und darüber
Partikel der Wirkkraft.
Wir.
Ruhelose Bäche,
das Meer suchend.
Wir.
Unlöslich der Schöpferkraft
anheimgegeben.
Wir.

Am 13. Juni 1980 – zwei Jahre nach ihrem Tod – degradiert Peter Winter in der FAZ die Künstlerin einmal wieder zum „Klebemädchen im Dada-Herrenclub".

Hannah Höch hat, wie ihre Biographin Ellen Maurer anläßlich des großen Höch-Symposions in Berlin 1989 feststellte, eine Auffassung vom „Kosmos als eines allumfassenden Rahmens des Daseins, dessen Gesetzmäßigkeit jede Erscheinung unterworfen ist". Sie hat als Frau und Künstlerin diesen allumfassenden Rahmen nie sprengen müssen, denn sie hatte vieles in sich, das anderen zur lästigen Trennung wird: Frau und Mann, Privatperson und Künstlerin, politische und unpolitische Berlinerin, Avantgardistin und Traditionalistin, Dada-Anhängerin und Dada-Überwinderin, Vertreterin der ersten und der zweiten Hälfte dieses Jahrhunderts, sprachlose und sprachmächtige Künderin einer menschlichen Kunst.

1917 hatte Hans Arp einmal gesagt: „Dada ist schön wie die Nacht, die einen jungen Tag in ihren Armen wiegt." 1920, als Hannah Höch ihre große Montage „Schnitt mit dem Küchenmesser Dada" vollendet hatte, machte sie sich mit einer Freundin auf, zu Fuß von München nach Rom zu wandern. In München schrieb sie einem Freund in das Gästebuch: „Dada ist kein Bluff. Wenn nichts in dieser Zeit Zukunft hat, so wird unser Lachen noch Zukunft haben."

Mit zweiundsiebzig noch am Broadway erfolgreich

Lotte Lenya: Die große Weill-Interpretin überlebte alle politischen und privaten Stürme

„Das sind Eure Menschen. Auf solchen krankhaften Kreaturen wollt Ihr einen Staat aufbauen. Einreißen könnt Ihr – zerstören – mordbrennen! Was wißt Ihr von Rasse und Volksgesundheit! Wir wollen Menschen aufwachsen lassen – Menschen voller Licht und immer wirkender Kraft.“ So wetterte der Landarzt Dr. Friesen in dem Volkslehrstück „Erbstrom“ von Konrad Dürre, das am 20. Februar 1934 in den Städtischen Bühnen Düsseldorf seine deutsche Erstaufführung erlebte. Die Handlung spielte in den Jahren 1931 bis 1933, und es ging um „erbkranke, entartete Ganoven“; doch bevor sich der Vorhang in Düsseldorf heben konnte, gab es aufklärerischen Unterricht. Der Rassenbiologe Dr. Hans Feldkamp hielt einen Lichtbildervortrag, in dem Vokabeln wie „erbkranker Nachwuchs“ oder „erbgesunde Familie“ nur so durcheinanderpurzelten. Das Theater war voll – wie alle Theater jener Zeit –, und applaudiert wurde heftig. Das Stück sprach den meisten aus dem Herzen und gehörte so richtig ins Erfolgsprogramm des gleichgeschalteten deutschen Theaters. „Front unter Tage“, „Das Lagerlied“, „Schlageter“ und andere Volksstücke spickten den Spielplan jener Zeit. Keine Rede war mehr von Brecht-Weills „Dreigroschenoper“ oder Mendelssohns „Sommernachtstraum“, von Lessings humanistischem Drama „Nathan der Weise“, dem ein berühmter Jude Moses Mendelssohn zum Vorbild gereichte, ganz zu schweigen von der Meyerbeer-Oper „Die Hugenotten“ oder Hindemiths „Mathis der Maler“.

Am 15. Mai 1934 war das Reichs-Theatergesetz verabschiedet worden, in dem es hieß: „Der Gesetzgeber lehnt es ab, das Theaterunternehmen lediglich als einen Erwerbsbetrieb zu behandeln, sondern er sieht das Theater als eine Anstalt der nationalen Erziehung an." Und in Punkt 2 weiter: „...erhält der Reichsminister das Bestätigungsrecht für die künstlerisch leitenden Personen, also die Bühnenleiter, die Intendanten, die Theaterdirektoren, die ersten Kapellmeister und die Oberspielleiter. Mangel an Zuverlässigkeit und Eignung kann auch zur Untersagung der Tätigkeit... führen." Schließlich, in Punkt 3: „...erhält der Reichsminister für Propaganda das Recht, die Aufführung bestimmter Stücke zu untersagen... oder Absetzung zu verlangen."

Erwartet hatten viele das zu diesem Zeitpunkt wohl nicht. Schließlich hatte Propagandaminister Dr. Joseph Goebbels ein Jahr zuvor, am 8. Mai 1933, im Berliner Hotel „Kaiserhof" gesagt: „Ich habe nicht die Absicht, etwa das künstlerische Schaffen einzuengen... Wir möchten nur, daß der große Pendelschlag der Zeit an den Toren der Theater nicht haltmacht... daß der Pendelschlag der Zeit bis in die letzte Künstlerseele hineinklingt und daß der Künstler diese Zeit nicht nur hinnimmt als eine unvermeidliche, ihm im tiefsten Herzen unangenehme Notwendigkeit, sondern daß er diese Zeit versteht und in diesem gewaltigen Volksdrama wirklich ein historisch-künstlerisches Ereignis allerersten Ranges erblickt... Um es auf die prägnanteste Formel zu bringen: Wir wollen die Kunst wieder zum Volke führen, um das Volk wieder zur Kunst führen zu können."

Natürlich meinte Goebbels es anders, als er – ganz raffinierter Demagoge – es ausdrückte. Um dem Volk zu zeigen, was deutsches Theater sein könne, wurden sofort Reichstheaterwochen anberaumt, die erste fand in Dresden statt. Der „Völkische Beobacher" berichtet am 5. April 1933 begeistert: „Schon früh fand man sich im schlicht geschmückten Opernhaus zusammen. Auch hier frohe, gespannte Erwartung. Dann kommt der Führer. Ein Sturm von Begeisterung erhebt sich, immer erneut erdröhnt das Haus von Galerie bis Parkett von Heilrufen... Lange dauert es, bis sich die Wogen der Erregung gelegt haben, die noch lange hineinzittern in die Ansprache von Reichsminister Dr. Goebbels..." Goebbels „rückte das Theater mit einem Schlag aus der Sphäre des Privaten in den Brennpunkt der nationalen Kulturpolitik". Kein Schauspieler, kein Indendant und kein Regisseur, der danach noch Zweifel an dem eingeschlagenen Weg hatte.

Viele Regisseure, Schauspieler und Sänger waren zu diesem Zeitpunkt, Mitte 1934, längst ins Exil gegangen, besser: mußten Deutschland verlassen. Denn was heißt schon „ins Exil gehen“: Diese Formulierung klingt friedlich, freiwillig und bieder. Keiner der deutschen und/oder jüdischen Künstler jener Zeit verließ Deutschland gerne. Man hinterließ ja nicht nur eine Familie oder einen Freundeskreis, sondern auch ein Atelier, einen Schreibtisch voller Manuskripte und Bücher, ein Klavier, Notenpapiere und unzählige Werke. Heute nennen wir das so griffig „Exil“, doch damals war es erst einmal eine Flucht vor dem ideologischen Zugriff durch Deutschlands Chef-Ideologen. Viele Künstler hatten bereits 1933 ihre Entlassung erhalten, sofern sie nicht arisch waren, andere, die allzusehr Freundschaften mit jüdischen Kollegen pflegten, wurden ermahnt, mußten dann aber auch ein Berufsverbot hinnehmen.

Doch was spielten die deutschen Theater in jener Zeit? Oder: Was durften sie nicht mehr spielen? Das Amt für Kunstpflege in der Dienststelle des Beauftragten des Führers hatte auch hier vorgesorgt: „...darüber hinaus wird dem deutschen Theater gerade in der kommenden Zeit eine besondere Aufgabe als wirksames Instrument der inneren Landesverteidigung gestellt werden. Es ist deshalb ohne weiteres klar, daß außer den Werken, die aus außenpolitischen Gründen vom Spielplan zu entfernen sind, auch all diejenigen Schauspiele einer erneuten Begutachtung unterzogen werden müssen, deren Grundcharakter allzu düster, deprimierend oder gar zersetzend wirken können...“

Als nicht düster oder zersetzend erachtete man Deutschlands Vorzeige-Klassiker Schiller und Goethe; außerdem war Hebbel genehm, natürlich auch Gerhart Hauptmann, Henrik Ibsen und erstaunlicherweise – wenn auch nicht ungeteilt, denn später gehörte der Dichter ja zur Feindseite – Shakespeare. Der Reichsdramaturg Dr. Rainer Schlösser im Februar 1933: „Wenn Shakespeare mit so offenen Armen in Deutschland empfangen wurde, dann deshalb, weil gar nicht daran zu zweifeln ist, daß ihn Blutsbande mit uns verbinden. Mit anderen Worten: Wir erkennen in dem universalen dramatischen Schaffen von Shakespeare das gleiche rassische Grundelement des Nordischen, auf welches wir die Höchstwerte auch unseres eigenen

Volkes zurückführen... Alfred Rosenberg erwähnt in seinem ‚Mythos des 20. Jahrhunderts' unter jenen nordisch-klassischen tiefen Denkern... auch Shakespeare, und zwar mit einem sehr bezeichnenden Hinweis auf die Gestalten Richards des Dritten und Jagos."

Daneben gab es zu Beginn der dreißiger Jahre eine Vielzahl von mittelmäßigen NS-Theaterschreibern, die in größter Schnelligkeit die Lücken im Spielplan füllen mußten. Düsseldorf – nicht wenig eifrig in der NS-Gleichmacherei – schrieb sogar einen Theaterpreis für „arteigene" NS-Stücke aus. Wer kennt heute noch Hermann Roth, dessen „Flamme des Volkes" 1935 bei der Reichstagung der NS-Kulturgemeinde in Düsseldorf mit Sprechchören aus HJ, SA und Arbeitsdienst aufgeführt wurde? Oder das Schauspiel „Marsch der Veteranen" von Friedrich Bethge, in dem die russische Armee und Napoleons Heerscharen sich gegenüberstehen? Oder die Stücke eines Hans Rehberg: „Friedrich Wilhelm I.", das im Berliner Schauspielhaus 1936 mit großem Erfolg aufgeführt wurde. Vom selben NS-„Dichter" stammte auch „Der große Kurfürst" und „Friedrich I.": Stücke allesamt, die sich mit berühmten Deutschen der Vergangenheit auseinandersetzten.

Und wenn ein Kritiker ein solches Rehberg-Opus, zum Beispiel „Johannes Keppler", anläßlich einer Aufführung im Dezember 1933 im Wuppertaler Schauspielhaus nicht sofort verstand und NS-gerecht beschrieb, hagelte es Briefe wie der folgende. Er war nicht etwa als harmloser Leserbrief gemeint, sondern richtete sich an den Verlagsleiter der Zeitung des Gauorgans Westfalen-Süd, Fritz Overdieck. Der Absender ist der Wuppertaler Jurist und Rechtsanwalt Hermann Schroer (geb. 1900). Er beschimpft den uneinsichtigen Kritiker: „...er ist ein Schwadroneur und ein Schimpfer gewöhnlicher Art... Ich bin nun nicht mehr gewillt, die Sabotage dieser Böswilligen in Wuppertal länger zu dulden. Ich werde bei der nächsten Gelegenheit diese Burschen bei Minister Goebbels und Ministerpräsident Goering anzeigen und verlangen, daß sie ins Konzentrationslager kommen. Sie aber, lieber Pg Overdieck, bitte ich als alter Nationalsozialist und alter Kämpfer herzlich: Entfernen Sie diesen Kritiker unverzüglich... Mit herzlichem Gruß und Heil Hitler Ihr ergebener H. Sch."

Dreiunddreißig Jahre später. Es ist Oktober 1966, im Shubert Theatre in Boston/USA spielt man das Musical „Cabaret". Das Fräulein Schneider wird von einer älteren, kleinen, aber energiegeladenen Deutschen gespielt und gesungen: Lotte Lenya heißt sie, und das ganze Ensemble verehrt sie. Dann hat das Musical in New York Premiere. Der Erfolg ist so gewaltig, daß man das Stück noch 1.150mal spielt, en suite natürlich, und fast immer steht diese Lotte Lenya auf der Bühne. „Miss Lenya, die melancholische, hausbackene, unbeugsame deutsche Frau jener Zeit, bleibt unvergessen in ihrer herzzerreißenden Würde... Aber auch in den leichteren, lustigen Szenen ist sie einfach herrlich", schreibt der Bostoner Kritiker, und der New Yorker Kollege schließt sich an: „Lotte Lenyas Bühnenpräsenz und der Unterton schon lange erduldeten Leides in ihrer Stimme geben der Pensionswirtin, die in den Juden verliebt ist, etwas sehr, sehr Anrührendes..."

Dreiunddreißig Jahre zuvor hatte sie das absolute „Aus" für ihre Bühnenrollen, Androhung von Konzentrationslager und rassische Verfolgung durch ihre Ehe mit dem Juden Weill in Deutschland erlebt. Doch früh erkannten beide die Vorboten der Gefahr. Sie emigrierten bereits 1933. In Berlin war Lotte Lenya damals bereits ein Star, und daß sie dies auch dreißig Jahre später in New York noch war, am Ende ihrer langen, aufregenden Karriere, war das Ergebnis harter Arbeit im unfreiwilligen Exilland USA. Dort hat sie die Musikszene der vierziger bis hin zu den siebziger Jahren aktiv mitgestaltet. Nach dem plötzlichen „Bühnentod" auf deutschen Brettern, der künstlerischen Gängelung der Nazis war sie zwar im Grunde tief entwurzelt, doch an der Seite des berühmten Komponisten Kurt Weill und nach seinem Tode schuf sie sich im Exil einen Namen, der leuchtender war als in der Heimat.

Eine Stimme aus der Heimat des Jahres 1931: „In der Dreigroschenoper spiegelt sich die Fratze des heutigen, mit voller Fahrt ins Chaos des Bolschewismus rasenden Deutschland." Das schrieb ein Walter Stang im „Kampf um das deutsche Theater", dem Mitteilungsblatt des Kampfbundes für deutsche Kultur. Er wußte, daß die „Dreigroschenoper" (im Jahre 1928 entstanden) neben Kreneks „Jonny spielt auf" die meistgespielte Oper der Weimarer Republik war. Nicht „Carmen" oder „Aida", nicht der später noch so oft aufgeführte „Fidelio" oder „Freischütz": nein, die Brecht-Weillsche „Dreigroschenoper" war es, die das Volk liebte. Auch werdende und schon fanatisierte Nationalsozialisten liebten offensichtlich das Stück, das sie später auf den Index setzten. Immerhin gab es da zündende, flotte Melodien, ganz anders, als sie es in den zwanziger Jahren ansonsten gewohnt waren. Man wußte zwar, daß der Text von jenem kommunistisch gesinnten Bertolt Brecht stammte und die Musik von einem Juden namens Kurt Weill. Nun ja, so sagte man sich, lange würde das Stück ja wohl nicht auf dem Spielplan bleiben. Es sei viel zu ordinär und eben einfach kulturbolschewistisch.

Lotte Lenya hieß ursprünglich natürlich nicht Lotte und auch nicht Lenya. Sie kam im Armenviertel Penzing, einem Wiener Stadtteil, am 18. Oktober 1898 als drittes Kind von Franz Blamauer und seiner Frau Johanna Teuschl zur Welt. Später wurden noch zwei weitere Geschwister geboren. Blamauer, der damit eine siebenköpfige Familie zu versorgen hatte, fuhr gegen einen geringen Lohn die Ware für einen Blumenhändler aus; Johanna hatte als Kellnerin und Wäscherin geheiratet. Sie waren arm, katholisch und nicht sonderlich verträglich. Das erste Mädchen, Karoline, war jung an einem unerklärlichen Fieber gestorben, und der Vater konnte diesen Schmerz nur mit Alkohol verwinden. Von Anfang an schien der Vater das zweite Mädchen Karoline Wilhelmine Charlotte nicht zu mögen. Linnerl, wie man sie bald nannte, schlief in einer Holzkiste, die man schwerlich Bett nennen konnte. Lotte Lenya hat später darüber gelächelt und erzählt, das Bett sei auch als Bügelbrett benutzt worden.

Wien um die Jahrhundertwende. Das bedeutete natürlich nicht nur Proletariat in Penzing, Armut, blutige Hände vom Wäschewaschen, einen krummen Rücken vom Bügeln fremder Kleidung, rauchige kleine Wohnungen, von denen es allein acht auf einer Etage gab. Nein, das war nicht das Wien der Künstler der „Secession", das Wien eines Zwölftöners Arnold Schönberg, der Maler Gustav Klimt oder Egon Schiele; Hugo von Hofmannsthal schrieb seine Theaterstücke, Arthur Schnitzler charakterisierte die aufgeladene Spannung der Jahrhundertwende in seinen Dramen, von denen der „Reigen" ob seiner Obszönitäten lange Zeit nicht aufgeführt werden durfte. „Jugendstil" nennen wir lapidar diese lebendige, spannende Phase in unserer europäischen Kultur.

In der Musik ging eine epochemachende Bewegung von Wien um die Welt: die Zwölftonmusik, von Arnold Schönberg, Alban Berg und Anton von Webern vorangetrieben und „eingesetzt" gegen einen noch ganz in der Spätromantik verhafteten bürgerlichen Geschmack des Fin de siècle.

Karoline Blamauer war 19 Jahre jünger als Alma Schindler-Mahler-Gropius-Werfel, jene Musikerin und Künstler-Gattin, deren Nähe viele Künstler dieses Jahrhunderts suchten. Sie war im Gegensatz zu Karoline in einem Schloß jenseits des Wiener Waldes zur Welt gekommen; ihr Vater war ein berühmter Landschaftsmaler, die Mutter stammte aus dem Hamburger Bürgertum. Unbeschwert wuchs Alma in Künstlerkreisen auf. Gekannt hat sie Penzing sicher nicht; dorthin zu gehen wäre ihr wohl auch nie eingefallen.

Im Jahr vor der Geburt von Karoline Blamauer wird der erste Mann Almas, der Komponist Gustav Mahler, zum Direktor der Wiener Hofoper berufen. Als er Alma kennenlernte und ihre ersten Kompositionsversuche sah, versuchte er ihr das Komponieren zu verbieten. Ansonsten würde er die Verlobung auflösen, hatte er angedroht. Alma vergrub ihre Werke und heiratete den Komponisten und Dirigenten. Kurz vor seinem Tod, 1911, versuchte er eine Wiedergutmachung und empfahl einige der wunderschönen Lieder, die Alma geschrieben hatte, einem Wiener Verleger. Doch der Impetus des Schaffens war durchbrochen. Alma, die hochbegabte Musikerin und Zemlinsky-Schülerin, hat den Anschluß an eigenschöpferisches Tun nie mehr gefunden.

Zwar waren die Startchancen einer Karoline Blamauer aus dem Wiener Armenviertel wirklich nicht vielversprechend, doch letztlich hat sie aus ihrem 83jährigen Leben künstlerisch mehr gemacht als Alma, die 85jährig lediglich als Witwe und Muse dreier berühmter Männer, Mahler, Gropius und Werfel, gestorben ist.

Im Wiener Armenviertel hatte sich mittlerweile – wir haben das Jahr 1904 – der Vater von Linnerl vollends als Trinker und Schläger entpuppt. Er riß das Kind – wenn er betrunken nach Hause kam – aus dem Bett, und sie mußte ihm etwas vorsingen. Vergaß sie den Text, wurde sie geschlagen. Sie bekam auch Schläge, wenn sie sein Bier verschüttete, doch meistens wurde sie grundlos geschlagen. Die

Mutter schritt nicht ein. Komplizin, Mittäterin? Heute sehen wir solche schweigenden Mütter an der Seite brutaler Ehemänner und Väter weit kritischer. Lotte hat jedoch nie böse über ihre Mutter gesprochen. Obwohl diese ihr oft gesagt hatte, sie sei nicht hübsch.

Sie besuchte die Schule, erbrachte hervorragende Leistungen und durfte sogar eine Begabten-Sonderschule besuchen. Mitten in einer Lernphase, die ihr Freude machte, holte die Mutter sie von der Schule und ließ sie als Aushilfsnäherin arbeiten. Warum? Niemand weiß es, doch geriet sie dabei mit anderen jungen Mädchen in Kontakt, die sich Geld mit Prostitution verdienten. Die meisten waren – wie sie – noch Schülerinnen oder verdienten ihren Lebensunterhalt in unterbezahlten Berufen. Psychologen haben für die Entscheidung Lottes sicherlich sofort eine Erklärung: Wer als Kind Gewalt erfahren hat, ist besonders prädestiniert für die Prostitution. Es ist nicht bekannt, ob die Eltern von ihrem Nebenerwerb bald erfuhren – oder nicht. Sie schienen sich wenig um das Kind zu kümmern.

1913 kam eine Tante aus der Schweiz nach Wien, sah das Mädchen und nahm es stehenden Fußes mit. Die Mutter soll beim Abschied „Linnerl, sei g'scheit und komm nicht zurück, wenn es irgend geht" gesagt haben. Der Vater hatte ein Kind weniger, das er ernähren mußte. Linnerl zog in Zürich zu einem Ehepaar mit Namen Ehrenzweig, das ihr die Möglichkeit gab, Ballettunterricht zu nehmen. Sie erlernte also den klassischen Tanz, und beim Spitzentanz wollte Linnerl meist aufgeben. Alles Artifizielle der Tanzkunst mißachtete sie, aber um so mehr Gefallen hatte sie an den mimischen und szenischen Einlagen. Sie war dabei so gut, daß man ihr am Stadttheater eine erste Statistenrolle anbot: ein Blumenmädchen in Glucks „Orpheus und Eurydike".

Der Erste Weltkrieg begann. Karoline Blamauer lernte den Schauspielregisseur Richard Révy kennen, der sie gerne zur Schauspielerin ausbilden lassen wollte. Nun mußte sie Shakespeare, Wedekind, Maeterlinck und Sophokles auswendig lernen, Révy wollte ihr einen Bühnennamen, einen Künstlernamen, geben und kam auf „Lotte Lenya": den Namen, den sie fortan ihr ganzes Leben behalten würde. Gemeinsam gingen sie in das „Cabaret Voltaire", in jenen Künstlerclub Zürichs, in dem man 1916 die Dada-Bewegung ins Leben rufen würde. Dort fühlte sich Lotte wohl, inmitten einer brodelnden, kreativen und ironisierenden Künstlerschaft. Spielerisch und doch seriös, kapriziös und ernsthaft probten die Leute um Tristan Tzara, Marcel Duchamp und Emmy Hennings den künstlerischen Neubeginn, die Absage an die bürgerliche Kultur der Jahrhundertwende. Dort in Zürich, wo sich mittlerweile Lenin niedergelassen, wo Albert Einstein promoviert hatte und das weit weniger bürgerlich war, als es heute ist, überlebte Lotte Lenya den Ersten Weltkrieg.

Zusammen mit einer Ballett-Freundin, Grete Edelmann, beschloß sie dann, als junge Schauspielerin ihr Glück in Berlin zu suchen. Sie muß es gespürt haben, daß diese Stadt in den zwanziger Jahren der Schmelztiegel europäischer Kultur war. Ob Erich Kästner oder Kurt Tucholsky, ob Gottfried Benn, Else Lasker-Schüler, der Kunstmäzen Paul Cassirer oder der Jungkommunist Bertolt Brecht, ob Karl Kraus oder Alfred Döblin: Theater, Musik und Film hatten eine Lebendigkeit erreicht wie nie wieder in der Geschichte Berlins. Die Weimarer Republik ließ die politisch Liberalen hoffen, vor allem die Künstler sahen sich in einem ungeahnten Meer von Freiheiten, die sie freudig nutzten. In Kabaretts, Salons, Cafés und Clubs wurden die neuesten Ereignisse aufgegriffen. Man traf sich in den bekannten Künstlercafés, die Sammelpunkte für Lesende und Dichtende, wenn auch oft für arme Künstler, wurden. Und man besuchte die neuesten Filme von Fritz Lang, Murnau oder sah sich Piscators Neuinszenierungen an.

Lotte Lenya tauchte zwar begeistert in dieses brodelnde Leben ein, doch sie fand keine Anstellung. Sie lernte den Dramatiker Georg Kaiser kennen, der sich ihrer annahm. Eines Tages war bei ihm ein junger, unbekannter Komponist zu Gast. Er hieß Kurt Weill, kam aus Dessau und stammte aus einer jüdischen Familie. Sein Vater war Kantor und Komponist, die Mutter Pianistin. Weill war bereits mit siebzehn Korrepetitor am Desssauer Theater gewesen und lebte seit 1918 in Berlin. In Lüdenscheid, in der musikalischen Provinz, erhielt er eine Stelle als Dirigent, doch zog es ihn wieder nach Berlin, wo er sich 1921 als Schüler des berühmten Kompositionslehrers und Liszt-Schülers Ferruccio Busoni einschrieb. Als Organist in einer Berliner Synagoge verdiente sich Weill seinen Lebensunterhalt und gab privat Musikunterricht. Einer seiner berühmtesten Schüler war der Pianist

Claudio Arrau, der andere war Maurice Abravanel aus Griechenland, später als Dirigent ein enger Mitarbeiter Weills.

Lotte Lenya gefiel der hochgebildete, kultivierte und begabte junge Musiker, der mit Kaiser gerade an einer Oper arbeitete: „Der Protagonist" sollte sie heißen. An freien Abenden besuchten sie Konzerte und Theatervorstellungen, sahen und hörten Otto Klemperer, Thomas Beecham, Ernest Ansermet, die oft Werke ihrer Zeitgenossen dirigierten. Lenya erlebte Rachmaninoff, Webern, Alexander von Zemlinsky und Arnold Schönberg. Und sie wurde zu einer begeisterten Avantgarde-Hörerin.

Weill war sehr verliebt, und von ihm stammt einer der schwärmerischsten Liebesbriefe, die ein junger Künstler damals geschrieben hat. Es heißt darin: „Alle Schönheiten der Wolken und der Erden sind auf Dir. Ich habe eine Bestimmung, in Dir unterzugehen, in Deinem Leben zu verschwinden, in Deinem Blute, neuem Sein entgegen, zu ertrinken… Nun wie man den Tod erwartet als begriffloses Geschenk, als Gnade des letzten Versinkens - sehe ich diesen Maitagen entgegen. Sie sollen Vereinigung bringen… Meine Zartheit und meine Kraft gehören Dir…" Am 28. Januar 1926 heirateten Karoline Wilhelmine Charlotte Blamauer und Kurt Julian Weill – jedoch nur standesamtlich. Einer jüdischen Trauung in der Synagoge stand die arische Abkunft Lottes entgegen. Von Konvertierung war bei ihr keine Rede. Vielleicht hatte Weill sie nicht darum gebeten?

Weill war sehr schöpferisch, er arbeitete wild, und in den ersten Ehejahren entstanden allein sieben große Bühnenwerke. Er komponierte tonal, manchmal auch an der Grenze zur Tonalität, einfallsreich, rhythmisch, baute Jazz-Elemente ein, modernisierte den eklektischen Stil seines Lehrers Busoni… und hatte Erfolg. Alles, was neu und unkonventionell war, konnte man damals in Berlin auf den Bühnen und in den Konzertsälen erleben. Die klassische Operette blühte ebenso wie die hochmodernen Inszenierungen von Erwin Piscator, Variétés wechselten mit Tanzcafés, Uraufführungen von Strawinsky und Hindemith waren an der Tagesordnung. Fritzi Massary, Josef Schmidt und Richard Tauber waren die Lieblinge der Berliner, und alle drei entpuppten sich später als entbehrlich, da sie Juden waren. In der Kroll-Oper hatte sich unter dem Dirigenten Otto Klemperer eine Bühnenreform großen Ausmaßes angebahnt, denn der Dirigent sagte allen opulenten, tradierten Inszenierungen ade. Als er neben „Fidelio“, „Figaros Hochzeit“ auch Strawinskys „Oedipus Rex“ und Hindemiths „Cardillac“ aufführte, hörte man erstmals etwas vom „Kulturbolschewismus“ an deutschen Opernhäusern. Und wenig später hieß es: „Das Klemperer-Ensemble, das zum größten Teil aus Deutschfremden besteht, frißt nach und nach den ganzen Opernbestand an. Es inszeniert die beliebtesten Opern aus dem Geist der Zeit, das heißt: aus dem jüdischen Geist... Die Herren Klemperer und Legall täten gut daran, wenigstens Farbe zu bekennen und ihr kulturbolschewistisches Unternehmen als jüdische Oper anzukündigen. Denn mit deutscher Kunstbetätigung hat das, was dort getrieben wird, nichts zu tun.“

Da war er also gefallen, der Begriff „Kulturbolschewismus“, jene unselige Bezeichnung für alles, was seit Mitte der zwanziger Jahre den Nazi-Ideologen ein Dorn im Auge war. Darunter fiel die atonale Musik von Ariern ebenso wie die tonale, wenn sie von Juden stammte. Darunter fiel alles, was „zersetzend“, „Moral-untergrabend“ und „undeutsch“ klang. Alles, was von kommunistisch und sozialistisch gesinnten Autoren oder Musikern verfaßt worden war. Und schließlich alles, was nach Import klang, wie der Jazz zum Beispiel. Am Jazz, der bereits in den zwanziger Jahren aus den USA herübergeschwappt war, entzündeten sich die Geister der NS-Kulturideologen besonders heftig. Hans Hauptmann in „Kulturbolschewismus“, veröffentlicht in „Der Weltkampf“ von 1931: „Es ist Tatsache, daß in der Heimat Johann Sebastian Bachs, Mozarts und Wagners Hunderttausende sich an Niggersongs begeistern und sich nach kreischenden Jazz-Rhythmen mit freudigster Hingebung zu zappelnden Marionetten machen.“ Oder ein gewisser S. Haas in „Kulturbolschewismus. Ein Zeitspiegel“, Zürich 1933: „Jazz, Jazz in allen Grammophontrichtern… Eine Pervertierung von Ohr und Auge mit Urwaldgejaule, eine Generalschmiere von Hammerfest bis Kapstadt, von Greenwich bis Honolulu.“ Interessant bei dieser letzten Äußerung die weltumspannende große Geste, die typisch war für den imperialistischen Größenwahn der Nazis, die sich gerne bis Kapstadt ausgedehnt hätten.

Und die Ideologen gingen noch einen Schritt weiter, um dem

Volk den Jazz und die Neue Musik madig zu machen. Jazz stand für sexuelle Libertinage, er war schmutzig. „Jazzmusik ist eine körperliche Angelegenheit... Der Rhythmus ist der Aufpeitscher jener Begierden, an denen Seele und Geist keinen Anteil haben. Er ist die Lust, das Behagen, die Sättigung des niederen Menschen, des dunklen Niggers, den jeder Weiße in sich trägt." Jazz wurde also zur Anti-Kultur und Un-Kultur.

Kein Wunder also, daß Opern wie „Jonny spielt auf" des Schreker-Schülers Ernst Krenek, in deren Mittelpunkt der schwarze Jazzgeiger Jonny steht, den Nazis ein Dorn im Auge waren. Als das Stück 1927 herauskam, wurde es zum meistgespielten Werk deutscher Theater und wurde allein in einer Spielzeit über 400 Male aufgeführt; über 70 deutsche Theater stürzten sich auf diese neue Gattung, die ganz bewußt zahlreiche Stile vermischte, ein bißchen Wagner, ein bißchen Kaffeehausmusik und ein wenig Strawinsky. Die Nazis reagierten sofort mit einer offenen Kampagne. Man rief sogar in Wien zu einer Protestkundgebung auf: „Unsere Staatsoper, die erste Kunst- und Bildungsstätte der Welt, der Stolz der Wiener, ist einer frechen jüdisch-negerischen Besudelung zum Opfer gefallen. Das Schauwerk eines tschechischen Halbjuden ‚Jonny spielt auf', in welchem Volk und Heimat, Sitte, Moral und Kultur brutal zertreten werden soll..."

In diese brodelnde Stimmung hinein, die sich in zwei Lager teilte, kamen nun der ehrgeizige Komponist Kurt Weill und die Sängerin Lotte Lenya. Sie wollte spielen, sie brauchte das Theater. Und das Theater der zwanziger Jahre brauchte sie. Weill hatte inzwischen zu Bertolt Brecht, dem revolutionären Dichter, der die Welt mit seinen Parabeln verändern wollte, Kontakt aufgenommen. Er war damals mit der Schauspielerin Helene Weigel liiert, eine von zahlreichen Beziehungen innerhalb der Theaterszene. Umgeben von einer Schar junger Literaten war Brecht schon Ende der zwanziger Jahre eine Berliner Legende.

Weill und Brecht wurden bald ein schöpferisches Team, Weill vertonte einige „Mahagonny"-Songs, die Erfolg hatten. 1928 entstand aus John Gays „The Beggar's Opera" der Stoff einer deutschen Bettleroper, der „Dreigroschenoper", die zur Wiedereröffnung des berühmten Theaters am Schiffbauerdamm im Jahre 1928 uraufgeführt wurde. Lotte Lenya bekam die Rolle der Seeräuber-Jenny, obwohl man sie auf dem Programmzettel zu erwähnen vergaß, Helene Weigel wollte die Kuppelmutter spielen, bekam aber im letzten Augenblick eine Blinddarmentzündung, es herrschte Chaos vor der Uraufführung. Doch das Stück wurde ein Riesenerfolg, und ganz Berlin befand sich im Dreigroschenoper-Fieber. Wie sie auf dem Barhocker saß, mit langen, schwarzen Strümpfen, den Rock ein wenig hochgerutscht, und mit welcher Natürlichkeit sie die Seeräuber-Jenny verkörperte, das kam gut an. Der Kritiker Alfred Kerr im „Berliner Tageblatt": „Wer war die? Die war gut. Die war aber schon sehr gut. Die wird bald in der szenischen Front sein."

Und endlich gab es auch ein bißchen Geld. Weder Brecht noch Weill, noch Lotte waren begütert, und sehnsüchtig erhielten sie ihre ersten Tantiemen. Weill kaufte von seinen Einnahmen sofort ein Auto, fühlte sich aber mit Recht übervorteilt. Brecht hatte sich freizügig 75 Prozent der Einnahmen per Vertrag gesichert, und Weill, der bis heute mit seiner Musik den größten Anteil an der Popularität des Werkes hat, erhielt nur ein Viertel: ein Punkt, über den der Komponist später noch oft klagen würde. Trotzdem: Weill zog mit Lotte in eine schönere Wohnung nach Charlottenburg. Bis 1930 erlebte die Oper mehr als 4.000 Vorstellungen an 120 deutschen Theatern. Damit hatte man Kreneks „Jonny spielt auf" überrundet. Mit der zündenden Musik hatte Kurt Weill den Nazis natürlich sofort einen Grund zur Klage gegeben. Daß das Werk überhaupt so viele ungehinderte Aufführungen erlebte, wirkt im nachhinein unglaublich.

Auch die nächste gemeinsame Produktion von Brecht-Weill hatte Erfolg. Sie hieß „Happy End", und drei Songs daraus sind weltberühmt geworden: der Bilbao-Song, der Matrosen-Song und der Surabaya-Johnny. Erst war Carola Neher als Solistin vorgesehen, dann kam Lotte Lenya als Solistin auf die Bühne, und mit diesen Songs hat sie wirklich Musikgeschichte geschrieben. Mehrfach hat Lotte Lenya die Lieder in den fünfzig Jahren seit ihrer Entstehung auf Schallplatte eingesungen; die erste Electrola-Aufnahme leitete damals noch Theo Mackeben. Sie waren, und da zeigte sich auch das musikalische Einfühlungsvermögen ihres Partners Weill, ihr wirklich auf den Leib geschrieben, diese Songs der unerwiderten Liebe zu einem immer abwesenden Matrosen. Das war in Lotte Lenyas genialer Interpretation der geborene Hit! Bis heute haben die Songs nichts von ihrer umwerfenden und packenden Aktualität eingebüßt. Sie hat sich damit unsterblich gemacht.

Währenddessen arbeiteten Brecht und Weill schon an einer größeren Fassung von „Mahagonny“, dem Abbild einer imaginären Stadt, welche die Nazis gerne mit Sodom und Gomorrha gleichsetzten. Die Uraufführung fand am 9. März 1930 in Leipzig statt. Die Nazis hatten seit der „Dreigroschenoper“ von 1928 an Boden gewonnen. Pfeifchöre und bezahlte Störer ließen das Premierenpublikum die Flucht ergreifen; es folgten nur noch sechs Aufführungen. Und in der „Leipziger Abendpost“ stand denn auch sinngemäß, daß Generalmusikdirektor Brecht kommunistische Propaganda im neuen Theater betrieben habe. Man entdeckte kommunistische Tendenzen und marxistische, sprich kulturbolschewistische Weltanschauung in dem Stück, und man meinte, das Werk hofiere den Typus des Untermenschen, es besinge den „Menschen unter dem Nabel“. Doch nicht nur Autor und Komponist wurden beschimpft. Jemand hatte gar Mitleid mit Lotte Lenya und schrieb: „Es ist bedauerlich, daß anständige Frauen sich nicht einfach weigern können, solchen Schmutz mitzumachen.“

Lotte Lenya hätte sich bestimmt nicht davon abbringen lassen, die schmissigen, sozialkritischen, naturalistischen, also lebensnahen Songtexte zu singen. Warum sollten Zuhörer die Leidenschaftlichkeit, Korruptheit, Unzuverlässigkeit, Unmoral, aber auch die liebenswerte Authentizität einer „Prostituierten“ nicht verstehen? Oder warum sollte eine gerade erst als „Volksoper“ kreierte Musikgattung (die von der breiten Masse in den zwanziger Jahren begeistert aufgenommen wurde, da sie mit Schönberg und den anderen Avantgardisten wenig anfangen konnte) nur so wenige Jahre, manchmal nur Monate über die Bretter gehen? Den Brecht-Weill-Produktionen war deswegen nur eine kurze Zeit beschieden. Manche Stücke liefen einige Wochen, andere sogar einige Monate auf deutschen Bühnen. Die allerwenigsten haben länger als 1931 oder 1932 auf den Spielplänen gestanden. Die Störmanöver der SA haben meist dafür gesorgt, daß man nichts mehr in Ruhe genießen konnte. Die Spitzel saßen überall, vor allem in den Parketts und Rängen der Opern- und Schauspielhäuser.

Lotte Lenya war kein politischer Mensch wie Helene Weigel. Sie wollte nur singen, sie wollte als Schauspielerin ihren Freiraum. Die politische Auseinandersetzung traf sie völlig unvorbereitet, und wenn ihre Vorstellungen ausgebuht wurden, ging sie zweifelnd, den Tränen nahe, hinter die Bühne. „Mahagonny“ in Leipzig hat sie denn auch mit zitternden Knien überstanden. Weill als Komponist und „Kulturbolschewist“ jedoch mußte sich neben Brecht vom ersten Tag an rechtfertigen, mußte Schmähungen der Kritiker hinnehmen. Sogar Arnold Schönberg, der sich aus dem politischen Tagesgeschehen heraushalten und „abstrakte“ Musik schaffen wollte, argumentierte damals noch, Musik habe Ewigkeitswerte zu schaffen und müsse sich von der Politik fernhalten. Schönberg 1930: „Ich stehe aber gänzlich außerhalb des heutigen politischen Lebens. Die Politik von heute dünkt mich zu kurzfristig, zu wenig Geschichte. Ich kann beim besten Willen auf so kurze Zeit nicht denken...“

Solche Worte aus dem Mund eines Mannes, den man schon 1918 mit „Musikbolschewismus“ in Verbindung gebracht hatte, erstaunen. Nach der Aufführung seiner Kammersinfonie durch Hermann Scherchen 1919 las man: „Das Werk des Wiener Musikbolschewisten aber erschien völlig ungenießbar, eine veritable Katzenmusik...“ Schönberg war 1925 Lehrstuhlinhaber für Komposition an der Berliner Musikhochschule geworden. 1933 mußte er, der sich politisch doch so neutral gebärdete, zusammen mit Hanns Eisler, Kurt Weill, Otto Klemperer, Ernst Busch und Leo Kestenberg das Land verlassen. Als Reaktion darauf trat er als konvertierter Christ im französischen Exil [später ging er in die USA] wieder zum Judentum über. Die Diskriminierung als Angehöriger der jüdischen Rasse hatte auch ihn polarisiert, so wie wir es immer wieder bei Menschen jener Zeit beobachten können.

Nun, Kurt Weill arbeitete ungeachtet von Gegenströmungen an Brecht-Stoffen weiter. „Der Jasager“ [Text von Georg Kaiser] war in Arbeit, und Lotte Lenya bekam ihre erste bedeutende Filmrolle. Die „Dreigroschenoper“ wurde in der Regie von G. W. Pabst verfilmt, die Hauptrollen übernahmen Rudolf Forster, Carola Neher, Lotte Lenya, Valeska Gert und Reinhold Schünzel. Bis heute gilt ihre Rolle als die überzeugendste im gesamten Film. Jeder nahm ihr ihre Wut, ihre Verzweiflung und ihren Stolz ab. Erwin Piscator, der große Regisseur, sah den Film und wollte sie sofort als Hauptdarstellerin für die Verfilmung von Anna Seghers' „Der Aufstand der Fischer von St. Barbara" holen. Der Film sollte u.a. in Moskau gedreht werden, doch das Projekt wurde aus zahlreichen Gründen abgebrochen. Piscator hat es später, jedoch ohne Lotte Lenya, vollendet.

Währenddessen laufen die „Mahagonny"-Vorstellungen in Berlin relativ friedlich über die Bühne, und Lotte bekommt jedesmal Szenenapplaus, wenn sie ihren Song anstimmt „Denn wie man sich bettet, so liegt man". Außerhalb des Theaters jedoch spitzen sich Arbeitslosigkeit, Armut, politische Extreme derart zu, daß sie abends kaum alleine nach Hause fahren kann. Sie, die sie selbst in größter Not zum Mittel der Prostitution gegriffen hatte, wurde nun von Straßendirnen angebettelt.

Inzwischen war das Künstlerpaar wieder umgezogen; Weill hatte ein Haus in der Berliner Wissmannstraße erworben, pflegte die Beziehung zu einer anderen Schauspielerin, und Lotte Lenya antwortete darauf mit einer kurzen Liaison mit dem jungen Tenor Otto von Pasetti, den sie, während „Mahagonny" in Wien lief, sehen konnte. Die von der Presse als „Primadonna der Mahagonny-Inszenierung" gefeierte Schauspielerin war damals schon innerlich von Weill abgerückt. Sie hatte ihn zwar geheiratet, aber ihre Vorstellungen von sexueller Freiheit waren immer schon eigenwillig. Mit Pasetti fuhr sie an die Riviera, besuchte die mondäne Stadt Monte Carlo und gab erstmals das gut verdiente Geld vieler Bühnenabende mit vollen Händen aus. „Ich habe nichts außer dem Spielcasino von der Stadt gesehen", gestand sie später einmal. Als sie „blank" war, telegrafierte sie Weill, und der schickte ihr anstandslos monatlich etwas Geld.

„Mahagonny" entwickelte sich zum Renner. Das Stück sollte in Paris aufgeführt werden, und Lenya war wieder in der Hauptrolle zu hören. Paris war natürlich ein immenses Kulturerlebnis. Pablo Picasso und Jean Cocteau kamen zu den Aufführungen, man lernte die berühmte Mäzenin Princesse de Polignac kennen, und Lenya genoß das Nachtleben, freundete sich mit Männern und Frauen an, ganz wie es kam. So, als habe sie geahnt, was politisch auf Weill und die anderen, deren Protagonistin sie geworden war, zukam, genoß sie das Leben.

Dann kam das schicksalsschwere Jahr 1933. Nach der Machtergreifung hatten die Künstler in Berlin natürlich kaum noch Freiheit zu erwarten. Und so war vielleicht niemand überrascht, als nach Weills einaktiger Buffo-Oper „Der Zar läßt grüßen“ in Magdeburg die Nazi-Schlägertrupps schon am Bühneneingang bereitstanden. Alle weiteren Aufführungen wurden sofort verboten, es hieß, das Werk hetze zu Gewalttaten auf. In Leipzig blieb es hingegen ruhig, doch das war trügerisch. Alle – Brecht, Weill, die Intendanten, die Schauspieler und Sänger – waren gewarnt, und die meisten hatten die Warnung der Nazis verstanden. Weill, weit mehr an musikalischen Neuerungen interessiert als an politischer Konfrontation, hatte sich bereits mit dem als despotisch geltenden Brecht überworfen, der sich auch in musikalische und szenische Fragen einmischte und in seinen Ensembles ebenso gefürchtet wie beliebt war. Schon in dem Stück „Die Maßnahme“ hatte Brecht den Komponisten Hanns Eisler dem Komponisten Weill vorgezogen. Eisler vertrat mutig den politischen Auftrag der neuen Musik. Für Eisler sollte Musik ein probates Kampfmittel werden.

Eisler, Jahrgang 1898 wie Lotte Lenya, hatte sich Ende der zwanziger Jahre einer Moskauer Agitprop-Gruppe angeschlossen, schrieb Kampflieder und Chöre für die Arbeitersängerbewegung. Kurz: Eisler hatte sich der revolutionären Musik verschrieben. „Der Konzertsaal muß zu einem politischen Schulungsraum werden.“ Darin stimmte er mit Brechts Thesen von einem politischen Theater überein. Gleichwohl sein sozialistisches Herz in der Arbeiterbewegung wurzelte, waren ihm die Nazis genauso feindlich gesinnt wie anderen Komponisten jener Zeit. Er sei das „rote Sprachrohr“ hieß es. Proletarische Lieder durften bereits 1928 nicht mehr in Deutschland gesungen werden; es stand sogar Gefängnis darauf. Das deutsche „Liedgut“ bestand bald nur aus SA-Marschliedern und Volksliedern. 1932 verbot das Innenministerium drei Kompositionen Eislers: „Das Lied der Arbeitslosen“, die „Bauernrevolution“ und „Über das Töten“.

Eislers „Die Maßnahme“ wurde vom Berliner Festival für Neue Musik 1930 einfach abgesetzt, und Weill zog daraufhin auch seinen „Jasager“ zurück. Ebenso wurden Stefan Wolpes „Proletarische Lieder“ ersatzlos gestrichen. Alle Ansätze, eine wahrhaft politische Musik für

Menschen zu schreiben, die nicht der üblichen Musikelite, dem Großbürgertum, angehörten, wurden im Ansatz getötet.

Einen Tag nach dem Reichstagsbrand, am 27. Februar 1933, verließ Bertolt Brecht Berlin. Nun gab es kein Zurück mehr. Drei Wochen später, am 21. März 1933, sieben Wochen nach der Machtergreifung, verließen Lotte Lenya und Kurt Weill ungehindert per Auto die deutsche Hauptstadt. Weill fuhr mit zwei Schaupielerkollegen, Erika und Caspar Neher, Richtung Paris, Lotte machte einen Umweg über Süddeutschland und kam später in Frankreich an. Der britische Kunstmäzen Edward James, ein Bewunderer von Brecht und Weill, wollte gerade in Paris ein neues Werk kreieren, Darius Milhaud schrieb die Musik, Georges Balanchines sorgte für die Choreograpie, da kamen ihm die Exilanten genau richtig. Vor allem sollte Lotte Lenya singen. Ein Kritiker der „New York Herald Tribune" sah das Stück, das unter dem Titel „Die sieben Todsünden der Kleinbürger" herauskam, und schrieb: „Madame Lenya singt... mit untadeliger Diktion, so daß sie bis in die entlegenste Ecke jedes Theaters verständlich ist und dies mit einer dramatischen Intensität und aufrichtigen Leidenschaft, die tief bewegt..." Eine „Mahagonny"-Aufführung fand dagegen nicht so viele Freunde, wie man dies von Deutschland gewohnt war. Das Stück mit seinem deutlich surrealistischen Charakter überforderte die Franzosen – jedenfalls zu jener Zeit.

Inzwischen war es Lotte Lenya gelungen, einmal wieder nach Berlin zu reisen, bislang konnte das noch ungehindert geschehen, denn sie war ja weder Jüdin noch persönlich politisch belastet. Sie löste den gemeinsamen Haushalt mit Kurt Weill in Berlin auf, verkaufte die Möbel und brachte das Geld nach Paris. Eine Reichsfluchtsteuer, wie sie die Exilanten ab 1937 zahlen mußten, wurde damals noch nicht erhoben. Lotte Lenya war inzwischen mit ihrer Bühnenpartnerin Tilly Losch und mit Otto von Pasetti befreundet, Weill pflegte weiterhin seine Beziehung zu Erika Neher, und so erstaunte es niemanden, als die Ehe zwischen Lotte und Kurt am 18. September 1933 in Potsdam geschieden wurde. Diese Entscheidung hat sie nach eigener Aussage jedoch später bitterlich bereut, und viele haben auch davon nie erfahren.

Im Herbst lernte die Künstlerin dann den Surrealismus-Maler Max Ernst in Paris kennen und verliebte sich spontan. Die Beziehung dauerte bis 1935, war leidenschaftlich und sorgte dafür, daß Lotte Lenya nun oft zwischen Paris und London (wo sie auf der Bühne stand) pendelte. Weill war vorübergehend auch in London, und schon war Lotte Lenya wieder voller Zweifel. Sie machte über den Kurt-Weill-Freund und -Schüler Maurice Abravanel einen verzweifelten Versuch, sich dem Komponisten und Ex-Mann zu nähern. Zum Glück reagierte Weill positiv, dankte ihr in einem herzlichen Brief und schrieb: „Nach zehn Jahren gibst Du mir noch immer etwas, das kein anderer mir geben kann und das etwas sehr Wichtiges ist... Wir werden es schon schaffen, glaubst Du nicht. Mit vielen Küssen von Deinem Weilli."

1935 bestiegen die beiden das Schiff, um in ihr endgültiges Exilland zu gelangen, in die USA. Viele andere prominente Künstler Europas waren an Bord, darunter auch der dritte Mann von Alma Mahler, Franz Werfel, aber auch Deutschlands berühmtester Regisseur Max Reinhardt. Für Kurt Weill waren die USA das Land der ersehnten künstlerischen Freiheit; er legte sein Deutschtum schneller ab als alle anderen Einwanderer. „Als wir ankamen, beschlossen wir, nur noch Englisch zu sprechen", schrieb Weill später über diese erste Zeit. Er machte von einem Tag zum andern eine vollständige Wandlung durch. Eine Wandlung vom Deutschen zum Amerikaner. Seine Musik, dieser völlig neuartige, hochintelligente und spritzige Stil, der keineswegs ein Mischstil war und der bis heute keine Nachahmer gefunden hat, war hier in diesem musikalischen Neuland hochwillkommen. Und da er nicht Hanns Eisler hieß, war er als unpolitischer Komponist doppelt willkommen. Der sozialkritische Hintergrund seiner bisherigen Musicals wurde akzeptiert.

Lotte Lenya und Kurt Weill wurden in den USA also mit offenen Armen aufgenommen. Vor allem von ihren eigenen Landsleuten. Von Gropius bis Hannah Arendt, von Otto Preminger bis Bruno Walter gab es Hunderte von prominenten deutschsprechenden Künstlern, in deren Nähe sie offen über ihre deutsche Heimat reden konnten. Er lernte Englisch fast über Nacht, besuchte mit Lotte sämtliche Theateraufführungen in New York und erlebte Gershwins „Porgy and Bess" noch im Entstehungsjahr mit. Immer wieder konnte sich auch Lotte Lenya künstlerisch von Weill freimachen. Immer wieder stand sie alleine auf der Bühne, wenn Weill als Komponist unterwegs war.

Die American League of Composers lud Lotte zu einem Songabend ein, der unter dem Titel „Evening in honour of Kurt Weill" in New York stattfand. Hauptperson: Lotte Lenya. Weill hatte inzwischen ein neues Stück geschrieben, das Libretto war natürlich in englischer Sprache und hieß „The Eternal Road"; allein in New York ging es über 150mal über die Bühne. Weill war glücklich und fühlte sich in den USA verstanden; er war in einem Schaffensrausch. Mitte des Jahres 1936 hatten die beiden sich wieder so einander angenähert, daß sie beschlossen, die Ehe wieder aufleben zu lassen.

Weitab von New York, sozusagen inkognito, gaben sich Lotte Lenya und Kurt Weill ein zweites Mal das Jawort. Treue war für beide keine Voraussetzung für eine gute Ehe, die gegenseitige Wertschätzung des künstlerischen und menschlichen Potentials genügte zur Aufrechterhaltung ihrer Ehe. Und diese Wertschätzung stieg, je länger sie sich kannten. Wie sehr beide dann auch wieder ihren beruflichen Pflichten nachgingen, zeigt die Tatsache, daß Weill am Tag nach der Hochzeit nach Los Angeles flog; man wollte ihn für die Filmmusik in Hollywood engagieren, was er auch spontan annahm. Kurt Weils erste Filmmusik war die Musik zu Fritz Langs „You and Me". Es folgten noch zahlreiche Hollywood-Filme.

Im berühmten New Yorker Nachtclub „Ruban Bleu" lernte Lotte Lenya eines Tages, besser: eines Nachts, einen jungen Romanautor mit Namen George Davis kennen, zehn Jahre jünger als sie, sensibel, witzig und unstet. Er war homosexuell und ohne festen Partner, ab und zu ließ er sich mit einem Straßenjungen ein. Das schien Lotte wenig zu stören, moralische Bedenken zur Gleichgeschlechtlichkeit hatte sie längst über Bord geworfen. Sie bewunderte George, der – nachdem er die Tantiemen seines einzigen Romans ausgegeben hatte – zum literarischen Gelegenheitsarbeiter wurde. Auch daß er ab und zu volltrunken war, schien sie wenig zu beeindrucken.

George hatte sich zusammen mit der Szene-Literatin Carson McCullers und anderen ein altes Haus in Brooklyn gemietet, das bald zum Künstler- und Homosexuellen-Treffpunkt der Stadt wurde. Alle, die in die eine oder in die andere Kategorie paßten, tauchten hier auf: Von Salvatore Dalí bis Aaron Copland, von Benjamin Britten bis Marc Blitzstein waren sie alle gerne hier zu Gast. Auch Lotte Lenya, die längst eine innige Freundschaft und Beziehung mit George pflegte. Kurt schrieb derweil die Musik zu seinem ersten großen amerikanischen Musical „Lady in the Dark“, das mit Riesenerfolg am Broadway uraufgeführt wurde; der Text stammte von einem der Gershwin-Brüder, von Ira Gershwin.

Vom Erlös kaufte Weill sofort ein großes Haus in der South Mountain Road in New York, das Lotte vom ersten Tag an „Brook House“ (Bach-Haus) nannte. Es gab einen richtigen kleinen Bach, der am Grundstück vorbeilief, der Garten stand voller Rosen, und alles hatte einen fast romantischen Anstrich. Kurt und Lotte waren wohlhabend geworden, und sie genossen es. Das Haus richteten sie mit schönen Antiquitäten ein; zwei Schäferhunde bewachten das Grundstück. Abends spielte man mit Freunden oft Karten, und Lotte entwickelte sich, wie ihr Biograph Donald Spoto schreibt, zu einer richtigen Zockerin. Gerade das Pokerspiel machte ihr großen Spaß, und manche Nacht hat sie ihre männlichen Spielpartner hemmungslos besiegt.

Es kommen neue Engagements, und Lotte spielt in „Candle of the Wind“ mit der Musik von Kurt Weill und geht mit dem Stück auf Tournee. Oft besteht in jener Zeit ihre Ehe nur noch im Briefwechsel, doch sie meldet sich immer wieder aus fremden Hotels. Zurück in New York, muß sie auch einige Male beim zivilen Luftschutz mithelfen und von einem Wachtturm aus nichts anderes tun als den Himmel beobachten. 1942: Das Jahr, in dem die USA in den Krieg eingriffen und in Deutschland Tausende von Bomben auf deutsche Städte fielen, war vergleichsweise friedlich in New York. Alle warteten in den Nachrichten auf eine Siegesmeldung der Allierten, die sich nach drei schrecklichen Kriegsjahren endlich entschlossen hatten, dem wütenden Treiben Hitlers ein Ende zu bereiten.

Kurt Weill, in den USA durch die Kriegsereignisse zu einem weit politischeren Menschen geworden als in Deutschland, war ein tief dankbarer Mensch, wenn man ihn auf seine neue Heimat ansprach. Er hatte bereits früh die Staatsangehörigkeit beantragt, und Lotte Lenya schloß sich an. Er wollte auch musikalisch etwas für sein Exilland Amerika tun, und er schrieb Musik für die „Lunch Hour Follies“, die zur Aufmunterung für Arbeiter in der Rüstungsindustrie gespielt wurde. Daneben vertonte er Propaganda-Songs und nahm Kontakt zur deutschen Exilzeitung „Aufbau“ auf. Dann lud man Lotte ein, Weill-Songs im Rahmen eines Programms „We fight back“ zu singen. Der Komponist begleitete Lotte selbst am Klavier.

Es war eine jener Exilanten-Aufführungen, in denen sich der ganze Reichtum des künstlerischen Schaffens zeigte, das nun plötzlich die amerikanische Kunstszene überschwemmte und bereicherte. Die deutsche Schauspielerin Elisabeth Bergner, selbst Jüdin, rezitierte an jenem Abend Brecht-Gedichte, und Erwin Piscator, ebenfalls aus Deutschland vertrieben, hatte die Regie des Abends. Das komplette Programm wurde vom Office of War über den Sender zu den amerikanischen Soldaten nach Europa geschickt. Was in England der Sender BBC in weit größerem Rahmen zur Irritation des Feindes und zur Ermutigung der Antifaschisten ins Programm brachte, war hier zwar nicht erwünscht und möglich. Doch unkommentiert blieb der Krieg keineswegs.

Am 27. August 1943 wurden Kurt Weill und am 1. Mai 1944 Lotte Lenya amerikanische Staatsbürger. Weill tat diesen Schritt mit Begeisterung, und Lotte Lenya schloß sich dieser Begeisterung an. Sie war hier als Künstlerin akzeptiert und fand sich gut zurecht in diesem neuen Land. Ihr Englisch war zwar immer noch mit breitem Wienerisch vermischt, doch bei der Prüfung zur Einbürgerung mußte sie lediglich den Namen des ersten amerikanischen Präsidenten kennen. Kurt Weill, der gerade an einer Operette komponierte, freute sich in einem Brief an Lotte über das bevorstehende Kriegsende und schrieb: „Liebling, noch nie waren die Nachrichten aus aller Welt so aufregend wie in den letzten Tagen, und verglichen mit den Ereignissen in Deutschland und Japan, erscheint alles hier albern und unwichtig... Mein Gott, wäre es nicht phantastisch, wenn Hitler tot und der Krieg zu Ende wäre? Was für eine Party würden wir dann geben!“

Fieberhaft warteten alle Exilanten auf das Kriegsende. Weill hatte inzwischen seine Operette „It happened in Florence“ geschrieben, die Kritiken, auch über die Besetzung mit Lotte Lenya, waren mäßig. Doch wichtiger war schließlich ein Datum, das nichts mit Bühnenereignissen zu tun hatte: der Tag der Kapitulation Deutschlands, der 8. Mai 1945. Weill hatte in jenen Wochen geschrieben, daß „nie zuvor

Menschen eine solche Demütigung so sehr verdient haben wie diese Barbaren, die sich das Recht anmaßten, alles zu zerstören, was gute, anständige Menschen seit Jahrtausenden aufgebaut haben".

Mittlerweile waren auch die Komponisten und Brecht-Mitstreiter Paul Dessau und Hanns Eisler im amerikanischen Exil angelangt. Eisler war zuvor einige Zeit bei Brecht in seinem dänischen Exil in Skovbostrand gewesen, hatte Sozialkritisches und Politisches komponiert (u.a. das „Lied von der belebenden Wirkung des Geldes" oder die „Kantate im Exil"). 1947 mußte er sich, als er schon zehn Jahre in den USA lebte, als Kommunist jener berühmten, vom amerikanischen Geheimdienst geforderten Untersuchung wegen unamerikanischer Tätigkeit unterziehen. Er verließ das Land und ging in die DDR, wo er hoch geachtet als Kompositionslehrer in Ost-Berlin 1962 starb. Der dritte Brecht-Zeitgenosse Paul Dessau war, wie Kurt Weill, erst einmal nach Frankreich gegangen, bevor der 1939 in den USA um Asyl bat. Er war ein musikalischer Avantgardist, zeitweise auch ein Zwölftöner, politisch hoch motiviert, schrieb später die Schauspielmusiken zu „Mutter Courage" und zum „Guten Menschen von Sezuan" und trat übrigens erst im Exil zum Judentum und später auch zur kommunistischen Partei über. Auch er verließ Amerika sofort nach Kriegsende und ließ sich in Ost-Berlin nieder, wo er neben Eisler der prominenteste Vertreter des musikalischen Sozialismus wurde. Im Gegensatz zu Kurt Weill haben Eisler und Dessau keinen Gefallen am amerikanischen way of life gefunden. Sie waren im besten Sinne politische Komponisten: ein Genre, das nach dem Krieg in den USA und auch in Westdeutschland unerwünscht schien.

Weill als relativ unpolitischer Musiker ging seinerseits nach Kriegsende wieder fieberhaft an die Arbeit; die „Dreigroschenoper" sollte – inzwischen waren siebzehn Jahre seit ihrer Uraufführung vergangen – für Amerika umgearbeitet werden. Auch hatte er wieder ein Musical geschrieben, „Love Life", das trotz seiner 252 Vorstellungen von der Kritik mäßig aufgenommen wurde. Man sagte, Weill fehle es in seinen neuen Stücken an Wärme. Lotte hatte sich nach „Love Life" ganz von der Bühne zurückgezogen. Der Gesundheitszustand von Kurt Weill machte ihr zu schaffen: Er hatte oft mit hohem Blutdruck zu kämpfen und erlitt 1949 einen Schlaganfall, von dem er sich nur kurz erholte. Anfang April mußte er wieder einmal mit Herzproblemen in ein Krankenhaus eingeliefert werden, Lotte besuchte ihn täglich. Kurt Weill starb am 3. April 1950 in dem Land, das ihm fünfzehn Jahre lang Heimat geworden war und das er letztlich mehr liebte als seine deutsche Heimat.

Nachlaßverwalterin eines Komponisten zu sein, das hatte sich Lotte Lenya vorher wirklich nicht ausgesucht. Doch diese Aufgabe erfüllte sie mit Freude und mit Bravour. Sie regelte alle Formalitäten mit den europäischen und amerikanischen Verlagen, sie setzte sich mit Bertolt Brecht auseinander, und noch viel schlimmer, mit Helene Weigel, die nach dem Tode Brechts ihrerseits Ansprüche an Brecht-Stücken anmeldete. Ihr alter Freund George Davis wurde auch wieder aktiviert, und Lotte – die das Alleinsein haßte – wollte bald wieder heiraten. Bereits ein Jahr nach dem Tod von Kurt Weill schloß sie die Ehe mit dem homosexuellen Alkoholiker George Davis. Jeder im Freundeskreis wußte, daß dies keine Liebesheirat war. Lotte unterhielt den mittellosen Literaten; sie war nun die Gebende, denn sie lebte von Weills Tantiemen.

Die amerikanische Version der „Dreigroschenoper" des Jahres 1954 brachte ihr dann auch den persönlichen Erfolg. Sie stand 24 Jahre nach der letzten Vorstellung in Deutschland als Seeräuber-Jenny wieder auf den Brettern. Ein großartiges Comeback, das die Amerikaner begeistert aufnahmen. „Sie war eigentlich mehr eine Persönlichkeit als eine Sängerin", schrieb ein Kritiker, „...seine Musicals waren von der Bühne verschwunden und wurden nicht wiederaufgeführt... doch nun ist seine Musik durch sie wiederentdeckt worden..." Und so war es wohl auch. Weills Musicals aus deutscher Zeit hätten in den USA niemals diesen Erfolg errungen – der Broadway hatte seine eigenen Gesetze und Musikmacher –, wenn nicht seine berühmteste Protagonistin Lotte Lenya die Lücke, die durch seinen Tod entstanden war, gefüllt hätte.

Plötzlich interessiert sich auch der deutsche Schallplattenmarkt wieder für seine einstige Starsängerin. Man bietet ihr an, etliche Weill-Songs einzusingen. Sie überlegt nicht lange und fährt mit ihrem neuen Ehemann George nach Berlin. Es ist April 1955. Anschließend machen sie in Düsseldorf Station („Reich, elegant, arrogant, teuer", urteilt Lotte über die Stadt am Rhein], dann fährt Lotte nach Wien, wo ihre Schwester noch lebt, und schließlich nach Hamburg ins Studio. Doch Deutschland, das Nachkriegsdeutschland, das geteilte Land, gefällt ihr nicht. Die Städte sind noch nicht wieder aufgebaut, sie ist entsetzt über das einst so geliebte Land. Noch zweimal fährt sie nach Deutschland zu Plattenaufnahmen; jedesmal wird sie von George begleitet, der das Trinken nicht läßt und sich auch ab und zu einmal wieder in Schlägereien einläßt. Er liebte das idyllische Haus der Weills nicht, es war ihm zu einsam, er brauchte seine Clubs und Freunde, sein Nachtleben, seinen Alkohol.

Beim erneuten Berlin-Aufenthalt erlitt er einen Herzanfall; zuvor war er in einer Schlägerei verletzt worden. Am 25. November 1957 starb Lottes zweiter Mann im Alter von 51 Jahren; Kurt Weill war 50 Jahre alt geworden. Wieder war die Künstlerin allein. Und wieder einmal stürzte sie sich in die Arbeit.

Die erste Schallplattenaufnahme der „Dreigroschenoper" erschien 1958 und wurde ein voller Erfolg. Lotte Lenya singt die Seeräuber-Jenny viel vitaler und derber als in der deutschen Erstfassung, stellte die Kritik fest. Ihre Stimme hatte an Substanz gewonnen, die Rauhheit war zum Markenzeichen geworden, dahinter stand ein fast 60jähriges Leben, das sie voller Intensität und Leidenschaft genossen und durchlitten hatte. Die amerikanischen Zuhörer ihrer damaligen Aufführungen spürten, was sie gelitten hatte, und sie hatten Respekt vor dieser derb-herzlichen Wienerin, die eine der ihren geworden war. Auch die „Mahagonny"-Platte wurde begeistert aufgenommen. Lotte Lenya war die Sachwalterin der Weillschen Musik geworden. Der Dramatiker George Tabori, der sie sehr gut kannte, Brecht-Übersetzungen anfertigte und die Sängerin verehrte, hat sie einmal sehr liebevoll „gezeichnet": „...sie litt, eine Jeanne d'Arc des Puffs, während sie für die Geschändeten und Geschmähten sang..." Und weiter: „Sie war nicht einmal zynisch. Ihr war eben alles schnurzpiepegal – die letzte der großen herzlosen Huren..." Schließlich verglich er sie mit Marlene Dietrich: „... anders als Marlene war sie schlampig, mausgrau, nicht ganz sauber und sehr wahrhaftig."

Ärger gab es jedoch immer, wenn Lotte Lenya mit Brecht zu tun hatte. Die zu Anfang eminent ungerechte Tantiemen-Aufteilung [75

Prozent für Brecht, 25 Prozent für den Komponisten] konnte sie nach langen Kämpfen schließlich zugunsten Weills auf 35 Prozent erhöhen. Doch inzwischen hatte Brecht die Rechte – ohne Weill zu fragen – an den Suhrkamp Verlag abgegeben. Da galt es, um jede Mark zu kämpfen. Und es gab auf der Gegnerseite die Brecht-Witwe Helene Weigel, die mit ebensoharten Bandagen kämpfte. „Den Krieg der Witwen" nannte man das, was jahrelang per Korrespondenz zwischen Verlagen und Anwälten ausgetauscht wurde. Und Lotte mußte feststellen, daß Brecht, der die Welt mit seinem pädagogischen Theater verbessern wollte, der die einfachen Menschen der Straße so unglaublich genau und liebevoll beschrieb, sich privat aufführte wie ein kapitalistischer Ausbeuter – auch was die literarischen Ideenlieferantinnen anbetraf, die sich vorwiegend aus dem Kreis seiner Geliebten rekrutierten.

Immer wieder erhält Lotte Lenya jetzt Angebote. Sie kann es sich aussuchen, und sie sagt selten einmal „nein". Die Carnegie-Hall beschert ihr – der 62jährigen – 1960 einen triumphalen Abend mit Weill-Songs, in Deutschland steht sie auch erstmals, seitdem sie das Land verlassen hat, auf der Bühne. Sie wird als „eindringliche Mahnerin" betitelt, in Amerika reiht man sie mit Billie Holiday, Edith Piaf und Judy Garland in die Reihe großer Darstellerinnen ein. Und wirklich: Vergleicht man ihre Stimme mit der Aufnahme der Uraufführung der „Dreigroschenoper" von 1928, so ist man erstaunt, welche Fülle und Kraft sie vierzig Jahre danach ausstrahlt.

Zwischen Bühnenauftritten und Reisen verliebt sich Lotte Lenya einmal wieder heftig. Diesmal nicht in einen Künstler, sondern ausnahmsweise einmal in den Politiker Dag Hammerskjöld; doch vergebens wartet sie auf eine Antwort von ihm; ihre plötzliche Zuwendung bleibt unerwidert.

Schließlich – sie ist mittlerweile 63 Jahre alt – begegnet sie einem jungen Maler, wieder homosexuell und wieder Alkoholiker. Er heißt Russell Claude Detwiler und ist 37 Jahre alt. Die Heirat findet am 2. November 1962 in kleinem Kreis statt. Und wieder muß sie erleben, wie ein Mensch an ihrer Seite auch nach der Heirat Alkoholiker bleibt. Hat sie gehofft, ihn zu heilen? Hat sie das auch bei George Davis geglaubt? Nun, sie unterhält den neuen Ehemann, wie sie dies auch bei George tat, sie toleriert seinen Alkoholismus [teilte sie ihn

5 Die Brecht-/Weill-Interpretin Lotte Lenya in einer Fernsehsendung der ARD vom 11. Februar 1973.

vielleicht?] und nimmt ihn in Schutz, wenn ihre Freunde die Hände über dem Kopf zusammenschlagen.

Dazwischen immer wieder große Erfolge, die sie das private Auf und Ab vergessen lassen. Sie spielt im James-Bond-Film „Liebesgrüße aus Moskau" mit, und man lädt sie 1965 zu den Ruhrfestspielen nach Recklinghausen ein. Mutter Courage soll sie spielen, eine Rolle, in der man sie natürlich an Helene Weigel und Therese Giehse mißt. Die Kritiken sind nicht gut, und sie spürt – typisch für die Nachkriegszeit in Deutschland –, daß man ihr die Auswanderung übelnimmt: eine unverständliche Reaktion, die viele ausgewanderte Künstlerinnen, wie Hildegard Knef oder Marlene Dietrich, bitter zu spüren hatten.

1970 ist ein großes, ereignisreiches Jahr für die Sängerin und Schauspielerin. Am Broadhurst Theatre in New York wird das Musical „Cabaret" inszeniert, und sie hat darin die Hauptrolle. Kein Musical der siebziger Jahre hat jemals so viele Aufführungen erlebt wie „Cabaret". In Europa läutete dieses Werk eine wahre Musical-Hysterie ein, die sich fast ungebrochen bis heute zu den Musicals von Andrew Lloyd Webber fortsetzt. Allein mehr als 1.100mal wurde „Cabaret" in New York aufgeführt. Harald C. Schonberg schrieb in der „New York Times" über die 72jährige Lotte: „Sie hat eine rauhe Stimme, mit der man Schmirgelpapier abschleifen könnte... aber sie legt eine solche Intensität in die Songs, daß es fast schon erschreckend ist." Liza Minelli, die später die Rolle übernahm, hatte es nicht leicht, an dieses große Vorbild anzuknüpfen.

Im selben Jahr reicht Lotte Lenya die Scheidung ein. Detwiler entpuppte sich als „Fehlschlag". Sie hatte inzwischen ein anderes Objekt ihrer Begierde entdeckt, den Dokumentarfilmer Richard Siemanowski, auch homosexuell und auch Alkoholiker, und natürlich auch ohne Geld. Einen Monat nach ihrer Scheidung heiratete sie ihn, es war Juni 1971. Drei Jahre dauerte die Ehe, dann starb er an einer Magenkrankheit und Arthritis. Lotte Lenya war mittlerweile 76 Jahre alt und schließlich wieder allein. Sie wohnte weiterhin in ihrem „Brook-Haus", mit dem plätschernden Bach am Haus und den Rosen im Garten.

1976 beschenkt sie die Stadt New York mit einem Gelände, von dem sie verlangt, daß es als Naturschutzgebiet gehalten wird. 1977 vermacht sie dem Lincoln Center die Partitur zu Weills „Die sieben Todsünden“, das erste Werk, das er 1933 im ersten Exilland Frankreich geschrieben hatte. 1978 feiert New York ihren 80. Geburtstag festlich und groß in der Avery Fisher Hall, es spielt das Greenwich Philharmonic Orchestra, natürlich Werke von Kurt Weill. Gesundheitlich hat sie erstmals Sorgen. Seit geraumer Zeit klagt sie über Beschwerden im Bauch. Alle Schmerzmittel helfen nichts, sie läßt sich gründlich untersuchen, eine Operation wird vorgenommen. Sie wird immer schwächlicher und braucht jetzt eine ständige Hilfe. Trotz aller Beschwerden fährt sie noch im Januar 1980 nach Detroit, wo man ein Gedenkkonzert zu Weills achtzigstem Geburtstag veranstaltet. Sie genießt diese späte Ehrung sichtlich, wenngleich die Würdigung auch nicht in seiner Heimat Deutschland erfolgt, die ihn 1932 als „gemeinen Tempelschänder wie Strawinsky, Toch und andere atonale Juden“ bezeichnet hatte. Gleichzeitig wird Lotte Lenya in Detroit mit einer Medaille „für Menschlichkeit in der Kunst“ ausgezeichnet.

Daneben kümmert sie sich von ihrem Krankenbett aus intensiv und kämpferisch um das musikalische Erbe Weills. Alle Aufführungen und Schallplattenaufnahmen überwacht sie weiterhin sorgfältig, und irgendwann gibt es endlich auch eine Aussprache mit Brechts Ehefrau Helene Weigel. Lotte Lenya ordnet auch ihr eigenes finanzielles Erbe, schreibt mehrere Versionen an Testamenten und läßt gleichzeitig eine Chemotherapie durchführen. Und wieder wird sie operiert, doch ohne Erfolg, denn der Krebs hat sich schon zu sehr eingenistet.

Nur wenige Freunde durften schließlich noch bei ihr sein. Die Künstlerin hatte am Ende ihres Lebens alles wohlgeordnet. Sie hatte eine Kurt-Weill-Foundation ins Leben gerufen, die alle zukünftigen Tantiemen erhalten würde; ihr Bargeld war an Freunde und Verwandte aufgeteilt. Den Freunden sagte sie bis zur letzten Minute, sie sei sicher, wieder gesund zu werden. Am 27. November, einem Freitagnachmittag des Jahres 1981, starb Lotte Lenya im Alter von 83 Jahren in ihrem New Yorker Haus am Bach. Sie war ganz ruhig geworden, sie hatte zuletzt noch die Namen vieler Freunde gemurmelt.

Eine der wenigen Getreuen, die bis zuletzt bei ihr waren, wurde gleichzeitig ihre musikalische Nachfolgerin: Teresa Stratas, die große

Opernsängerin mit dem griechischen Namen. Sie hat sich als Brecht-Sängerin seitdem einen Namen gemacht. Doch weder sie noch Liza Minelli konnten das auf der Bühne darstellen, was Lotte Lenya fünfzig Jahre lang verkörpert hatte. Sie war die vitalste und leidenschaftlichste Sängerin einer Epoche, die uns als Kriegszeit in solch schrecklicher Erinnerung ist. Ohne sie wären die dreißiger, vierziger, fünfziger und sechziger Jahre in Deutschland und in Amerika musikalisch ärmer gewesen.

„Einmal in einen grünen Apfel beißen"

Die Bestsellerautorin Vicki Baum war in Hollywood sehr willkommen

Die einen bescheinigen ihr „hinreißende Erzählkunst", die anderen sprechen von „gängiger Unterhaltungsliteratur". Fabulierkunst wird ihr von allen zugebilligt, ebenso Milieukenntnis und ein Gespür für menschliche Charaktere. Ihre Weltbestseller müßten sie eigentlich in eine Reihe mit den großen Literaten ihrer Zeit, mit Stefan Zweig, Gerhart Hauptmann, Hans Fallada, Ricarda Huch, Pearl S. Buck oder Jo Hanns Rösler, einreihen: allesamt Autoren, die fast ausschließlich im Berliner Ullstein-Verlag schrieben. Doch es war sechzig Jahre recht still um Vicki Baum. Wäre nicht ihr populärster Roman „Menschen im Hotel" zweimal mit großem Erfolg verfilmt worden und hätte nicht eine deutsche Fernsehanstalt 1997 die dramatische Verfilmung ihres Romans „Hotel Shanghai" gebracht, so wäre die Romanautorin Vicki Baum sicherlich heute fast vergessen. Oder erinnert sich irgend jemand an ihre Romane „Frühe Schatten", „Stud. chem. Helene Willfüer", „Die große Pause", „Welt ohne Sünde" oder „Die Tänze der Ina Raffay"?

Nein, ihre Popularität wächst derzeit. Dafür sorgt auch seit Anfang 1998 ihr Verleger. Der renommierte Berliner Verlag begeht dann sein 95jähriges Bestehen [und sein 45jähriges Taschenbuch-Jubiläum] und legt aus diesem Anlaß einige Erfolgsbücher seiner damaligen Autoren vor: Fallada, Hauptmann, Huch und natürlich Vicki Baum. Von Vicki Baum gibt es nun endlich wieder im Reprint ihre berühmtesten Romane „Menschen im Hotel" und „Hotel Shanghai". „Menschen im Hotel" wurde bislang in fünfzehn Sprachen übersetzt und gilt in aller Welt als ihr Bestseller, der sogar in den dreißiger Jahren, als ihre Bücher verboten waren, heimlich und mit Begeisterung gelesen wurde.

Doch nicht nur das. Laut einer Literaturstatistik soll Vicki Baum, die insgesamt 35 Romane schrieb, die meistübersetzte deutschsprachige Autorin nach Hedwig Courths-Mahler und Stefan Zweig sein. Also nicht Goethe oder Böll oder Simmel stehen auf Platz Nr. 1? „Ich wollte immer nur Entspannungslektüre schreiben", hat Vicki Baum einmal gesagt. Oder: „Schreiben ist für mich immer ein sinnliches Geschäft." Da sie ein schwieriges „Geschäft" so scheinbar leicht beherrschte, das lange Zeit im tiefschürfenden Goethe-Land in eine niedrigere Kategorie der Literatur eingereiht wurde, fand sie die wunderschöne Formulierung, die alles aussagt: „Ich bin eine erstklassige Schriftstellerin zweiter Güte."

In ihrem Genre, der erzählenden Unterhaltungsliteratur, der spannenden, kurzweiligen Romane und Milieuschilderungen, gespeist von einer hervorragenden Beobachtungsgabe und einem sozialkritischen Engagement, hat sie seit ihrem Tod im Jahre 1960 im Grunde keine prominenten Nachahmerinnen gehabt. Keine Autorin hat die Stimmung der zwanziger Jahre, der Kriegszeit, des Klein- und Großbürgertums so perfekt eingefangen wie Vicki Baum. Keiner außer ihr hat die Ängste von Menschen verschiedenster Nationalitäten im Zweiten Weltkrieg so gut beobachtet wie sie in „Hotel Shanghai"; jenes Nobelhotel in der von Flüchtlingen vollgestopften Stadt Shanghai, das im Jahre 1937 zerschossen wurde. Wer geschossen hatte und ein Blutbad unter den Hotelgästen anrichtete, war lange ungeklärt. Waren es die Japaner oder waren es die Chinesen? Sollte das Hotel überhaupt getroffen werden, war es ein fehlgeleiteter Angriff, der jemand anderem gelten sollte? Schon ist man mittendrin in den politischen Verwicklungen des Zweiten Weltkriegs, die sie ebenso spannend schildert wie die menschlichen. Vicki Baum beschreibt das Kriegsgeschehen, als sei sie dabeigewesen. Erschienen ist das Buch 1939 im berühmten Exilverlag Querido in Amsterdam, der kurz nach ihrer Emigration aus Deutschland mehrere Romane von ihr veröffentlichte. Und auch dieses Buch wurde ein Weltbestseller zu einer Zeit, als ihre Bücher in Deutschland verboten und verbrannt wurden. Wie es dazu kam, daß man eine Erfolgsschriftstellerin, die vom Volk gelesen und geliebt wurde, in die künstlerische Verbannung schickte, ist nur ein Beispiel von unzähligen Fällen, bei denen die nationalsozialistischen

Machthaber einen nicht wiedergutzumachenden Schaden anrichteten.

In Deutschland wurde sie auch von Menschen, die ansonsten ein gebrochenes Verhältnis zur Roman-, zur Unterhaltungsliteratur hatten, gelesen. Zu vergleichen ist sie in diesem Punkt vielleicht nur mit den französischen Schriftstellerinnen Colette oder Françoise Sagan. Die feinsinnige Beobachtungsgabe der Colette hat sie, den scharfen Verstand der Sagan auch; doch den subtilen Humor dazu finden wir nur bei Vicki Baum.

Und genau diesen feinen Humor, diese Ironie angesichts alltäglicher Zwistigkeiten und Verbohrtheiten hatten die Leser 1929, als ihr Roman „Menschen im Hotel" bei Ullstein herauskam, anfänglich gar nicht verstanden. Beschrieben hatte sie dies zwischenmenschliche Filigran völlig überzeichnet, fast parodistisch, angefangen bei der alternden russischen Tänzerin Grusinskaja über den lebenshungrigen Kringelein bis hin zum weltmännisch auftretenden Juwelendieb, Baron von Gaigern. Vicki Baum wollte – nach eigenen Worten – die Eigenschaften ihrer Protagonisten nur liebevoll aufs Korn nehmen. Doch was geschah? Man nahm alles für bare Münze, litt mit den schwindenden Kräften der Grusinskaja, bemitleidete die Person des Kringelein und bangte mit dem Hoteldieb, Baron von Gaigern.

Da ist zum Beispiel die Figur von Kringelein, jenem frustrierten Buchhalter, der die letzten Wochen seines kranken Lebens dazu benutzt, sein Geld in einem Nobelhotel zu verjubeln, sein Leben in Gegenwart von Frauen und Luxus zu genießen. Vorlage zu dieser Figur, liebenswürdig und bemitleidenswert zugleich, lieferte der Autorin ein Besuch in Südmähren. Dort hörte sie eines Tages einen urwüchsigen Männergesangverein, mit dem sie – damals konzertierte sie noch als Harfenistin – auftreten mußte. Aus dem deftig-herben Klang der rauhen Männerstimmen hörte sie plötzlich eine Stimme heraus: Es war die Stimme eines dürren Männchens, das ein Solo singen durfte. Das Männchen imponierte ihr so in seiner Hilflosigkeit und seinem Selbstbewußtsein, daß er ihr jahrelang im Gedächtnis blieb. Er wurde ihr Kringelein, voller Lebensdurst, voll Neugier auf das, was ihm wohl in den letzten Lebenswochen über den Weg laufen würde.

Kringelein, der in jenen Tagen im Grand Hotel mit seinem ehemaligen, ungeliebten Chef abrechnet, sagt also in „Menschen im Hotel“ (jener Chef Preysing logierte zufällig auch im selben Hotel): „Sie glauben, daß Sie was Besseres sind, aber Sie sind ein ganz gewöhnlicher Mensch, Herr Preysing, wenn Sie auch reich geheiratetet haben und in einer Villa sitzen, ein ganz gewöhnlicher Mensch sind Sie; und soviel, wie in Fredersdorf auf Sie geschimpft wird, hat man noch auf keinen geschimpft. Damit Sie die Wahrheit wissen…“ O-Ton Vicki Baum: „Kringelein kam auf Nebengeleise. Er brachte alle Erfahrungen und den ganzen Haß von 27 Jahren durcheinander, Wichtiges und Nebensächliches, Wahrheiten und Phantasien, Erkenntnisse und Bürotratsch. Was hier in diesem Hotelzimmer aus ihm hervorbrach, war alles in allem die Klage des zarten und erfolglosen Menschen gegen den andern, der einfach und mit etwas Brutalität seinen Weg macht…“ Mit derlei Schilderungen hatte Vicki Baum die Gemüter und Herzen vieler Menschen Ende der zwanziger Jahre eingefangen.

„Menschen im Hotel“ kam in einer Zeit heraus, als nach unruhigen Jahren voll drohender Arbeitslosigkeit die Weltwirtschaftskrise durch den New Yorker Börsencrash nicht mehr aufzuhalten war, als es in Berlin mehr Arbeitslose als Künstler gab, als sich die Spartakisten mit den ersten Nationaldeutschen Straßenschlachten lieferten. Die Stimmung des Volkes brodelte. Berlin war ja nicht nur die Stadt der Literatencafés und des Charleston, es war eine Zeit voll ungeheurer Aufbruchstimmung, die sich vorwiegend auf politisch engagierte Bürger und auf Künstler beschränkte. Auf der anderen Seite, im einfachen Volk, gab es nur ein Gefühl: die Angst, genährt von realer wirtschaftlicher Not. Diese Angst hat die Weimarer Republik, die mit so vielen Hoffnungen proklamiert worden war, nie ganz besiegen können.

Tagelöhner, Schieber und Diebe beherrschten das Straßenleben Berlins. Man tummelte sich auf dem Alexanderplatz, dem Ort, der später durch die großartige Milieuschilderung von Alfred Döblin berühmt wurde. Es ist der Ort von „Emil und die Detektive“ und von Fritz Langs „Ehrengericht der Ganoven“, es ist der Platz für den „Hauptmann von Köpenick“ und für einen mutigen Mann wie Carl von Ossietzky, der achtzehn Monate Gefängnisstrafe bekam, weil er bei der deutschen Luftwaffe eine unerlaubte, von den Siegermächten verbotene Aufrüstung aufdeckte. Ein Liter Milch kostete damals rund 20 Pfennig, ein Arbeiter bekam pro Stunde rund 75 Pfennig. Die Arbeitslosenzahl war nah an der Fünfmillionengrenze, ein Tatbestand, den sich die Nazis später zunutze machen würden. Die KPD organisierte „Hungermärsche", und die politisch entgegengesetzte NSDAP, die noch über wenige Verbündete verfügte, suchte bei anderen politisch extremen Parteien nach Sympathisanten.

Solch einen Hexenkessel politischer Heilsversprechungen konnten viele nur malend, schreibend und zeichnend überwinden, und wer nicht demonstrierend auf die Straßen ging, saß in Kaffeehäusern und diskutierte. Oder man ging ins Theater und schaute sich den „Blauen Engel" mit Marlene Dietrich an, der von Josef von Sternberg, dem aufstrebenden Regisseur, so meisterhaft inszeniert worden war. Emil Jannings spielte den Professor Unrat, die literarische Vorlage stammte von Heinrich Mann, und ganz Berlin, besser: ganz Deutschland, war begeistert.

Vicki Baums Karriere begann jedoch weder in einem Literaturcafé noch im Kreise der politischen Fanatiker. Ihr eigentlicher Beruf war ein ganz anderer. Sie war Musikerin und spielte Abend für Abend in einem Orchester. Das kam so: Das Mädchen Vicki wuchs in einem bürgerlichen jüdischen Elternhaus in Wien auf, wo sie am 24. Januar 1888 geboren wurde. Ein nach außen hin behütetes Elternhaus schien das Haus des Kaufmanns Hermann Baum und seiner Frau Mathilde, geb. Donat, zu sein. In ihrer Autobiographie [die erst nach ihrem Tode von ihrem Sohn Wolfgang anhand unzähliger Notizen und Aufzeichnungen zusammengestellt worden war und 1962 bei Ullstein unter dem Titel „Es war alles ganz anders" erschien] setzt die Autorin ihrer Kindheit ein dezidiertes Ende. Sie schreibt: „An meinen vierten Geburtstag erinnere ich mich deshalb so gut, weil ich bis dahin ein glückliches Kind war. Danach geschahen einige Dinge, die wie Wolken und dunkle Schatten über mir hingen."

Gemeint war mit Schatten das unheilbare Leiden ihrer Mutter, die, völlig unerwartet, an geistiger Umnachtung erkrankte. Die Krankheit wurde offensichtlich schlimmer, als Vicki vier Jahre alt war. „Sei still, deine Mama ist nervös", hieß es dann oft. Die Hausangestellte Katl mußte die unruhige Vicki, die nichts von dem ahnte, was auf sie und ihre Familie zukommen würde, stillhalten. „Deine arme Mama hat heut nacht kein Aug zutun können", wurde sie von Katl ermahnt. Schlimmer noch als Katl wies sie der von klein an ungeliebte Vater zurecht. „Du bist jetzt schon ein großes Mädchen und alt genug, dich anständig zu benehmen und Mama nicht verrückt zu machen", schalt er sie. Die Familie gehörte zum liberalen Judentum; man sprach breitestes Wienerisch, das „ordinäre" Jiddisch war verhaßt, und nur, wenn Onkel Leo fluchte, tat er es in jiddisch.

Im gleichen Jahr, als die Krankheit ihrer Mutter schlimmer wurde, verlor Vicki den geliebten Großvater, den sie den „lieben, häßlichen, schielenden, kleinen alten Juden" nannte. Damit verlor sie die einzige Person im Familienverbund, zu der sie ein herzliches, ja freundschaftliches Verhältnis hatte. Großvater gehörte, wie sie schreibt, nicht zur „feindseligen Clique der Erwachsenen". Von nun an vereinsamte sie zusehends und vergrub sich in eine Traumwelt. Das Elternhaus wurde mehr und mehr zu einer Horrorvision, und doch war es keine Vision.

Nur die Schule hat das empfindsame Kind davor bewahrt, selbst irre zu werden, und Vicki war heilfroh, für ein paar Stunden das Haus verlassen zu können. Manchmal hatte sie beim Verlassen des Hauses noch die schrillen Schreie ihrer Mutter in den Ohren, die ständig Versuche machte, sich das Leben zu nehmen. Mathilde Baum wollte – wenn sie sich unbeobachtet fühlte – aus dem Fenster springen. Vorher saß sie kichernd und lachend auf dem Fensterbrett, und es bedurfte schon starker Nerven seitens der Pflegerin, die Tag und Nacht bei der Mutter saß, diese Selbstmordversuche zu erahnen und zu verhindern. Was „umbringen" hieß, schien die kleine Vicki jedoch nur vom Hörensagen zu wissen. Sie sollte es jedoch bald kennenlernen.

Eines Tages saß sie über ihren Schularbeiten, es war still im Haus. Da tat es einen dumpfen Aufprall. Erschreckt stürzte das Kind zum Fenster. Katl, das Hausmädchen, schrie verschreckt in seinem Zimmer auf und lief ebenfalls ans Fenster. Was war geschehen? Vom Dachboden hatte sich eines der Dienstmädchen auf die Straße gestürzt. Warum, erfuhr Vicki nie. Vielleicht hatte auch sie das Zusammenleben mit einer Geisteskranken als so belastend empfunden, daß sie es nicht länger aushielt. Die Mutter kommentierte den Selbstmord nur mit den Worten: „Sie hat sich umgebracht? Wie gut für sie..." Dabei beugte sie sich selbst weit aus dem Fenster, als wolle sie es ihr gleichtun, und lachte ihr dünnes, irres Lachen, das die ganze Kindheit von Vicki Baum begleitete.

Folge der langwierigen Krankheit der Mutter war: Auch Vicki wurde krank und litt am Desinteresse und an der Lieblosigkeit der Mutter, denn auch der Vater hatte sich aus dem Familienleben zurückgezogen, weil er das Irresein seiner Frau nicht ertrug. Vicki bekam Scharlach, hatte hohes Fieber und wäre fast gestorben. Sie hat, wie sie später eingestand, diese Krankheit regelrecht herbeigesehnt, wollte damit die Krankheit von ihrer Mutter „wegnehmen". Die Krankheit war so schlimm, daß sogar der hypochondrische Vater, der alle Bazillen wie den Teufel scheute, an ihrem Kinderbett auftauchte. Als Vicki aus ihren Fieberdelirien aufwachte, war die Mutter fort. Sie war im Glauben, sie sei tot, und ließ sich auch kaum eines anderen belehren. Ihre Pflegerin konnte das Kind kaum davon überzeugen, daß die Mutter nicht im Himmel sei.

Endlich rückte die Familie mit der Sprache heraus. Man hatte Mutter Baum in eine psychiatrische Klinik nach Inzersdorf gebracht. „Sie meinen", hatte Vicki damals zur Pflegerin gesagt, „sie ist gar nicht tot?" Und die Pflegerin hatte geantwortet: „Natürlich ist sie nicht tot. Nur sehr krank im Kopf. Sie hat den Verstand verloren. Aber man stirbt davon nicht. Du darfst mir glauben, wenn sie zu heilen ist, dann werden sie's in Inzersdorf tun, da kannst du Gift darauf nehmen."

Nun wußte sie es. Sie hatte eine wahnsinnige Mutter, die man in eine Nervenklinik gesteckt hatte. Damals war diese Wahrheit schlimmer für sie, als wenn die Mutter gestorben wäre. Es war ja keine normale Krankheit, bei der man am Bett der Mutter sitzen konnte, die einem dabei liebevoll über den Kopf strich. Fürsorge war von einer verrückten Mutter nicht zu erwarten. Die Liebe eines Kindes hatte auch keinen Adressaten mehr. Und es kam noch schlimmer.

Der gestrenge Vater tauchte wieder auf und übernahm das Regiment. Er verbot dem Kind zu lesen, er verbannte sämtliche Bücher an einen unbekannten Ort, nicht einmal aus der Schulbücherei durfte sie Literatur entleihen. Das Klavier wurde verschlossen und der Schlüssel versteckt. Außerdem waren nur bestimmte Fragen des Kindes erlaubt. Fragen zum Verbleib oder Zustand der Mutter waren strengstens verboten. Ein einziges Mal ließ er sich dazu herab, das Kind, das gerade zehn Jahre alt war, über Inzersdorf zu informieren. Er sagte, Mutter sei in einem Sanatorium. Das war alles.

Vicki begann ihren Vater zu hassen. Es wurde ein lebenslanger Haß, der von beiden Seiten ständig genährt wurde. Der Vater wurde zur Antifigur in ihrem Leben. Manche Schilderungen von kleinkarierten, nörgelnden, egoistischen „Buchhalter-Typen" in ihren Büchern mögen dem Charakter dieses Vaters geähnelt haben. Doch im Leben wie in ihren Büchern ging sie letztlich immer noch nachsichtig mit ungeliebten Personen um. Haß oder offene Aggression schlägt uns niemals aus ihren Zeilen entgegen. Obwohl sie manchen Grund gehabt hätte, diesem Haß schriftstellerisch Raum zu geben.

Nicht nur, daß der meistens abwesende Vater ihr jegliche Freude verbot. Er hatte offensichtlich Angst vor dem aufgeweckten Kind, das zu früh Dinge las, die es nicht lesen sollte. Sein Geist sollte keine Nahrung zur Träumerei haben. Und es sollte sich nicht zu früh zu einem ansehnlichen Backfisch entwickeln. Welches Mädchen geht nicht einmal heimlich an den Schminktisch einer Mutter, um Cremes und Puder auszuprobieren? Immer wenn Vicki sich einmal ein wenig herausputzte, traf sie das unabänderliche, unmenschliche Urteil des Vaters, der sie mit Flüchen und Wutausbrüchen überzog. Er nannte sie kurzum eine „Hure", die über kurz oder lang auf der Straße landen würde. Was ihn zu dieser Überreaktion bewog, konnte Vicki nie herausbekommen. Offensichtlich hatte er Erfahrung mit professionellen Huren, die er seit der Krankheit seiner Frau regel- oder unregelmäßig besuchte. Aus dem bekannten Kreislauf heraus, der uns das hassen läßt, was wir oft heimlich tun, projizierte er diesen Haß auf seine Tochter. Bestenfalls argwöhnte er, daß seine Tochter durch verbotene Lektüre seichter Literatur krank werden könne.

Der Vater war jedoch nicht nur in den Augen des kritischen Kindes häßlich. Er war es wirklich. Er war klein von Wuchs, schielte wie Großvater, hatte ungepflegtes Haar, schlechte Zähne und einen ungepflegten Bart. Abends saß er alleine an seinem Schreibtisch, dessen Schubladen er mit Dutzenden von Büchern mit unzähligen Zahlenkolonnen füllte. Wenn Vicki ihn darauf ansprach, entgegenete er: „Du würdest es ja doch nicht verstehen, nicht in tausend Jahren, die dumme Gans, die du bist. Kannst ja nicht einmal das Haushaltsbuch in Ordnung halten, du dummes Stück." Das war der alltägliche Ton zwischen beiden.

Einen Lichtblick gab es im Leben des Vaters, der die Krankheit seiner Frau vielleicht nicht einmal seinen engsten Freunden mitteilte. Da war sein Freund, der Tänzer Josef Hassreiter. Er hatte in Wien ein Tanzinstitut gegründet, und Vater Baum gehörte von Anfang an zu seinen ergebenen Freunden, die ihm nicht mehr von der Seite wichen. Hermann Baum, der Bücher für Teufelswerk, Blumen für Kuhfutter und Musik für überflüssig hielt, war plötzlich täglich im Tanzinstitut zu Gast. Der häßliche kleine Mann half bei der Buchführung des Institutes und wagte sich manchmal selbst auf die Tanzfläche. Vicki Baum: „...o-beinig, schielend und unrasiert, wie er war..." Die öffentlichen Tanzvorführungen waren für ihn die einzige Erholung in seinem eintönigen Leben, und Hassreiter wurde zu seinem einzigen Freund. Wenn er später von dieser Zeit sprach, benutzte er jeweils die vielsagende Formulierung: „...als ich damals mit Hassreiter verheiratet war..." Eine seltsame Verbindung, die ihn aber wohl auch am Leben hielt – angesichts der Geisteskrankheit seiner Frau.

Ein Leben lang blieb das Verhältnis zwischen Vicki Baum und ihrem Vater kompliziert. Als sie viel später, sie war Mitte Zwanzig, einmal todkrank war, stand er plötzlich vor ihrer Tür und brachte ihr etwas zu essen. Weich, mitleidig und zugänglich hat sie ihn jedoch auch damals nicht empfunden. Die Familie hatte sich fast aufgelöst; der Vater war während der Krankheit der Mutter aus Angst vor Ansteckung ausgezogen.

Nach ihrer Hochzeit hatte sie kaum noch Kontakt zu ihm. In den dreißiger Jahren traf sie ihn noch einmal in Novi Sad, einem jugoslawischen Kurort. Da er durch die Beziehung zu Hassreiter ein exzellenter Tänzer geworden war, wollte er sofort mit seiner Tochter zum Tanztee gehen. Die Tanzleidenschaft war, wie Vicki Baum später immer betonte, das einzige, was sie mit dem Vater teilte. Aus Novi Sad erhielt Vicki Baum im Jahre 1943 die allerletzte Mitteilung über ihren Vater. Ein Unbekannter schrieb ihr, die damals längst in Hollywood lebte, daß es dort ein Massaker gegeben hatte, bei dem mehr als 1.500 Menschen ermordet wurden. Die Leichen hatte man einfach in die

Donau geworfen. Unter den Ermordeten war auch Vickis Vater; ihn hatte man schrecklich zugerichtet; an seiner Seite lag das jüngste Opfer des von Nazis verübten Racheaktes, ein dreijähriges Kind. Er selbst war der Älteste im Ort. Er war 93 Jahre alt geworden.

Zurück zur Jahrhundertwende, nach Wien: Durch Hassreiter lernte die Familie Baum eine Harfenistin kennen; man schwärmte von ihr, von ihren Konzertreisen, von dem Geld, das sie verdiente, und plötzlich entschloß sich die Mutter – für Vicki völlig überraschend –, das Kind Harfe spielen zu lassen. In einem der wenigen lichten Momente ihrer Krankheit bot sie der Tochter die lebensrettende Ausbildung an. „Ja Mama", antwortete das dreizehnjährige Kind, das man gerade von der Schule genommen hatte, „das würde ich gerne tun." Der Vater brachte sie prompt zu einem berühmten Wiener Harfenlehrer, Professor Zamara. Das Vorstellungsgespräch mit einem kleinen Vorspiel endete positiv. „Brava, brava", hatte der alte Lehrer nach ihren ersten Arpeggien geschrien. Der Bann war gebrochen, und fortan war Vicki Baum in ihren Harfenlehrer verliebt, abgrundtief und heftig. Sechs Jahre lang studierte sie das komplizierte Instrument mit Begeisterung, sie übte rund fünf Stunden am Tag, hatte jetzt die Legitimation, sich von der Familie übend zurückzuziehen. Vicki Baum in ihrer Autobiographie: „Es gibt keinen verläßlicheren Tröster als konzentrierte Arbeit." Später schrieb sie die Disziplin beim Schreiben allein der Tatsache zu, daß sie als Musikstudentin diese Konzentration gelernt hatte.

Doch nicht nur das Harfestudium, auch die unzähligen Konzerte und Theateraufführungen, die sie als Studentin im Wien der Jahrhundertwende hörte, ließen sie die familiären Probleme vergessen. Es war das Wien eines Gustav Mahler, der Hofkapellmeister geworden war und den auch Vicki Baum wie ein Idol verehrte. Bei den Uraufführungen vieler Mahler-Sinfonien war sie dabei, sie hörte sein Spätwerk „Das Lied von der Erde", erlebte handfeste musikalische Skandale nach Uraufführungen dieses Neutöners, dessen Themen den verwöhnten Wienern oft zu banal, dessen Tonsprache ihnen zu schwülstig war. Sie erlebte die ersten mühsamen Erfolge der Schönberg-Schule mit und kannte seine Schüler und Anhänger, ob sie nun Alban Berg (sie nannte ihn ironisch „eine etwas beschädigte, griechische Statue") oder Anton von Webern hießen. Ihr Stammplatz war im „Olymp" der Wiener

Staatsoper, deren Chef Mahler 1907 geworden war. Dort im vierten Rang, wo die mittellosen Studenten saßen (oder besser standen), war sie bei allen wichtigen Premieren zu finden. Das bedeutete die Seligkeit für sie. Sie war ganz von der Musik erfüllt und holte alles nach, was ihr in den häuslichen Jahren zuvor verboten worden war.

Vicki bestand die Prüfung am Wiener Konservatorium und fand sofort eine Anstellung im Orchester des Wiener Konzertvereins. So saß sie dort, viele Abende pro Monat, mit brav nach hinten gekämmtem Haar, in einem schlichten Baumwollkleid, das später durch ein attraktiveres ersetzt wurde. Im Orchester war sie damals die einzige Frau, denn Harfenistinnen gehörten jahrhundertelang zu den einzigen Alibi-Frauen in europäischen Orchestern. Wien hat bis in die späten neunziger Jahre dieses Jahrhunderts in diesem Punkt einen traurigen Rekord gehalten. Erst 1997 ließen die Wiener Philharmoniker die erste Frau an ein Pult, das nicht mit einer Harfe besetzt war. Vicki Baum schreibt ganz lakonisch von ihrer ersten Orchesterzeit, sie sei „wie ein Maskottchen" behandelt worden.

In der Staatsoper verliebte sie sich prompt in einen dicken, kleinen Opernsänger, den sie monatelang anhimmelte. Ihre zweite Liebe galt einem unbekannten Dichter namens Felix Doermann, der sich wie eine „Wiener Version von Oscar Wilde" benahm. Da sie immer schon heimlich ihre Gedanken zu Papier gebracht hatte, war ihr eine solche Begegnung wie eine Initialzündung. Vicki Baum setzte sich hin, schrieb ihre erste Erzählung und schickte sie an die Zeitschrift „Die Muskete", die – ähnlich dem „Simplicissimus" – gute Satiren veröffentlichte. Die Erzählung wurde sofort gedruckt. Der Erfolg stieg ihr nicht zu Kopf, las sie doch privat die „Großen" ihrer Zeit, mit denen sie sich nie maß: Joyce, Kafka, Proust. So verging ihre Jungmädchenzeit in Wien. „Es war eine großartige Zeit, die Jahrhundertwende", schrieb sie später. Sie war noch ein Teenager, der „nicht wußte, was Liebe ist". Ihr Stundenplan bestand aus Üben, Spielen, Üben.

In einer der schlimmsten Phasen, als ihre eigene Widerstandskraft durch die Krankheit der Mutter fast auf Null geschrumpft war, begegnete ihr ein Mann. Er hieß Max Prels, er war Dichter, und er verliebte sich Hals über Kopf in die junge Musikerin. Vicki Baum, auch in den Schilderungen ihrer allernächsten Menschen immer unbestechlich und kritisch, beschrieb ihn: „Kleine, verwaschene Augen saßen ohne Tiefe in einem überlangen Gesicht, das von der albernen riesigen Nase eines Clowns beherrscht wurde. Er war ein Clown... Er tat mir leid, weil ich ihm niemals etwas Besseres als Dankbarkeit und eine amüsierte Zuneigung schenken konnte..." Und ausgerechnet dieser Mann bat sie um ihre Hand, er wartete vor ihrer Haustür, er überreichte ihr die ersten eigenen Gedichte, er brachte ihr heiße Maronen mit, die sie seit Kindheitstagen nicht mehr probiert hatte, und nannte sich den „einzigen Sohn einer hysterischen, verwitweten Mutter". Worauf Vicki Baum konterte, sie sei die „einzige Tochter einer schwerkranken Frau". Die beiden besuchten Literaten-Cafés, und ganz allmählich taute Vicki Baum etwas auf.

Zu Hause geht es mit dem Zustand der Mutter rapide bergab. Als ihr Ende naht, kommt endlich auch der Vater wieder nach Hause; siebzehn Tage lang erleben er und Vicki die Mutter im Koma – der Arzt hatte mittlerweile eine Krebsgeschwulst diagnostiziert –, und kurz vor ihrem Tod steigert sich der psychische Zustand der Mutter noch ins Wahnhafte; eine Steigerung, welche die ganze Familie nicht für möglich gehalten hätte. Plötzlich verlangt die Mutter allein nach Vicki. Diese eilt zu ihrem Bett in der Hoffnung, die Mutter wolle ihr noch eine ganz persönliche, intime Botschaft mit auf den Weg geben. Da beginnt die Mutter plötzlich ohne jede Vorankündigung, unflätig zu fluchen. Die Familie hört ihre Schreie, ihre Rufe in einem Vokabular, das nie zu Hause angewandt wurde. Niemand versteht, woher Mutter plötzlich diesen Straßenjargon kennt. Alle sind entsetzt, und es dauert nicht lange, bis der Arzt ihren Tod feststellt. Max Prels fängt Vicki, die sich kaum noch auf den Beinen halten kann, auf. Er wartet geduldig an ihrem Haus.

Trotz seiner Fürsorge erkrankte Vicki nach dem Tod ihrer Mutter. Sie bekam Fieber, konnte nichts essen und hatte ebenfalls Wahnvorstellungen. Die ganze Krankheit der Mutter raste durch ihren Kopf. Wahrscheinlich glaubte man, die Tochter habe ebenfalls eine schwache Psyche. Doch die Kranke erholte sich zusehends, sie hatte im Fieberwahn alles durchlebt wie in einer Therapie. Max Prels war überglücklich, und schon landeten beide wieder in einem der zahlreichen Wiener Literatencafés. Für den jungen Dichter war das Kaffeehaus –

das dank der türkischen Belagerer seit Ende des 17. Jahrhunderts eine der beliebtesten Einrichtungen der Donau-Stadt wurde – der Platz, an dem er schrieb und lebte, und wie er lebten viele Künstler ihrer Zeit. Max war inzwischen zuversichtlich und hatte mit Vater Baum über Vicki gesprochen. Der Vater erklärte sich zu einer Verlobung bereit, verweigerte aber dem brotlosen Künstler jede Mitgift. Dafür zahlte er ihr das kleine Sparbuch aus, das er von ihren eigenen Honoraren angelegt hatte und von dem er ganz kleinbürgerlich jeden Pfennig für die Verpflegung und Miete seiner eigenen Tochter abgezogen hatte.

Vicki Baum wollte von zu Hause weg, und Max und sie mieteten sich eine kleine Wohnung im vierten Bezirk von Wien und genossen ihr Boheme-Dasein. Vicki verdiente als Harfenistin im Orchester, Max schrieb Verse und Kurzgeschichten. Ansonsten pflegte man bewußt eine Nicht-Bürgerlichkeit, hielt sich vorwiegend in der „Gesellschaft junger Menschen für Musik, Literatur und Kunst“ auf, ein Verein, der sich bemühte, Salon-Atmosphäre zu schaffen, wie sie in der ersten Hälfte des 19. Jahrhunderts in vielen großbürgerlichen Familien vorzufinden war.

Max schrieb manchmal Kurzgeschichten für die „Wiener Abendzeitung“, doch meistens fiel ihm kaum etwas ein. Eines Tages, als das Haushaltsgeld restlos am Ende war, schritt Vicki Baum zur Tat. Sie schrieb die geforderte Erzählung, Max reichte sie unter seinem Namen ein, und... sie wurde gedruckt. Als die Methode Erfolg hatte, folgten weitere Kurzgeschichten aus der Feder von Vicki. Niemand bemerkte es. Im Gegenteil: Im Kaffeehaus war Max Prels nun ein vielgelesener Erzähler. Er ließ es geschehen. Überhaupt war er – mittlerweile hatten beide ordnungsgemäß geheiratet – ein angenehmer Ehemann ohne Pascha-Allüren und Eifersucht. Nach einem knappen Ehejahr begann Max, eine kleine eigene Zeitschrift herauszugeben. Er hatte zwar keinen Pfennig Geld dafür, doch er wollte unbedingt Verleger werden.

So flossen die letzten Geldreserven von Vicki Baum in seine kleine literarische Zeitung, der jedoch ein kurzes Leben beschert war. Max hatte bereits alle Wertgegenstände, sogar den letzten Schmuck seiner Mutter, für die Zeitung versetzt, Vicki tat das Ihrige dazu, die Schulden wurden immer größer, die Wohnung verwahrloste, die ersten

Wanzen liefen durch die Räume, und auch das Schreiben im Kaffeehaus machte keinen Spaß mehr. 1910, Vicki war gerade 22 Jahre alt, ließen sich beide scheiden. Max Prels bestand darauf, der Musikerin freundschaftlich verbunden zu bleiben. Und es gelang sogar bis zu seinem frühen Tod.

Nun saß sie in Wien alleine da, der Kontakt zum Vater war immer noch gestört, und Musik fing an sie zu langweilen. Plötzlich haßte sie die „Plattheiten der Kompositionen für Harfe und die Komponisten von Mozart bis Mahler, die hartnäckig für fünf Finger komponieren, obwohl der Harfenist nur mit vier spielt". Ein Wechsel stand an. Da wurde sie von einer älteren musikliebenden Dame, der Mutter einer Schülerin, zu einem Abendessen eingeladen. Ausgehungert und unlustig zugleich, nahm sie die Einladung an und stand vor Libussa Lert in einer restlos vollgestopften Dreizimmerwohnung mit Flügel und Eßtisch. Nach dem Essen erzählte Frau Lert von ihren beiden wundervollen Söhnen, von denen der eine am Leipziger Opernhaus und der andere als Kapellmeister in Darmstadt tätig sei. Sie schwärmte derart von der hessischen Residenz, daß Vicki Baum gestand: „Dorthin würde ich jederzeit gehen."

Da der zweite Sohn der Familie Lert, Richard, zu Hause nannte man ihn Hansl, gerade das Orchester im Auftrag des Großherzogs reorganisierte, suchte er auch eine Harfenistin. Vicki Baum fuhr nach Darmstadt und mußte nicht nur Lert, sondern vor allem dem Großherzog vorspielen – im Darmstädter Schloß, im Konzertsaal, der von Kerzen erleuchtet war. Vicki Baum war entzückt, der Großherzog fand ihr Spiel gut und verlieh ihr eiligst den Titel einer großherzoglichen Hof- und Kammermusikerin. Ihre Monatsgage betrug 120 Mark. Das war damals mehr, als der zweite Kapellmeister Erich Kleiber erhielt, und sogar mehr, als Richard Lert selbst erhielt. Bescheiden, wie sie fast alle Ereignisse in ihrem Leben kommentierte, erklärte sie den Tatbestand, daß die Wahl ausgerechnet auf sie fiel: „Dank Großmutters Kleid…" Später verarbeitete sie die Darmstädter Zeit – sie hat die Stadt mehr geliebt als ihre Heimatstadt Wien – in ihrem Roman „Marion".

Sommer 1914: Das Darmstädter Orchester ist in Berlin zu Gast und spielt Wagners „Ring des Nibelungen". Richard Lert darf nicht nur dirigieren, sondern auch inszenieren. Er ist überglücklich. Die Aufführungen finden begeisterte Aufnahme unter den Berlinern, bis die Nachricht von der Ermordung des Erzherzogs Franz Ferdinand in Sarajevo bekannt wird. Es gibt eine bewegende Abschiedsvorstellung mit Solisten und Musikern aus vielen Ländern. Eine Woche später schon sind sie in den Ersten Weltkrieg verwickelt, werden zu Feinden, tauschen den Frack mit der Uniform und die Geige mit dem Gewehr. Vicki Baum und Lert erleben die ersten Kriegswochen wie durch einen Schleier. Im Zug zurück nach Darmstadt sehen sie die ersten Kriegsverwundeten, der Zug muß geräumt werden und wird in ein Lazarett umgewandelt. Niemand versteht, was vorgeht.

Zurück in Darmstadt. Die Musikerin erhält plötzlich von dem Verlag Reiß, dem sie ihre Kindheitsgeschichte eingeschickt hat, ein Exemplar ihres Buches. Es trägt den Titel „Frühe Schatten. Die Geschichte einer Kindheit“. Sie ist mächtig stolz und hat bis ins hohe Alter immer dieses allererste Exemplar aufbewahrt. Wie hoch die Auflage war und was daraus wurde, konnte sie in den Kriegswirren leider nicht nachhalten. Im selben Jahr erhält Vicki Baum eine Einladung von Bruno Walter, der sie für sein Münchner Orchester engagieren möchte. Richard Lert seinerseits erhält ein Engagement am Kieler Stadttheater. Was tun? Sie entschließt sich für Lert, die beiden heiraten, und Vicki wird schwanger. Inzwischen sind sie nach Kiel umgezogen, wo sie einen Jungen zur Welt bringt.

Ihr Mann hatte ihr übrigens kurz vor der Heirat das Versprechen abgenommen, nie wieder in einem Orchester zu spielen. War sie an einen Macho geraten, an einen jener unzähligen Ehemänner, die auf alles eifersüchtig sind, sogar auf die von der Ehefrau geliebten Topfpflanzen oder die Hauskatze? Nun, da Vicki Mutter war, erübrigte sich ein tieferes Nachdenken. Sie hat nie mehr in einem Orchester gespielt. Wie so viele ihrer Geschlechtsgenossinnen, die vor der Ehe einen geliebten Beruf innehatten, hat sie diesen gegen die Ehe eingetauscht – als seien beide unvereinbar. Doch Vicki Baum, oder Vicki Lert, wie sie nun hieß, tat noch mehr. Sie verkaufte sogar ihre Harfe, damit sie in den Hungerjahren des Ersten Weltkriegs etwas zu essen hatten. 1916 war ihre Musiker-Karriere beendet. Und hätte sie nicht bald darauf das Schreiben als den ihr gemäßen Beruf entdeckt, wäre die Frage sicherlich angebracht: Wie lange wäre sie ohne ihr Instrument glücklich gewesen?

Da Richard Lert zu Probedirigaten in Hannover weilte, hatte sie viel Zeit für sich. Sie korrespondierte mit ihrem ersten Mann, dem erfolglosen Dichter Max Prels, und der schrieb ihr – selbst frisch verheiratet –, er arbeite im Berliner Verlagshaus Ullstein. Sie solle dem Verlag doch mal den Roman schicken, den sie damals, als beide noch befreundet waren, angefangen habe. Ullstein nahm das Manuskript prompt an, verkaufte davon 160.000 Exemplare und überwies ihr das erste größere Honorar, das sie anstandshalber mit dem immer mittellosen Max teilte. Der Roman war unter dem Titel „Der Eingang zur Bühne" herausgekommen. Dann bekam Richard Lert die Kapellmeisterstelle in Hannover, und Vicki Baum zog von Kiel nach Hannover.

Die Stadt schildert sie wie folgt: „Hannover hatte 1917/18 noch eine englische Überlieferung, aber schon eine spürbare preußische Gegenwart. Eine kalte, windige, ungesunde Stadt, an der Oberfläche bigott und heuchlerisch, darunter ein trüber Sumpf. Politisches Ungeziefer fraß an allen Ecken und Enden der Fundamente; die Nazis von morgen, die Kommunisten von morgen. Bald mußte das ganze Bauwerk zusammenstürzen..." Und sie berichtet von Schwarzhändlern, die reich und unverschämt wurden. Es gab kein Licht, kein Essen, kein Gas, kein warmes Badewasser, keine Schuhe und keine anständige Kleidung. Hannover hungerte, und auch der Familie des Kapellmeisters ging es nicht besser.

Was tat die unverzagte Mutter? Sie besorgte auf dem Schwarzmarkt Pferdefleisch, oder sie schlachtete heimlich ein ganzes Schwein. Sie nutzte die erneute Schwangerschaft, setzte sich an ihre alte, klapprige Schreibmaschine und schrieb Seite für Seite. Ein neuer Roman war in Arbeit. Gerade, als Spartakisten das Theater, an dem ihr Mann angestellt war, stürmten und fast plünderten, war ihr Manuskript fast fertig. Sie packte es in einen Umschlag und schickte es an Ullstein.

Wenige Tage später fand sie einen dicken Umschlag in ihrem Briefkasten. Er enthielt zweitausend Mark. Sie war restlos erstaunt. Zweitausend Mark für einen Roman, der nicht einmal ganz vollendet war. Diese für die damalige Zeit ungeheuer hohe Summe wirkte wie eine Aufbauspritze, und doch: Ungeübt in Fragen von Verlags- und

Autorenrecht und grundsätzlich bescheiden, schickte sie das Geld postwendend zurück mit der Begründung, sie sei ja noch gar nicht fertig mit der Arbeit.

Gleichzeitig schrieb sie den Roman fieberhaft zu Ende. Drei Tage vor der Geburt ihres Kindes war er fertig. Da stand plötzlich ein Mitarbeiter von Ullstein vor der Türe. Das zurückgeschickte Honorar hatte sich im ganzen Ullstein-Haus herumgesprochen. Außerdem hatte man Angst, daß sich die neue vielversprechende Autorin einen anderen Verlag suchen könne. Der Verlag bot Vicki Baum für den Roman kurzerhand fünftausend Mark und entsprechende Tantiemen an. Sie war so erstaunt über die hohe Summe, daß sie sofort einverstanden war. Sie unterschrieb ihren ersten großen Autorenvertrag bei dem Verlag, dem sie viele Jahre lang treu blieb. Niemals hatte sie eine Journalistenausbildung oder etwas Ähnliches erhalten. Sie beobachtete einfach meisterhaft, und mit dem ihr eigenen, manchmal ironisch-distanzierten Stil brachte sie das Erlebte zu Papier. Mit Vicki Baum war der gehobene Unterhaltungsroman geschaffen.

Drei Jahre sind seit Kriegsende vergangen. Es war 1921. In Hannover lebte eine Tänzerin, die für die nächsten vierzig Jahre Tanzgeschichte in Deutschland machen sollte. Es war Karoline Sofie Marie Wiegmann, zwei Jahre älter als Vicki Baum. Später nannte sie sich nur noch Mary Wigman, hatte bei Rudolf von Laban in der Schweiz den modernen Ausdruckstanz kennengelernt und eine eigene Schule in Dresden gegründet. Doch auch in ihrer Heimatstadt Hannover tanzte man begeistert nach diesem neuen Stil, der Epoche machen sollte. Vicki Baum tauchte begeistert in die neue Welt des Tanzes ein, besuchte regelmäßig die Wigman-Kurse und erlebte die ganze Wigman-Truppe am Hannoveraner Theater. Max Terpis, einer der Wigman-Eleven, wurde später Choreograph in Hannover, und Vicki Baum befreundete sich mit ihm. Fast zehn lange Jahre war dieser neue deutsche Ausdruckstanz Vicki Baums emotionales Ventil. Sie tanzte sich alles von der Seele, was sich in den letzten Jahren angestaut hatte. Die tänzerische Gymnastik faszinierte sie ebenso wie der klassische Ausdruckstanz. Viel später hat Vicki Baum in einem Interview in Hollywood einmal auf die Frage gesagt, ob sie noch unerfüllte Wünsche habe: „Es wurmt mich, daß ich nicht Tänzerin geworden bin." Und sie hat hinzugefügt, daß sie der Tanz und die Innenarchitektur immer so gefesselt habe, daß sie beides gerne zum Beruf gemacht hätte.

In einem anderen Gespräch äußerte Vicki Baum einmal, es sei ein Nomadenleben, wenn man mit einem Kapellmeister verheiratet sei. Auch in Hannover bleiben beide nicht lange. Lert erhält ein Angebot, als Generalmusikdirektor nach Mannheim zu gehen, das er annimmt. Der Wechsel von Hannover nach Mannheim fällt beiden schwer, die Stadt ist auf dem Reißbrett entstanden, alles wirkt künstlich, und das Abonnementpublikum ist bürgerlich und steif. Vicki Baum ist maßlos enttäuscht und vermißt den Kontakt zu zahlreichen Künstlern des Expressionismus, die sie am Hannoveraner Theater und im Kreise von Mary Wigman kennengelernt hatte.

Da schrieb die „Kölnische Zeitung" einen Literatur-Wettbewerb aus, an dem sie sich beteiligte. Nicht ahnend, wie schnell sie sich stilistisch in die vorderste Reihe deutscher Literatur geschrieben hatte, erhielt sie die Nachricht vom Ersten Preis. Thomas Mann war in der Jury und hatte auch für Vicki Baum gestimmt. Sie bekam die ungeheure Summe von 5.000 Mark und brachte das Geld sofort auf die Bank. Über Max Prels erfuhr sie zur gleichen Zeit, daß der Ullstein-Verlag eine Modezeichnerin suchte. Kurzerhand bewarb sich Vicki Baum bei dem Verlag, der sie doch als Autorin bereits kannte, als Zeichnerin. Sie wurde angenommen, erhielt ein Monatsgehalt von 800 Mark und siedelte mit ihrem Mann, dem es in Mannheim ebenfalls nicht gefiel, nach Berlin um, wo er sich um eine Stelle an der Staatsoper bewarb.

Im Ullstein-Verlag hatte man wohl kaum mit ihr gerechnet. Vicki Baum erhielt ein winziges Redaktionszimmer, und bald merkte man, daß sie als Modezeichnerin am falschen Platz war. Man bot ihr an, für die „Berliner Illustrirte", „Die Dame" und „Uhu" kleine Füller zu schreiben und die Manuskripte anderer Mitarbeiter zu redigieren. Es war 1926, und eines ihrer glücklichsten Jahre begann. Das Ullstein-Haus galt als Mittelpunkt liberaler Gesinnung. Man gab zum Beispiel die Zeitschrift „Querschnitt" heraus, die sich „Magazin der aktuellen Ewigkeitswerte" nannte. Für die „Dame" schrieb sogar Brecht kleine Geschichten, Erich Maria Remarque fand in Ullstein einen Verleger für sein Antikriegsbuch „Im Westen nichts Neues", viele Expressionisten verlegten bei Ullstein. Die Kochstraße in der Berliner Innenstadt, in der Ullstein fast einen ganzen Häuserblock beschlagnahmte, war ein Schmelztiegel. Das Haus hatte zeitweise rund 8.000 Angestellte. Chefredakteur der „Berliner Illustrirten“ war Kurt Korff, Vicki Baums „Arbeitgeber“ für sechs glückliche Jahre.

„Die Dame“ aus dem Hause Ullstein war Deutschlands allererstes und renommiertes Gesellschaftsjournal und brachte ungeniert Kochrezepte neben Kulturmeldungen über Karajan, druckte Verse von Rudyard Kipling in der Übersetzung von Bertolt Brecht, Erzählungen von Carl Zuckmayer, informierte über die neueste Charleston-Mode, brachte Nackfotos von Josephine Baker und „anständige Fotos“ von dem Revuestar Fritzi Massary vor ihrem neuen Auto, von neuen Filmaufnahmen mit Henny Porten als Königin Luise und so mancherlei Prominenz Berlins. Im November 1927 druckt „Die Dame“ von der damals noch unbekannten jungen Mitarbeiterin Vicki Baum einen kleinen Artikel: „Leute von heute“ heißt er und beschreibt eine junge, modebewußte Dame aus Berlin namens Ypsi, alias Karoline Schuster, Kopistin von Beruf, die „Ehebruch, Kokain, Operationen, unbequeme Stühle aus Aluminium, Reiten im Herrensitz, Augenbrauenauszupfen und zu enge Schuhe, Kinderlosigkeit und Magenleiden“ übersteht, nur um „auf der Höhe zu sein“. In einem Heft des Jahres 1931 eine Notiz „Auch Düsseldorf“. Darin wird für die Rhein-Metropole mit den Worten geworben: „...jetzt sind es die mächtigen Bauten der Industrie und des Handels, die der Stadt das Gepräge geben und die vielen schönen Parkanlagen. Es ist etwas Besonderes um Düsseldorf, das... große Anziehung auf Künstler und Maler ausübt. Kaum eine Stadt besitzt soviele Sehenswürdigkeiten, Galerien und Kunsthandlungen...“

In diesem unvergleichlichen „Potpourri“ fand man auch Texte von Rudolf Caracciola und Hans Stuck [den beiden deutschen Rennfahrern jener Zeit], wie auch von Max Brod, Colette, Pola Negri und anderen. Da bot man Frauen die neueste Enthaarungscreme an, Ibach annoncierte den Alleinverkauf seiner Klaviere und Flügel, Elbeo-Strümpfe versprachen die „verfeinerte Kultur“, und man pries den rauchenden Damen am Steuer [Autofahren war gerade in Mode gekommen] ein warmes Beinkleid für das offene Cabriolet und eine besondere Zigarettenspitze an, bei der während der rasanten Fahrt weder Glut noch Asche herunterfallen konnte. Kammersänger Richard Tauber (der als Tenor jahrelang bejubelt wurde und nach 1933 als Jude Deutschland verließ) ließ sich mit seiner Verlobten, Fräulein Liselott Jeromin, strahlend abbilden. Die beliebte Zeitung existierte bis zum Jahre 1943, wurde in den Kriegsjahren regelmäßig ausgeliefert und verabschiedete sich von ihren Lesern im März 1943 mit dem Heft des 70. Jahrgangs: „Die Kriegswirtschaft erfordert stärkste Konzentration aller Kräfte…"

Berlin 1928: In der Kochstraße saß nun Vicki Baum und korrigierte und redigierte stapelweise Manuskripte für den Verlag. Viele Texte kamen in schauderhaften Übersetzungen bei ihr an, und sie erinnerte sich manchmal an die schlechten Hemingway-Übersetzungen oder die Texte von Sinclair Lewis. Daneben war es ihre Aufgabe, zahlreiche Leserbriefe persönlich zu beantworten, später erledigte sie auch den Schriftwechsel mit den Autoren. „Lebensfreude" war das Motto des Verlages, und so mußten erbarmungslos alle Texte und Fotos in den Papierkorb wandern, die nicht darunter fielen. Manchmal war ein Vermerk an ihren Seiten „zu morbid" oder „durch lebensfrohes Bild ersetzen" zu finden. Und sie änderte es.

Wann aber schrieb sie ihre Romane? Morgens – sie wohnte damals im Stadtteil Grunewald – besprach sie alles Nötige mit ihrem Dienstmädchen, und im Sommer schwamm sie manchmal vor der Arbeit noch ein paar Züge im Grunewaldbad. Dann brachten sie und Richard Lert die beiden Kinder zur Schule, und anschließend fuhr Vicki Baum in die Redaktion und ihr Mann ins Opernhaus. In der Mittagspause eilte sie zu einem Gymnastik-Institut, boxte gegen einige Sandsäcke und eilte zu einem meist vegetarischen Mittags-Imbiß, arbeitete weitere vier Stunden bei Ullstein und fuhr dann mit dem Bus nach Hause. Dort warteten schon die Kinder auf die Mutter, um mit ihr zu spielen oder zu diskutieren. Oft mußte der Vater abends nochmals ins Theater; solche Stunden nutzte Vicki dann für ihre Bücher. Es war die einzige Zeit, die ihr in vollständiger Ruhe zum Schreiben blieb. „In solchen Stunden habe ich meine Romane geschrieben", sagte sie später fast beiläufig.

Drei Jahre nach ihrem Eintritt in die Redaktion von Ullstein lieferte sie den Roman ab, der ihr Weltruhm einbringen sollte: „Menschen im Hotel". Sie hatte kurz zuvor die berühmte russische Tänzerin Pawlowa in ihrer legendären Rolle in Tschaikowskys „Schwanensee" erlebt. Die Tänzerin hatte auf sie ungeheuren Eindruck gemacht, und so entstand die Figur der alternden Grusinskaja, die zur Hauptfigur von „Menschen im Hotel" wurde. Woher Vicki Baum, die privat in einer geräumigen Grunewald-Villa wohnte, die genauen Orts- und Milieukenntnisse des Hotels hatte – darüber wurde viel gerätselt. Die einen meinten, sie habe einige Wochen als Zimmermädchen inkognito im „Excelsior" gearbeitet, die anderen tippten mehr auf den „Kaiserhof", in dem die späteren Nazi-Größen abstiegen. „Hotel Adlon" könnte auch als Vorbild gedient haben, schließlich gehörte es zur Spitzenklasse, wenn es nicht sogar die Nr. 1 in Berlin war (und jetzt nach seinem Wiederaufbau wieder werden will).

Für Kringelein diente ja der Tenor eines Männergesangvereins als Vorlage, Personen wie die Sekretärin „Flämmchen" waren ihr zuhauf bei Ullstein begegnet, Preysing war ein Typ Geschäftsmann, wie er zu Dutzenden in Berlin zu finden war, der Hoteldieb und Hochstapler von Gaigern war der Prototyp des Dandys der zwanziger Jahre, und schließlich gehörte ein ausgedienter und verdienter Soldat wie Dr. Otternschlag seit dem Ersten Weltkrieg zum Alltag. Kurz, die Figuren brauchte sie in Berlin nicht phantasievoll erfinden: sie waren einfach da, gehörten zum Erlebnis-Spektrum der Autorin, begegneten ihr täglich auf den Straßen.

Ullstein druckte den Roman nicht sofort in Buchform, sondern brachte ihn in Fortsetzungen in der „Berliner Illustrirten". Die Leser waren begeistert, die Illustrierte jedesmal restlos ausverkauft, und als Baron von Gaigern in der letzten Folge starb, erhielt die Autorin Briefe vieler Leser, die den Tod nicht einfach hinnehmen wollten. Ullstein gab 1929 das Buch heraus, es wurde von Anfang an ein großer Verkaufserfolg und begründete damit einen Typ von Roman, den man mittlerweile „Hotel-Novelle" nannte. Vicki Baum hatte mit diesem Roman eine Leserschaft gefunden, die sich durch alle Schichten zog. Und das war eine Sensation in der Literaturgeschichte, die so gerne einteilt in Poesie, in politische Literatur, in sozialkritische, in Frauenliteratur etc. „Menschen im Hotel", am Ende der Wirtschaftskrise in Deutschland publiziert, traf den Nerv der Zeit und entführte ein klein wenig in die heile Atmosphäre eines Grandhotels, die schließlich doch nicht so heil ist, weil hier die Sehnsüchte und kleinen Abenteuer von vielen „kleinen" Menschen aufeinandertreffen.

Kurz nach Erscheinen des Buches bat man sie bereits um eine Bühnenfassung. Vicki Baum begab sich sofort an die Arbeit, und 1930 kam das Stück im Theater am Nollendorfplatz heraus. Regisseur war kein Geringerer als der Reinhardt-Schüler Gustaf Gründgens. Nach der Eingangsszene (die Vicki Baum dem Regisseur vorgeschlagen hatte) gab es tosenden Szenenapplaus. Der Bann war gebrochen, und das Stück lief mit großem Erfolg auf den Brettern Berlins.

Dann ging es Schlag auf Schlag. Der englische Verleger verkaufte „Menschen im Hotel" an einen amerikanischen Verleger, an Nelson Doubleday, und dieser empfahl das Buch einem Produzenten vom Broadway, einem Ungarn, Dr. Pauker. Monate danach – Vicki Baum war gerade in Rußland – erhielt sie ein Telegramm: „Grand Hotel größter Broadwayerfolg seit dreißig Jahren. Gratuliere." Vicki Baum war überglücklich. Mittlerweile hatten die Nationalsozialisten in Deutschland durch Kraftmeierei und Straßenterror Tausende von Sympathisanten gewonnen. Stärke demonstrieren, das machte sich bezahlt. Die Menschen waren in Unruhe, sechs Millionen Arbeitslose bedeuteten Sprengstoff, und die Weimarer Republik erwies sich als eine gutgemeinte, doch gescheiterte demokratische Übergangslösung.

Da erhielt Vicki Baum eine Einladung nach New York, um sich einmal persönlich eine Aufführung von „Menschen im Hotel" anzusehen und um für den gerade erfundenen Tonfilm ein Drehbuch zu schreiben. Sie überlegte nicht lange, kaufte sich ein Schiffsticket und fuhr nach New York. In der Broadway-Produktion spielte eine Exilrussin die Grusinskaja, Eugenie Leontowitsch, mit einer solchen Intensität, daß sogar die Autorin von ihrem authentischen Spiel restlos begeistert war.

Währenddessen spitzte sich in Deutschland die politische Lage zu. Die Nationalsozialisten hatten an Boden gewonnen, die Leute, die Hitlers „Mein Kampf" und Rosenbergs „Mythos des 20. Jahrhunderts" gelesen hatten, forderten eine Entlassung jüdischer Mitarbeiter an Theatern und im öffentlichen Dienst, die ersten Freunde erwogen eine Auswanderung, und man riet auch ihr, der Jüdin, zum Verlassen Deutschlands. 1931 schreibt Vicki Baum: „Beim Ausgang der Reichspräsidentenwahl, den meine Freunde, die ausländischen Korrespondenten, feierten, mußte ich unwillkürlich denken: wenn der Sieg eines müden, senilen, nicht übermäßig gescheiten alten Soldaten wie Hindenburg über einen widerlichen, hysterischen Emporkömmling das Beste ist, was wir erreichen können – dann Deutschland, gute Nacht."

Vicki Baum war, obwohl sie nicht viel darüber sprach, politisch hellwach. Bei Ullstein war ihr manche ausländische Zeitungsnotiz in die Hände gefallen, die ihr die Entscheidung leichter machte. Doch als sie einige Monate später in der Chefetage von Ullstein in der Kochstraße kündigte und andeutete, sie verlasse Deutschland, war man allgemein bestürzt. „Jetzt Deutschland verlassen, wo wir gerade die Wahl gewonnen haben?" meinten ihre Kollegen und schüttelten den Kopf. Viel später nach ihrer klugen, frühen Entscheidung befragt, hat Vicki Baum oft gesagt, sie habe auch an ihre beiden Söhne gedacht. „Ich habe zwei nette Jungen – was wird Deutschland aus ihnen machen? Wird der eine Nazi und der andere Kommunist? Werden sie sich gegenseitig bekämpfen, wie Deutsche das jetzt überall tun?"

Was viele deutsche Juden nicht erkennen wollten und schon gar nicht in die Tat umsetzten: Vicki Baum hatte den richtigen Zeitpunkt zur Auswanderung gefunden. Und nur so sind ihr furchtbare Schmähungen und Angriffe erspart geblieben. Zwei Jahre danach, nach dem 30. Januar 1933, hätte auch der Ullstein-Verlag (der selbst arisiert wurde) sie nicht mehr halten können. Ihre Bestseller, einst in hohen Auflagen in Deutschland und vielen anderen Ländern gedruckt, wären dann als Machwerk einer Jüdin geächtet und verbrannt worden. Und ihren Mann hätte man nach der Einführung des Gesetzes zur Wiederherstellung des Berufsbeamtentums an der Staatsoper vor die Alternative gestellt, entweder seine Frau zu verlassen oder seine Stellung zu verlieren. Doch das Verbot ihrer eigenen Bücher im Frühjahr 1935, den Abtransport Tausender Juden aus Deutschland, die Greuel-Nachrichten aus den Konzentrationslagern, die Ohnmacht der europäischen Nachbarn, die Militanz auf den Straßen, das Aufrüsten, die Märsche der SA, die Aggression gegen alles, was nicht deutsch war: das alles hat sie nur noch aus der Ferne erlebt.

Mitte 1931 kommt Vicki Baum in New York an, zwei Jahre vor dem großen Exodus deutscher Literaten, Musiker, Maler und Regimegegner.

In New York lief alles auf Hochtouren. Das Drehbuch zu „Menschen im Hotel“ hatte bereits William A. Drake verfaßt. Verfilmt werden sollte ihr Roman von der Metro-Goldwyn-Mayer MGM. Regisseur war der Engländer Edmund Goulding. Bis auf Ernst Lubitsch war die große Welle der Exil-Schauspieler und -Regisseure aus Europa noch nicht in den USA eingetroffen. Erst später würden Max Reinhardt, Billy Wilder, Fritz Lang und die anderen eintreffen. Doch die Filmindustrie befand sich in heller Aufregung. Seit Ende der zwanziger Jahre experimentierte man mit dem Tonfilm. Die Warner Brothers hatten bereits 1926 eine „Don Juan“-Verfilmung mit Musik und Toneffekten synchronisiert, später produzierte man erste Musikfilme wie „The Jazz Singer“. 1929 kam der erste Tonfilm mit den Marx Brothers heraus, denn Kino und Theater wurden in der Zeit der Massenarbeitslosigkeit in den USA wie in Deutschland zum Surrogat für die Massen. Die Filmindustrie, in Hollywood ebenso wie in Babelsberg, hat sofort darauf reagiert und eine Unmenge an Filmen in kürzester Zeit produziert, die uns heute nur staunen macht.

Doch mit wem sollte der Film besetzt werden? „Menschen im Hotel“ (als Filmtitel „Grand Hotel“) wurde gedreht, als Greta Garbo gerade auf einem absteigenden Ast war. Nach großen Erfolgen mit „Gösta Berling“, „Das göttliche Weib“ und „Mata Hari“ waren die Filme „Romance“, „Inspiration“ und „Susan Lenox“ keine Kassenschlager geworden. Doch Goulding holte die Garbo für die Vicki-Baum-Verfilmung, weil er sofort verstanden hat, daß niemand anders in der Rolle der Ballettänzerin Grusinskaja besser zur Wirkung kommen würde als die Garbo. Baron von Gaigern wurde von John Barrymore gespielt, und sein Bruder Lionel war Otto Kringelein. Keine Geringere als Joan Crawford wurde für die Gestalt des „Flämmchen“ gewonnen: also eine wirkliche Starbesetzung, die den Erfolg garantieren mußte. Der Film wurde ein Riesenerfolg und ein unerhörter Kassenschlager, obwohl man Goulding zeitweise vorwarf, er habe die dramatischen Möglichkeiten des Stoffes unterschätzt. Die Garbo gewann in diesem Film wieder ihr altes Profil zurück und hat 1933 noch den legendären Film „Königin Christina“ und 1935 „Anna Karenina“ gedreht.

Vicki Baum kehrte 1931 noch einmal nach Berlin zurück, um Deutschland Lebewohl zu sagen. Sie beantragte sofort die Ausreise und traf wenige Wochen danach wieder in New York ein. Mit einem Male war Vicki Baum, die Redakteurin von Ullstein, in den USA eine begehrte Person geworden. Sie lernte als erstes ein vernünftiges Englisch, denn sie mußte zahlreiche Interviews geben. Bei Empfängen und den für Amerika typischen Wohltätigkeitsveranstaltungen überraschte sie die Menschen durch ihre erfrischende Offenheit. Durch Zufall verschaffte ihr jemand den Kontakt zu einem der besten Exil-Regisseure, zu Ernst Lubitsch, dem ehemaligen Reinhardt-Schüler. Sie schrieb für ihn ihr erstes kleines Drehbuch, erhielt prompt 2.500 Dollar, bekam Angebote von der Konkurrenz, sollte ein Drehbuch für Marlene Dietrich schreiben, was sie prompt tat (das aber abgelehnt wurde), und war begierig, die Neue Welt kennenzulernen. „Wer in Hollywood nicht mit den Wölfen heulte, ging unter", hat sie später einmal gesagt. Und so lieferte sie mindestens einmal pro Woche ein Manuskript bei einer Filmgesellschaft ab. Manchmal landete es im Papierkorb, manchmal wurde es zu einer guten Filmstory verarbeitet.

Als Richard Lert schließlich mit den Kindern aus Deutschland eintraf, war Vicki Baum als Drehbuchautorin schon voll eingespannt. Sie arbeitete – nachdem die Paramount Filmgesellschaft sie „wie eine heiße Kartoffel" hatte fallen lassen – vorwiegend für die MGM, wohnte in einem der legendären Holzhäuschen in Hollywood, die nur von den Film-Autoren bewohnt wurden. Das Gelände der MGM, damals noch im Aufbau begriffen, bestand aus provisorisch zusammengezimmerten Bauten. Da, wo heute die Filmpaläste aus dem Boden sprießen, herrschte damals eine Aufbruchstimmung wie zu Goldgräberzeiten. Von Luxus war keine Spur; alles hatte Boheme-Charakter, und man produzierte ziemlich wild alles, was aus der Feder der Autoren kam. Denn der Tonfilm erforderte neue, andere Drehbücher, die in kürzester Zeit geschrieben werden mußten. Und da kamen Autoren wie Vicki Baum, Alfred Döblin, Willy Haas oder Alfred Neumann als „Stofflieferanten" gerade recht. Bertolt Brecht sah seine exilierten Landsleute etwas kritischer: „Die Schriftsteller werden nach dem ersten Büchlein nach Hollywood gelockt und rapid ausgequetscht. Sie schreiben niemandem, sie trinken alle… sie trinken aus Übermut, aus Langeweile, aus Leere. Die Filmatmosphäre verleitet die Menschen hier zu geistigem Incest."

6 Vicki Baum an Bord des Schnelldampfers „Europa“.

Schon einige Jahre vor der Ankunft der Schriftstellerin war Hollywood zum Auffangbecken zahlreicher Exil-Künstler geworden. Marlene Dietrich, Emil Jannings, Gustav Fröhlich oder Dita Parlo kamen in die USA. Nicht alle wurden hier so hofiert wie der Filmstar Marlene, viele Schauspieler wurden für mittelmäßige Filme „mißbraucht", man war ja froh, Schauspieler zu finden. Die Künstler, die vor 1933 aus Deutschland geflohen waren, konnten – wie auch Vicki Baum – noch gewisse Forderungen an ihr Gastland stellen. Die nach 1933 und nach 1939 einwanderten, mußten dagegen das annehmen, was man ihnen anbot. Grundsätzlich profitierte Hollywood eindeutig von den zugewanderten Regisseuren, und Fritz Lang, Fritz Kortner, Otto Preminger, Alfred Hitchcock, Charlie Chaplin, Georg Wilhelm Pabst oder Ernst Lubitsch gehörten zu denen, die den frühen Ruhm Hollywoods begründeten.

Doch deutsche Schauspieler bildeten nicht das Gros der Auswanderer in die Neue Welt. Der Großteil der renommierten Namen, die in der Babelsberger Ufa unter Vertrag waren, blieben im Lande und wurden als „kriegswichtig" für die Leinwand gebraucht. Brigitte Horney, Paula Wessely, Willi Forst, Heinz Rühmann, Heinrich George, Berta Drews, Marika Rökk, Willy Birgel, Kristina Söderbaum, Marianne Hoppe, Hilde Krahl, Hans Söhnker, Heidemarie Hatheyer, Johannes Heesters, Attila Hörbiger, Mathias Wieman, Ewald Balser, Leny Marenbach, Magda Schneider, Herta Feiler, Gustav Knuth und viele andere standen noch Mitte 1944 auf der Gehaltsliste von Propagandaminister Joseph Goebbels, wobei Paula Wessely die höchstdotierte von allen Schauspielern war (sie erhielt 40.000 Reichsmark mehr als Gustaf Gründgens). Die meisten Schauspieler entpuppten sich als „unpolitische" Arbeitskräfte, die in unzähligen Filmproduktionen die kriegsgeschüttelten Deutschen bei Laune hielten.

Anfang der dreißiger Jahre hatte der Film Vicki Baum durch „Menschen im Hotel" jedenfalls Tür und Tor geöffnet. Die Amerikaner ließen sie nicht mehr gehen. 1931 beantragte sie die amerikanische Staatsbürgerschaft, 1938 wurde sie ihr gewährt. Kurz danach zog sie aus der hektischen Filmmetropole nach Pacific Palisades, in ein Haus umgeben von tropischer Flora. Hier hat sie ihren Ambitionen als Innenarchitektin Genüge tun können; hier ist sie dann auch alt geworden.

„Mein Haus, das ist ein Stück von mir", hat sie einmal stolz gesagt. „Es ist wie ein guter Schuh: außen klein, aber innen groß und behaglich. Man geht ein paar holprige Stufen hinab, ein schmaler Pfad führt – nach der alten japanischen Regel, daß der Gast unversehends vor dem Eingang stehen soll – im Bogen auf die Haustür zu..." Im Haus selbst hat sie Mitbringsel und Antiquitäten von vielen Auslandsreisen aufgestellt, eine afrikanische Holztrommel, ein paar Schnitzereien aus Bali (nach ihrem Bali-Aufenthalt schrieb sie den Bestseller „Liebe und Tod auf Bali", der 1937 in deutscher Sprache in Amsterdam erschien), aztekische Steine und solche, die sie an den „Gestaden der sieben Weltmeere" aufgelesen hat. Hier in ihrem Heim hat sie unzählige Texte geschrieben und viele Interviews gegeben. Ihre alten, deutschen Bücher und Harfen-Noten aus ihrer Musikerinnen-Zeit sowie die Partituren ihres Mannes waren in einem Dachkämmerchen untergebracht. Sie waren bereits Vergangenheit.

Nachdem ihr dreißigstes Buch in den USA erschienen war (in den Vor- und Kriegsjahren veröffentlichte sie vorwiegend im Querido-Verlag, Amsterdam, und in Schweden; in den USA schrieb sie ausschließlich in englischer Sprache), widmete sie sich anderen Tätigkeiten. Sie liebte es, ihre eigenen Bücher einzubinden, fertigte Mosaiken an und... malte. „Mit erschütternden Ergebnissen", so Vicki Baum über sich selbst. Eine ihrer Nachbarinnen in Hollywood war Fritzi Massary, die großartige Revuekünstlerin aus Berlin, die ebenfalls Wiener Jüdin und sechs Jahre älter als Vicki Baum war. Ihre „Lustige Witwe" und „Fledermaus" unter Bruno Walter gehörten zu den Höhepunkten der Saison in Berlin. Berlin befand sich damals in einem regelrechten „Massary-Fieber", und niemand wollte eine Premiere verpassen. 1932 verließ sie Deutschland, 1933 ging sie aus Wien in die USA, wo sie 1969 verstarb. Vicki Baum lobt sie in ihrer Autobiographie als gute Gärtnerin, deren Bungalow immer mit den schönsten Blumen umgeben war.

Und so verlebte Vicki Baum die Nachkriegsjahre bis zu ihrem Tod 1960 in der amerikanischen Freiheit. Sie haßte zwar zeitlebens den unvermeidlichen Starrummel von Hollywood, die Parties, das nichtssagende Gerede, doch sie ertrug es, um als Autorin im Gespräch zu bleiben. „In diesen Filmgesellschaften leidet man nicht unter der Rohheit der Dinge wie in Deutschland. Dafür aber wird eine so verzwickte Politik getrieben, und am Schluß hängt einem die Diplomatie ebenso zum Hals heraus wie der Mangel an Zivilisation", charakterisierte einmal der Regisseur Berthold Viertel die Lage der amerikanischen Filmindustrie. Zu Hollywood-Größen hatte Vicki Baum wenig Kontakt. Nach Europa fuhr sie noch einige Male; auch Wien besuchte sie. Manchmal beschlich sie Heimweh, das sie in ihrem unnachahmlich einfachen, aufrichtigen Schreibstil beschrieb: „Das Heimweh blieb nach einer Wanderung durch das hohe, noch unberührte und nicht durch Stacheldraht und elektrische Zäune gesperrte Gras der Almen; nach dem unhygienischen, fröhlichen Trubel der Märkte, den geliebten, wohlgepflegten See- und Flußufern, den unerschütterlichen alten Steinbrücken mit ihren Hütern, den Heiligen. Und nach dem Geläut der Kirchenglocken. Nach dem Naturgeschmack und dem natürlichen Biß in einen Naturapfel."

Vicki Baum, deren geglückte, frühe Emigration im Jahre 1931, zwei Jahre vor der Machtergreifung Hitlers also, ein Zeugnis politischen Weitblicks und die Folge einer zufälligen Einladung zur Premiere ihres ersten Films war, hat im amerikanischen Exil nicht ihr Schicksal im politischen Widerstand gegen den Hitler-Faschismus verarbeitet. Das taten Thomas Mann, Klaus Mann, Bertolt Brecht, Hanns Eisler, Anna Seghers oder auch die Berliner Journalistin, Margaret T. Muehsam-Edelheim, die 1938 in die USA emigrierte und für den National Refugee Service und den Council of Jewish Women arbeitete. Sie wurde Vorstandsmitglied des Leo Baeck Institutes in New York. Nein, Vicki Baum, die ihre jüdische Vergangenheit nie ins Spiel brachte, hat nicht das Schicksal der Millionen von Landsleuten geteilt, die ihres Eigentums beraubt wurden und unter unwürdigsten Umständen in einem Viehwaggon abtransport wurden, um letztlich in den Gaskammern zu enden. Ihr war das Glück beschieden, auf ihrem Lebensweg vorzeitig abzubiegen.

Ihre jüdische Identität war nicht orthodox, und sie war viel zu liberal, um sich allein in jüdischen Kreisen zu bewegen. Es ist auch nicht bekannt, ob sie sich im Exil für andere jüdische Einwanderer eingesetzt hat. Ich glaube es nicht. Es ist auch nichts darüber zu erfahren, ob sie auf jenen Brief geantwortet hat, der am 28. September

1928 vom Hotel Sachsenhof in Berlin an sie adressiert worden war, an sie als Ullstein-Redakteurin. Absenderin war keine Geringere als Else Lasker-Schüler, die sich, wie meist in ihrem wechselhaften Leben, an der Armutsgrenze befand und nur von der Hand in den Mund lebte. Es war das Jahr, in dem ihr einziger Sohn Paul starb, es war das Jahr, in dem sie im März schrieb: „Ich bin so allein im Innern und überfahre mich immer selbst." Die jüdische Dichterin aus Elberfeld schreibt also an Vicki Baum, deren Kurzgeschichten sie aus der „Berliner Illustrirten" kannte: „Verehrteste Vicki Baum. Ich dachte, wenn ich Ihren Namen las, Sie seien ein reizender schreibender Primaner – so wegschwebend ging das durch meinen Kopf – im Gewoge der Stadt; ich komme jeden Tag fast unter die Räder. Ich sende Ihnen ein paar Geschichten, sind zwar gedruckt, aber das haben die ‚Umschlagenden' doch schon vergessen, die da so viel lesen und so weiter! Ich sende Ihnen auch mein Bild, aber das ist 11 Jahre alt. Das tröstet mich. Vielleicht treffen wir uns bald wo unverhofft mitten in der Welt denn ich bin immer auf See, ich glaub in Wirklichkeit – vielleicht nur in Gedanken..." Darunter hat die Dichterin ein kleines, sturmgeplagtes Boot gemalt, auf dem sie wacklig steht. In den Wellen ist geschrieben „Nach Kalkutta". Der Ullstein-Verlag hat nie eine einzige Zeile von Else Lasker-Schüler abgedruckt. Und Else Lasker-Schülers Name wird nicht in der Autobiographie von Vicki Baum erwähnt.

Vicki Baum, die 1959 schrieb: „Seit Pearl Harbour bin ich nirgends mehr zu Hause", sie starb am 29. August 1960 an einem Schlaganfall (außerdem litt sie an einer schleichenden Leukämie) in ihrem Heim in Hollywood. Wie sagte sie oft, wenn sie die junge Generation an Frauen betrachtete? „Ich kann's nicht leugnen: der Weltschmerz, die Hysterie, das Geschrei, die Generation der Heulsusen - mich erbittert das alles. Ich bin nur eine alte Frau, eine einfache Geschichtenerzählerin. Ich habe keine laute Stimme, habe nie brüllen können, weder zu Hause noch auf dem Papier. Doch in allen meinen Büchern habe ich versucht, einem tiefinnerlichen Glauben Ausdruck zu geben: dem Glauben an den Lebensmut..."

Ein starker Geist in einem schwachen Körper

Clara Haskil: Jüdin, Pianistin und unvergessene Mozart-Interpretin

„Mein lieber Dinu, jetzt kann auch ich nicht mehr schreiben! Ich weiß nicht, was mit mir los ist, aber ich kann die Schreibfeder nicht mehr halten, sie gleitet mir aus den Fingern, mein Kopf ist leer und ausgedörrt, um nur wenig zu sagen…" Ein Brief aus dem zweiten Kriegsjahr, 1940, in Paris geschrieben und adressiert an den rumänischen Pianisten Dinu Lipatti in Bukarest. Einer von unzähligen liebevollen, Zuneigung erheischenden und Zuneigung gebenden Briefen der rumänischen Pianistin Clara Haskil an ihren Landsmann. Dieser, achtzehn Jahre jünger, Schüler des legendären Alfred Cortot und der großen Kompositionslehrerin Nadia Boulanger in Paris, galt als pianistisches Wunderkind. Ende der dreißiger Jahre hatten sich Haskil und Lipatti in Paris wiedergesehen und fühlten sich musikalisch und persönlich sofort zueinander hingezogen. Clara Haskil, menschenscheu und mißtrauisch, brachte dem jungen Pianisten ungeheuren Respekt, ja gar Liebe entgegen, und sie litt sehr, als Lipatti bereits Mitte 1939 wegen der Kriegsereignisse Paris verließ, um nach Rumänien zurückzukehren.

„Seit Ihrer Abreise habe ich das Klavier nicht mehr angerührt", schreibt sie im August des Jahres 1939: „Lieber Freund… ich habe Ihnen oft gesagt, wie sehr ich mich von Ihrem außergewöhnlichen Wesen, Ihrem Charakter angezogen fühle und wie sehr mich die aufrichtige Freundschaft, die Sie mir entgegenbringen, beglückt. Da ich Sie nun nicht mehr am Telefon ärgern kann, räche ich mich, indem ich Ihnen schreibe."

Und sie schüttet Lipatti ihr ganzes Herz aus, nennt alle Selbstzweifel, die sie ein Leben lang hegte: „...Ich bin sehr schlechter Stimmung, kann nicht mehr spielen, nicht einmal so schlecht wie vorher, ich weiß nicht, wohin ich gehen, woran ich arbeiten soll, die Gesundheit ist schlecht, der Kopf leer, die Taschen ebenfalls. Zum Teufel mit meiner ganzen wundervollen Person..." Schließlich wieder einige Zeilen vom September 1939, dem Beginn des Zweiten Weltkriegs, an den Freund, von dem sie noch keine Antwort erhalten hatte: „So schnell wenden Sie sich von mir ab? Sie schreiben nicht mehr, ausgerechnet jetzt, wo ich freundschaftliche Worte von einem lieben Freund so nötig habe... Kommen Sie, schreiben Sie mir doch ein paar Worte... Wahrscheinlich werden Jahre vergehen, bis wir uns wiedersehen; wenn ich dann noch überhaupt auf dieser Welt bin."

Es sind ungewöhnlich persönliche und intime Worte aus dem Munde einer erfolgreichen Künstlerin, die in vielen Ländern Europas gefeiert wurde, die mit den größten Kammermusikern und Dirigenten ihrer Zeit musizierte. Freundschaften pflegte sie jedoch wenige, ihre Korrespondenz beschränkte sich auf wenige Menschen und auf die eigene Familie, vor allem auf ihre Schwester Jeanne, die ebenfalls am Pariser Konservatorium studiert hatte und eine ausgezeichnete Geigerin wurde. Die wichtigsten Bezugspersonen waren neben Lipatti nur ihr Onkel Avram, der holländische Geiger Joachim Röntgen und ihr alter Klavierlehrer am Pariser Konservatorium, Joseph Morpain, mit denen die Pianistin engen Kontakt pflegte. Clara Haskil hat nie geheiratet und hatte keine Kinder. In dem viel jüngeren Dinu Lipatti mögen sich Wünsche nach einem Kind und einem künstlerischen Partner vereint haben. Anders sind ihre sehr persönlichen und herzlichen Briefe nicht zu verstehen.

Wer ist der Mensch hinter dieser außergewöhnlich introvertierten und schüchternen Künstlerin, die kräftemäßig und rein äußerlich kaum prädestiniert schien, die Konzertsäle zu erobern? Klein von Wuchs, saß sie durch angeborenes Knochenleiden mit gekrümmtem Rücken am Klavier. Sie war kein Star und galt lange Zeit „nur" als Geheimtip in der Klavierwelt. Doch sie ist in die

Musikgeschichte eingegangen als großartige Mozart-Interpretin, die aber auch Bach, Beethoven, Chopin und den Zeitgenossen Manuel de Falla spielte. Die wenigen Schallplattenaufnahmen mit Igor Markevitch oder Pablo Casals gelten als absolute Kostbarkeiten.

Am 7. Januar 1895 wurde sie in eine jüdische Familie in Bukarest hineingeboren. Der Vater holte sich bei einem Wohnungsbrand auf der Flucht in die nächtliche Kälte eine schwere Lungenentzündung und starb kurz darauf. Die Mutter Berthe Moscona, die ihrerseits spanisch-jüdische Vorfahren hatte, stand mit drei Kindern, den Töchtern Lili, Jeanne und Clara, alleine da. Clara war vier Jahre alt, und der plötzliche Tod des Vaters war für sie unbegreiflich. Sie hat den Verlust lange Zeit nicht verwunden.

Die Familie mußte in eine andere, neue Wohnung ziehen. Der große Bösendorfer-Flügel hatte zum Glück den Brand überstanden, und es war keine Frage, daß Clara Klavierunterricht erhalten sollte. Die Mutter unterrichtete Deutsch und Französisch, gab aber auch Klavierstunden. Später eröffnete sie ein kleines Schneideratelier im Hause, um mehr bei ihren Kindern sein zu können. Eines Tages hört ein Gesanglehrer des Bukarester Konservatoriums, Georges Stefanesco, die kleine Clara Klavier spielen. Er hört mit Erstaunen, daß sie Stücke, die ihre Schwester Lili spielt, fehlerlos nachspielen kann. Stefanesco ist begeistert, und er empfiehlt die Kleine zum Unterricht am Konservatorium in Bukarest. Clara kommt in die Klasse von Madame Zenide, eine ältere Pianistin, die an alles glaubt, nur nicht an Wunderkinder. Sie läßt Clara wie jede andere Schülerin Etüden spielen, jede Hand einzeln, sie unterfordert sie und merkt es nicht. Clara langweilt sich zu Tode.

Da taucht ein Jahr später, 1902, Claras Onkel Avram auf, der sich in Wien als Arzt niedergelassen hat, überblickt die Lage, nimmt sie aus dem Konservatorium und fordert knapp und klar, die weitere Laufbahn Claras in die Hand nehmen zu wollen. Er stellt sie in Wien Anton Door vor und später auch Richard Robert, die am dortigen Konservatorium unterrichten. Door ist so angetan von ihr, daß er dies sofort der Presse mitteilt: „Dieser

Tage kam ein Arzt aus Rumänien zu mir, der an der Hand ein kleines, kaum siebenjähriges Mädchen führte. Das Kind ist ein Unicum… alles, was man ihr gezeigt hat, war die Benennung der Noten. Mehr schien auch nicht nöthig, denn jedes Stück, das man ihr vorspielt und das sie mit ihren kleinen Händchen bewältigen kann, spielt sie nach dem Gehör fehlerfrei nach. Ja, mehr noch: Sie spielt es in jeder beliebigen Tonart, die man ihr anschlägt…"

Claras musikalisches Talent macht nicht beim Klavier halt. Sie will auch das Geigenspiel erlernen, nachdem sie einmal den berühmtem Geiger und Brahms-Freund Joseph Joachim gehört hat. Doch sie bleibt letztlich beim Klavier. 1903 wechselt sie in die Klasse von Professor Robert, der sich ihrer musikalisch und privat annimmt. Sie wird in sein Haus aufgenommen; sie ist ja nichts anderes als ein achtjähriges Kind, das als Wunderkind in einer fremden Großstadt überleben muß. „Die ernste Kleine muß noch immer auf der Stuhlkante sitzen, um mit den Füßen das Pedal zu erreichen. Aber ihre Hand ist kräftiger, ihr Griff kühner, der Ton voller und bestimmter geworden", schreibt man in der Wiener „Neuen Freien Presse" über Clara. 1903 spielt sie ihr erstes Klavierkonzert öffentlich, es ist Mozarts A-Dur Konzert KV 488, das sie später noch so oft spielen wird. Wieder sind die Kritiker begeistert, sie wird als „gottbegnadet" bezeichnet; jemand schreibt sogar, er habe Angst, daß sie „den Neid der Götter erwecken könnte". Auch bemerkt der Kritiker ihre Begabung für Mozart, die sich ein Leben lang zeigen sollte. Die rumänische Königin Elisabeth hatte die junge Pianistin schon in Bukarest gehört und sie mehrfach eingeladen, in ihrem Palais zu spielen. Jetzt unterstützt sie Clara mit einer regelmäßigen Summe, die ihr den Studienaufenthalt in Wien und später auch in Paris ermöglicht.

Im Jahr darauf, 1904, spielt Clara wieder einmal im Bösendorfer-Saal der Musikhochschule. Neben ihr tauchen im Programm berühmte Namen auf: die legendäre Cembalistin Wanda Landowska, aber auch Emma Calvé und Misha Elman. Die Presse spricht von einer „delikaten Pflanze, die behütet werden muß". Warum sich Onkel Avram, der für Clara Vater, Bruder und

Freund wurde, in jenem Jahr entschloß, die vielversprechende Pianistin aus der Obhut des Lehrers und des Konservatoriums zu nehmen, bleibt unerfindlich. Avram war wohl der Meinung, daß Wien nicht mehr ausreiche, um das Talent der kleinen Clara zu fördern. Er stößt natürlich auf harten Widerstand bei Robert, doch Avram setzt sich durch.

Mit zehn Jahren spielt Clara Haskil ein Abschiedskonzert im Konservatorium von Wien. Ein Konzert, wie man es heute nie wieder spielen würde. Auf dem Programm steht ein Beethoven-Klaviertrio, ein Präludium mit Fuge aus dem Bachschen „Wohltemperierten Klavier", ein Rondo von Carl Philipp Emanuel Bach, Händel-Variationen, ein Rondo von Carl Maria von Weber, „L'oiseau prophète" von Robert Schuman, ein „Frühlingslied" von J. Brüll und schließlich noch eine Chopin-Polonaise. Ein Programm, das einem großen Pianisten alle Ehre gemacht hätte. Das „Wunderkind" aus Rumänien absolviert alles mit Leichtigkeit, und im vollbesetzten Konservatoriumssaal ist man begeistert. Dann fährt sie unter der Obhut ihres Onkels für einige Wochen nach Hause, nach Bukarest, sieht ihre Familie wieder, komponiert einige kleine Stücke und darf wieder Kind sein. Doch die Koffer sind schon für Paris gepackt. Viele mögen Avram davon abgeraten haben. Clara war ja wirklich noch ein behütetes Kind. Ist sie nicht noch zu jung für das Konservatorium? Wie wird sie sich in der Weltstadt zurechtfinden? Onkel Avram hat jedoch feste Vorstellungen, was aus seiner hochbegabten Nichte werden soll.

Es ist das Jahr 1905, es ist Herbst. Niemand kennt Avram in der Weltstadt an der Seine. Er mietet für sie beide ein kleines Appartement in der Nähe des Konservatoriums. Sofort wird Clara dem Konservatoriums-Direktor Gabriel Fauré vorgestellt. Der ist begeistert von den musikalischen Fähigkeiten der rumänischen Pianistin und weist sie vorerst in eine Vorstufe bei Joseph Morpain ein, einem jungen, 32jährigen Klavierlehrer. Der soll sie so gut vorbereiten, daß sie die Aufnahmeprüfung besteht. Die Konkurrenz ist gewaltig, und aus allen Ländern Europas strömen die jungen Pianisten an die Seine. Aus 213 Kandidaten muß die Auswahl zur Aufnahme ins Konservatorium getroffen werden. Clara Haskil ist darunter.

Sie ist mittlerweile elf Jahre alt und träumt viel von Bukarest. Einmal notiert sie in ihr Tagebuch: „Bukarest, Bukarest, viens à Paris...“ Sie vermißt ihre Schwestern, ihre Mutter. Der ehrgeizige Onkel, selbst fünfzig Jahre alt, bietet ihr kaum Ersatz für ihre Spielkameradinnen. Täglich übt sie in dem kleinen Appartement, abends geht der Onkel mit ihr in eines der kleinen Restaurants. Inwieweit der zwar hochkultivierte und belesene Mann sich mit Clara austauschen konnte, bleibt ein Geheimnis. Sein Ehrgeiz ist unangefochten, und er erlaubt nur selten einen kleinen Heimaturlaub. Avram erinnert in seiner Autorität an Leopold Mozart, an Friedrich Wieck oder auch an Abraham Mendelssohn, die ihre „Wunderkinder“ in ähnlicher Rigorosität aufwachsen ließen und ihnen jeglichen Bezug zu Gleichaltrigen untersagten. Clara wurde – und das erinnert wieder an die Wunderkinder des 18. und 19. Jahrhunderts – von Onkel Avram in allen Schulfächern unterrichtet, so daß sie sich daneben ganz dem Klavierspiel widmen konnte.

Auch die Aufnahmeprüfung in die Meisterklasse von Alfred Cortot besteht Clara Haskil mit Bravour. Wir haben mittlerweile das Jahr 1907; Cortot selbst ist gerade dreißig Jahre alt und ein aufgehender Stern am Pianistenhimmel. Er pflegt – wie viele bedeutende Pianisten – neben seiner Unterrichtstätigkeit ausführlich seine Solistenkarriere und ist nicht regelmäßig in Paris: ein bekanntes Problem vieler gefragter Künstler, das bis heute noch niemand zufriedenstellend gelöst hat. Der Ruhm, eine Meisterklassse bei einem populären Künstler zu besuchen, ist meistens mit dem Preis seiner Abwesenheit erkauft. Cortots Urteil über die junge Rumänin war am Anfang gar nicht ermutigend: „Defekte Mechanik, eine schlechte Ausbildung“, bescheinigte er ihr und meinte, sie habe noch viel zu lernen.

Ihr erstes größeres Konzert mit Orchester spielt sie im Jahre 1908 jedoch nicht in Paris, sondern bei einem Heimataufenthalt in Bukarest: Es ist das dritte Klavierkonzert von Beethoven in c-moll, und die Kritiken sprechen von einer „phänomenalen Begabung". Cortot, der strenge Lehrer, ist es wieder einmal, der sie nicht mit Lob überschüttet; oft ist er sogar ironisch, und einmal sagt er ihr vor versammelter Klasse, sie spiele „wie eine Hausfrau". Clara, die sich die Verletzung nicht anmerken läßt, kontert einige Jahre später in einem Konzert, in dem Cortot von ihr begeistert ist, vom Podium her: „Spiele ich immer noch wie eine Hausfrau, Monsieur Cortot?"

Nach einem Konzert in Rumänien kehrt sie nach Paris zurück und gewinnt 1909 beim Konservatoriums-Wettbewerb mit Beethovens „Eroica"-Variationen den zweiten Preis. Kurz darauf ist sie auch Gewinnerin des ersten Preises des Konservatoriums, genauer gesagt: Der erste Preis wird durch fünf Gewinner geteilt. Die Jury konnte sich nicht entschließen, einen der Preisträger auf einen zweiten Platz zu setzen. So teilt sich Clara Haskil, die gerade vierzehn Jahre alt geworden ist, die schöne Summe von 2.000 Francs mit den anderen. Sie erhält 400 Francs, und das ist auch eine beträchtliche Hilfe für sie. Die berühmte Pariser Klavierbaufirma Pleyel stellt ihr sofort kostenlos einen Flügel zur Verfügung. Es ist das erste eigene Instrument der Musikerin. Außerdem: Mit diesem ersten Preis ist für sie die Ausbildung am Konservatorium abgeschlossen. Was sie damals nicht ahnen konnte: daß ihr berühmter Lehrer Cortot, als Chopin- und Schumann-Interpret gerühmt und kritisiert, in den dreißiger Jahren mit den Nationalsozialisten sympathisieren würde.

Kaum hat sie beim Wettbewerb reüssiert, da taucht auch schon der erste Konzertagent auf. Er bietet ihr eine Italien- und Schweiz-Tournee, und sie nimmt an. In Zürich bescheinigt man ihr „Poesie" und „Reife", und auch die Italiener sind begeistert. In der Schweiz lernt die junge Pianistin dann den berühmten Pädagogen und Pianisten Ferrucio Busoni kennen, der von ihr so berührt ist, daß er sie drängt, seine Schülerin zu werden und nach Berlin zu kommen. Leider wird daraus nichts: eine Tatsache, die sie ein Leben lang bedauert hat. Ihre Mutter wollte sie nicht schon wieder alleine in eine fremde Stadt ziehen lassen. Verständlich, sie war ja eigentlich noch ein Kind. Oder etwa nicht mit ihren sechzehn Jahren?

1912 nimmt Onkel Avram sie wieder unter seine Fittiche, geht mit ihr vorübergehend nach Lausanne. Dort lernt Clara den Pianisten Ernest Schelling kennen, der sofort voller Bewunderung für das Mädchen ist und sich auch mäzenatisch für es einsetzt. Clara kommt bei ihm mit dem polnischen Politiker und Pianisten Paderewski zusammen und lernt den renommierten amerikanischen Schirmer-Verlag kennen. Dank der finanziellen Zuwendungen ihres Onkels Isaac, der sie und Avram jahrelang unterhalten hat, kann sie in Paris dann auch eine andere Wohnung nehmen. Sie schöpft Mut, sich zu einem großen Klavierwettbewerb zu melden, wozu Cortot sie in einem Schreiben von 1913 ermuntert.

Gleichzeitig treten erste gesundheitliche Schädigungen bei Clara Haskil auf, die während der Wachstumsperiode sehr groß und dünn geworden ist und eine beginnende Skoliose zeigt. Ihr Knochenbau ist sehr schwach, und die Wirbelsäule biegt sich durch. Onkel Avram entscheidet, ohne sie lange um ihre Zustimmung zu bitten, den körperlichen Schaden erst zu beheben und dann die Karriere weiter zu betreiben. Clara spielt mit dem Orchestre de Lausanne ein vorläufig letztes Konzert [Saint-Saëns], bei dem durch einen dummen Zufall der Dirigent die Partituren verwechselt. Sie muß ohne Probe spielen und tut dies tadellos. Die Kritiker schreiben von selten gehörtem „Leben, Kraft und Farbe“. Sechs Jahre lang haben die Schweizer sie dann nicht mehr auf der Bühne erlebt.

Anfang Januar 1914 war Claras Familie endlich einmal zusammen. Aus Bukarest war ihre Schwester Jeanne mit der Mutter angekommen; Jeanne studierte nun auch am Pariser Konservatorium, und die Geschwister konnten sich endlich einmal austauschen. Dann begaben sich Onkel Avram und die neunzehnjährige Pianistin Clara Haskil in den französischen Kurort Berck-sur-Mer an den Ärmelkanal: ein Heilbad mit riesigen Sanatorien, langweilig für ein junges Mädchen, unpersönlich und grau. Aus den USA hatte man von einer neuen Methode gehört, den Körper monatelang in Gips zu legen, um die verkrümmte Wirbelsäule zu begradigen. Dr. César Roux, ein mit Avram befreundeter Arzt, hatte zu dieser neuartigen Therapie geraten. So wurde die kleine Clara – bis auf die Hände und die Beine – einfach rigoros eingegipst. Immer wieder wurde zwar der Gips gelöst und gewechselt, doch lag sie lange Zeit fast unbeweglich. Der sie behandelnde Arzt blieb unpersönlich. Sie fühlte sich gelähmt und keineswegs umsorgt. Onkel Avram mußte einschreiten, denn Clara verlor zusehends den Mut. Man konsultierte einen anderen Arzt, der zwar auch nichts anderes als das Stillegen der Wirbelsäule verordnete, ihr jedoch einen einfachen Stützverband, ein Stützkorsett, verschrieb. Aber Klavierspielen, nein, das konnte sie mit Sicherheit nicht.

Da sie das Sanatorium kaum verlassen konnte, erfuhr sie es zuerst von anderen Patienten: In den Straßen der Stadt wimmelte es plötzlich von Soldaten. Der Erste Weltkrieg war bis in die Normandie zu spüren, und die Deutschen kämpften bereits fünfzig Kilometer vom Kurort entfernt. Man hörte grausame Dinge von den Brutalitäten des Krieges, es kamen Verletzte in die Krankenhäuser; Clara muß höchst verunsichert gewesen sein. 1914 wurde dann Onkel Avram unvermutet in einem camp de refugiés, zusammen mit Deutschen, Österreichern und anderen Ausländern, interniert. Er war während seines Wien-Aufenthaltes Österreicher geworden und stand nun plötzlich auf der Seite des Feindes. Inmitten aller anstrengenden Therapie, der Gelähmtheit, der Angebundenheit an den unerfreulichen Kurort ließ Avram schweren Herzens Clara allein zurück. Diese ertrug mit Bravour ihr Schicksal, wechselte ihre Verbände, hörte von den Kriegsschauplätzen und hat sicherlich manchesmal an das Ende ihrer pianistischen Karriere geglaubt. Im Sanatorium hatte sie kaum Gesprächspartner, sie isolierte sich vollkommen und studierte monatelang Partituren von Beethoven- und Mozart-Konzerten, die sie in Gedanken durchspielte. Am Ende ihrer Kur kannte sie alles auswendig.

1918, kurz vor Kriegsende, wurde sie aus dem Sanatorium entlassen. Ihr Wuchs war nun gerader, doch aufgrund der langen Liegezeiten und der Eingipsung waren viele Muskeln erschlafft. Wenn man sie später nach den vier Jahren in Berck-sur-Mer fragte, war sie – die ansonsten immer wenig sprach – noch wortkarger. Nicht einmal mit ihren Schwestern sprach sie über diese schwierige Zeit. Nach ihrer Entlassung erlernte sie mühsam wieder die Bewegung der Hände und Füße. Und mühsam saß sie wieder Stunde um Stunde am Klavier, um Mozart-Sonaten und Bach-Präludien zu spielen.

Zum Jahresende 1917 wird sie plötzlich nach Paris gerufen. Ihre Mutter ist an Krebs erkrankt und stirbt überraschend. Ob ihr das Schicksal ihrer hochbegabten Tochter Clara, die vier Jahre lang in ein Stützkorsett gezwungen wurde, so zu Herzen gegangen war? Claras Familie war noch kleiner geworden. Die beiden Schwestern blieben ihr noch als enge Vertraute. Sie waren mittlerweile ebenfalls zu Musikerinnen geworden, bekannt vor allem Jeanne, die später ihre engste Freundin wurde.

1919 ist ein Freudenjahr für Clara: Sie sieht ihren geliebten Onkel Avram in Zürich wieder. Doch sie ist entsetzt; Avram hat durch den Lageraufenthalt eine unheilbare Neuralgie bekommen und leidet sehr. Er ermuntert sie jedoch sofort zu einem Comeback und übernimmt wieder die Vaterrolle bei Clara. Er fährt mit ihr zu einem Erholungsurlaub nach Lausanne, und allmählich kommen Claras alte Kräfte zurück. Bald finden sich beide in der Schweiz in einem auserlesenen Kreis von Musikliebhabern wieder, darunter der Mäzen E. W. Rossier, der das Orchestre de la Suisse Romande fördert und Clara viele Türen zu Engagements und persönlichen Kontakten öffnet. Sie spielt drei Konzerte mit dem berühmten Orchester, das unter Leitung von Ernest Ansermet steht. „Une grande artiste", urteilt die „Genfer Presse" einstimmig und spricht von einer „extraordinaire intensité". Das höchste Lob verfaßt der Kritiker des „Journal de Genève" am 15. April 1921, indem er schreibt: „La musique est venue nous visiter." [Die Musik ist bei uns zu Gast gewesen.]

Auch andere Künstler werden ihr zu Freunden: der Klarinettist Werner Reinhart, ein Freund von Rilke, oder das Mäzenaten-Paar Correvon. Bald erhält sie weitere Engagements; ihr Ruf festigt sich, sie spielt mit dem Orchestre de la Suisse Romande unter Ernest Ansermet in Neuchâtel, Zürich und Vevey. In Winterthur spielt sie unter dem neuen Pultstar Igor Markevitch, der ihr später ein treuer Freund wird. Dann wird sie nach Brüssel und Paris eingeladen. Dort lernt sie eine Frau kennen, die sich ihrer spontan und liebevoll annimmt und sie auch einem großen Kreis von Mäzenen und Musikliebhabern vorstellt: Princesse Winaretta de Polignac, selbst Pianistin. Diese letzte große unter den legendären Mäzeninnen Frankreichs verdient hier eine besondere Beachtung. Ohne sie wären weder Clara Haskil noch Dinu Lipatti, noch Francis Poulenc oder Maurice Ravel, weder Eric Satie noch Nadia Boulanger zu den Aufträgen und Engagements gelangt, die ihnen den Weg in die Öffentlichkeit bahnten. Winaretta, wie sie sich selbst nannte, entstammte der berühmten jüdischen Fabrikantenfamilie Singer [Isaac Singer hatte die später weltweit bekannte Nähmaschine erfunden]. Sie heiratete in erster Ehe M. de Scey-Montbéliard, die Ehe wurde jedoch bald geschieden. Erst an der Seite des Prinzen Edmond de Polignac wurde sie zu der Mäzenin, wie wir sie heute in den Biographien unzähliger Künstler finden.

Polignac ließ sich in Paris nieder und schuf an der Avenue Georges-Mandel in einem neoklassizistischen Hotel ihren berühmten Salon. Wie viele hoffnungsvolle und bettelarme Künstlerinnen und Künstler, Juden und Nicht-Juden, Europäer, Russen oder Amerikaner, hat sie mit kleinen und großen Zuwendungen bedacht, Zuwendungen aus ihrem unerschöpflichen Millionärserbe. Von einigen wenigen durfte sie später „Tante Winnie“ genannt werden. Nadia Boulanger, zu der sie eine lange Freundschaft unterhielt, gehörte dabei zu ihren besonderen Schützlingen. Clara Haskil wurde von der Princesse de Polignac oft auf Reisen mitgenommen, sie durfte in Paris bei ihr logieren, sie war in ihrem Palast am Canale Grande in Venedig zu Gast oder auf ihrem Landgut in der Bretagne. Das Wichtigste jedoch: Winaretta sah, daß Haskil von ihrer Familie kaum mehr an Unterstützung zu erwarten hatte. Sie ließ ihr ab 1934 monatlich eine Summe von 500 Francs, später auch 700 Francs zukommen; voller Selbstverständlichkeit und ohne „Spendenquittung“. Nach dem Tod von Onkel Isaac im Jahre 1925 war ja die familiäre Geldquelle für Avram und Clara versiegt. Um so wichtiger wurden die zuverlässigen Überweisungen der Prinzessin, die Clara in großer Bescheidenheit und Dankbarkeit annahm. Oft ertappte die Mäzenin die Pianistin, wie sie mit dem Hauspersonal zusammensaß und mit ihnen aß. Den Salon betrat Clara lediglich, um dort Klavier zu spielen.

Die Jahre 1926 und 1927 bringen erneuten Aufschwung für Clara Haskil. Ihr Agent schickt sie auf eine Amerika-Tournee, die ein voller Erfolg wird. Der Dirigent Leopold Stokowski ist hellauf begeistert und berichtet seinem Impresario von Haskil, die mit „Flamme" und „Kraft" gespielt habe. Alle Zuhörer, die sich von der schwächlichen Konstitution der Künstlerin beeindrucken lassen, erleben in ihren Konzerten, wie sie die Fesseln körperlicher Schwäche sprengt, sobald sie am Klavier sitzt. Jeden Abend, in jedem großen Konzert wächst sie über sich hinaus. Privat jedoch möchte sie alleine bleiben. Sie bedarf großer Ruhephasen, um sich körperlich zu erholen. Und so sagt sie auf den Antrag eines Schweizer Malers, der sie heiraten möchte, rundheraus „nein". Wenige Jahre zuvor hatte ihre Mutter bereits einen anderen Kanditaten „abgewimmelt" und seine Werbegeschenke einfach zurückgeschickt.

Den Paris-Aufenthalten Ende der zwanziger Jahre verdankt Clara Haskil auch die Begegnung mit dem großen Landsmann und Geiger Georges Enesco, mit dem sie als Duopartnerin auftritt. Aber auch den legendären belgischen Violinvirtuosen Eugène Ysaye trifft sie, mit dem sie später alle Beethoven-Violinsonaten spielen wird. In der Schweiz wiederum lernt sie den katalanischen Cellisten Pablo Casals kennen, der mit ihr musikalisch vom ersten Tag an harmoniert. Gerne spielen beide zusammen, obwohl sich Clara Haskil, damals erst Mitte zwanzig, dem doppelt so alten Künstler weit unterlegen fühlt. Lange Jahre korrespondieren beide miteinander. Sie schätzt ihn später vor allem wegen seines heldenhaften Eintretens für die Republikaner und für die katalanischen refugiés, die – wie er selbst – vor dem faschistischen Franco-Regime flohen. Mit Schmunzeln hat sie oft erzählt, daß man bei gemeinsamen Auftritten oft nicht wußte, wer zuerst auf das Podium gehen sollte. So standen beide einmal bei einem Duo-Abend in der Schweiz vor Höflichkeit überfließend minutenlang am Bühneneingang. Wer mag dann wohl den Vortritt gehabt haben?

Die zwanziger Jahre sind für Clara Haskil eine beglückende Zeit; als Kammermusikerin ist sie eine der gesuchtesten Pianistinnen Europas, und als Solistin tritt sie 1924 auf Vermittlung einer weiteren Mäzenin, bei der sie in Paris wohnte [Madame Géli] ihre erste Amerika-Reise an. Sie spielt in Chicago und New York, auch in Montreal. Die New Yorker sind restlos angetan, die Kritik spricht von „Offenbarung". Und doch: Das amerikanische Konzertleben, das von Geld und Beziehungen regiert wird, behagt ihr gar nicht. Sie verfügte bis dahin über keine Konzertagentur, die sie propagandistisch anpries; sie hatte kaum Geld, das sie – wie damals üblich – in ihre eigene Werbung stecken konnte. Sie hatte nur Talent. Und das schien manchen Veranstaltern der Neuen Welt zu wenig. Clara Haskil hat sich in späteren Jahren über diese erste Amerika-Erfahrung des Jahres 1924 gänzlich ausgeschwiegen.

Die nächsten Jahre blieb sie in dem Land, in dem sie sich menschlich und musikalisch am besten verstanden fühlte: in der Schweiz. Hier hatte sie jahrzehntelang ihr treuestes Publikum, von hier unternahm sie die weiteren Konzertreisen nach Frankreich, Holland, Belgien und Deutschland. In die USA reiste sie übrigens noch zweimal, und zwar 1925 und 1927. Zusammen mit ihrem Onkel Avram kehrte sie Ende der zwanziger Jahre nach Paris zurück. Die beiden mieteten wieder eine kleine Wohnung. Avram war krank geworden und litt unter anderm an einer akuten Arteriosklerose, vielleicht war es auch die Parkinsonsche Krankheit. Er wurde zunehmend unverträglicher, ja fast despotisch. Clara, die ihm ihre gesamte Karriere in den Studienjahren zu verdanken hatte, pflegte ihn aufopfernd. Sie war nicht in der Lage, ihre künstlerische Karriere vor diese familiäre Verpflichtung zu stellen. Der Mann, der viele Jahre seines Lebens mit ihr verbracht hatte, der sie als Kind und Mädchen, als Studentin in Bukarest, Wien und Paris begleitet und gefördert hatte, war ihre erste Bezugsperson geworden. Nach monatelanger Krankheit, unter der Clara unendlich litt, starb er im Februar 1933; vierzehn Tage nach der „Machtergreifung" Hitlers, die bald danach ganz Europa in Unruhe stürzen würde. Wieviel Clara Haskil von diesen politischen Ereignissen in Paris mitbekam, wissen wir nicht. Da aber bereits 1933 etliche Künstler ins Exil gingen, ist anzunehmen, daß sie als Jüdin besonders wach war. Nach dem Tod Avrams blieb sie allein in Paris, zog vorübergehend in das berühmte Hotel „Lutetia" und nahm sich später endlich eine eigene kleine Wohnung.

Anläßlich eines Konzerts in Winterthur in der Schweiz lernt die menschenscheue Clara Haskil einen anderen Künstler kennen, der ihr lebenslang verbunden bleiben wird: Joachim Röntgen, den holländischen Geiger, mit dem sie gerne musiziert. Der Briefwechsel zwischen den beiden ist nicht nur ein köstliches Zeugnis des Humors der Pianistin, der trotz aller Schicksalsschläge immer wieder durchbricht, sondern auch der tiefen Unsicherheit der Künstlerin. Im Januar 1936 schreibt sie ihm zum Beispiel aus Basel: „Ich kenne an mir ja keine Eigenschaften, die Sympathie anregen können, ich glaube im Gegenteil, daß ich durch meinen Charakter und mein ganzes Wesen die besten Menschen doch ermüden kann, und das betrübt mich. Wenn ich zum Ausdruck bringen könnte, was ich fühle, würde ich vielleicht weniger seltsam, sonderbar erscheinen…" Und zehn Tage später nimmt sie allen Mut zusammen und schreibt ihm: „Man behauptet, ich spiele nicht schlecht und ich hätte ein gewisses Talent… und auch glaube ich, daß Sie es wagen könnten, sich mit mir zu produzieren, ohne Gefahr einer Blamage. Zwar kann ich nicht garantieren, daß der Saal gedrängt voll sein wird, denn mein leuchtender Stern hat von seinem Glanz etwas verloren…" Sie will ihm die Antwort erleichtern und nennt ihm für seinen Antwortbrief eine etwaige Erwiderung: „Hochverehrte, gnädige Pianistin! Lieber hätten Sie Ihren freundlichen Vorschlag und Ihren genialen Einfall nicht gehabt und mich damit gezwungen, Ihrem Wunsch zuzusagen. Von Ihrem pianistischen Talent habe ich gehört, aber das imponiert mir nicht so sehr, denn Pianisten gibt es genug und noch schlechte dazu. Da ich aber freundlich bin und auch Sie nicht kränken will, bin ich mit Ihrem Einfall bis auf weiteres einverstanden…"

Dann berichtet sie Röntgen im Mai 1937 von einem Konzertbesuch in Paris. Auch daraus spricht ein wunderbarer, sensibler Humor: „…letzten Donnerstag bin ich ins Philharmonische Konzert gegangen, das Sydney Beer dirigiert hat, ein Multimillionär, der dieses Orchester finanziert. Diese Kleinigkeit ist wichtig, denn sonst müßte man ihn umbringen…" Und sie schließt mit den Worten: „Schade, daß sich das Talent in einem Hirn wie dem meinigen befindet… Clara Haskil. Klaviervirtuosin – Konzertpianistin – Konzertanfängerin – Schnellspielerin."

1936 begegnete Clara Haskil, selbst 41jährig, endlich dem Menschen, zu dem sie vom ersten Moment an spontan Zutrauen faßte, den sie künstlerisch hoch schätzte und mit dem sie dann eine lebenslange Freundschaft verband: Dinu Lipatti. Er selbst war gerade zwanzig Jahre alt, war vielversprechender Pianist, kam auch aus Bukarest wie sie und gehörte in den Kreis der Gräfin Polignac. Lipatti hatte bereits den Prix Georges Enesco gewonnen, war Preisträger beim Klavierwettbewerb von Wien 1933 gewesen, war auch Cortot-Schüler und arbeitete mit Yvonne Lefébure [Klavier] und Nadia Boulanger, die ihn besonders schätzte und mit ihm vierhändig musizierte und unter anderm die Brahms-Walzer einspielte. Die scheue Clara Haskil freundete sich schnell mit dem ebenso scheuen Dinu Lipatti an. Sie war neben Nadia Boulanger eine der ersten, die seine phänomenale Begabung erkannte. Die Entrücktheit im Spiel Lipattis mag sie künstlerisch, und vielleicht auch menschlich, sehr verbunden haben. Als Lipatti bereits 1939 Frankreich verließ, begann zwischen den beiden Künstlern eine umfangreiche Korrespondenz. Leider sind die meisten seiner Briefe an Clara Haskil verlorengegangen, doch die Korrespondenz von ihrer Seite existiert noch fast vollständig.

Der Kriegsbeginn reißt nicht nur die beiden Künstler plötzlich auseinander. Er bringt auch etliche Absagen für Clara mit sich. Sämtliche Radiokonzerte werden bereits 1939 mit ihr storniert; sie spielt ein einziges Mal noch 1940 ein kleineres Konzert. Dann werden die Engagements rar, und das Geld auch. Der Zweite Weltkrieg hat Künstler früher in ihrer Existenz bedroht und eingeschränkt als andere Menschen.

Clara isoliert sich wieder. Aus Unterwasser in der Schweiz schreibt sie an Lipatti: „Endlich habe ich jemanden gefunden, mit dem ich reden kann: eine Katze, so einsam wie ich, und eine, die mich mag. Den Ort und die Menschen habe ich satt. Stellen Sie sich vor, niemand hat auch nur ein Wort mit mir gesprochen, niemand sich um mich gesorgt, auch nicht, als ich krank war. Ich wußte nicht, daß ich so abstoßend aussehe. Umso schlimmer!…" In einem anderen Brief vom September 1939 heißt es dann wieder: „Mein lieber Dinu, ich bin sehr lästig; ich bin voller Unruhe und Angst und kann mit niemandem sprechen… Meine Schwester hat mir erzählt, daß kein Ausländer mehr im Rundfunk spielen darf, also werde ich nichts zu tun haben… wo soll ich hin, wo bin ich zu Hause? … Hier sind alle Konzerte gestrichen worden, es bleibt eines in Vevey im Dezember und ein anderes in Lausanne im Januar, und für diese beiden brauche ich noch ein besonderes Visum…"

Die Restriktionen für Ausländer und für Juden hatten, wie man sieht, auch schon die Schweiz erreicht, wo Clara Haskil seit 1936 ihren ständigen Wohnsitz hatte. Niemand konnte sich mehr ungehindert bewegen, für jede Reise brauchten Ausländer eine spezielle Genehmigung. Clara Haskil, hochsensibel und menschenscheu, mag diese neuen Regelungen besonders getroffen haben. Ihre Mäzenin, die Princesse de Polignac, war zu Kriegsbeginn nach England gereist, und so hatte Clara kaum einen vertrauten Menschen in ihrer nächsten Umgebung. Das Orchester, in dem ihre Schwester Jeanne mitspielte, hielt es auch nicht länger in Paris. Man fuhr heimlich in den Süden, nach Marseille, in die freie, also von Deutschen noch nicht besetzte Zone. Clara zog ohne viel Zögern mit. Kurze Zeit nach der Abreise wurde bereits die Wohnung ihrer Schwester in Paris durchsucht; die Gestapo wollte Jeanne als Jüdin verhaften und ihr Hab und Gut beschlagnahmen, so wie es Reichsleiter Rosenberg und sein Einsatzstab angeordnet hatten. Die französische Regierung, mittlerweile in Vichy ansässig und hochgradig zur Kollaboration bereit, widersetzte sich, wie wir mittlerweile wissen, selten, sofern es um jüdische Mitbürger ging. Tausende von jüdischen Haushalten, ob von Musikern oder Literaten, von einfachen Bürgern, Händlern oder Angestellten, wurden bereits Mitte 1940 „geleert". Was man dort vorfand, ob eine ganze Bibliothek mit Musikalien oder Bilder, Möbel und Schmuck, wurde dann als „herrenloses jüdisches Gut" für das Reich beschlagnahmt und nach Deutschland transportiert. Auch davon muß Clara Haskil gehört haben, wenngleich sich ihr nächster Freundeskreis nicht nur aus Juden zusammensetzte. Cortot, ihr ehemaliger Lehrer, der sich als Kollaborateur entpuppte, spielte unentwegt in Nazi-Deutschland weiter, setzte sich dann aber auch für Jeanne Haskil ein, um sie als Jüdin im Orchestre National zu behalten. Der Einspruch Cortots half vorübergehend, danach war nichts mehr zu erreichen. Die Orchester Europas waren allmählich „judenfrei".

Inzwischen wurde die Sehnsucht nach dem jungen Lipatti, der 1940 gerade 23 Jahre alt war, immer größer, und am 15. März 1940 schreibt Clara Haskil fast ein wenig eifersüchtig, er habe sie wohl schon durch Madeleine C. – seine spätere Frau –, „meiner gefürchteten Konkurrentin auf allen Gebieten", ersetzt. Und: „Was soll ich dazu sagen, außer daß ich neidisch bin auf all diese Aktivitäten, während ich dahinvegetiere und drauf warte, 200 Jahre alt zu werden. Was könnte ich tun? Fällt Ihnen etwas ein? Schreiben Sie mir noch vor 1941, liebster Dinu. Ihre glutvolle Mitspielerin Clarinette."

Das Osterfest 1940 verbrachte Clara mit ihrer Schwester Jeanne in Rennes; sie blieben dort bis zum Frühsommer, obwohl die Deutschen bereits gefährlich nahegerückt waren. Während einer Probe des Orchestre National bombardierten die Deutschen die Stadt, und Clara und Jeanne mußten fliehen. Sie blieben unverletzt, doch sie erlebten Schreckliches. Die Straßen, die Bahnhöfe und Züge waren voll mit Soldaten und Verwundeten. Noch hatte ihnen hier niemand gesagt, daß sie als Jüdinnen besonders gefährdet waren. Doch sie wußten es.

In einem Brief an Dinu Lipatti hatte Clara 1940 ja erstmalig geklagt, daß sie „die Schreibfeder kaum noch halten" könne. Was war geschehen? Seit Kriegsbeginn machte ihr eine beginnende Sehschwäche zu schaffen. Die Pianistin klagte zusehends, daß sie ohne Brille kaum noch imstande wäre zu lesen und zu schreiben. Das Schreiben war ihr in der Kriegszeit, die sie so stark isolierte, besonders wichtig geworden. Wenn man sie schon nicht mehr auf eine Bühne bat – als Ausländerin, als Rumänin, als Jüdin –, dann wollte sie wenigstens per Brief mit ihren wenigen Freunden verbunden sein. Was Clara damals nicht ahnen konnte: daß es sich bei der Sehschwäche um einen Tumor an der Hypophyse handelte und daß eine Operation dringendst nötig war.

Freunde vermittelten ihr den Kontakt zu einem französischen Arzt, der ihr die Schwere eines Eingriffs nicht verschwieg. Man überlegte vor allem, wo Clara Haskil, die rumänische Jüdin, mitten im Krieg operiert werden könne. In Deutschland wäre ein solcher Eingriff zu der Zeit (1942) völlig unmöglich gewesen. Die jüdische Bevölkerung war längst durch alle politischen und sozialen Maschen gefallen. Am 30. März 1941 hatte Hitler die „Endlösung der Judenfrage" beschlossen, seit dem 19. September war das Tragen des Judensternes Pflicht. Außerdem wurde den Juden das Verlassen ihrer Wohnorte verboten. 1942 wurden die Restriktionen immer zynischer. Man holte die Juden aus ihren Wohnungen und siedelte sie in „Judenhäusern" an. Seit Mai 1942 durften sie keine öffentlichen Verkehrsmittel mehr benutzen, es wurde ihnen das Halten von Haustieren verboten, im Juni bereits mußten sie alle elektrischen und optischen Geräte abliefern. Es gab weder Tabak noch normale Lebensmittelmarken für die jüdische Bevölkerung. Schließlich mußte man alle Kultgegenstände der Synagogen und Kultusgemeinden abgeben. Durch das Auswanderungsverbot im Oktober 1941 hatte man eine gewisse Kontrollmöglichkeit erreicht. Wer bis zu diesem Datum Deutschland nicht verlassen hatte, war danach rettungslos verloren.

Und wie sah es im besetzten Land der Franzosen aus? Im September 1939 hatten Frankreich und Großbritannien nach dem Einmarsch der Deutschen in Polen Hitler den Krieg erklärt. Acht Monate später begann Deutschland mit einer Großoffensive den sogenannten Westfeldzug. Obwohl den Franzosen acht Monate Zeit zur Aufrüstung geblieben waren, konnte das französische Militär dem deutschen Blitzkrieg nichts entgegensetzen. Eine jener berühmten Fakten, die zeigen, wie das europäische Ausland Hitler maßlos unterschätzte. Am 14. Juni marschierten deutsche Truppen stolz in Paris ein. Die französische Regierung war in größter Angst nach Bordeaux geflüchtet und trat zurück: ein Akt, der den Franzosen heute noch peinlich ist.

Unter dem später so berüchtigten Marschall Henri Philippe Pétain wurde in aller Eile ein neues Kabinett gebildet, das die Deutschen nicht etwa bekämpfen wollte. Nein, einen Waffenstillstand bot man ihnen in Compiègne an. Das Land wurde in besetzte und freie Zonen eingeteilt, wobei die besetzte Zone den Norden und Nordosten sowie die Atlantik- und Kanalküste umfaßte. Dazu gehörten auch die annektierten Départements Elsaß und Lothringen. Im äußersten Südosten überließ man die Militärverwaltung den Italienern, im äußersten Norden den Belgiern. Frei bewegen konnte man sich als Antifaschist, als Jude, als Ausländer letztlich nur in der „zone libre" in Zentral- und Südfrankreich.

Regiert wurde das „freie" Frankreich damals von einem Kurort aus, der in die Geschichte einging: Vichy in Südfrankreich hatte sich Marschall Pétain zum Regierungssitz auserkoren. Landschaftlich wunderschön gelegen, mitten im Gebirge, ganz so, wie es auch Hitler auf seinem österreichischen Sitz, dem Obersalzberg, liebte. Pétain ließ sich im Juli offiziell von der Französischen Nationalversammlung zum Staatschef küren, setzte – ähnlich wie Hitler im Ermächtigungsgesetz – die Verfassung der Dritten Republik außer Kraft und schielte in seiner Machtgier so auffällig nach den Praktiken der NS-Besatzer, daß Frankreich, das Land der Aufklärung und der bürgerlichen Revolution, fast zum Vasallenstaat wurde. „Arbeit, Familie, Vaterland" waren die neuen Werte und entsprachen ganz dem deutschen Vorbild.

Die Ausländer- und Judenpolitik der Deutschen schien Pétain ebenfalls nicht unsympathisch. In einem neu erwachten

Nationalismus („Frankreich den Franzosen") erließ er strenge Richtlinien in der Bewegungsfreiheit von Ausländern, Juden und Freimaurern. Durch jenes „Judenstatut" wurden die französischen Juden – genau wie ihre deutschen Leidensgenossen des Jahres 1933 – aus allen öffentlichen Ämtern ausgeschlossen. 20.000 bis 30.000 Juden wanderten in Internierungslager (das berühmteste und größte entstand in Gurs) oder in die „freie Zone". Im März 1941 wurden ein spezielles Amt für Judenfragen eingerichtet, die Restriktionen verschärft. Maßgebend bei diesen Gesetzen war Xavier Vallat, den auch störte, daß Juden noch in der französischen Wirtschaft, meist in Entscheidungsfunktionen, tätig waren.

Im Jahre 1942 führte – genau wie im Deutschen Reich – die Vichy-Regierung das Tragen des Judensternes ein, es wurden Razzien auf den Straßen durchgeführt, und man widersetzte sich nicht den von den Deutschen ab 1942 geforderten Deportationen. Nein, gegen die ersten Züge Richtung Auschwitz gab es in Frankreich keinen offiziellen Widerstand, mit Ausnahme privater Widerstandsversuche von Einheimischen oder Juden. Vor allem das ländliche Frankreich bewies immer wieder enorme Zivilcourage, wenn es darum ging, den ein oder anderen Flüchtling zu verstecken.

Die Kollaboration der französischen Polizei – auch ein Kapitel, über das man in Frankreich nicht gerne spricht – ging jedoch so weit, daß man den Deutschen im Juni 1942 sogar widerstandslos über 13.000 nicht französische Juden überließ. Die eigenen Juden waren bis dahin noch offiziell „geschützt", doch gegen einen Abtransport von unerwünschten ausländischen Juden hatte man nichts einzuwenden; ein in Frankreich immer noch gemiedenes Thema, über das erst im Jahre 1996 offiziell gesprochen wurde. 1997 war es Jacques Chirac, der erstmals die Mitschuld des französischen Staates offen aussprach; auf seiten der katholischen Kirche kam es sogar zu einer Art von Entschuldigung.

Doch je mehr die französischen Behörden, obrigkeitshörig und gleichgeschaltet, mit den Deutschen kollaborierten, um so stärker wuchs schließlich ab 1942 der Widerstand in der Bevölkerung. Die französische Résistance, deren Ruhm mit Abstrichen jenen heroischen Klang hat, den er bei uns nie haben würde, diese Résistance formierte sich in unzähligen Dörfern und Städten, da, wo man Juden versteckt hielt oder wo man mit dem Vichy-Regime nicht einverstanden war. Frauen bildeten in vielen Gegenden das Rückgrat dieser Résistance, wie es 1997 die Düsseldorfer Publizistin Florence Hervé nachwies.

Aber auch die Juden bildeten einen wichtigen Motor der Widerstandsbewegung. Man verstand sich zwar in erster Linie als Franzose und wollte „für Frankreich gestorben sein"; viele wollten auf keinen Fall als Opfer des Judenhasses gelten. 1940 bereits bildete sich in Toulouse aus der Gruppe der französischen Zionisten die „Armée Juive", die Kampfgruppen aufstellte und mit den Pfadfindern und anderen Jugendgruppen zusammenarbeitete. Man bildete 1942 dann die MJS, Mouvement de la Jeunesse Sioniste, und schließlich – ähnlich wie in anderen Ländern – ein Kinderhilfswerk, dessen Schirmherrschaft Albert Einstein übernahm. In all diesen Organisationen waren Frauen, jüdische Frauen, mutig und oft sogar heroisch im Einsatz, versteckten unzählige Kinder, schleusten sie über die Pyrenäen nach Spanien (um sie dann weiter nach Palästina zu transportieren), richteten Heime und Lazarette in den Internierungslagern ein und leisteten – wie jüngst die Publizistin Ingrid Strobl in ihrer hervorragenden Arbeit „Die Angst kam erst danach. Jüdische Frauen im Widerstand 1933-1945" nachwies – vor allem „passiven Widerstand". Jüdische Kinder mußten, genau wie deutsche Kinder kurz nach der Machtergreifung, die Schulen verlassen.

Die Deutschen vermuteten mit Recht Zentren des Widerstandes im Süden, im äußersten Süden. So entstand zum Beispiel in Nizza ein illegaler Sozialdienst zur Rettung jüdischer Kinder. Einige von ihnen wurden zurück über die Schweizer Grenze geschafft und dort in Heimen untergebracht. Finanziert wurden viele dieser Aktionen von einem amerikanisch-jüdischen Hilfskomitee, dem „Joint Distribution Committee", einfach „Joint" genannt; nach Frankreich allein flossen mehrere Millionen Francs. Etliche jüdische Sozialarbeiterinnen und Helferinnen sind bei diesen Aktionen entdeckt und sofort nach Auschwitz transportiert worden. Das Leben in der Illegalität hatte niemand gelernt. In Lyon zum Beispiel lebten die jüdischen Frauen über die ganze Stadt verstreut; man traf sich jeden Tag an einem anderen Ort, meist mitten auf der Straße, auf überfüllten Marktplätzen, um Informationen auszutauschen. Wurde jemand gefaßt, wurde er sofort durch eine neue Person ersetzt. Man beschaffte aus dem Melderegister Namen und Daten von verstorbenen Personen, um einen Personalausweis ausstellen zu können. Und das gelang oft.

Clara Haskil wußte sehr wohl, in welche Gefahr sie sich begab, wenn sie im Süden des Landes blieb, denn die Deutschen beabsichtigten, Richtung Süden vorzudringen. Doch sie hatte keine andere Wahl. Und wieder kommt ihr eine Frau zu Hilfe, die sich nicht scheut, eine Jüdin vor der Verfolgung zu retten. Es ist auch wieder eine Comtesse, mit Namen Pastré, die in ihrem großen Anwesen von Montredon bei Marseille bereits etliche Künstler untergebracht hat. Auch Edith Piaf, die sich bei den Nazi-Besetzern durch ihre Lieder und mutiges und freches Auftreten unbeliebt gemacht hat, wohnt dort. Die Comtesse scheint zu Anfang nicht begeistert von dem pianistischen Zuwachs, doch dann lernt sie die verschüchterte Clara Haskil schätzen und bietet ihr an, in Montredon zu wohnen.

In Marseille wartete man nicht unvorbereitet auf den bevorstehenden Einmarsch der Deutschen. Hier hatte man ein großes Netz des illegalen Widerstandes aufgebaut, es gab Verstecke für Menschen, Lebensmittel und Kleidung, es gab Waffendepots, und man bildete eine bewaffnete kleine Schar aus, die eventuell eingreifen sollte. Auch in diesen Gruppen sind jüdische Frauen tonangebend, mutig und von großer Umsicht.

Welcher Arzt sollte eine Jüdin mitten im Krieg, im Juni des Jahres 1942, fast unter den Augen der Deutschen, operieren? Schweizer Freunde kannten einen hervorragenden Chirurgen, Marcel David aus Paris, ein Jude natürlich, dem schon längst die Arbeitserlaubnis entzogen worden war. Der Eingriff war schwer, für die Tumorentfernung mußte der Schädel geöffnet werden, es war riskant. Doch noch schlimmer: Die Operation sollte rund 30.000 Francs kosten, und Clara Haskil hatte nichts. So sammelte die Comtesse in ihrem Freundeskreis, vor allem unter den Schweizer Freunden, bis die Summe zusammenkam. David wurde heimlich in das Krankenhaus nach Marseille gerufen, und dort operierte er die Pianistin Anfang Juni 1942 erfolgreich. Alles muß sie miterlebt haben, die ganze Operation war ihr bewußt. Ihre Hände spielten, so berichteten die Schwestern, während des vierstündigen Eingriffes wie auf einer Tastatur. Nur ihre Schwester Jeanne war bei ihr, und kaum war Clara wieder ganz bei Bewußtsein, erhielt sie Briefe und Anrufe ihrer Schweizer und französischen Freunde. Der Tumor hatte sich als gutartig herausgestellt. Clara und alle Freunde waren erleichtert. Auch Pablo Casals schrieb ihr aus Südfrankreich liebevolle Zeilen, in denen er zum Schluß der Genesenden den Rat gab: „Sagen Sie sich jeden Moment das Brahms-Wort ‚Langsam'." Und er unterschrieb mit „Votre ami Pau Casals". Clara wurde entlassen.

Die Schnelligkeit, mit der sie anschließend wieder ans Klavier und zu Kräften kam, ist unglaublich. Während ringsum der Krieg tobte, die Deutschen immer näher rückten [im November 1942 marschierten sie in die angeblich „freie Zone" ein], spielte sie wieder Mozarts Klavierkonzert KV 466, diesmal im Park von Montredon, dem Sitz ihrer neuen Gönnerin. Noch hatte Clara Haskil einen Kopfverband, den sie ständig tragen mußte; es waren noch keine drei Monate seit ihrer Operation vergangen. Doch sie war wie neu geboren, neues Leben war ihr geschenkt worden, und manche der Zuhörer haben das gespürt: mitten im Krieg. Der berühmte französische Kritiker Antoine Goléa war anwesend und schrieb danach: „In dieser Reinheit, in dieser Stille, unter diesen Sternen haben Sie es gewagt, die große Klage der siechen Welt zu verkünden. Sie [Clara Haskil] vereinigen in sich die Seele der reinen Musik und diejenige des menschlichen Leids. Gleich, wenn wir diesen verzauberten Kreis verlassen, werden wir uns weniger verzweifelt, weniger einsam fühlen." Sie, die Jüdin, die jeden Tag ihres Lebens gewärtig sein mußte, abgeholt zu werden, sie, der gerade wieder das Leben geschenkt worden war, konnte am Klavier zwei Stunden lang die Menschen den Krieg vergessen machen. Von diesem Konzert im Garten von Montredon hat man noch lange gesprochen.

Wenige Monate nach ihrer Operation in Marseille rücken die deutschen Truppen in die französische Hafenstadt vor. Niemand hätte sie zu einem späteren Termin als Jüdin operieren können, weder der jüdische Arzt hätte den Eingriff vorgenommen noch ein arischer Arzt. Ärztliche Hilfe war Juden schon längst versagt, und keine Krankenkasse zahlte mehr einen Pfennig für die Behandlungen. Und wenn ein arischer Arzt dem Bitten einer jüdischen Mutter, ihr krankes Kind zu behandeln, doch einmal nachkam, gefährdete er seine eigene Stellung.

Nach der Besetzung Südfrankreichs verschärfte sich die Lage dramatisch. Die Deutschen verlangten die Herausgabe der jüdischen Bewohner, und wer nicht in allerletzter Minute über die von Italienern kontrollierte Zone fliehen konnte, wurde gnadenlos abtransportiert. Mehr als 75.000 Juden sind auf diesem Wege nach Auschwitz geschickt worden und damit in den Tod. Nur wenige haben das Lager überlebt, so wie Fania Fénélon, die junge Chansonsängerin aus Paris, die im Mädchenorchester von Auschwitz unter Leitung von Alma Mahler-Rosé mitspielte und mitsang. Ihre Erinnerungen gehören zu den erschütterndsten Dokumenten der Kriegszeit.

Glücklich über die gelungene Operation, kehrte nun Haskil in die Schweiz zurück. Das Land hatte ihr, und das wußte sie wohl als ein besonderes Entgegenkommen zu schätzen (die Schweiz war bekanntermaßen in diesem Punkt sehr restriktiv und undurchsichtig), am 7. November 1942 das ersehnte Aufenthaltsrecht eingeräumt. Diese Bescheinigung bedeutete für jeden Emigranten, war er nun Jude oder nicht, die Rettung. Nicht vielen gaben die Schweizer Behörden dieses begehrte „permis de séjour", und eine Dichterin wie Else Lasker-Schüler hat umsonst darauf warten müssen. Clara Haskil besaß in Vevey einige einflußreiche Freunde, und deren Wort hatte bei der Erteilung entscheidend mitgeholfen. Vom Verbleib ihrer Schwester Jeanne erfuhr sie erst später.

Eine Kette von Solidarität entsteht jetzt um die Pianistin; vier Freunde verschicken einen Bittbrief an etliche Schweizer, in dem sie deutlich sagen, daß die Pianistin durch ihre Operation (kein Wort davon, daß sie als Jüdin nicht auftreten darf) noch nicht in der Lage ist, zu konzertieren. Und es funktioniert; Clara überlebt in diesem Freundeskreis, der sie die grausigen Dinge vergessen läßt, die außerhalb des Landes geschehen. Tausende von Juden waren mit dem Einverständnis französischer Behörden allein aus dem Umkreis von Marseille in deutsche Konzentrationslager abtransportiert worden. Ob Clara davon Nachricht erhielt, wissen wir nicht. Jeanne, ihre Schwester, kannte bereits die Lager in Südfrankreich und die nächtlichen Güterzüge, überfüllt mit Menschen, die einem furchtbaren Schicksal entgegenfuhren. Jeanne war in höchster Gefahr, doch sie konnte überraschend aus Marseille fliehen und hielt sich bis zum Kriegsende auf dem Lande, im abgelegenen Lot-en-Garonne, bei einem Bauern versteckt.

Mitten in diesen Geschehnissen, 1943, kam überraschend Dinu Lipatti mit seiner Frau Madeleine in die Schweiz. Daß er nicht alleine kam, mag Clara ein wenig überrascht haben. Seine anfängliche Begeisterung für die ältere Pianistin Clara war denn auch deutlich abgekühlt, oder Clara meinte, sie sei abgekühlt. Es kommt zu einem Gespräch, und es stellt sich heraus, daß Dinu Lipatti seiner Ehefrau mit großer Liebe von Clara Haskil berichtet hat. Das Band zwischen beiden wird auch durch seine Ehe nicht durchbrochen. Clara ist überglücklich. Sie hilft ihm, wo sie nur kann, und möchte ihm alle Türen in der Schweiz öffnen. Doch eine Hilfe hatte er kaum nötig. Man hatte ihm bereits eine Klavier-Professur am Genfer Konservatorium angeboten: eine ehrenvolle Aufgabe für den gerade 27jährigen. Lipatti behielt die Stelle bis zu seinem frühen Tod im Jahre 1950. Warum man ihr, der älteren und verdienteren Pianistin, die Stelle nicht anbot? Wir wissen es nicht, es mag aber an ihrer Aversion zu lehren gelegen haben. Wenige Male nur versuchte sie zu unterrichten, doch mit mäßigem Erfolg. Wenn Verehrer sie um eine Unterrichtsstunde baten, lehnte sie ab.

Clara Haskil besaß offensichtlich außer ihrer Musik keine

Sprache, ihr eigenes hohes Talent an andere weiterzugeben. Auch darin ähnelte sie Pablo Casals, der zwar Meisterkurse in vielen Städten der Welt gab, doch vorwiegend nur spielend etwas vermitteln konnte. Auch Haskil war viel zu introvertiert, um musikalische Geheimnisse an Schüler weiterzugeben. Sie war ein verschlossener Mensch, der sich nur auf dem Podium anderen öffnete, eben nur dann, wenn sie spielte.

Endlich ist der Krieg zu Ende, und die Pianistin darf wieder reisen. Sie fährt sofort nach Italien, nach Paris und nach London, die Menschen begrüßen sie überglücklich. Schließlich haben nicht allzu viele jüdische Künstler in Europa überlebt. 1949 ist ein besonderes Jahr für Clara Haskil. Sie erhält die Schweizer Staatsangehörigkeit. Jetzt ist sie sicher, daß sie eine neue Heimat gefunden hat, und Vevey wird bis an ihr Lebensende diese Heimat sein.

Die fünfziger Jahre zeigen die Künstlerin in pianistischer Hochform. Sie erhält Engagements mit großen Dirigenten, denen sie auch freundschaftlich verbunden bleibt. Und sie erhält Einladungen aus Deutschland, die sie anfänglich nicht annehmen möchte. Wieweit sie über alle Nazi-Greueltaten unterrichtet ist, können wir heute nur schwer feststellen. Doch sie nimmt die Einladungen an und wird begeistert im Nachkriegsdeutschland gefeiert. Daß unter ihren Zuhörern oft auch Leute saßen, die sie vor sieben Jahren noch beschimpft, beraubt und in einen Viehwaggon Richtung Osten geschickt hätten: darüber durfte sie nicht nachdenken. Politisch hat sie sich dazu kaum geäußert.

Von Herbert von Karajan, der als NS-Parteimitglied bereits Mitte der dreißiger Jahre Chef des Aachener Opernhauses geworden war, erhält sie eine Einladung zu einer großen Tournee durch Westeuropa. Auch die nimmt sie an, wie auch eine weitere Amerika-Tournee. Viele berühmte Dirigenten wollen mit ihr spielen. Zum Beispiel Rafael Kubelik, den sie 1950 trifft und der sie in Briefen „Clarissima“ nennt. Dann Carl Schuricht, und schließlich Ferenc Fricsay, mit dem sie 1952 in Paris konzertiert.

Ein dritter, weltberühmter Künstler trat damals in ihr Leben, war ein „Stern“ im Freundeskreis: Charlie Chaplin, von dem nur

7 Die rumänische Pianistin Clara Haskil; Schweiz ca. 1950.

wenige wissen, daß er auch hochmusikalisch war und Werke für Cello komponierte. Von Chaplin stammt der herrliche Satz: „Ich habe in meinem Leben nur drei Genies angetroffen, das sind Clara Haskil, Professor Einstein und Sir Winston Churchill."

Als Mozart-, Brahms- und Rachmaninoff-Interpretin konzertiert sie in jenen Jahren viel in Europa; zu den Dirigenten gesellen sich noch Joseph Keilberth, Hans Rosbaud, Pierre Monteux, Sir John Barbirolli, Leopold Stokowski und Sergiu Celibidache. Als Duo-Partner am Klavier hat sie Géza Anda gefunden, und mit dem Geiger Arthur Grumiaux baut sie ein Duo auf, das sämtliche Beethoven-Sonaten in Konzerten spielt und auf Platte festhält. Das Festival in Montreux am Genfer See zählt Clara Haskil zu den prominenten Solisten; auch gastiert sie mit den Pariser „Concerts Colonne", wobei sie Beethovens zweites Klavierkonzert spielt.

Und immer wieder kommt eine Begegnung mit Pablo Casals zustande. Sein Klavierpartner Eugene Istomin lädt sie herzlich nach Prades in die französischen Pyrenäen ein, wo Casals im Exil lebt, nachdem er dem Franco-Regime ein für alle Mal den Rücken gekehrt hatte. Er selbst hält sich in bescheidensten Verhältnissen in Prades auf, während er auf spanischer Seite, südlich von Barcelona, ein großes Anwesen besitzt, das er nie wieder betreten wird. Haskil besucht das Prades-Musikfestival, das Casals ins Leben gerufen hat, und ist tief beeindruckt von der Einfachheit, in der dieser große Musiker dort lebt und Künstler aus aller Welt zum gemeinsamen Musizieren einlädt. Und wieder geschieht es: Haskil und Casals haben sich zehn Jahre nicht gesehen und spielen zusammen, als hätten sie täglich miteinander musiziert. Eine Seelenverwandtschaft, die weit über das Musikalische hinausging.

In der Schweiz fühlt sich Clara Haskil zunehmend wohler. Sie hat Kontakt zu dem Schweizer Musikmäzen Werner Reinhart. Schon vor dem Krieg hatte sie die Klavierpädagogin Anna Langenhan-Hirzel getroffen, die auf Schloß Berg im Thurgau wohnte, umgeben von einem sie verehrenden Schülerkreis. Beide Künstlerinnen faßten sofort Vertrauen zueinander, und die Erfahrung, Güte und Wärme von Anna Langenhan hat Clara Haskil fast ein Jahrzehnt erleben können. Durch sie bot ihr die englische Rundfunkgsellschaft BBC Rundfunkaufnahmen mit den Sonaten von Domenico Scarlatti an; ihre Scarlatti-Interpretation gilt bis heute als beispielhaft und kann nur mit den späten Horowitz-Aufnahmen verglichen werden. Leider verstarb die Pädagogin bereits im Jahre 1951.

Mit Dinu Lipatti traf Haskil in jener Zeit zusammen, wo immer sie konnte. Jeder versuchte, den anderen künstlerisch aufzubauen, zu ermutigen, kein Konzert des anderen zu verpassen. Als er im Dezember 1950 plötzlich in Genf verstarb, war sie untröstlich. Einer der wenigen wirklichen Freunde war ihr genommen.

Mittlerweile hat Clara auch wieder Kontakt zu ihren Schwestern Lili und Jeanne aufgenommen. Jeanne ist in Frankreich als Musikerin geblieben, Lili beabsichtigt ihrerseits, nach Israel auszuwandern. Doch da sich herausstellt, daß Clara für Haushaltsdinge denkbar ungeeignet ist, übernimmt Lili zeitweise den Künstlerhaushalt. Mit dem Geiger Arthur Grumiaux konzertiert Clara nun viel, wenngleich das Duo als ungleich empfunden wird. Der Geiger selbst ist noch am Beginn seiner Laufbahn, steckt voll jugendlichem Ungestüm. Haskil, Mitte fünfzig, gehört bereits zu den abgeklärten Pianistinnen ihrer Zeit, weit weniger kraftvoll, dafür um so nuancenreicher.

Im Oktober 1960 spielte Clara Haskil mit dem geliebten Orchestre des Concerts Lamoureux unter Igor Markevitch noch Chopins f-moll Konzert für die Schallplatte ein. Es gilt bis heute als ein großes musikalisches Vermächtnis der Pianistin, einfach, schlicht, ohne Oberflächenglanz, mit dem man so gerne bei Chopin brilliert. Dann gibt sie ihr letztes gemeinsames Konzert mit Grumiaux in Paris am 1. Dezember 1960. Danach will Clara Haskil in Begleitung ihrer Schwester Jeanne nach Brüssel weiterfahren. Dieser Beethoven-Abend mit Grumiaux gilt für viele als unvergeßlich. Nach dem Konzert wagte niemand zu applaudieren; das Publikum war andächtig still, es war einer der seltenen Momente inniger Verschmelzung zweier Künstler, die auf das Publikum ungeteilt übergehen.

Freudig bestieg danach Clara Haskil den Zug nach Brüssel, um die Konzerttournee mit Grumiaux fortzusetzen. Gerade im Hauptbahnhof Brüssel angekommen, werden die Schwestern Haskil von Madame Grumiaux empfangen, man begibt sich zum Ausgang. Clara Haskil geht die große Bahnhofstreppe hinunter. Plötzlich – niemand konnte es ahnen, und niemand weiß bis heute, warum es geschah – stolpert, stürzt die Pianistin ohne jegliche Vorwarnung in die Tiefe. Sie ist bewußtlos, man hebt sie auf, und es ist kaum ein Lebenszeichen von ihr zu spüren. Schwerverletzt wird sie in die nächste Klinik, das Hospital Saint-Gilles, eingeliefert. Diagnose: Schädelbruch. Sofort wird eine Operation eingeleitet, der Arzt versucht eine Trepanation, doch vergeblich: Am Morgen des 7. Dezember 1960 stirbt Clara Haskil im Alter von 65 Jahren; ihr Herz hat versagt, und ihr durch viele Krankheiten geschwächter Körper konnte keine Kräfte mehr aufbringen. Am 9. Dezember wird sie nach israelischem Ritus, begleitet von einigen Freunden, auf dem Friedhof von Montparnasse in Paris beigesetzt.

Es waren nicht die Klavierschüler – die sie ja kaum hatte –, die an ihrem Grab standen und die ihr Andenken weitertrugen. Es waren vor allem Dirigenten, die von ihrem plötzlichen Tod betroffen waren, Künstler, die ihre späte und erfolgreiche Karriere mitgestaltet hatten. Darunter Ferenc Fricsay, der nach ihrem Tod die wunderbaren Worte fand: „Von ihr kann man wohl sagen, daß sie einzig für die Musik lebte, daß sie nur mit ihr wirklich glücklich war… Selten gelingt es Interpreten, den Sonnenschein in Mozarts Musik aufleuchten und auf die Zuhörer ausstrahlen zu lassen. Bei Clara Haskil ist es Wirklichkeit geworden. Ihre ganze Persönlichkeit hatte mozartische Merkmale, die traurig-tragischen Züge des Meisters, eine Traurigkeit, die anderen doch Glück schenkt, ein Glück, das uns zum jungen Mozart zurückführt…“ Haskil habe nur vor dem Klavierspiel und dem Tod Angst gehabt. Fricsay: „Sie hat viel mit mir darüber meditiert, wie wir einmal sterben würden. Durch ihre Güte und ihr Musizieren verdiente sie sich, daß Gott sie vor einem langen und qualvollen Scheiden aus ihrem wunderbar erfüllten Leben verschonte. Diese letzte Kadenz zum Konzert ihres Lebens kam schlicht, schmerzlos und daher harmonisch, doch allzu früh. Wir sind durch Clara Haskils Tod ärmer geworden, unser Dasein aber wurde durch ihr Leben bereichert."

Der Dirigent Igor Markevitch, der 1912 in Kiew geboren und 1958 Leiter der Concerts Lamoureux in Genf wurde, hat zahlreiche Schallplattenaufnahmen mit Clara Haskil gemacht. Er sagte einmal: „...Ihre von der Natur so kärglich ausgestattete äußere Erscheinung verbarg eine Seele, welche von Leichtigkeit und Harmonie erfüllt war. Die Unsicherheit, die Zweifel, mit denen sie sich quälte, verwandelten sich für ihre Umwelt in überzeugte Sicherheit... Tatsächlich glaube ich, daß man mit dem Leiden vertraut sein muß, um die Heiterkeit voll würdigen zu können, welche von dieser Künstlerin ausging... Clara nahm sich für alles Zeit, und ich persönlich habe an ihr immer die Weisheit bewundert, mit der sie zu reifen verstand... Die Sparsamkeit war denn auch immer das größte Wunder in ihrem Spiel: Clara Haskil brachte es fertig, mit den Kräften einer Ameise zu singen wie eine herrliche Grille..." Die Jüdin Clara Haskil, der die Deutschen im Laufe ihrer Karriere, im Ersten und Zweiten Weltkrieg, unendlich viele Barrieren in den Weg legten, die trotz physischer Schwäche niemals aufgab, hat vielen Künstlern vorgelebt, was Stärke bedeutet. Sie hat nie gerne politisiert, doch sie wußte, daß Geistesstärke mehr Dauer hat als die angebliche Stärke von Stiefeln.

Nur in der Kunst das Leid überwinden

Am Beispiel der Charlotte Salomon: ein jüdisches Familienschicksal aus Berlin

„Wenn die Zeiten normal gewesen wären, hätte sie vielleicht ganz anders gezeichnet." So sagte die Stiefmutter Charlotte Salomons, Paula Lindberg-Salomon, 1992 in einem Gespräch mit der Berliner Journalistin Christine Fischer-Defoy. Ich würde hinzufügen: Wenn die Zeiten normal gewesen wären, hätte sie, Charlotte Salomon, vielleicht nur Blümchen und Akte gemalt. Nicht mehr. Doch die Zeiten zwischen 1938 und 1943 waren nicht normal. Überstehen konnte sie, die Tochter aus großbürgerlich-jüdischem Hause, diese Zeiten nur zeichnend und malend. Gesprochen hat sie kaum, sie galt als mürrisch und verschlossen. Sie vertraute sich nur einem an: ihrem Zeichenblock. So sind uns mehr als 1.300 Gouachen und Pauspapierblätter aus den Jahren des Krieges erhalten: eine gemalte Biographie, ein Leben in Bildern, das seinesgleichen sucht in der heutigen Kunstgeschichte. Familiäre und politische Katastrophen kommen in dieser „Biographie" ebenso vor wie kleine alltägliche Ereignisse, Hochzeiten, Gespräche, Hausmusik, Warten, Einsamkeit. Wer die 1.300 Blätter in ihrer Gesamtheit betrachtet, mag vielleicht auf ein langes Leben schließen. Wer ihre Biographie jedoch kennt, weiß, daß die meisten ihrer Arbeiten in nur zwei Jahren entstanden und daß die Schöpferin nicht älter als 26 wurde.

Jetzt, zum Ende des 20. Jahrhunderts, ist sie wieder fast eine Vergessene. Obwohl ihr Tagebuch beispielhaft für die grauenvollen Ereignisse der Nazi-Zeit ist. Wer das Glück hatte, eine ihrer Ausstellungen zu sehen, hat sicher oft ratlos vor den Bildern gestanden. Es fängt vieles so harmlos an: Zum Beispiel die Szenerien der zwanziger Jahre in Berlin. Charlottes Familienmitglieder stehen – oft ein wenig steif – in Fluren und großbürgerlichen Wohnzimmern, spielen an schwarzen Flügeln, sitzen an Krankenbetten, schauen aus großen Fenstern traurig-sehnsüchtig in die Berliner Innenstadt. Andere machen Hausmusik, lesen, warten und schreiben. Dann, die Bilder der dreißiger Jahre. Ein Bildtext – und Charlotte hat alles beschriftet, hat oft sogar mitten ins Bild hineingeschrieben – lautet: „Es schaun aufs Hakenkreuz voll Hoffnung schon Millionen. Der Tag der Freiheit und für Brot bricht an." Darunter hat sie noch notiert: 30. 1. 1933. Sie war 16 Jahre alt. Hatte sie nicht geahnt, daß Hitler sich am Tag der Machtergreifung zum allgewaltigen Vernichter jeder liberalen Strömung im Lande machte und damit allen jüdischen Mitbürgern die Existenz nahm?

Schließlich eine Gouache von 1938. Abgebildet ist eine hockende Männergestalt, hinter ihr steht ein SS-Mann, und dessen Sprechblasen-Bildtext heißt: „Gefaulenzt habt Ihr genug in eurem Leben." Mit der hockenden Männergestalt war der Vater gemeint, ein anerkannter Berliner Arzt, Albert Salomon. Er war Ende 1938, kurz nach der Reichspogromnacht, in das Lager Sachsenhausen eingeliefert worden. Vielleicht hat er seiner Tochter die Lagererlebnisse geschildert, in aller Offenheit, obwohl man ehemaligen Lagerinsassen strengstes Stillschweigen abverlangte. Albert Salomon kam krank und gebrochen aus dem Lager zurück, und Charlotte war entsetzt über das Aussehen ihres Vaters. Sie, das behütete Kind aus dem Berliner Bürgertum, war in keinster Weise auf das vorbereitet, was politisch um sie herum geschah. Wer war darauf schon vorbereitet? Und: Wer war sie, die sich zeichnend von der Brutalität der NS-Zeit befreien wollte?

Charlotte Salomon wurde am 16. April 1917 als Tochter von Albert und Franziska Salomon, beide waren jüdischer Abstammung (und damit war Charlotte „Volljüdin"), in Berlin geboren. Die Familie war – wie viele jüdische Familien – assimiliert. Man pflegte ein offenes, gastfreies Haus, und zahlreiche Künstler und Wissenschaftler der Zeit (Albert Schweitzer, Albert Einstein und viele mehr) waren regelmäßige Besucher. Albert Salomon war Chirurg, verlor wegen seiner jüdischen Abkunft nach Hitlers Machtergreifung im Jahre 1933 seine Stellung und wurde daraufhin Arzt am jüdischen Krankenhaus. Charlotte hat den Vater oft entbehren müssen; er hatte bis in den späten Abend hinein zu tun und war sehr mit seinem Beruf beschäftigt. Aus jener Zeit stammt die im Familienkreis oft schmunzelnd weitergegebene Erzählung, daß die kleine Charlotte auf der Straße ihren eigenen Vater grüßte und er den Gruß erwiderte, ohne zu merken, daß es seine eigene Tochter war.

Der Vater war als Soldat im Ersten Weltkrieg eingesetzt (auch dies typisch für preußisch-nationale Juden, die gerne ihrer deutschen Heimat militärisch dienten). Zur Geburt seiner Tochter Charlotte im April 1917 wurde er gerade noch rechtzeitig entlassen. Die Geburtsszene hat Charlotte später gemalt, und das Bild ist ein erstaunliches Beispiel einer Simultanstudie, in der die verschiedensten zeitlichen Epochen nebeneinander dargestellt sind. Auch die geräumige Wohnung mit allen Zimmern und Einrichtungsgegenständen malte Charlotte oft und gerne. Es war eine jener großbürgerlichen Altbauwohnungen im Berlin der zwanziger und dreißiger Jahre. Berlin, Wielandstraße 15.

Da bricht ein furchtbares Ereignis in die Idylle der Familie ein. 1926 – Charlotte ist neun Jahre alt – nimmt sich ihre Mutter Franziska durch einen Sprung aus dem Fenster das Leben. Sie war depressiv und hatte sogar – wie Charlotte sich später malend erinnert – einmal davon gesprochen, ein Engel mit Flügeln zu sein. Verstanden hatte das damals niemand. Es war Charlotte, die mit dieser Andeutung alleine fertigwerden mußte.

Nur der Vater erfährt die ganze Wahrheit über den Selbstmord; dem Kind sagt man, die Mutter sei an einer gefährlichen Krankheit gestorben. Gemalt hat Charlotte diese Szene in dunklen Farbtönen – wie die meisten ihrer Bilder. Im Bildtext schrieb sie damals, fünzehn Jahre danach: „Franziska hatte nicht die geringste Lust mehr weiterzuleben. Eines Nachts stand sie auf, nahm aus dem Medikamentenkasten ein starkes Schlafmittel und begab sich wieder ins Bett... Gott sei Dank war die Dosis nicht stark genug, und es gelang Alberts Bemühungen, sie wieder zum Leben zu erwecken...“ Charlotte schreibt damals der Mutter im Himmel einen Brief und bittet um schnelle Antwort, ihr ausführlich zu berichten, „wie es im Himmel oben sei“. Diesen Brief legt sie am Grab der Mutter nieder. Als keine Antwort kommt, wird über das Thema geschwiegen. Das Kind flüchtete sich träumend und malend in eine andere Wirklichkeit: eine gemalte Wirklichkeit, die für Charlotte zu dem Zeitpunkt lebensnotwendig wurde, um die wahren Schrecken der Realität zu vergessen.

Der Vater heiratete vier Jahre nach dem Tode seiner Frau die bekannte Sängerin Paula Lindberg, eine Künstlerin, die aus Frankenthal in der Pfalz stammte und sich als Sängerin und Sprecherzieherin hatte ausbilden lassen. Ihr Vater war Rabbiner und Kantor der dortigen Gemeinde und lehrte alte Sprachen am Gymnasium. Paula Levi, wie sie damals noch hieß, studierte erst Mathematik in Heidelberg, dann Gesang und Schauspiel an der Musikhochschule Mannheim. Nach einer Begegnung mit dem Dirigenten Wilhelm Furtwängler entschloß sie sich, ihr Musikstudium in Berlin fortzusetzen.

Im Jahre 1926 kam sie nach Berlin und finanzierte ihr Studium als Babysitter in der Familie des Architekten Erich Mendelssohn im Berliner Westend. Dort trafen sich bei Hauskonzerten – wie es im großbürgerlichen jüdischen Kreise üblich war – zahlreiche bedeutende Persönlichkeiten Berlins. Regelmäßig kam der „große Dilettant" Albert Einstein dazu, der hervorragend Geige spielte, und auch Paul Hindemith gehörte zu jenem Kreis, in dem man sich noch relativ unbeschwert bewegen konnte.

Dann schrieb sich Paula Levi in der Gesangklasse von Julius von Raatz-Brockmann ein, der, obwohl er blind war, als hervorragender Pädagoge galt. Zwei weitere Musiker traf sie zu jener Zeit, die sie entscheidend formten und mit denen sie lange Freundschaften verband: den jüdischen Arzt und Dirigenten Kurt Singer, einen Sproß jener legendären Fabrikanten- und Mäzenatenfamilie, die durch die Erfindung der Nähmaschine zu Millionären wurde. Daneben auch den Musiker Siegfried Ochs, Jude und Leiter des Philharmonischen Chores Berlin, der Oratoriengesang lehrte. Paula wurde seine beste Schülerin, und ihre Liebe zu Bach-Oratorien datiert von daher. Ochs war es auch, der ihr schon 1926 riet, ihren jüdischen Namen Levi in Lindberg zu verwandeln. Sie tat es wie viele Juden im Glauben, sie sei nun geschützt. Charlotte hat später in ihren Zeichnungen das Verhältnis zu Ochs als eine tiefe Liebe zwischen beiden dargestellt. Paula Lindberg hat darüber Jahre danach nur geschmunzelt und gesagt: „Niemand konnte dem Charme von Ochs widerstehen." Als sie den

Arzt Albert Salomon heiratete, war sie 33 Jahre alt und er 52. Die dreizehnjährige Stieftochter Charlotte begegnete Paula Lindberg-Salomon erst mit Fremdheit, dann begann sie die Mutter abgöttisch zu lieben. Sie vereinte auf sie all ihre jugendlichen schwärmerischen Gefühle und überschüttete sie mit Zuneigung: ein Zeichen dafür, daß Charlotte sich sehr einsam fühlte und von seiten des Vaters nicht viel Zuwendung erwarten konnte. Ohne je Malstunden erhalten zu haben, saß sie damals schon in jeder freien Minute am Zeichenblock. Ansonsten war sie sehr verschlossen; so wird sie jedenfalls damals von ihren Freundinnen, aber auch von Familienmitgliedern geschildert.

Die Mutter avancierte währenddessen zu einer gesuchten Oratoriensängerin. Karl Straube hatte in Leipzig begonnen, sämtliche Bach-Kantaten aufzuführen (da J. S. Bach über 250 Kantaten schrieb, hätte man also fünf Jahre gebraucht, um sie Sonntag für Sonntag aufzuführen). So fuhr sie, so oft es möglich war, nach Leipzig; die Konzerte wurden damals schon im Rundfunk übertragen, und so konnten Charlotte, der Vater und die Großeltern Grunwald, die mit im Hause wohnten, die Konzerte an ihren ersten Volksempfängern aus der Ferne mithören. In Berlin unterrichtete die Sängerin später in der Liedklasse des Sternschen Konservatoriums, das 1936 geschlossen wurde und sich später Konservatorium der Reichshauptstadt Berlin nannte.

Paula Lindberg wurde als Altistin von vielen Dirigenten zu Aufführungen herangezogen; sie trat unter Otto Klemperer, Bruno Walter und Erich Kleiber auf (alle drei mußten später in die Emigration gehen, da sie Juden waren), und unter Wilhelm Furtwängler sang sie die „Johannes-Passion". Kurt Singer, der jüdische Mäzen, gründete und leitete damals das große Berliner Ärzte-Orchester, und es gab legendäre Aufführungen von Bach-Kantaten, in denen Albert Einstein das Geigensolo übernahm und Paula Lindberg die Gesangsolistin war. Manchmal, so erinnerte sich noch 1997 die 100jährige Paula Lindberg, mußten Ärzte bei den Proben und Aufführungen zu Notoperationen oder Entbindungen und verließen unbemerkt den Konzertsaal.

Neben den prominenten Komponisten Paul Hindemith und Friedrich Trautwein (Leiter des Studios für akustische Musik an der Rundfunkversuchsstelle in Berlin; Erfinder des Trautoniums und damit Wegbereiter der Elektronischen Musik) war es vor allem der

Direktor der Musikhochschule, Franz Schreker, der ihr musikalische Impulse verlieh. Nach einem Skandal um seine Oper „Der Schmied von Gent“ [1932] und aufgrund seiner jüdischen Herkunft jagte man ihn wie einen Hund davon. Schreker, Österreicher und noch dem Geist der Spätromantik verhaftet, ist eines jener Beispiele, in denen ein Künstler der Nazi-Zeit nicht verstehen konnte und nicht verstehen wollte, was die Machthaber mit jüdischen Bürgern vorhatten. Er fühlte sich als Deutscher, war katholisch getauft, hatte im Ersten Weltkrieg gekämpft, und nun sollte er verjagt werden? Schrekers berühmter Brief vom 14. März 1933 an den neu eingesetzten Hochschul-Präsidenten Max von Schillings ist ein typisches Zeitdokument, das für viele Künstler-Reaktionen steht.

Er schrieb: „Über die Art, wie man mich des Einflusses über viele meiner begabten Schüler beraubt hat, meinen unentwegten Kampf gegen die Auswüchse der Moderne, meine Mißbilligung der Art, in der kleine Kinder an der Hochschule im Seminar zur Unmusik erzogen wurden, ließe sich ein Buch schreiben. Aber nach außen hin war ich der Exponent, und als Staatsbeamter durfte ich nicht reden… Als ich im vorigen Jahr meine Stelle als Direktor niederlegte, gab mir Mr. Havemann die Zusage, ich würde, er verbürge sich dafür, von nun an in Ruhe gelassen werden. Nunmehr aber beginnt die Bedrohung von neuem!… Es kann sein, ja, ich glaube, es ist so, daß ich persönlich unsympathisch wirke. Aber, Sie wissen doch, daß ich als Künstler einiges [obwohl es augenblicklich nichts gilt] geleistet habe… Politisch bin ich ein unbeschriebenes Blatt…“ Dann geht Schreker ausführlich auf seinen Stammbaum ein: „Meine Mutter entstammte einem alten aristokratischen Geschlecht, mein Großvater mütterlicherseits war Major der österreichischen Armee… Mein Vater war Ungar. Ich weiß nichts von ihm, als daß er nach einem Briefe Protestant war... Er war Besitzer vieler österreichischer und deutscher Orden für Kunst und Wissenschaft… Ich selbst besitze das österreichische Kriegskreuz II. Klasse für Zivilverdienste… Ich bin katholisch erzogen… Was will man also von mir? Auch meine Frau ist einwandfrei. Sie entstammt einem alten Bauerngeschlecht und ihr Onkel war Bischof.“ Der Komponist endet: „Seien Sie aufrichtigst begrüßt von Ihrem, Ihnen sehr ergebenen Schreker.“ Am 17. Mai 1933, zwei Monate nach diesem Brief, schreibt

B. Rust, Wissenschaftsministerium, an den Präsidenten der Akademie der Künste in Berlin: „Auf den Bericht vom 20. April 1933 - Nr. 393, ermächtige ich Sie, den Vorsteher einer akademischen Meisterschule für musikalische Komposition, Professor Franz Schreker, mit sofortiger Wirkung von seiner dienstlichen Tätigkeit zu beurlauben." Erlaubt waren solche Ungeheuerlichkeiten, weil es im Gesetz zur Wiederherstellung des Berufsbeamtentums [1933] hieß: „Beamte, die nicht arischer Abstammung sind, sind in den Ruhestand zu versetzen." Das Gesetz fand übrigens auch Anwendung bei arischen Beamten und Angestellten im öffentlichen Dienst, die Mitglied der SPD waren.

Weder das Tragen von Verwundeten-Abzeichen noch der Frontkämpfer-Status rettete dabei vor Rausschmiß. Am 21. Februar 1934 schreibt der Vorsitzende der Abteilung für Musik der Reichskulturkammer an einen Lehrbeauftragten der Akademie der Künste, Professor Braunfels: „Auf das Schreiben vom 24. Januar d.J... muss ich Sie im Auftrage des Herrn Ministers dahin bescheiden, dass Frontkämpfertum im Falle der Akademiemitgliedschaft nicht in Betracht gezogen werden kann. Heil Hitler..."

Das malende Kind aus jüdischem Hause, Charlotte, hochsensibel und zurückgezogen, durch sein Elternhaus wiederum mit der Kunst- und Musikszene Berlins verbunden, muß damals schon vieles gespürt haben, was sich da politisch in Berlin, in Deutschland bewegte. Durch ihre Mutter erfuhr sie zwar recht wenig – die Sängerin mochte die beginnenden Diskriminierungen der Juden nicht nach Hause tragen –, doch bei einem Konzert Ende 1932 saß Charlotte einmal als Zuhörerin im Saal, während die Mutter wieder eine Solopartie übernommen hatte. Paula Lindberg war blond und wurde deshalb meist nicht für eine Jüdin gehalten. In der darüber angefertigten Zeichnung Charlottes gibt es jedoch eine Sprechblase aus dem Publikum, in der die Mutter als „Jüdin" „beschimpft" wird. In der Realität war es so, daß der Kritiker, der wohl von der bevorstehenden Machtübernahme Kenntnis hatte und sich seiner Schmierereien schon Ende 1932 nicht schämte, schrieb: „Und als Altistin war wieder diese Judensau dabei." Das Konzert fand in Bayern statt.

Als Jüdin konnte Charlotte nach 1933 nicht mehr länger zur Schule gehen und mußte das „Notabitur" machen. Die Wochen und

Monate danach verbrachte sie zurückgezogen in ihrem Zimmer, malte, war wenig ansprechbar und pflegte kaum den Kontakt zu Schulfreundinnen. Im Malen zeigte sie sich sehr begabt, und da das Gesetz erlaubte, daß eine kleine Zahl von Juden die Hochschulen besuchen durfte [sofern die Väter das Eiserne Kreuz im Ersten Weltkrieg erhalten hatten], war es Charlotte schließlich möglich, die Kunsthochschule zu besuchen. Sie war überglücklich, denn zu Hause kümmerte sich kaum jemand um sie – die Mutter unterrichtete viel und gab zahlreiche Konzerte. Nach 1933 durfte sie jedoch als Jüdin nicht mehr in Deutschland singen; ihr Abschiedskonzert gab sie tief bewegt im Frühjahr 1933 in Leipzig unter Karl Straube, es war wieder eine Bach-Kantate, die den Titel trug „Sehet, wir geh'n hinaus gen Jerusalem". Lange noch hat sich die Sängerin an dieses unfreiwillige Abschiedskonzert erinnert. In ihrer Alt-Partie hatte sie dabei zu singen: „Oh harter Gang! Ach, gehe nicht! Dein Kreuz ist dir schon zugericht' ", und ihr Gesang endete mit: „Welt, gute Nacht". Viele der Zuhörer in der vollbesetzten Thomaskirche in Leipzig wußten nicht, daß dieser Text von einer Jüdin gesungen wurde, die damit für lange Zeit ihr letztes Konzert gegeben hatte. Danach widmete sie sich nur noch dem Gesangunterricht.

1935/36 begann Charlotte Salomon ihr Studium und zwar in der Klasse von Professor Ludwig Bartning, der zum Freundeskreis des evangelischen Theologen Martin Niemöller gehörte. Bartning, ein von den Nazis unbehelligter Mann, ist in die Kunstgeschichte als der „Primel-Professor" eingangen. Er ließ seine Studenten vorwiegend Motive aus der Natur malen, in seinem Atelier standen Dutzende von frischen und verwelkten Blumen. Daneben gab es Kurse in perspektivischem Zeichnen, Kunstgeschichte und auch im Aktzeichnen. Charlotte wurde eine seiner eifrigsten Schülerinnen. Ihre Mitstudentin Barbara Petzel – von ihr später als „schöne Barbara" malend verewigt – erinnerte sich später in einem Gespräch mit Christine Fischer-Defoy noch gut an die gemeinsame Studentenzeit in Berlin und an die schüchterne Charlotte Salomon: „...sie sagte: Guten Tag. Ganz leise – die anderen kamen in die Klasse mit Hallo! und lachten... Sie ging auch immer so, wie ein trüber Novembertag – das war die Lotte... Trug immer grau, so einen Pfeffer-und-Salz-Mantel hatte sie, grau und dunkelgrau dazu." Und: „Ich hab Lotte gleichzeitig als alt und kindlich empfunden – aber selten einmal richtig jung."

Solange die Studentinnen und Studenten also bunte Blümchen malten, konnte ihnen zumindestens ideologisch nichts passieren. Zu anderen Künstlern, die drei Jahre später als „entartet" bei der Münchener Ausstellung gebrandmarkt wurden, hatten die Studentinnen wenig Kontakt, zumal weder Expressionismus noch Kubismus, ganz zu schweigen von den Ansätzen der Dada-Kunst, seit 1933 noch gelehrt werden durften. Als bekannt wurde, daß in der Bartning-Klasse immer noch eine „jüdische Lotte Salomon" sei, setzte sich Bartning sofort für ihr Verbleiben ein; sie sollte – so riet er ihr danach – einfach „mitlaufen", bis es jemand merkte. Gemerkt hat es zu Anfang niemand. Charlotte malte ungestört weiter. Blümchen vorwiegend und Gesichter.

Charlotte zeigte sich schließlich so begabt, daß sie 1937 einen Preis gewann, den Sandkuhl-Preis. Sie hatte für den Wettbewerb ihr Werk mit dem Titel „Der Tod und das Mädchen" eingereicht. Doch kurz vor der Preisverleihung stellte sich heraus, daß man ihr, der Jüdin, diesen Preis offiziell niemals würde verleihen können. So wurde schnell eine andere Bewerberin auserkoren, es war Charlottes Freundin Barbara Petzel. Der Preis war mit hundert Mark dotiert. Dann kamen Semesterferien, und nach den Ferien betrat Charlotte die Hochschule nicht mehr. Sie war nun eine von Tausenden jüdischer Künstler, die von einem Tag zum andern in die Anonymität geschickt wurden, deren Leben und Karriere durchbrochen war. Barbara Petzel, die neue erste Gewinnerin, erfuhr erst viel später, was bei der Preisverleihung geschehen war.

Was die Preußische Akademie der Künste, wozu die Kunsthochschule gehörte, anbetrifft, so hatte man dort schon 1933 mit den „Aufräumungsarbeiten" begonnen. Bereits im Februar des Jahres, im Monat nach der Machtergreifung, mußten Heinrich Mann und Käthe Kollwitz aus der Akademie ausscheiden. Nach dem Gesetz des Berufsbeamtentums verloren zum Beispiel Erich Mendelssohn, Thomas Theodor Heine, Alfred Breslauer und Franz Seeck ihre Stellung. 1934 wurde die Bildhauerin Renée Sintesis entlassen, 1937 folgten dann Barlach, Mies van der Rohe, Paul, Pechstein, Gies und Belling, später auch Hofer, Kokoschka und Rohlfs. Felix Nussbaum, ein begabter Meisterschüler der Akademie, hatte schon 1933 Deutschland verlassen, lebte in Belgien im Untergrund, wurde nach Auschwitz deportiert und dort ermordet.

Die Reihe der „Entarteten“ ist jedoch noch nicht zu Ende. Es fehlen Emil Nolde, Karl Schmidt-Rottluff, Otto Dix, Conrad Felixmüller, Max Beckmann, Erich Heckel, George Grosz, Otto Mueller, Ernst Ludwig Kirchner, Oskar Schlemmer, Lyonel Feininger, Paul Klee, Georg Muche, Wassily Kandinsky, Laszlo Moholy-Nagy: Sie alle verloren ihre Lehrtätigkeit, ob es nun in Berlin, Dresden, Leipzig, Düsseldorf oder in Dessau und Weimar war. Ausgewiesen, ihrer Ateliers und ihrer Kunstwerke beraubt, geistig und privat heimatlos geworden, waren neunzig Prozent der gesamten deutschen Moderne. Traditionell orientierte Künstler, sofern sie nicht jüdisch waren, konnten bleiben, jedoch die gesamte Avantgarde, der Futurismus, der Dadaismus, der Expressionismus, der Kubismus haben Deutschland für viele Jahre verlassen. Von diesem künstlerischen „Ausverkauf der Werte“ – damit meine ich auch den grandiosen Gedanken des interdisziplinären Bauhauses – hat sich die deutsche Kunstszene bis heute nicht erholt.

Hätten es viele zu diesem Zeitpunkt nicht schon wissen müssen? Wie hatte doch Dr. Joseph Goebbels bereits auf einer Reichskulturtagung im Berliner Sportpalast gesagt: „Man kann weltanschauliche Entgleisungen schlimmster Art aus der Vergangenheit nicht damit entschuldigen, daß man sie als Jugendsünden abtut, bei denen ihr Schöpfer und Vater noch gar nicht wußte, ob er überhaupt Maler oder Komponist werden wollte. Verantwortlich dafür ist nicht der vielberufene Zeitgeist, sondern der Künstler selbst, der mit seiner Person und seinem Namen hinter dem Werk steht.“ Und zitiert wurde damals ein gewisser A. Udo, der 1915 über den „Impertinentismus“ schrieb: „Wir tun so, als ob wir Maler, Dichter oder sonst was wären. Aber wir sind nur und nichts aus Wollust frech. Wir setzen aus Frechheit einen riesigen Schwindel in die Welt und züchten Snobs, die uns die Stiefel ablecken...“

Auch der „Führer“ Adolf Hitler tönte bereits 1934 auf dem 6. Parteitag in Nürnberg, daß „das Kunst- und Kulturgestotter... höchstens als Ausdruck einer Weltanschauung zu werten ist, die von sich selbst zugibt, daß die Auflösung aller bestehender Begriffe, aller Völker und Rassen, ihre Vermischung und Verpanschung höchstes Ziel ihrer intellektuellen Urheber und Führergilde ist. Mit der angeborenen naiven Unbekümmertheit versucht diese kulturelle Ergänzung der politischen Destruktion, als ob nichts geschehen wäre, den neuen Staat mit Steinzeitkultur zu beglücken."

Schon 1933 hatte Goebbels erklärt, er brauche drei, vier Jahre, um den Deutschen zu zeigen, was deutsche Kunst sei. Eifrig suchte man nach unbekannten Talenten, hätschelte deutsche Künstler, hievte sie in die – nach dem Rausschmiß der Juden und „Entarteten" – freigewordenen Positionen, vergab Stipendien, Lehraufträge, Preise, und 1937 war es soweit: In München weihte Adolf Hitler am 19. Juli 1937 das großangelegte Haus der Deutschen Kunst ein, in dem die „wahre Kunst" gezeigt wurde. Einen Tag danach eröffnete er nicht weit davon entfernt in den Räumen des Antiken Museums seine Gegenausstellung, die Ausstellung „Entartete Kunst". Adolf Ziegler, Museumschef in München und selbst erfolgloser Maler, hielt neben Hitler die Eröffnungsansprache und nannte die Werke „Ausgeburten des Wahnsinns, der Frechheit, des Nichtskönnertums und Entartung". Und er forderte die Zuschauer auf: „Deutsches Volk, komm und urteile selbst."

Er brauchte nicht lange bitten. In kürzester Zeit strömten zwei Millionen „kunstsinniger" Deutscher nach München, standen begeistert vor den Werken Brekers und Thoraks bzw. besorgt nickend vor den Werken von mehr als 110 zeitgenössischer Künstler, die sie in ihrer Gesamtheit sonst wohl nie gesehen hätten. Die Ausstellung ergab einen beispiellosen Rekord an Besucherzahlen. Die Nazis legten Wert darauf, daß die Räume der Kubisten und Dadaisten ebenso frequentiert wurden wie die „deutsche Kunst". Dem Urteilsvermögen des einfachen Volkes, das ansonsten kaum in Museen anzutreffen ist, wurde dabei deutlich nachgeholfen. Man postierte Werke zeitgenössischer Künstler neben tradierter Kunst, manchmal stellte man expressionistische Bilder neben Bilder aus Nervenkliniken; damals aber bewußt Irrenanstalten genannt. Da hieß es zum Beispiel bei Paul Klee und seiner „Heiligen vom inneren Licht", die man neben einer klassischen „Heiligen Magdalena" postiert hatte: „...daß diese Heilige Magdalena mit Kind immer noch menschenähnlicher aussieht als das Machwerk von Paul Klee, das durchaus ernst genommen werden wollte..."

Und noch einmal mußte die Kunst von Schizophrenen herhalten. Man postierte dieses Mal Zeichnungen aus einer Nervenklinik neben Werke von Kokoschka und ließ die Leute raten, welches die Arbeit des Geisteskranken und welches eine Graphik von Oskar Kokoschka war. Schließlich mußte in München die neue jungfräuliche, asexuelle Vorzeige-Frau der Nazi-Zeit, Uta von Naumburg, herhalten, um neben einer anderen deutschen Jungfrau eines „entarteten" Künstlers als schön erkannt zu werden. Die Belehrung war dreist gemacht, und doch hat niemand offiziell protestiert. Manipulation war bereits an der Tagesordnung.

Und schließlich nochmals Ziegler in seiner Eröffnungsrede in München: „Es muß einem doch das Grauen kommen, wenn man als alter Frontsoldat sieht, wie der deutsche Frontsoldat bespuckt und besudelt wird, oder wenn die deutsche Mutter als geile Dirne oder als Urweib und im Gesicht mit dem Ausdruck einer stupiden Blödheit durch solche Schweine verhöhnt wird..." Und: „Das deutsche Volk mag richten, wir brauchen dieses Urteil nicht zu scheuen. Es wird, wie in allen Dingen unseres Lebens, so auch hier sehen, daß es rückhaltlos dem Manne vertrauen kann, der heute sein Führer ist und weiß, welchen Weg die deutsche Kunst zu gehen hat, wenn sie ihre große Aufgabe, Künderin deutscher Art und deutschen Wesens zu sein, erfüllen will..." Der Versuch, den tiefen Bruch zwischen Leben und Kunst zu kitten, ist sicherlich löblich. Wie ihn die Nazis kitten wollten, war sträflich.

Hätte sich Charlotte Salomon damals auf Empfehlungen aus Studentenkreisen bzw. auf den wohlmeinenden Schutz ihres Professors verlassen, hätte sie zum Beispiel ihr Hochschulstudium abgeschlossen und sich entschieden, als emanzipierte Frau aus dem Bürgertum den Künstlerberuf zu ergreifen, oder hätte sie gar einen nicht-jüdischen Mann geheiratet, so hätte all dies sie auch nicht vor Diskriminierung gerettet. Hatte sie die Schriften jenes unseligen Alfred Rosenberg gelesen, der sich als rassischer Scharfmacher und entschiedener Antisemit entpuppte? Sicherlich nicht. Ihr wäre das Grausen gekommen. Was die Frau anging, „so bestehe ihre Aufgabe darin, sich von der

Frauenemanzipation zu emanzipieren und jüdische Bastarde und ihre Bordell-Literatur daran zu hindern, Europa mit ihrem Dreck und ihrer Niggerkunst zu überfluten. Außerdem sollten sie den Syrern vom Kurfürstendamm den Titel des Volksgenossen und ehemöglichen Mannes verweigern." So schrieb er in seinem Standardwerk, dem „Mythos des 20. Jahrhunderts" (das Buch wurde bereits 1930 gedruckt und fand bald reißenden Absatz; heute wollen es die wenigsten gelesen haben). „Wenn auf Rassen- und Volksverhöhnung, wenn auf Rassenschande einmal Zuchthaus und Todesstrafe stehen werden, dann wird es stählernder Nerven und schroffster Formkräfte bedürfen, bis das Ungeheuerliche zur Selbstverständlichkeit geworden ist." Mit den „Syrern vom Kurfürstendamm" meinte Rosenberg die Juden Berlins, und wenn er vom „Ungeheuerlichen" spricht, so können wir nur vermuten, was er meint.

Daß das Ungeheuerliche in der Ausrottung aller jüdischen Mitbürger bestehen würde, hätte man mindestens nach der Lektüre von Rosenberg und Hitlers „Mein Kampf" (erschienen 1925 und 1927) ahnen können. Die Nachkriegsgeneration hat es vielfach formuliert und gesagt: Wer zu Kriegsbeginn 1939 noch immer meinte, die Vorhaben der Nationalsozialisten seien unklar, dem müssen wir heute aus dem Abstand der Geschichte heraus verwerflichen Leichtsinn und Ignoranz vorwerfen. Müßten nicht vierzehn Jahre genügen, um sich über die Ziele der eigenen Regierung zu informieren? Oder waren die gravierenden Probleme der Arbeitslosigkeit und der politischen Zerrissenheit der Weimarer Republik so in den Vordergrund getreten, daß man denen glaubte, die Arbeit versprachen, und nicht denen, die philosophisch und ideologisch das Feld des grausamsten Völkermordes vorbereiteten?

Rosenberg hatte als Chef-Ideologe schon sehr früh die Frau auf ein rein biologisches Wesen, auf die „Hüterin des Blutes", reduziert, wie Rita Thalmann in ihrer ausgezeichneten Arbeit „Frausein im Dritten Reich" darlegt. Allein als Soldatenfrau und Soldatenmutter konnten die Frauen in der Achtungshierarchie des Dritten Reiches steigen. Die unterste Stufe der Achtungsskala hatten sie erreicht, wenn sie jüdisch, feministisch und künstlerisch tätig waren. So wurde die Künstlerin Else Lasker-Schüler den Nazis nicht nur als Jüdin ein Stein des Anstoßes und schließlich aus Deutschland verjagt, sondern vor allem auch durch ihr unabhängiges, emanzipiertes Verhalten in der Berliner Künstlerszene. Schließlich nochmals Rita Thalmann: „Ein Staat kann laut Rosenberg nur männlich sein, da er immer ein Synonym für Macht ist und jede Macht aus Kraft oder Kampf, also männlichen Eigenheiten hervorgeht."

In Berlin waren viele Juden, die nicht das Land verlassen hatten, der Meinung, es sei doch bald alles vorbei und man müsse weitermachen. Sie alle waren hochmotiviert, in ihren künstlerischen Berufen zu bleiben und Auftrittsmöglichkeiten zu suchen. So gründete in Berlin bereits im Frühjahr 1933 der ehemalige und von den Nazis entlassene Direktor der Städtischen Oper und Mäzen Kurt Singer den Kulturbund deutscher Juden, später Jüdischer Kulturbund genannt [das Deutsche wurde aus dem Titel schnell eliminiert]. Singers Beziehungen zu Hermann Göring waren anfänglich nicht schlecht, so daß er sich die Genehmigung zur Gründung einholen konnte. Der Kulturbund in Berlin, später gab es ihn auch in allen anderen großen Städten, wurde zum Sammelbecken unzähliger jüdischer Künstler in den Jahren 1933 bis 1941.

Alles, was in der Öffentlichkeit nicht mehr aufgeführt und gespielt werden durfte, wurde nun innerhalb der eigenen Räumlichkeiten auf die Bühne gebracht. Schauspiele, Opern, Oratorien, Kammerkonzerte, Sinfoniekonzerte führte man auf. Paula Lindberg sang in Oratorien und bei Liederabenden, und man spielte keineswegs nur jüdische Komponisten. Nein, Schubert-Liederabende waren ebenso beliebt wie eine „Nathan"-Inszenierung. Kurt Singer gründete ein eigenes Orchester und einen Chor, man führte Werke des Berliner Komponisten Ernst Toch auf, aber auch Edvard Grieg oder Felix Mendelssohn.

Zunehmend wurde der Kulturbund zu einem Zentrum für verfolgte jüdische Künstler, denen man hier in den eigenen Reihen die Möglichkeit bot, sich zu verstecken. Meist war man, wenn man in einem Chor mitsang oder in einem Orchester spielte, wenigstens bis 1937 oder 1938 vor weiterer Verfolgung sicher. Sogar Singer selbst war ohne Mißtrauen. Auch er hat, wie viele intellektuelle Juden, niemals an eine völlige Ausrottung der Juden, an das, was die Nazis so lapidar und militärisch „Endlösung" nannten, geglaubt. Noch 1935 weihte er das

Kulturbund-Theater ein und beschwor die Mitglieder, bewußtes Judentum an den Tag zu legen, das Theater als Stätte des künstlerischen Seins, der gemeinschaftlichen Arbeit in Stolz und Demut zu betrachten. Kein Wort von der nahenden Bedrohung, kein Wort der Warnung. Singer, der später im holländischen Exil mit den Eltern Charlottes zusammentraf, war bis zuletzt dem Trug erlegen, der Nazi-Spuk habe bald ein Ende. Er meldete sich völlig unverständlich für andere sogar 1943 freiwillig für einen Transport nach Theresienstadt. Alle Freunde warnten ihn, doch er glaubte an ein gutes Ende. Singer ist in Auschwitz genauso grausam ermordet worden wie Hunderte anderer Künstler, die an die Pseudo-Freiheit des Nazi-Vorzeigelagers Theresienstadt glaubten.

Ein Chorsänger des jüdischen Kulturbund-Chores, der sich verbergen mußte, hieß Alfred Wohlfsohn; er hatte sich politisch betätigt und war in Gefahr. Da er kein Instrument spielte, ließ man ihn einfach im Chor mitsingen. Sein Beruf war die Psychologie, und er machte in den Reihen des Kulturbundes Analysen, um sich finanziell über Wasser zu halten. Eine offizielle Praxis war ihm ja, wie allen jüdischen Mitbürgern, längst nicht mehr erlaubt. In einem Kurs, den Wolfsohn leitete, analysierte man zum Beispiel Theatertexte oder deutsche Lyrik. Eine Teilnehmerin dieses Kurses wurde Charlotte Salomon, die sich brennend für Textanalysen interessierte und eine begeisterte Zuhörerin wurde.

Wolfsohn vertrat für die damalige Zeit neue Thesen von der Einheit von Körper und Seele. Außerdem arbeitete er mit Schauspielern, um ihre Stimme zu schulen und die „Seele in die Kehle" zu bringen. Immer hatte er viele interessierte Jugendliche um sich versammelt. Auch Charlotte schien ihn zu verehren, und in ihren späteren Bildern taucht Wolfsohn oft auf; dort heißt er jedoch „Daberlohn". Eine Zeichnung Charlottes zeigt ihre Stiefmutter mit blond-rötlichem Haar am Flügel stehend, Wolfsohn begleitet sie, und die Tochter Charlotte steht mit der Schultasche sinnend vor der geöffneten Tür. Ihr Bildtext lautet: „Daberlohn und die heißgeliebte Paulinka musizieren, Charlotte ist überflüssig." Ein Zeichen von Eifersucht und Angst vor dem Alleinsein?

Zu einem seiner Geburtstage, vielleicht 1936 oder 1937, wollte sie Wolfsohn mit einigen Zeichnungen erfreuen. So malt sie sich am

Tisch mit ihrem Skizzenblock und schreibt dazu: „Charlotte arbeitet Tag und Nacht an den Illustrationen. Leise rauschend rinnt die Stunde langsam in den Traum der Nacht." Dann überreicht sie ihm herzklopfend die Zeichnungen, und er wählt die „Wiese mit den gelben Butterblumen" und „Der Tod und das Mädchen" aus, das ihr im gleichen Jahr den Sandkuhl-Preis eingetragen hatte. Charlotte hat „Daberlohn" verehrt, vielleicht auch geliebt. Sie hatte sich offensichtlich in die Scheinwelt der Liebenden hineingemalt. Es gibt auch eine Zeichnung mit dem Titel „Umarmung", in der ihr und Wolfsohns Körper zu einer Einheit verschmelzen. Doch ihre Mutter und auch Wolfsohn selbst haben die Bilder nach dem Krieg als Phantasiegebilde eingestuft; so wie viele ihrer Zeichnungen einer Traumwelt entsprangen und die Sehnsüchte des Mädchens symbolisierten. Als man Wolfsohn Jahre nach dem Tode Charlottes einige der Zeichnungen zeigte, war er ahnungslos und zeigte sich erschüttert. Er hatte offensichtlich von ihrer Liebe nichts gemerkt.

November 1938: Kurz nach der Reichspogromnacht wird Albert Salomon verhaftet und in das KZ Sachsenhausen gebracht. Die Mutter macht sich ihre letzten guten Verbindungen zu Anwälten und einflußreichen Berlinern zunutze und erreicht wirklich nach wenigen Monaten seine Freilassung. Zum zweitenmal muß sie in das Gestapo-Büro in die Prinz-Albert-Straße Nr. 8 kommen. Ein Jahr zuvor schon hatte sie mit Mühe und Not ihren Paß dort retten können, auf dem sich ein falsch eingetragenes Geburtsdatum befand. Jetzt hatte sie nur noch einen Gedanken: ihren Mann zu befreien.

Er brauchte also einen gefälschten Paß und ein gefälschtes Entlassungspapier, um vorzeitig das Gefängnis zu verlassen. Die meisten Juden nämlich, wie Paula erfahren hatte, wurden vom Gefängnis weg in ein Konzentrationslager deportiert, konnten sich also nur kurz über eine Entlassung freuen. Dem mußte Paula Lindberg zuvorkommen. Es gelang ihr, und dies nur mit Zahlung einer größeren Geldsumme, die sie nie genannt hat. Auch das Lagerleben des Vaters hat Charlotte später gemalt; es muß sie sehr beschäftigt haben. Die deutliche Sprache der gewalttätigen SS-Lageraufseher, die Nazi-Aufmärsche auf den Straßen und der Satz aus dem Munde eines Aufsehers „Hier wird gearbeitet und nicht gefaulenzt" zeigen, daß der Vater wohl offen über seine Zwangsarbeit im Lager gesprochen hatte. Die Mutter bat, wie auch andere jüdische Angehörige, vor den Toren des Lagers um die Entlassung ihres Mannes, und diese Szene malt Charlotte so: „Wir wollen wissen, wo unsere Männer sind." Antwort der Aufseher an die Adresse von Paula Lindberg: „Wie soll'n wir wissen, wo eure Männer sind. Geh nach Hause, sonst sperrt man dich noch ein. Geh nach Hause, du kleines Judenschwein."

Endlich hat die Familie in Berlin verstanden, daß ein Weiterbleiben in Deutschland Gefahr für alle bedeutet. Man besorgt sich Pässe und die begehrten „Affidavits", das heißt Einladungen und Bürgschaften von Angehörigen oder Prominenten aus den USA, die eine Ausreise von jüdischen Mitbürgern aus Deutschland zu einem Zeitpunkt ermöglichten, als man kaum noch legal reisen durfte. Paula Lindberg beschafft – wie auch immer – die Pässe; die Affidavits waren von Albert Einstein und Thomas Mann unterschrieben. Einer Ausreise stand nichts mehr im Weg.

Warum man Charlotte Mitte 1939 nicht ins Exil mitgenommen hat, bleibt bis heute im dunkeln. Die Eltern entschlossen sich jedenfalls, sie zu den Großeltern nach Südfrankreich zu schicken. Das Ehepaar Grunwald war seit 1934 auf Einladung einer reichen Amerikanerin, Ottilie Moore, Gast in ihrem Hause in Villefranche bei Nizza an der Cote d'Azur. Dort fühlten sie sich als Juden wohl und beschützt, sie genossen die südliche Landschaft, lernten Sprachen und waren gerngesehene Gäste auf dem Landsitz der Mäzenin, die sich vorwiegend um jüdische Kinder kümmerte und sie beherbergte. Da Charlotte Salomon noch keine 22 Jahre alt war, konnte sie nach Frankreich ohne Paß reisen; diesen Umstand wollte man nutzen. Mit ihren Zeichenmappen, einer kleinen Tasche (es sollte ja nur nach einem Wochenend-Ausflug aussehen), einer Schallplatte mit Bizets „Carmen" und Mendelssohns „Elias" im Gepäck fuhr Charlotte dann über die Schweiz nach Südfrankreich. Sie hatte außerdem Briefe in der Tasche, die von einer gefährlichen Krankheit der Großeltern sprachen, so daß ein offizieller Grund für ihre Reise gegeben war.

So kommt Charlotte 1939 – kurz vor Ausbruch des Krieges – in der „Eremitage" von Mrs. Moore in der kleinen Stadt Villefranche an. Sie ist erleichtert, sie ist weit weg von Nazi-Deutschland, von Aufmär-

8 Charlotte Salomon (Mitte) mit ihren Großeltern in Villefranche, Südfrankreich; ca. 1939 oder 1940.

schen, von der Angst vor Verhaftung. Charlotte saugt das südliche Licht und die Farbigkeit in sich hinein. Sie malt, und auf einmal werden ihre bisher grauen Bilder farbig; es ist das erste Mal und sollte auch das letzte Mal bleiben. Denn kaum überschreiten 1940 deutsche Truppen die französische Grenze, fühlt sich die kleine Familie wieder verfolgt. Die Großmutter ist über die Kriegsereignisse so verzweifelt, daß sie in der gleichen Form wie Franziska, die Mutter Charlottes, Selbstmord verübt: Sie stürzt sich aus dem Fenster und versucht dabei noch, Charlotte mit in den Tod zu reißen. Charlotte kann sich retten, die Großmutter bleibt schwerverletzt zurück und stirbt nach einem kurzen Krankenlager. Auch das hat Charlotte malend verarbeitet.

Dann greift die Kriegs- und Verfolgungsmaschinerie der Deutschen auch auf Südfrankreich über. Im Juni 1940, als Italien sich in den Krieg einschaltet, wird das Département Alpes Maritimes, in dem Villefranche liegt, „gesäubert“, das heißt alle Deutschen und anderen Ausländer kommen in das größte südfranzösische Lager des Zweiten Weltkriegs, nach Gurs in den Pyrenäen (unweit des berühmten Wallfahrtsortes Lourdes). Da der Großvater bereits achtzig Jahre alt und kränklich ist, entläßt man ihn bald darauf, und auch Charlotte wird mit ihm entlassen. Aus jener Zeit soll der Satz des Großvaters, der seitdem keine Überlebenschance für sich und den Rest seiner Familie sah, stammen: „Nun nimm dir doch schon endlich das Leben.“ Charlotte hat diesen Satz der größten Verzweiflung malend niedergeschrieben. Befolgt hat sie ihn nicht. Im Gegenteil: Sie ist überglücklich über die Rückkehr in die „Eremitage“, jeden Tag genießt sie dort unter Olivenbäumen und Pinien. Sie beginnt ihren großen Werkzyklus „Leben? oder Theater?“, sie zieht sich immer mehr von ihrem Großvater zurück; wochenlang wechseln beide kein Wort. Sie hat viel zu verarbeiten. Vor allem die schreckliche, wenn auch kurze Internierung im Lager Gurs.

Über das berüchtigte Camp von Gurs, in dem Tausende von europäischen Juden interniert waren, sind uns inzwischen viele Details bekannt. Es lag achtzehn Kilometer von Oloron, südlich von Pau, und wurde bereits 1939 für Soldaten der spanisch-republikanischen Armee errichtet, die in Frankreich interniert waren. Zu Beginn des Krieges wuchs das Lager auf über 40.000 Personen an, viele nicht-arische Frauen und Männer waren dort untergebracht, Sozialisten, Juden, ganze „Zigeunerfamilien“, Nonnen und Mönche, Künstlerinnen und Künstler, Deutsche und andere Europäer. Die Fotografin Ilse Bing, die Pianistin Herta Liebknecht, die Berliner Ausdruckstänzerin Jutta Klamt, die Malerin Lou Albert-Lasard, die Malerinnen Herta Hausmann, Hedda Schatzki und Lili R. Andrieux, die Autorinnen Adrienne Thomas und Maria Leitner, die Schauspielerin Dita Parlo, aber auch die deutsch-jüdische Philosophin Hannah Arendt und viele, viele mehr waren dort unter menschenunwürdigsten Umständen eingesperrt. Das Lager selbst wurde auf einem baumlosen ehemaligen Sumpfgelände erbaut, einstöckige Baracken befanden sich zwischen

Stacheldrahtverhauen. Die Behausungen waren fensterlos, man schlief auf Stroh, und erst viel später beschaffte die Lagerverwaltung einige alte Betten für kranke Menschen. Es gab weder Tische noch Stühle in den Baracken, auch bis 1941 keinerlei Heizungsmöglichkeiten. Das sehr schwache Licht wurde abends zwischen sechs und acht Uhr eingeschaltet. Im Frühjahr und Herbst mußten sich die Bewohner durch Schlamm und Morast hindurcharbeiten. Es regnete oft, und viele Insassen wurden krank und starben. Die Mahlzeiten bestanden aus dem Morgenkaffee und jeweils einer Suppe mittags und abends. Den häufig ausbrechenden Ruhr-Epidemien fielen Tausende zum Opfer, die medizinische Betreuung war mehr als mangelhaft. Gurs ist bis heute ein Schreckensbeispiel für Internierungslager. Es war kein Konzentrationslager mit dem Ziel der Vernichtung, aber durch die katastrophalen Unterbringungsbedingungen wurde es für viele zum Todeslager. Hätten die amerikanischen Quäker, das jüdische Kinderhilfswerk OSE, der CVJM und andere karitative Organisationen nicht helfend eingegriffen, wären noch Tausende an Unterernährung und Krankheiten gestorben. Bis 1941 hatten einige wenige noch die Möglichkeit, von Gurs aus in die USA zu emigrieren (wie zum Beispiel Hannah Arendt oder Ilse Bing). Danach gingen nur noch Transporte Richtung Auschwitz. Daß es immer wieder jüdischen Mitbürgern gelang, sich in Frankreich versteckt zu halten, ist dem mutigen Widerstand vieler Franzosen in der Zivilbevölkerung zu verdanken, die ihre Abscheu gegen die Vichy-Regierung in vielen kleinen Taten des Alltagslebens zeigten. Es gibt Zahlen, die davon sprechen, daß zwei Drittel der Juden Südfrankreichs aufgrund der résistance der Bevölkerung nicht nach Auschwitz gelangten.

Nun ist also Charlotte wieder frei, doch es folgen ab Mitte 1940 schreckliche Monate der Angst und Verzweiflung. Charlotte zieht sich tagelang zurück, geht kaum aus dem Haus und malt. Ihr Hauptwerk entsteht in jener Zeit zwischen 1940 und 1942. Sie malt mit wahnsinniger Intensität und Geschwindigkeit mehr als 1.300 Gouachen. Da sie jedem Bild einen Text hinzufügt, können wir heute ihr tragisches Schicksal anhand der Bilder nachvollziehen. Sie beginnt mit dem Jahre 1913 (vier Jahre vor ihrer Geburt) und endet mit dem Jahre 1940. 1941 verläßt Mrs. Moore das Anwesen und läßt nur noch vier

Pflegekinder in der Obhut eines geflohenen Österreichers zurück; die anderen Kinder nimmt sie mit nach Amerika. In Villefranche leben also nur noch Charlotte und ihr Großvater, ein Österreicher mit Namen Alexander Nagler und die Kinder. Niemand weiß, wie lange ihr Versteck noch verborgen bleibt. Jeden Tag rechnet man mit Denunziation, jeder Tag kann der letzte sein.

Während Charlotte in der „Eremitage“ wie eine Besessene malt, sind ihre Eltern von Berlin mit falschen Pässen per Flugzeug nach Amsterdam emigriert. Kurt Singer, der Leiter des Jüdischen Kulturbundes, empfing sie dort. Es galt vor allem, im Untergrund erst einmal ein bißchen Geld zu verdienen und nicht aufzufallen. Paula Lindberg gab ein paar Gesangstunden, Albert durfte als Arzt nicht praktizieren, also schrieb er theoretische Artikel; außerdem war sein Gesundheitszustand durch den Aufenthalt im Konzentrationslager sehr stark angegriffen. Amerikanische Hilfsorganisationen, gesponsort von amerikanischen Juden, halfen hier und da, vor allem mit finanzieller Zuwendung.

Die Salomons hatten jedoch den Gedanken noch nicht aufgegeben, in die USA auszuwandern, sie haben ja bereits ihre Affidavits, und jede Woche fahren sie zum Amerikanischen Generalkonsul nach Rotterdam. Doch sie warten vergebens. Im Mai 1943, als sie sich schon fast in Sicherheit wähnen, geschieht es. Eines Nachts tauchen deutsche Gestapomänner bei ihnen in Amsterdam auf und verfrachten sie in das holländische Lager Westerbork. Dort wird Paula sofort als Krankenschwester eingesetzt, und Albert muß ohne richtige Medizin und ohne Instrumente die nötigsten ärztlichen Dienste leisten.

Auch in Westerbork funktionierte das, was in vielen Lagern zum Überleben wichtig wurde: ein Kulturprogramm. Westerbork war zwar nicht Theresienstadt, wo man große Opern- und Konzertaufführungen durchführte, um den Besuchern, vor allem aus dem Ausland, die menschenwürdige Unterbringung der Insassen vorzugaukeln. Viele ließen sich davon blenden; und auch Kurt Singer ist sehr wahrscheinlich der raffinierten Nazi-Propaganda zum Opfer gefallen, die anderen Komponisten wie Pavel Haas oder Gideon Klein, dann aber auch Viktor Ullmann das Komponieren ermöglichte, um aber auch die besten jüdischen Künstler an einem Ort sicher versammelt zu sehen. Viele von ihnen spielten, sangen, dichteten im Glauben, Theresienstadt sei die letzte Station auf dem Weg ihrer Verfolgung. Daß nach Theresienstadt noch Auschwitz kommen könnte, war für sie nicht denkbar. Kurt Singers letztes Lebenszeichen datiert vom 7. Mai 1943, ein Brief an die Eltern von Charlotte, in dem er schreibt, daß er bald an der Freizeit-Gestaltung musikantisch mitarbeiten werde. Kurz darauf wurde er ermordet.

Paula und Albert Salomon gelang jedoch die Flucht aus dem Lager Westerbork. Es hatte sich plötzlich eine überraschende Möglichkeit dazu aufgetan. Albert sollte als Arzt bei der Sterilisation von Frauen aus Mischehen eingesetzt werden. Er hatte sich geweigert, weil die medizinischen Voraussetzungen nicht gegeben waren. Als man ihn mit vorgehaltener Pistole zwingen wollte, bat er darum, die unzureichenden medizinischen Instrumente aufbessern zu dürfen. Dafür müsse er jedoch zwei Tage nach Amsterdam fahren, ließ er die Lagerleitung wissen. Man ließ ihn und Paula wirklich fahren, und beide nutzten die Chance zur Flucht. Mit Hilfe einiger Freunde versteckten sie sich monatelang unter Lebensgefahr bei anderen untergetauchten Juden, was als besonders gefährlich galt, da man damit auch sie verraten konnte. Doch es funktionierte. Sie verbrachten jeden Tag woanders, schliefen jede Nacht in einem anderen Keller, in einer anderen Stadt. Hätte der Krieg länger gedauert, so wäre das Versteckspiel sicherlich aufgeflogen. Doch beide hatten Glück, und bis zur Kapitulation im Mai 1945 konnten sie unerkannt im Untergrund bleiben. Nach dem Krieg zog sie nichts mehr nach Deutschland zurück. Sie wollten in dem Land bleiben, das ihnen ein Überleben möglich gemacht hatte: in Holland.

Albert Salomon absolvierte nach Kriegsende eine medizinische Zusatzprüfung, um in Holland praktizieren zu können. Und Paula Lindberg trat als Sängerin auf, wo immer sie konnte. In Amsterdam hatte sich seit 1933 eine große Zahl von deutschen Literaten und anderen Künstlern angesammelt; der Literat Klaus Mann gehörte zeitweise dazu oder der Verleger Fritz H. Landshoff vom Querido-Verlag. Die Familie von Anne Frank war mit dem deutschen Ehepaar gut gefreundet; beide gehörten später zu den wichtigsten Zeugen im Prozeß gegen Nazi-Mittäter in Holland.

Seit die Salomons ihre abenteuerliche Flucht aus dem Lager

Westerbork ausgeführt hatten [die offizielle Genehmigung, das Lager zu verlassen, war für den 18. bis 21. November 1943 ausgeschrieben], waren sie ohne eine Nachricht von Charlotte. Bis Mitte 1943 tauschte man sich noch brieflich über einen Verwandten in der Schweiz aus, doch im November, als Salomons längst im Untergrund in Amsterdam waren, war auch in Südfrankreich die Angst vor der Gestapo groß und der Briefverkehr war restlos abgeschnitten. Immer mehr Menschen strömten aus den nördlichen Départements Frankreichs in den Süden im trügerischen Glauben, bis hierhin kämen keine deutschen Besatzer. Weit gefehlt: Italienische und deutsche Truppen besetzten 1942 die „zone libre“, und die ersten Massendeportationen von Juden begannen. Auch in Villefranche hatte man von den Transporten gehört, niemand jedoch sagte, wohin die nächtlichen Züge fuhren. Die Angst wurde immer größer, und die Ungewißheit setzte dem Großvater so zu, daß er im Februar 1943 starb. Er ließ Charlotte als letztes Familienmitglied allein in dem kleinen Ort zurück.

Alexander Nagler, der auch noch dort blieb und später von Paula Lindberg als ein sehr lieber Mensch geschildert wurde, kümmerte sich um die zurückgelassenen französischen Kinder, die in der „Eremitage“ untergebracht waren. Charlotte, die zu Anfang wenig Kontakt mit ihm hatte, taut plötzlich inmitten der Kriegsereignisse auf. Sie freundet sich mit Nagler an, gewinnt ihn lieb. Sie klammert sich an ihn. Charlotte hat noch einen letzten Brief an ihre Eltern aus dem Land schleusen können und ihre Heirat angekündigt. Im Mai 1943 findet die Trauung zwischen Charlotte Salomon und Alexander Nagler im kleinen dörflichen Standesamt statt; es muß heimlich geschehen, und doch finden sie einen Standesbeamten, der die Handlung vollzieht. Nagler bereitet sogar ein kleines Festessen vor, und Charlotte zieht ihm den Frack des verstorbenen Großvaters an. Wenige Momente des Glücks mag Charlotte empfunden haben. Alexander Nagler war der erste Mann, den sie nicht nur schwärmerisch in ihren Zeichnungen liebte.

Die Monate Juni, Juli und August vergehen, die beiden klammern sich aneinander und wissen nicht, was der nächste Tag bringt. Charlotte wird schwanger. Am 21. September 1943 rückt die Gestapo in Villefranche ein, und der Bürgermeister scheint sich eines Gesetzes zu erinnern, das kurz nach dem Waffenstillstand zwischen Deutschland und Frankreich unterzeichnet wurde. Es besagt, alle jüdischen und nicht-jüdischen Deutschen, die wegen Hitler ihr Land verlassen hatten, an Deutschland auszuliefern. Die Franzosen wollen von dieser unseligen Vertragsunterzeichnung – vor allem, was die jüdischen Personen anbetrifft, heute kaum noch etwas wissen. Auch der Bürgermeister von Villefranche wagt es nicht, die wenigen Juden im Dorf, hier die Bewohner der „Eremitage", zu verschweigen; vielleicht fielen auch die Namen Salomon und Nagler durch einen Denunzianten. Schließlich waren die besetzten Länder, und vor allem Frankreich und Belgien, nicht frei von Kollaborateuren. Charlotte und Alexander werden eiligst abtransportiert. Der Transport mit rund 8.000 Juden, die sich in Südfrankreich versteckt hielten, geht über Lyon und Drancy auf dem direkten Wege nach Nordosten. 1943 brauchten die Deutschen keine Umwege mehr zu machen, es gab nur eine Endstation, und die hieß: Vernichtungslager Auschwitz. Als genaues Todesdatum wird der 12. Oktober 1943 genannt, ein Beispiel für die perverse „Korrektheit" der Nazis, selbst Todesdaten exakt festzuhalten.

So, als habe sie das nahe Ende geahnt, hatte Charlotte im Sommer 1943 drei große Pakete mit zusammengeschnürten Zeichnungen bei einem Arzt in Villefranche in Gewahrsam gegeben, der sie immer zum Zeichnen ermuntert hatte. Sie beschriftete die Pakete – damit sie niemand anders öffnete und sie den Deutschen nicht in die Hände fielen – mit der Bezeichnung „Besitz von Mrs. Moore". Der Arzt übergab die Pakete nach Kriegsende ordnungsgemäß Ottilie Moore, die nach Frankreich zurückgekommen war. Vier Jahre lang lagen sie bei ihr – ungeöffnet.

Über einen Freund hatten die Eltern kurz vor Kriegsende bereits die Nachricht erhalten, daß Charlotte mit Nagler nach Auschwitz deportiert worden war. So blieb nur die irrationale Hoffnung, daß beide, oder einer von beiden, diese Hölle überlebt haben könnte. Doch durch das Rote Kreuz erfuhren beide dann die grausame Wahrheit. Danach vergingen drei Jahre, bis sie in der Lage waren, den letzten Wohnort Charlottes aufzusuchen. Erst im Jahre 1947 machten sich beide auf den Weg nach Südfrankreich.

Sie kamen nach Villefranche. Im Dorf kannte man natürlich Mrs. Ottilie Moore. Merkwürdigerweise nannte man sie nach dem Krieg eine „Kollaborateurin" (vielleicht, weil sie ihre Gäste im Stich gelassen hatte?) und schien schlecht auf sie zu sprechen zu sein. Die beiden Salomons suchten sie auf; die alte Dame war wohlauf, und als sie das Haus betraten, sahen sie, daß das ganze Haus voller Bilder von Charlotte war. Auch die von Charlotte verschnürten Pakete befanden sich in der „Eremitage" – unangetastet. Als die Salomons Mrs. Moore auf die im Hause hängenden Bilder ansprachen, reagierte sie unerwartet merkwürdig und wollte die Kunstwerke nicht herausgeben. Sie habe sie Charlotte abgekauft, sagte sie. Jedoch die Pakete, die wollte sie an die Eltern aushändigen.

Erwartungsvoll öffneten Paula und Albert Salomon die sorgfältig verschnürten Pakete, die Charlotte noch in letzter Minute außer Haus gebracht hatte. Was sie fanden, verschlug ihnen die Sprache. Es waren jene 1.300 Blätter, säuberlich zusammengehalten, manche chronologisch, andere wiederum nach einer nur Charlotte bekannten Reihenfolge geordnet. Dort fanden sie ihr eigenes Berliner Leben wieder, Alltagsszenen, politische Ereignisse, den Selbstmord der Mutter, Träumereien mit Wolfsohn, die Verhaftung des Vaters: das gesamte Leben der zwanziger und dreißiger Jahre, wie es ihre Tochter Charlotte aufgeschrieben und gezeichnet hatte.

Ihrem gewaltigen Malzyklus hatte Charlotte, wie erwähnt, den Titel „Leben? oder Theater?" gegeben. Ein Singspiel sollte es sein, und sie hatte sogar eigene Darsteller dafür benannt, hinter denen sich die wahren Familienangehörigen oder Freunde verbargen. Da gab es einen Doktor Kann, einen Arzt, seine Tochter Charlotte Kann, eine Sängerin namens Paulinka Bimbam, einen Professor Klingklang, den berühmten Dirigenten, außerdem den Gesangpädagogen Amadeus Daberlohn (Wolfsohn), seine Braut (!) sowie einen Bildhauer. Die Blätter enthielten allesamt einen Bildtext, manchmal war er in die Zeichnung integriert und manchmal getrennt aufgeschrieben. Mit dem gezeichneten Nachlaß ihrer Tochter Charlotte, es war das einzige, was ihnen von ihr blieb, fuhren die Eltern im Jahre 1947 zurück nach Amsterdam.

Zum Freundeskreis von Salomons gehörte damals Willem Sandberg, der Direktor des Städtischen Museums von Amsterdam. Ihm zeigten sie die Zeichnungen Charlottes. Er war so begeistert, daß er sofort eine erste umfassende Charlotte-Salomon-Ausstellung anberaumte, wozu er auch Mrs. Moore um einige Gemälde bat. Die Ausstellung fand im Jahre 1961 statt. Danach gab es Ausstellungen in verschiedenen deutschen Städten, in Essen, Bonn, Hamburg, Dresden und Hannover, aber auch in Locarno, Tel Aviv und West-Berlin, in Frankreich, in Japan und in den USA. Seitdem ist Charlotte Salomon wieder in der Anonymität versunken.

1971, zehn Jahre nach der ersten Ausstellung in Holland – Paula Lindberg hatte sich inzwischen als Gesangpädagogin wieder einen Namen erworben, unterrichtete unter anderm am Mozarteum in Salzburg und konzertierte ein einziges Mal in Deutschland –, entschloß sich das Ehepaar Lindberg-Salomon, den Zyklus „Leben? oder Theater?" dem Jüdischen Historischen Museum in Amsterdam zu übergeben. Der Zyklus umfaßt genau 769 Gouachen, ein in der Kunstgeschichte einmaliges Lebenswerk, das hoffentlich noch manchesmal in einer Ausstellung zu sehen sein wird.

Für die Eltern waren nach dem Tode Charlottes die Zeichnungen die einzige, sicherlich auch schmerzliche Möglichkeit, das Seelenleben ihrer Tochter während der letzten drei Lebensjahre kennenzulernen. Daß Charlotte die familiäre Situation – auch die depressive Veranlagung einiger Familienangehöriger – ganz klar erkannt hatte und sich innerlich immer dagegen wehrte, ihrem Leben ebenfalls ein Ende zu machen: all das konnten sie aus ihren Notizen und Bildtexten entnehmen. Es muß um das Jahr 1942 gewesen sein, als sie schrieb: „Mein Leben fing an, als meine Großmutter sich das Leben nehmen wollte – als ich zu wissen bekam, daß auch meine Mutter sich selbst das Leben nahm – ebenso wie ihre ganze Familie – als ich zu wissen bekam, daß ich selbst die einzige Überlebende bin und tief im Innern dieselbe Veranlagung, den Hang zur Verzweiflung und zum Sterben, in mir spürte."

Und an anderer Stelle hatte Charlotte Salomon notiert, während sie von sich selbst spricht: „...und sie sah sich vor die Frage gestellt, sich das Leben zu nehmen oder etwas ganz Verrücktes, Besonderes zu unternehmen." Heute wissen wir: Dieses Besondere unternahm Charlotte, indem sie malte. Nur so hat sie sich vor dem Wahnsinn des Selbstmordes bewahren können. Auch als sie von den heranrückenden Deutschen hört – schließlich weiß sie, was es bedeutet, der Gestapo in die Hände zu fallen –, widersteht sie dem Selbstmordgedanken und malt statt dessen. Und auch als sie die ersten Schreckensberichte von Deportationen vernimmt, bleibt sie konsequent.

Der Vater Charlottes, der Berliner Arzt Albert Salomon, ein – wie ihn Freunde schilderten – sanftmütiger und gelehrter Mann, hat in Holland noch lange als Arzt gearbeitet und ist 1976 gestorben. Charlottes zweite Mutter, Paula Lindberg-Salomon, lebte bei der Redaktion zu diesem Buch noch, und sie hat am 21. Dezember 1997 in Amsterdam im Freundeskreis ihren 100. Geburtstag erleben dürfen. Ein Wort der couragierten Sängerin sei an das Ende dieses Lebensberichtes einer ungewöhnlichen Malerin aus einer ungewöhnlichen Familie gestellt, ein Wort, das den ganzen Zwiespalt einer deutschen Jüdin in der Nachkriegszeit zeigt: „Wir wollten zuerst nichts mehr mit Deutschland zu tun haben. Wir waren Deutsche, liebend und verwurzelt und darum zutiefst geschockt. Wir haben zuerst alles abgelehnt, die Einladungen nach Berlin, die sogenannte Wiedergutmachung – weil wir Deutschland zu sehr geliebt hatten, wir waren damals eben zu sehr gekränkt... Albert und ich sollten in den Fünfziger Jahren diesen Orden ‚Pour le mérite' bekommen. Und wir haben drei Tage an einem Brief gearbeitet, um das abzulehnen und zu sagen, warum wir nichts mehr damit zu tun haben wollten... Zuerst war man natürlich zu verzweifelt über alle diejenigen, die umgebracht worden waren, nicht nur unsere Tochter Charlotte, auch alle meine Verwandten, die besten Freunde..." Und schließlich sagt Paula Lindberg in einem weisen, weitblickenden Gespräch mit Christine Fischer-Defoy: „Heute sage ich nicht ‚die Deutschen', sondern ich sage ‚Frau Meyer' oder ‚Herr Schmidt', aber auch damals hatte ich eher Mitleid, Unverständnis und Furcht, daß sie sich haben blenden und verführen lassen... Die Verführung hat so viel Kraft und hat so viele schöne, blendende Farben, auf die der Mensch seine Augen nicht eingestellt hat, damit er sie durchschauen könnte. Wir alle haben uns ja auch täuschen lassen, genau so. Es kann morgen genau wieder in einer anderen Farbe das gleiche sein, was uns umschlägt..."

Zum Tanzen geboren in einer wechselhaften Zeit

Mary Wigman und Gret Palucca, zwei herausragende Künstlerinnen des Deutschen Ausdruckstanzes

„So gab ich zunächst der Tarantella die Schuld an dem merkwürdigen Eindruck, den der Kurfürstendamm gegen Mitternacht machte. Geschrei, Gebrüll, etwa ein Mord? Menschen rasten wie besinnungslos, Rudel Uniformierter gruppierten sich, am Kudamm nachts vor den eleganten, hell erleuchteten Geschäften?... Da brausten Militärfahrzeuge heran... Schüsse fielen; ich raste los, fiel, wurde von anderen mitgenommen, ziellos hierhin und dorthin gerissen und kam während der seltsamen Flucht durch schmerzhaft laut zusammenstürzende Schaufensterscheiben und sich heiser schreiende Dauerchöre ‚Juden raus!'... Es war eine lange, unheilvolle Nacht! Als die Feuer ausgegangen waren und es aus den leeren Höhlen der ausgebrannten Geschäfte nur noch stinkend qualmte, liefen die Leute noch immer herum. Ich hatte nach Freunden gesucht, aber niemanden gefunden."

Ilse Meudtner, die die Geschehnisse des 9. November 1938 schildert, die mit einem unangemessen romantischen Namen „Kristallnacht" in die Geschichte eingingen, gehörte zu der damaligen Tanzszene Deutschlands. Wir folgen ihr in ihren Erinnerungen:

„Zu Silvester stießen wir darauf an. ‚Auf den Abend!' Wir hätten es lieber nicht begießen sollen, sondern bejammern – auf dem neuen Kalender stand: 1933. Dann fing es an!... Eine unterirdische Quelle schien sich in den Fundamenten einen zerstörenden Weg zu suchen, hier und da ließen sich fremde und falsche Töne hören, auf manche Gesichter legten sich Schatten, die man früher dort nicht gesehen hatte;... und plötzlich wurde eines der neuesten Stücke vom

Spielplan gestrichen. Etwa Verlegerschwierigkeiten? Nein, eine Verordnung! Wieso Verordnung? Bestimmt ein Irrtum! Es würde sich klären. Es blieb dabei. Plötzlich wurde Mendelssohn-Bartholdy vom Konzertprogramm gestrichen, plötzlich hatte man Strawinsky und Milhaud verboten. Strawinsky fand nicht mehr statt. ‚Petruschka' fand nicht mehr statt, die ‚Ballerina' war gestorben! Ich stürzte entsetzt zum Intendanten: ‚Wer hat es verboten, wer darf es verbieten? Und warum?' ‚Tut mir leid, es wurde verordnet. Wir haben uns nach dem neuen Kulturprogramm zu richten.'"

War das Kulturprogramm der neuen Machthaber mit leisen Schritten ein völlig anderes geworden als das, was Schöpfer des „Deutschen Tanzes" der zwanziger Jahre als Zukunft erwartet und wofür sie sich eingesetzt hatten? Was aber war der „Deutsche Tanz", der sich als „Ausdruckstanz" manifestierte, nach dessen Prinzipien jeder Mensch ein Tänzer und der Tanz „Tanz für alle" war? Worin lagen seine Ursprünge? Wann hatte der Tanz angefangen, „Deutscher Tanz" zu werden? Wer waren seine Schöpfer, seine Priester und vor allem Priesterinnen in einer sehr bewegten Zeit, die wir Weimarer Republik nennen?

Der Erste Weltkrieg war gerade beendet, und Deutschland gehörte zu den Verlierern. Am 28. Juni 1919 bringt der Versailler Friedensvertrag für Deutschland schwere Bedingungen mit sich: Besatzung und Reparationskosten. Am 11. August wird die Verfassung der Weimarer Republik verabschiedet. Politische Krisen. Ein Reichskabinett löst das andere ab. Politische Instabilität fördert die radikale Opposition. Verarmung des Mittelstandes ist die Folge. Kommunistische Aufstände in Braunschweig und in Mitteldeutschland. Die Münchener Räterepublik. Rechtsradikaler Kapp-Putsch. München tanzt der Weimarer Republik aus der Reihe. Kommunistischer Aufstand im Ruhrgebiet.

Doch gleichzeitig weht ein erfrischender Wind über das Land, der verstaubte, veraltete, moralische Normen wilhelminischer Prüderie wegfegt. Die Verzweiflung schlägt in Vergnügungseuphorie um. Die Mode zieht Menschen an. Freikörperkultur zieht sie wieder aus. Jazz und Gesellschaftstänze werden zur Massenvergnügung. Die Damen und Herren aus allen Gesellschaftsschichten liefern eine Absage an die Rollenmuster des traditionellen Gesellschaftstanzes und schwingen sich wild und berauscht in den Importtänzen Foxtrott, Shimmy und Charleston, in denen Frau und Mann sich gegenseitig zum Tanz auffordern dürfen und eine „Führung" weder erwünscht noch möglich ist. In diesem um sich greifenden Tanzfieber legt die kriegsenttäuschte und -müde Bevölkerung gleichzeitig ihren Protest und ihre Sehnsucht offen: mehr Körpergefühl, mehr Selbstbestimmung, mehr Individualität. Nein zur Prüderie der Kaiserzeiten, nein zu Disziplinierung, nein zu sinnlosen Schranken moralischer Klischees.

Die Bevölkerung sucht nicht nur im Gesellschaftstanz Trost und Vergessen und schöpft neue Hoffnung für den Alltag. Anthroposophie, Vegetarismus, vielerlei östliche Sekten und Philosophien, Lebensreformbewegung, Dada, Freidenker, Wandervogel, Rhythmik, Gymnastik: eine Zeit in rasender Bewegung von Körper und Geist. Deutschland befindet sich in einem schwindelerregenden Wandel und ist ein brodelnder Schmelztiegel geworden. Die Bevölkerung betreibt leidenschaftlich Sport und Gymnastik. Der Wandervogel wandert volksliedersingend und verjüngt sich in Lebensreformideen. Die Kunst blüht in ungeahnter Vielfalt und Individualität auf. Maler, Literaten, Musiker wetteifern miteinander. Revue, Theater und Film erhalten neuen Schwung.

In diesem Klima entwickelte eine unbekannte Kaufmannstochter aus Hannover, Mary Wigman, ihre Körpersprache, ihren Tanz, ihre Sprache des Tanzes, den „Ausdruckstanz". Im Laufe der zwanziger Jahre wurde sie zu einem Tanzdämon, einer Hohepriesterin des Tanzes, zu einer Legende; ihr Tanz wurde zum „Deutschen Tanz".

Bevor Mary Wigman ihrem Namen einen künstlerischen Touch gab, hieß sie Karoline Sofie Marie Wiegmann. Sie wurde am 13. November 1886 in Hannover als erstes Kind einer wohlsituierten Familie geboren. Der Vater Heinrich Wiegmann ist Kaufmann. Die Mutter Amalie, geb. Jacobs, hilft im Geschäft ihres Mannes. Die Wiegmanns wohnen im Obergeschoß eines mehrstöckigen Hauses. Ihr gut laufendes Fahrrad- und Nähmaschinengeschäft liegt unter der Wohnung. Mutter Amalie versorgt ihre Kinder und den Haushalt. Als Marie vier Jahre alt ist, wird ihr Bruder Heinrich geboren, vier Jahre später folgt Elisabeth, das jüngste Kind. Sobald es die Geschäfte erlauben, wird zu Hause viel gelesen und gesungen. Der frühe Tod des Vaters trifft die neunjährige Marie und die Familie sehr hart. Onkel Dietrich nimmt

Frau und Kinder seines Zwillingsbruders in seine Obhut. Trotz des früh erlittenen Verlustes scheint Mary Wigmans Jugend harmonisch verlaufen zu sein. Sie ist ein lebhaftes, immer auf Abenteuer erpichtes Kind, dem die vielen Urlaubsreisen der Familie großen Spaß machen. Bis zu ihrem vierzehnten Lebensjahr besucht sie die Höhere Mädchenschule; gleichzeitig wird im Konservatorium Hannover für ihre musikalische Bildung (Klavier und Gesang) gesorgt. Schon damals fängt Marie an, ihren Gefühlen und Gedanken Ausdruck zu verleihen; sie schreibt Gedichte. Sie wird es lebenslang tun. Nach der Schule folgt ein mehrmonatiger Internatsbesuch in England. Ein Jahr später schicken die Eltern Marie in die Schweiz, damit sie auch Französisch lernt.

„Als junges Mädchen war ich mir bewußt, daß ich nicht schön war", erzählt sie viel später. „Mit achtzehn Jahren fand ich heraus, daß ich Männer faszinieren konnte, und ich tat es einige Jahre hindurch. Ich war sehr musikalisch und hatte eine gute Stimme." Ihre Familie wollte jedoch von einer Sängerinnenkarriere nichts wissen. Auch das Tanzen fand Marie toll und tanzte bei jedem Anlaß. Ein paar Männer, ein paar Heiratskandidaten, ein paar Verlobungen: Keiner kann für Marie ein Ersatz für das sein, was sie in ihren leidenschaftlichen Träumen bewegt: frei und unabhängig sein, große Dinge verwirklichen, etwas Großartiges, etwas Einmaliges werden. Sie sieht eine Tanzaufführung der drei Wiesenthal-Schwestern aus Wien. Sie tanzen Walzer. Sie tanzen ihn in einer ungewöhnlichen Art, die Marie ganz fesselt. Entschlossen und mutig geht sie zu Wiesenthals und will bei ihnen das Tanzen erlernen. Eine tiefe Enttäuschung für Marie: Die Wiesenthals finden das tanzen-wollende Mädchen nicht jung genug, um diese Kunst zu erlernen. Marie war damals schon zweiundzwanzig Jahre alt. „Und dann sah ich Jaques-Dalcroze. Da wußte ich, ich wollte dasselbe tun, aber meine Mutter sagte Nein!" Doch von diesem Moment an fängt für Marie ein feuriges, leidenschaftliches Ringen um den Tanz an, der rote Faden ihres langen Lebens voller Höhen und Tiefen. Sie verläßt ihre Mutter.

Durch einen Anwalt läßt sie sich ihren Erbteil des verstorbenen Vaters auszahlen, fährt nach Hellerau bei Dresden zu Jaques-Dalcroze, dem damals 45jährigen Schweizer Musikpädagogen. Emile Jaques-

Dalcroze hatte ein besonderes System der Rhythmik entwickelt, das auf der Einheit von Musik und Körperbewegung basiert. 1910 aus der Schweiz nach Deutschland gekommen, nahm er seine Unterrichtstätigkeit in Hellerau auf, wo sich nach Gartenstadt-Lebensreform-Gedanken des Architekten Richard Riemerschmid Künstler verschiedenster Richtungen zusammenfanden. Hier wird Marie Schülerin im Fach rhythmische Gymnastik, das sie jedoch nicht ganz ausfüllt. Es ist doch nicht der große, freie Tanz, von dem sie träumt, der aus dem eigenen Rhythmus des Körpers entsteht, der absolut selbständige Tanz.

Ihr Geld wird schnell knapp. „So gab ich Klavierunterricht für fünfzig Pfennig. Ich schrieb Artikel für Zeitungen", so Marie Wiegmann. Durch vielerlei kulturelle Angebote lockt Dresden. Doch sie bleibt in Hellerau, bis sie nach zwei Jahren bei Jaques-Dalcroze 1912 ihr Diplom in der Tasche hat. Eine Reise nach Italien folgt, und hell begeistert verbringt sie dort ein ganzes Jahr. Die von Lebenslust durchfluteten Werke der Renaissance, Pracht und Pathos des Barock, die überdimensionalen Größen der Bauten des Katholizismus, davon ist die junge Absolventin zutiefst beeindruckt. In ihr keimen schon außergewöhnliche Tanzvisionen, die ihre künstlerischen Bestrebungen nähren und ihrem Leben eine Richtung geben. Immer mehr kristallisiert sich in ihr der Gedanke heraus, daß der Körper selbst, sein Atem, sein Bewußtsein, sein Eigenleben, das wesentliche für den Tanz sein sollte. Weder Musik wäre für diesen Tanz notwendig noch die unnatürliche Bewegungskunst des Balletts. Sie will ihren eigenen Körperraum entdecken, den Rhythmus ihres eigenen Wesens dechiffrieren, um das seit Urzeiten im Wesen aller Lebendigen akkumulierte Elementarische zu erleben.

Schon hundert Jahre vor Isadora Duncan hatte eine Marie Sallé im leichten Gewand und barfuß getanzt. Duncan selbst, die Anfang des 20. Jahrhunderts in Deutschland gastierte, hatte sich in langen seidenen Schals nur von ihrer Natürlichkeit und innerer Bewegtheit inspirieren lassen und bis zur Ekstase getanzt, bis sie einen tragischen Tod erlitt: Ihr Schal wickelte sich um ein Rad, als sie einen Sportwagen fuhr, und erdrosselte sie. Auch Loie Fuller war, mit ihren genialen Versuchen, auf der Bühne ungewöhnlich Licht- und Farbeffekte zu erzielen, mit ihren flatternden Bühnengewändern, ihrem Interesse an Wissenschaft und Forschung, eine Tänzerin, die nach Neuem suchte. Und die Amerikanerin Ruth St. Denis glaubte wiederum, in ihrem modernen Tanz das Mystisch-Religiöse zu finden. Aber auch ein Waslaw Nijinsky, der legendäre russische Ballettänzer, hatte schon neue tanzemanzipierende Schritte, Posen und Bewegungsabläufe geschaffen. Sein Tanz „L'après-midi d'un faune" schockierte die Tanzszene. Beflügelt von den komplizierten Rhythmen und Synkopen der Musik des russischen Komponisten Igor Strawinsky, kreierte er für den „Sacre du Printemps" eine für damals völlig gewagte Choreographie.

Mary Wigman – wie sie sich seit geraumer Zeit nannte – wollte noch viel mehr. Ihre Suche bekam Rückenwind, als sie von dem deutschen Maler Emil Nolde, den sie in Hellerau kennengelernt hatte und der später viele ihrer Tänze skizzierte, den Namen Rudolf von Laban hörte: Er würde so tanzen wie Mary Wigman; am liebsten ohne Musik, und habe eine Sommerschule für Bewegungskunst im Schweizerischen Fischerdorf Ascona gegründet, eingebettet in eine illustre Lebensreform-Gemeinschaft auf dem Monte Verità, dem Berg der Wahrheit. Viele Künstler, Vegetarier, Heilpraktiker, Anthroposophen, Anarchisten, Nudisten, Ärzte, Psychologen würden zu dieser bunt zusammengewürfelten Gemeinschaft gehören. Laban, der 1879 in Ungarn unter dem Namen Rudolf Varaljai Laban geboren wurde, hatte Kunst und Tanz studiert und hielt sich in Paris und Wien auf. In München gründete er eine Bewegungsschule. Beeinflußt von östlichen Glaubenslehren und westlichen Weltanschauungen, von Goethe, Nietzsche, von Spiritismus und Okkultismus, Expressionismus, Freudianismus bis hin zur Zahlenmystik und Kristallehre hatte er eine neue Bewegungstheorie entwickelt und arbeitete an einer Tanz-Notation, einer Art Partitur für Tänzer.

Von seinen Elevinnen und Jüngern vergöttert, war er ein Tanzfanatiker, ein Fanatiker überhaupt. Eine überaus starke Ausstrahlung von Vitalität und Charme muß seine Erscheinung für jeden ins Unwiderstehliche überhöht haben. Er könne auf Menschen sehr anspornend, sogar heilend einwirken, sagte man von ihm.

Mit einem kleinen Koffer in der Hand kommt Mary Wigman im Sommer 1913, sechsundzwanzigjährig, zum Monte Verità nach Ascona: ein Stück malerisch schöner Alpenlandschaft, mit dem Lago Maggiore in der Mitte und mit weißen Bergriesen wie dem Matterhorn, Weißhorn und dem Monte Rosa am Horizont. Die junge Tänzerin, ungeduldig, nimmt den Weg bergauf, irgendwann hört sie Stimmen und leises Trommeln, sieht Menschen sich in der Sonne bewegen. Ein Mann tritt aus der Gruppe heraus und ruft ihr zu, wenn sie tanzen wolle, solle sie sich hinter einem Gebüsch ausziehen und mitmachen. Nach ein paar Minuten ist sie inmitten dieses hüpfenden, wallenden, springenden Organismus. Dann überkommt sie das Gefühl, „als käme ich nach Hause".

„Und Laban war immer da, mit der Trommel in der Hand, voller Ideen, immer bereit zu experimentieren. Laban, der Zauberer, Priester einer unbekannten Religion, der Herrscher über ein traumhaftes und doch stets wirkliches Königreich", erinnerte sich Mary Wigman später. Sie tanzen, sie bewegen sich, mit und ohne Musik, manchmal wird die Musik ersetzt durch ein Wort, ein Gedicht: Wortkunst und Tonkunst ergänzen die Labansche Ausbildung. Der Meister erkennt die Begabung und Willenskraft von Mary Wigman. Sie wird zu seiner auserwählten Schülerin und Assistentin, an der er alle seine Erkenntnisse erprobt.

Der Erste Weltkrieg überrascht die tanzende Kolonie mitten in ihren Bewegungsübungen, bunten Festen, Nachtwanderungen und Ausflügen in die Berge. Laban, seine Assistentin und ein Teil der Schülerschaft wechseln nach Zürich, lassen sich in der Seegartenstraße nieder, gründen hier die „Schule für Eurythmie" und bleiben dort bis Kriegsende. In diesen Jahren kommt Mary Wigman mit der Zürcher Dada-Bewegung in Berührung. Dada-Künstler protestierten in ihren ideenreichen, ungewöhnlichen, nihilistischen, lauten, schrillen und schockierenden Happenings, Maskeraden gegen alle Kriege und gegen alle „dem Bürgertum dienende Kunst". Die Dada-Bewegung, in New York und in Zürich beinahe gleichzeitig entstanden, kam 1917 nach Deutschland und erlebte um 1920 in Paris ihren Höhepunkt. Für Dada war zwar das Wichtigste das Wort, für Labans Philosophie hingegen die Bewegung, doch die Dada-Künstler in Zürich – Emmy Hennings und Hugo Ball, Tristan Tzara, Hans Arp – und einige Laban-Schülerinnen befruchteten sich bei ihren inbrünstig gefeierten Festen gegenseitig.

Mary Wigman ist mit Hans Arp und Sophie Taeuber eng befreundet und tritt bei Dada-Soireen mit ihren Solotänzen auf. Seit ihrem ersten „Hexentanz“, den sie 1914 in München tanzte, sind diese Tänze ihre selbständigen Versuche, das Wort, Malerei und Plastik tänzerisch auszudrücken und dabei auf alle gewöhnlichen Bühnenmittel zu verzichten: Alles in ihr drängt nach einem reinen, absoluten Tanz, den die Welt noch nicht kennt. Bereiche, die vom Dada und Expressionismus bis zur Esoterik und zum Okkultismus, von Goethe bis Nietzsche reichen, feuern ihren Willen zum Tanz an. Sie spürt, daß etwas Neues durch sie geboren werden muß, und dies muß die Welt erobern, koste, was es wolle. Das Dramatische und Dramatisierende liegen ihr sehr, und so steigert sie sich in ihren Emotionen gerne bis zur Besessenheit und Ekstase. Ihre Solotänze jener Zeit, „Der Derwisch“, „Die Nonne“, „Götzendienst“, „Der Tempeltanz“ und „Opfer“, bezeugen ihr Vorwärtsstreben.

„Der Schmerz aller strebenden Dinge ist mein Schmerz. Die Lust aller kreisenden Bewegung ist meine Lust. Herr über den Raum bin ich, die Priesterin der erhabenen Tänze. Ich bin die Seele des Tanzes“, notiert sie in ihrem Tagebuch.

Laban bescheinigt der Schülerin die Reife mit einem Diplom, welches das Datum vom 1. Mai 1917 trägt [das Original ist im neu geschaffenen Tanz-Museum Köln zu sehen]. Die innere Trennung Wigmans von Laban beginnt: die unvermeidbare, erwünschte und schmerzliche Abnabelung der Meisterschülerin vom Meister. Doch ist der Prozeß nicht leicht, sie leidet und wird krank. Sie hat Tuberkulose, sucht Heilung in den Schweizer Bergen und zieht sich in die Einsamkeit zurück, die sie in einer religiösen Schweizer Gemeinde findet. Monatelang kreiert sie dort rituelle Tänze. „Ich war in Davos, auf etwa 1.700 m Höhe auf einer Bergspitze, auf dem Platz, den Thomas Mann in seinem Buch ‚Der Zauberberg‘ verewigte. Mit Furcht und Zittern arrangierte ich einen Soloabend in einem großen Sanatorium. Mein Publikum bestand aus leidenden Patienten“, so erzählt Mary Wigman von ihrem Auftritt am 20. Februar 1919, in dem sie ihren in der Einsamkeit erdachten „marche orientale“ öffentlich tanzte. Ihre „Ekstatischen Tänze“, die sie später auch in Berlin und München tanzt, entstehen schon 1917.

Ende 1918. Unzählige Verwüstungen, Rohheit und Armut zurücklassend, endet der Krieg. Auf der Welt liegt die sinnlose Zerstörung wie ein Alptraum. Am 9. November der Thronverzicht des Kaisers und des Kronprinzen, am 11. November Waffenstillstand. Seit dem 15. März 1917 gibt es keinen Zaren mehr in Rußland, das nun ab Novemver 1917 Sowjetunion heißen wird und ein Arbeiterstaat werden soll. Von allem hatte Mary Wigman in der neutralen Schweiz ziemlich wenig mitbekommen. Nur durch Rundfunk und Presse und Briefe aus Deutschland hatte sie erfahren, was in der Heimat los war.

Voll neuer Tanzideen und schöpferischer Potenz eilten sie und Laban nach Kriegsende zuerst nach München. In den großen Städten bietet Mary Wigman nun ihre Tänze der Öffentlichkeit an. „Niemand hatte vor mir so getanzt, ich wurde ausgepfiffen und niedergebrüllt, aber ich hörte nicht auf zu tanzen." Doch der Erfolg läßt nicht lange auf sich warten. In Hamburg wendet sich das Blatt. Immer mehr an Überzeugungskraft gewinnend, zieht ihr Tanz Zuschauer und Kritiker in den Bann. „Eine an Kautschuk erinnernde Gelenkigkeit, eine fast akrobatische Kraft der Glieder, die beispielsweise die Übergänge von der aufrechten zur kauernden, knienden oder liegenden und wieder zur aufrechten Stellung mit scheinbar spielender Leichtigkeit überwindet, verbünden sich bei ihr mit einer Ausdrucksschärfe und einer so schönheitsvollen Anmut aller Bewegungen, daß es zur Selbstverständlichkeit wurde, daß Beifall und Bewunderung der Zuschauer außergewöhnliche Formen annahm." Eine Rezension aus den „Dresdner Nachrichten" vom 8. November 1919. Mary Wigman hat den Durchbruch geschafft.

1920 zieht sie nach Dresden, obwohl ein ihr angebotenes Engagement an der Oper im letzten Moment platzt. Vom Kapp-Putsch und Generalstreik in Dresden festgehalten, wohnt sie zuerst mit Bibi, ihrer Schweizer Assistentin Berthe Trümpy, im Palasthotel Weber, dessen Direktion ihr einen Gesellschaftsraum zur Verfügung stellt. Erste Schüler kommen zu ihr, und es werden immer mehr. Die legendäre „Wigman-Schule Dresden", die sie bis zum 1. April 1942 persönlich leitete und aus der viele große Tänzerinnen und Tänzer kommen, entsteht. Kurz danach geht der geliebte und gelobte Unterricht in einer von Berthe Trümpy erworbenen Villa mit Garten in der Bautzener

Straße 107 weiter. Über zwanzig Jahre lang. In einer familiären Atmosphäre, so wie Mary Wigman es aus ihrer Ausbildungszeit gewohnt ist, wird in ihrer Schule geübt, improvisiert, tänzerischer Ausdruck und Individualität gefördert. Auch Elisabeth, Marys Schwester, gehört zum Schulteam, bis sie sich 1935 unabhängig macht und in Leipzig eine eigene Schule eröffnet.

Außer den Technikübungen steht nichts fest. Sie sagt: „Das Experiment herrschte auf der ganzen Linie." Jeder entdeckt seinen Körper, seine eigene Kreativität im Tanz. Mary Wigman, beinahe immer in schwarz gekleidet, mittelgroß, energisch, mit ruhiger, fordernder Stimme, mit strahlend blauen Augen und durchdringendem Blick, gibt Anweisungen, leistet Hilfe zur Selbsthilfe. Sie ist aber auch ein Vorbild. Einer der in verschiedenen Pastelltönen gemalten Schulräume ist ein besonderer: das rosa Zimmer, wo jede Schülerin und jeder Schüler ihr, die sie „Frau Mary" nennen, sein Herz unter vier Augen ausschütten darf. Denn sie ist auch eine verständnisvolle Freundin.

Ab 1923 bekommt die Schule eine Wirtschafterin, Anni Hess, die bald das Herz der Wigman-Schule sein und Wigman unzertrennlich bis zum Lebensende verbunden bleiben wird, sie begleiten, pflegen, lieben wird. Das Obergeschoß der Villa ist Mary Wigmans Privatbereich. Hier wohnt und lebt sie asketisch. Einer ihrer späteren Freunde und ihr Biograph Walter Sorell schreibt: „Ein Flügel und zwei alte javanische Gongs aus Bronze... Überall lagen Bücher herum. Sie las die wichtigsten Erscheinungen der Weltliteratur in drei Sprachen, deutsch, englisch und französisch. Sie war besonders an Philosophie interessiert."

Wigman-Schulen, die im Laufe der Zeit eröffnet wurden, bildeten unzählige Schüler im Tanz aus, darunter befanden sich große Tanzbegabungen wie Gret Palucca, Yvonne Georgi, Harald Kreutzberg, Vera Skoronell, Berthe Trümpy, Max Terpis, Hanya Holm, Pola Nirenska, Margherita Wallmann sowie im weiteren Sinne – als enge Mitarbeiterin – auch Dore Hoyer. Diese bauten beeindruckende eigene Tanzkarrieren auf, gründeten eigene Schulen. Doch keine glich tänzerisch der anderen.

Mit Dore Hoyer gewann Deutschland eine der ausdrucksstärksten Tänzerinnen; viele schwören, sie wäre die beste gewesen. So wie Greta

Kuckhoff, Hanna Berger, Oda Schottmüller soll sie im Dritten Reich der Widerstandsbewegung angehört haben; doch tanzte sie weiterhin in Deutschland, als einige große Tänzer, wie Kurt Jooss etwa oder Jo Mihaly und Julia Tardy-Marcus das Land freiwillig verließen oder verlassen mußten. Hanya Holm ging später nach New York; sie leitete die dort gegründete „Wigman School of Dance". Mit ihren Choreographien zu weltberühmten Broadway-Musicals, „Kiss me Kate" und „My Fair Lady", errang sie großen Ruhm. Sie unterrichtete noch 92jährig in der berühmten amerikanischen Elite-Ausbildungsstätte, der „Juilliard School". Max Terpis und Harald Kreutzberg wurden von der Berliner Staatsoper engagiert, dem letzteren gelang eine faszinierende In- und Auslandskarriere. Gret Palucca, Vera Skoronell und Yvonne Georgi entwickelten sich zu starken Charakteren des deutschen Ausdruckstanzes.

Mary Wigman tanzt, choreographiert, lehrt in einer „Ekstase der nüchternen Arbeit", so ihre eigenen Worte. Eine ihrer ersten Schülerinnen in Dresden macht 1920 auf sich aufmerksam: „...ein schmalhüftiges, fast knabenhaft wirkendes Mädchen, mit keckem Gesicht, mit rotblond darüber wehenden Haaren. Ihr Name? Gret Palucca. Ein prachtvolles Temperament mit einer natürlichen Sprungfähigkeit, die ich bei den jungen Tänzerinnen, die im Laufe der Jahre durch meine Hände gegangen sind, kaum wieder erlebt habe."

Gret Palucca, die 18jährige Tanzschülerin, die Mary Wigman mit ihren hoch federnden Sprüngen und auffallender Körperrhythmik in Erstaunen versetzte, wurde nach einem langen Lebens- und Berufsweg mit allerhand Höhen und Tiefen schließlich als die größte Ausdruckstänzerin der ehemaligen DDR gefeiert und geehrt. Sie kam am 8. Januar 1902 in München als Margarete Paluka zur Welt. Der Vater, Max Paluka, war Apotheker. Seine griechischen Vorfahren lebten in Konstantinopel/Istanbul. Die Mutter, Rosa Paluka, geb. Merfeld, hatte ungarisch-jüdische Eltern. Bevor Margarete in das Schulalter kommt, ziehen die Palukas nach Kalifornien und leben in San Francisco. Margarete geht dort in die Schule, bis die Mutter 1909 mit ihr und ihrem jüngeren Bruder nach Deutschland zurückkehrt. Sie lassen sich in Dresden nieder. Margarete wird zu einer Höheren Mädchenschule geschickt; sie ist ein überaus vitales Mädchen, springt und tobt gerne mit älteren Schulfreunden und träumt davon, Rollschuhmeisterin oder Seiltänzerin zu werden. Die Mutter schickt sie 1914 zu Heinrich Kröller, dem Ballettmeister der Dresdner Oper, um Ballettstunden zu nehmen.

Nach dem Schulabschluß hält Margarete nichts mehr zu Hause. Sie folgt ihrem Ballettlehrer nach München, wo die Nachricht vom Tod des Vaters sie schwer trifft. Trost in der Arbeit suchend, übt sie fleißig, um eine gute Ballettänzerin zu werden, bis sie ihrer Illusionen beraubt wird. Aus ihr würde nie eine gute Ballettänzerin, meint ihr Lehrer. War alles umsonst? Endlose Stunden des Übens mit eisernen Wiederholungen, in Schweiß gebadet, um die Gelenke zu dehnen, um noch schwereloser und anmutiger zu wirken, umsonst? Schmerzen an den Füßen, im Rücken, in der Hüfte, umsonst?

Sie kehrt unglücklich nach Dresden zurück. Verzweifelt und apathisch läßt sie sich treiben, bis Mary Wigman mit voller Wucht in ihr Leben tritt. Mary Wigmans neuer Tanz, den Margarete Ende 1919 in Dresden sieht, zieht sie unentrinnbar in seinen Bann: „Es war etwas so unerhört Neues, etwas so Elementares", so Palucca. Bald steht sie an der Tür der gerade gegründeten Wigman-Schule, tritt ein und wird liebevoll aufgenommen. Doch welch ein Unterschied in der Ausbildung! Hier lernt Palucca, von Mitschülerinnen Gretel genannt, kein Ballett zu tanzen, sondern den Palucca-Tanz zu finden, den sie auch sehr schnell entwickelt. Es ist ihr Tanz, und er ist von einer ungebremsten Vitalität. Ihr tänzerischer Ausdruck ist klar und leicht verständlich. Mit diesen Eigenschaften weicht Paluccas Tanzkunst von der Mary Wigmans bald deutlich ab. Später sagt Palucca einmal: „Tiefe und Schwere darf man nicht verwechseln. Was aus der Tiefe kommt, ist leicht. Wie könnte es sonst aufsteigen?"

Daß aus der Tiefe aber auch das Schwere kommen kann, weiß Palucca von Wigmans Stil. Aber die zwei Frauen sind von völlig verschiedener Natur und Persönlichkeit. Was sie gemeinsam haben, ist ihre Tanzbesessenheit. Und die drängende Kraft zur Kreativität. Beide erklären den Tanz zur Lebensform. Was sie voneinander im wesentlichen unterscheidet, ist der mystisch-dramatische, heroische Hang, den nur Wigman aufweist. Es scheint so, als ob in Mary Wigman lebenslang zwei Emotionen Hand in Hand gingen: Wut und Kampfwille gegenüber dem unbezwingbar Erscheinenden, dem Dämonischen, ja dem Schicksalhaften. Und doch bringt sie ihnen auch Faszination entgegen. Es sind Emotionen, die sie – so wie ihr „Deutschtum" – seit ihrer Lebensreformzeit und Laban-Jugend nicht mehr loslassen.

Schon Wigmans erster Tanz war ein „Hexentanz" (1914), und sie beschrieb ihre Bewegtheit in diesem Tanz wie folgt: „Wie habe ich es geliebt, mich in seine Ausdruckswelt hineinzusteigern, wie heiß war ich bei jeder seiner darstellerischen Wiederholungen bemüht, mich in den ursprünglichen, schöpferischen Zustand zurückzuversetzen, und seine bewegte Form von dorther zu erfüllen, von wo sie gekommen war!"

Doch das sind Emotionen, die Gret Palucca allemal fremd sind. Die unkomplizierte, offene, fröhliche Natur dieser Tänzerin ist auch in ihrem leichten, lyrischen Tanz wiederzufinden. Wenn Mary Wigman tanzt, „ist das Publikum ergriffen und hingerissen… aber bei Gret ist das Publikum toll!" So berichtet ein Zeitzeuge, Rudolf Lämmel. Er beschreibt den Wigman-Tanz wie folgt: „Gleich einem priesterlichen Menschen übt sie dämonische Wirkung aus, ohne in der Bewegung irgendwie stark zu werden. Sie steht mehr am Platz, als irgendein Tänzer je stand. Ihre Arme und Hände arbeiten, die Neigung des Rumpfes, kaum stark betont, gibt der Geste Wucht. Ich bin nicht Mystiker, halte aber gleichwohl für möglich, daß hier noch etwas anderes wirkt als das, was gesehen wird."

Zu Beginn der zwanziger Jahre entstehen neben den Solotänzen Wigmans – „Tanzrhythmen I und II", „Spanische Tänze", „Tänze des Schweigens" – auch ihre ersten Gruppentänze. Mit den vier Besten aus ihrer Schule bildet sie 1921 eine kleine Kammertanzgruppe, die sie später auf 14 Tänzerinnen erweitert; Gret Palucca ist von Anfang an dabei. „Die sieben Tänze des Lebens" entstehen für diese Gruppe. Das sind Tänze zu einem Märchenthema, die von Wort und Klang begleitet werden. Es geht um eine Sklavin, die sich durch ihre Tänze vom König freikauft und somit dem Tod entkommt. Die Idee dazu hatte Mary Wigman damals in der Schweiz entwickelt, als sie gegen die Abnabelung von Rudolf von Laban und gegen ihre Krankheit (Tuberkulose) ankämpfte. Wie in allen ihren späteren Tänzen sind die Farben der einzelnen Gewänder aus Goethes Farblehre und esoterischen Elementen entlehnt.

Der berühmte Dramaturg Hanns Niedecken-Gebhard ist hellauf begeistert von den „Sieben Tänzen des Lebens“ und läßt sie im Frankfurter Opernhaus aufführen. Die Sklavin tanzt Mary Wigman selber. Ein großer Erfolg für alle. Doch das Thema und die Texte zu den Tänzen rufen Unbehagen in der Presse wach. Der Dramaturg liebt selbst große Gruppenformationen und hat bereits damals Händel-Oratorien mit einigen hundert Tänzern choreographiert.

Zurück zu Gret Palucca. 1924 und 1925 sind für sie glückliche Jahre. Sie tanzt ihre erste Solo-Improvisation im Dresdner Vereinshaus und hat großen Erfolg. Sie macht sich danach unabhängig von Wigman. Im Laufe der Zeit wird sie bis zu hundert Soloabende in einer Tanzsaison tanzen. Ohne lange zu zögern gründet sie 1925 ihre erste Schule in Dresden, deren Zweiginstitutionen 1928 in Berlin und 1931 in Stuttgart ins Leben gerufen werden. Konkurrenz zu Wigman? 1925 hat Palucca alles auf einmal: hohe Beliebtheit, eine eigene Schule, Reichtum und privates Glück.

Sie hat sich 1924 in Friedrich Bienert verliebt und ihn bald darauf geheiratet. Seine Familie ist eine alteingesessene Dresdner Industriellenfamilie, gehört zu den geschätzten Kunstförderern und ist eine der reichsten und großzügigsten Familien der Stadt. Bienerts führen Palucca in ihren illustren Bekanntenkreis ein, zu dem viele Künstler des Bauhauses gehören. So kommt sie erstmals mit Kandinsky, Klee, Kokoschka, Schlemmer und anderen in Verbindung. Beflügelt von ihrem jungen Eheglück, das bis zu ihrer Scheidung 1931 dauert, improvisiert Palucca neue Tänze zur Musik Tschaikowskys, Listzts, Chopins... Sie findet im Gegensatz zu Wigman die Musik notwendig für ihren Tanz und für ihr Leben.

Palucca wird hoch bejubelt, und man setzt viele Hoffnungen in sie: „Keine deutsche Tänzerin hat ihren Körper so in der Gewalt. Keine beherrscht so wundervoll ihre Glieder, keine Tänzerin besitzt einen solchen Wechsel im Ausdruck von der zartesten traumhaften Hingabe zum höchsten stählernen Sprung“, hieß es damals.

Doch gegen Ende der zwanziger Jahre droht ihr Tanzhimmel zu verdunkeln. Stimmen werden laut, die Böses ankünden. Paluccas Tänze seien einfallsärmer geworden, sie würde auf dem Podium nur wild herumspringen. In ihrer Heftigkeit variierend, bleibt die Kritik einige Jahre lang hartnäckig. Noch 1932 schreibt der gefürchtete Tanzkritiker Josef Lewitan in seiner Zeitschrift „Der Tanz": „Palucca hat nicht das gehalten, was sie versprach." Es sieht für sie hoffnungslos aus. Ist ihre Inspiration versiegt?

Doch nun zurück zu Wigman, die einst sagte: „Es gab im Grunde immer nur ein Thema, um das meine Gedanken kreisten wie die Motten um das Licht: Tanz." Ihren 1924 getanzten „Abendlichen Tänze" folgten bis zu den dreißiger Jahren viele Soloschöpfungen: Acht verschiedene „Visionen" (1924-1928), zwei „Monotonien" (1926), „Helle Schwingungen" (1927) und „Schwingende Landschaft" (1929).

Eine Bühne irgendwo. Kein Dekor, kein Schmuck, keine Lichteffekte, keine Musik. Eine Reduktion auf den nackten, unmittelbaren, unverzichtbaren Raum, in dessen Mitte Wigman wie eine Schamanin sitzt oder wie eine gotische Säule steht. Dann beginnt ein Ritual, ihr Tanz. Er fängt an im Raum und mit dem Raum zu entstehen: „Der Solotanz ist die konzentrierteste Form der tänzerischen Aussage", sagt Mary Wigman, „stets scheint sich vor den Augen des Zuschauers so etwas wie ein Dialog abzuspielen, in dem der Tänzer Zwiesprache mit sich selbst und mit einem unsichtbaren Partner hält. Diese in ihrer Art völlig irrationale Partnerschaft habe ich viele hundert Male an mir selbst erfahren, und jedesmal hat sie mich von neuem fasziniert. Ich habe mich oft gefragt, worin sie eigentlich besteht und wodurch sie sich bildet."

Die deutsche Erfolgsautorin Vicki Baum beschreibt in ihren Memoiren den fesselnden Reiz des Wigmanschen Solotanzes wie folgt: „Mary Wigmans Gesicht war mir ein Erlebnis – die hohen Backenknochen, der große Mund, die hohe, klare Stirn, das Getriebene im Ausdruck, diese Trance, in der sie ihre Tanzideen empfing und gestaltete, eine Entrücktheit, die sie nicht vergessen ließ, daß hinter der Berufung der Beruf stand und von ihr verlangte, mit beiden Beinen, bis zur kleinen Zehe, fest auf der Erde zu stehen. Ich hing mit meinem ganzen Wesen an ihr."

Bis in die dreißiger Jahre unternimmt Mary Wigman mit ihrer Tanztruppe zahllose Tourneen durch ganz Deutschland. Die Reisen durch Europa – außer Frankreich und England – machen ihren Namen auch im Ausland berühmt.

Neunsätzige „Szenen aus einem Tanzdrama" (1923/24), „Ein Tanzmärchen" (1925), „Totentanz" (1926), „Die Feier" (1927/28) und 1928 „Chorische Bewegung" gehören zu den Werken dieser Schaffensperiode. Für den „Totentanz" arbeitet Mary Wigman im ehemaligen königlichen Schloß. Masken werden für die Tänzerinnen bestellt, geliefert, anprobiert. Dann gehen sie an die Arbeit. Das reibende Geräusch nackter Füße auf dem Boden, der immer heftiger werdende Atem er Tanzenden, der Hall einzelner Wörter und Anweisungen, Schwingungen in der Luft, das Hin- und Herdehnen des Raumes: Der Maler Ernst-Ludwig Kirchner sitzt weit hinten und skizziert die Tanzenden. „Sieben Gestalten auf dem Boden hingestreckt, starr und leblos... mochte ihre reihenhafte Anordnung an vergessene und verfallene Grabsteine erinnern.... Im Hintergrund aber lauerte gierig, lüstern, gefräßig das Wesen, das sich willkürlich zum Herrn über den Raum gesetzt hatte. Das Tier trat seine Herrschaft an. Es ließ die Toten tanzen." Und Mary Wigmans Aufgabe in diesem Tanz ist die „Verkörperung jener noch an Menschliches erinnernden Gestalt, die in einer bis zur Erstarrung hochgetriebenen Passivität, zwischen Tier und Gruppe, gestellt war".

Die Inflation und die finanzielle Not in Deutschland setzten auch Wigman bald unter Druck. Die Schule braucht viel Geld, die Anzahl der Schüler und Lehrer steigt in einer nicht geplanten Weise. Außerdem klettern die Ausgaben stetig in die Höhe, da sie nicht nur die Lehrer bezahlen, sondern auch für den Lebensunterhalt ihrer Tanzgruppe aufkommen muß. Mary Wigman zwingt sich zu immer intensiverer Arbeit. 1927 hat sie allein in Dresden mehr als 360 Schülerinnen. Dazu kommt eine Schülerschaft von rund 1.200 Schülern aus ihren Filialschulen. Auch sie müssen im letzten Jahr der Ausbildung die Dresdner Schule besuchen, wo Wigman persönlich lehrt und ihre Abschlußprüfungen abnimmt.

Im Frühling 1927 rettet eine großangelegte Erweiterung des Schulgebäudes die Schule vor der räumlichen Katastrophe. Der finanzielle Rahmen wird durch großzügige Spenden der Wigman-Freunde aus dem Ausland bestritten. Die Bauarbeiten ziehen sich den ganzen Sommer und Herbst hin. Als die Schule im Dezember 1927 neu öffnet, jubelt die Presse über die „deutsche Hochschule des Tanzes". Ihr

Tanz ist eindeutig der maßgebende Tanz Deutschlands geworden und ihre Schule die größte.

Der Tänzerkongreß 1928 in Essen. Die Debatte über Ja oder Nein zur Integrierung des Tanzes unter dem Dach „Theater“ führt zu keinem eindeutigen Ergebnis. Im Gegensatz zu Laban verteidigt Mary Wigman die Selbständigkeit des freien, absoluten Tanzes. Ausdruckstanz und Ballett wollen sich nicht unter einem Dach vereinigen lassen. Das gleiche gilt auch für Tanz und Gymnastik, die sich gegenseitig verachten und bekämpfen. Das Ballett war nie sehr ruhmreich in Deutschland. Die Gymnastiker und Rhythmiker der verschiedensten Schulen konnten sich jedoch – so wie der Ausdruckstanz – landesweit verbreiten und wiesen eine immens große Anhängerschaft und Anerkennung auf. Tänzer und Gymnastiker erhoben beide den Anspruch, maßgebend für das gegenwärtige und zukünftige Kulturleben Deutschlands zu sein. Beide Bewegungskünste waren längst zu nationalen Größen geworden. Laban hatte 1927 seinen Traum verwirklicht: die Vereinigung allerlei Tänzerschaft unter einer Gewerkschaft. Zwei Jahre danach organisierte er 1929 einen Festzug des Wiener Gewerbes. Eine 10.000 Teilnehmer zu einem einzigen bewegten Mammutkörper verbindende chorische Arbeit! Chorische Tänze kamen damals ungeheuer gut an. Sie wurden gefördert und bezuschußt; später wurden aus diesen Bewegungschören nahtlos die Massenaufmärsche.

1930 tanzt Mary Wigman ihren „Tanz des Leides“. Und der berühmte Maskenchortanz „Totenmal“ ist ihr Beitrag zum Tänzerkongreß in München, an dem 1.400 in- und ausländische Tänzer beteiligt sind. Es war Albert Talhoff, der sie während des Kongresses 1928 in Essen zu diesem großen Spektakel bewegt hatte. Was aus seiner Idee geworden ist, ist Wigmans bisher größte Inszenierung und ihre erste chorische Arbeit: Ohne musikalische Begleitung läßt sie ihren Chor von 50 Tänzerinnen und Tänzern auf einer großen Bühne zu einer Dichtung Talhoffs tanzen; eine Huldigung an die gefallenen Soldaten des Ersten Weltkriegs. In ihrem 33 Jahre später erschienenen Buch „Die Sprache des Tanzes“ schildert Mary Wigman die Entstehung des Maskentanzes so: „Die Tänzerinnen setzten sich, mit dem Rücken an die Wand gelehnt, auf den Boden und schauten die auf ihrem Schoß liegenden Masken an: Eine Minute, zwei Minuten, fünf Minuten. Es fiel kein Wort. Nur eine leise aufklingende Gongmelodie durchzog den Raum. Am nächsten Abend das Gleiche. Nur daß dieses Mal die Tänzerinnen die Masken über das eigene Gesicht schoben und sie im Bild eines mitgebrachten Spiegels betrachteten. Auf diese Weise machten wir uns Stil und Charakter der Masken allmählich zu eigen."

Die Stadt München hat Mary Wigman bei diesem großangelegten Projekt finanziell unterstützt. Walter Sorell, amerikanischer Tanzkenner, schreibt in seiner Wigman-Biographie: „Wigman hatte oft mit der Vision toter deutscher Soldaten auf französischem Boden gerungen... Ihre innere Auseinandersetzung war nicht mit der Schuld beschäftigt, wer den Ersten Weltkrieg begann... sondern nur mit ihrer ‚Verwurzelung im Deutschsein'... Totenmal war für sie die Gelegenheit, das Bild des toten deutschen Soldaten wachzurufen, oder vielmehr das Leiden der deutschen Frauen um ihn zu gestalten."

Nicht nur Mary Wigman tanzt allerdings das Bild des toten deutschen Soldaten oder der trauernden Mütter. Auch die berühmte Tänzerin Lola Rogge gibt denselben Emotionen ihren eigenen Ausdruck. Sie tanzt im April 1931 das „Totenmal" [auf Texte von Talhoff] in Hamburg für die SPD-Feier im Gewerkschaftshaus, dem Besenbinderhof.

Für die großangelegten Überseetourneen hat sich Mary Wigman jedoch viel Zeit gelassen. Ist ihr enormer Arbeitseifer dafür verantwortlich, ihr Wille, den Wigmanschen Tanz auf deutschem Boden zu verwurzeln und ihn zur Nummer eins in der Tanzwelt zu machen? Sie ist ja nicht die einzige; viele Tänzer konkurrieren in zeitgeistgemäßer Euphorie. Viele Literaten und Intellektuelle wetteifern miteinander, die einen schon in „deutschem Geiste", die andern ihn ablehnend oder noch auf der Suche nach einer zeitgemäßen Sprache. 1930 bereits wird die Richtung eines neuen politischen Windes deutlich. Registriert Mary Wigman die politischen Unruhen, die Aufbruchstimmung in Deutschland nicht? „Der Tanzende löscht die Welt der Realitäten um sich aus und beschwört das Bild seiner inneren Schau. Wer den tänzerischen Blick nicht hat, ist kein Tänzer." So Mary Wigman. Sie scheint die Welt der Realität tatsächlich ausgelöscht zu haben.

Doch im Dezember des Jahres 1930 tritt Mary Wigman ihre erste USA-Tournee an. Sie ist 44 Jahre alt. Begleitet von ihrer Trommlerin Meta Menz und ihrem Musiker Hanns Hasting, kommt sie in ein vom Börsenkrach und der Wirtschaftskrise geschwächtes Land. Ihre 42 Vorstellungen, allein in New York elf Auftritte, ziehen Scharen von Amerikanern an. Der Ausdruckstanz hat hier dank Loie Fuller, Doris Humphrey, Isadora Duncan, Ruth St. Denis, Ted Shawn und der großen Martha Graham ein hohes Ansehen. Die deutsche Ausdruckstänzerin Wigman erobert Amerika; die Pressestimmen sind eindeutig. Im März 1931 kehrt sie glücklich nach Deutschland zurück. Kurz danach tanzt sie in Paris; die Franzosen laden sie auch zu einem Vortrag an der Sorbonne ein; über die Philosophie des Ausdruckstanzes, den sie in fließendem Französisch hält.

Ihr amerikanischer Impresario Sol Hurok ist höchst zufrieden und will Mary Wigman nochmals nach Amerika holen. Sie sagt nicht nein. Im November 1931 und im Dezember 1932 folgen zwei weitere Tourneen, die letztere in Begleitung ihrer Tanzgruppe. Pausenlos von einer Stadt in die andere eilend, tanzt sie bis zu sechzig Vorstellungen. In manchen Orten sind mehr als 5.000 Zuschauer, darunter viele namhafte Prominente der Zeit (Einstein, Garbo, Dietrich), bei ihren Aufführungen zugegen. 1931 hatte ja bereits Hanya Holm in New York eine eigene Wigman-Schule gegründet.

Mary Wigman findet die Amerikaner ein wenig ungeheuerlich. „Hölle, Wahnsinn, häßlich, schön? Faszinierend, ja!... Nirgends ist Platz. Am Himmel nicht, den stoßen Wolkenkratzer wund. Auf der Erde nicht, denn Menschen und Autos decken sie zu. Die Mauern werden von den Plakaten verdeckt, und die Plakate von den Lichtreklamen totgeschlagen. Das Licht grell, schreit, brüllt... Weiße Zähne, schwarze Köpfe... Soviel Neger? Weiße Gesichter, gelbe Gesichter. Welch ein Rassenkessel! Wer, was, wo ist der Amerikaner?“ So beschreibt sie am 2. Januar 1932 ihre Reiseeindrücke in der „Vossischen Zeitung“, Berlin. Die Indianer allerdings, die sie während der zweiten Tournee in einem Reservat kennenlernt, faszinieren sie. „Alles, was die Amerikaner nicht haben, oder besser, das einzige, was sie nicht haben, ist hier: die Fähigkeit, künstlerisch zu gestalten. Im Sinne des Symbols nämlich, also religiös, aus der Vision heraus in die Gestalt.“

Als Mary Wigman und ihre Tanzgruppe auf ihrer dritten USA-Tournee im Dezember 1932 auftreten, kommen sie aufgrund der politischen Lage nicht gut an. Die Haltung der amerikanischen Zuschauer ist überall ablehnend. Dieser Mißerfolg wird im Januar 1933 wegen eines Interviews, das Wigman in Kalifornien einem amerikanischen Journalisten, Raymond Dannenbaum, gibt, zugespitzt. Sie erzählt ihm unter anderm über das Anderssein ihrer jüdischen Schülerinnen. Am 30. Januar 1933 ernennt der Reichstag Adolf Hitler, den kurz zuvor eingebürgerten Österreicher, zum Reichskanzler. Einen Monat später, bei den letzten noch angeblich „freien" Wahlen, am 5. März des Jahres, sind nur 43,9 Prozent der Stimmen für Hitler – trotz massiver Propaganda und trotz allen Mitläufertums.

Am 16. März von Amerika zurückgekehrt, findet Mary Wigman ein völlig verändertes Deutschland vor. Außer der SPD gaben alle Parteien im Reichstag am 23. März 1933 dem Ermächtigungsgesetz, das der Abschaffung der Demokratie gleichkam, ihr Jawort. Die Kommunisten waren bereits vorher ausgeschaltet worden. Wie fühlte sich Mary Wigman? „Sie hatte weder ‚Mein Kampf' gelesen, noch die Folgeerscheinungen des Nationalsozialismus wahrgenommen. Sie hatte bloß als Künstlerin die Möglichkeit erahnt, für ihre Volksgemeinschaft wirken zu können", so Walter Sorell. Ob sie Hitlers Manifest tatsächlich nicht gelesen hat, können wir heute nicht mehr wissen. Abgesehen davon: Hätte sie es gelesen, wäre sie überhaupt davon erschreckt gewesen, hätte sie ihre eigenen ‚Visionen' revidiert, die sie unabhängig von nationalsozialistischen Gedanken schon lange mit sich herumtrug, in ihren Tänzen sichtbar machte und dies bereits 1933 verbalisierte: „Die Masse, die sich selber meint, ist niemals Gemeinschaft. Die Arbeit der Gemeinschaft ist Dienst an der Idee, ist Dienst am Werk. Nur so ist auch die Rolle des Führers im Tanzchor zu verstehen. Der Führer ist ja mit vom gemeinschaftlichen Erlebnis erfaßt – der Tanz, den er schafft, ist nicht von ihm ausgedacht, sondern er stammt aus dem Gruppengeist, der sich in den Wechselwirkungen der tänzerischen Arbeit allmählich bildet."?

Seit ihrer Jugend bejahte Mary Wigman die Zeit, in der sie lebte. Sie hat das, was in dem Kessel Deutschland damals brodelte und kochte, auf ihrem Gebiet „mitgerührt", wie so viele andere, bis ihr der

Schöpflöffel aus der Hand genommen wurde. Vielleicht übersah sie in ihrer fanatischen Tanzeuphorie alles, was um sie herum geschah. Vielleicht war sie durch ihre unerschütterliche Selbsteinschätzung zu verblendet, um gegenüber ihrer eigenen Rolle mißtrauisch zu werden. Im Grunde genommen scheint Mary Wigman, die Hohepriesterin des Ausdruckstanzes, ihrer Asconer Zeit mit Laban, dem Genie- und Führerkult-Prediger, nie entwachsen zu sein. So wie sie sich nie von der Germanen- und Edelmenschen-Mystik ihrer Hellerauer Zeit freimachen konnte. Die neuen Machthaber bedienten sich vieler Begriffe, die auch die ihrigen waren. Bedingungslose Treue zu eigenen Überzeugungen, Hingabe an den eigenen Glauben, völlige Opferbereitschaft für die Aufgaben und dies alles im Dienst des Heimatlandes. Warum sollte sie mißtrauisch werden? In den unübersehbaren „Ausschweifungen“ – so Wigman – sah sie, wie viele andere damals, das Machwerk des Kleinen Mannes, aber nicht die Idee der Machthaber. Die Wigman-Kennerin Hedwig Müller: „Eines faszinierte sie besonders am neuen Staat. Seine Selbst-Inszenierungen, Fackelzüge, Aufmärsche, Paraden, Heldenfeiern. Eine einzige große Choreographie.“

In ihrer gewohnten Besessenheit konzentriert sich Mary Wigman weiter nur auf ihren Tanz und auf ihre Schule. Alles drumherum sieht sie ausschließlich aus dieser Perspektive. Sie fügt sich den Nazi-Verordnungen; die Konzessionen, die sie machen muß, sind für sie im Rahmen ihrer Opferbereitschaft für ihre „Berufung“ zu verstehen. Für die eigene Aufgabe erhofft sie die Anerkennung der Machthaber, die 1934 tatsächlich erfolgt. Durch deren Förderung gelingt es ihr, wieder eine Gruppe von fünfzehn Tänzerinnen zu bilden, sie choreographiert neue Tänze mit neuen Inhalten.

Die Leitung der Deutschen Tanzbühne als Dachorganisation des deutschen Tanzes wird durch Joseph Goebbels dem Tanzlehrer Rudolf von Laban anvertraut, der den Tanzkongreß und die Deutschen Tanzfestspiele, die vom Reichspropagandaministerium und der Reichskulturkammer veranstaltet werden, 1934 eigenhändig organisiert. Auch Mary Wigman sowie viele namhafte Tänzer von Gret Palucca bis Harald Kreutzberg treten hierbei auf. Hier fehlen jedoch Jo Mihaly, Kurt Jooss, Jean Weidt und Julia Tardy-Marcus, um nur einige zu nennen. Sie hatten Deutschland bereits 1933 verlassen.

Kurt Jooss, schon früh die Gefährdung seines jüdischen Komponisten und einiger Tänzer ahnend, war mit seiner ganzen Gruppe emigriert. 1949 kam er nach Essen zurück und baute dort die legendäre Folkwang-Schule mit auf, deren Tanztheater er bis 1968 leitete. Große Choreographinnen und Tänzerinnen wie Pina Bausch, Susanne Linke und Reinhild Hoffmann stammen aus dieser Schule.

Doch viele Künstler scheinen damals die Situation nicht ernst genommen zu haben. Die Tänzerin Julia Tardy-Marcus erzählt später: „Es war eine sonderbare Stimmung. Ich kann mich erinnern, ich habe mich in einem Bus mit jemandem unterhalten – sag ich ‚Wie lange wird das dauern?' sagt der: ‚Zwölf Wochen'. Die anderen sagten ‚zwei Wochen', die anderen sagten ‚ein Jahr' – kein Mensch hat die Lawine kommen sehen. Deutschland galt als die Nation Europas, fortschrittlich in allem, Wissenschaft und Medizin, das konnte keiner fassen."

Die meisten arischen Tänzerinnen und Tänzer kamen in jenen Jahren in den Genuß einer Verbesserung ihrer Berufschancen und wurden finanziell besonders gefördert. Viele jüdische Tänzerinnen und Tänzer, die den Ausdruckstanz mitgeprägt hatten, verschwanden von den Bühnenprogrammen und von den Schulen. Die arbeitslosen, jedoch arischen Tänzer – unabhängig von ihrer Qualität – rückten in die „judenfreien" Positionen vor.

Ab 1933 scheint die Zeit in Deutschland aus den Fugen geraten zu sein. Allein innerhalb der drei folgenden Jahre werden Bücher verbrannt, berufliche Möglichkeiten für jüdische Ärzte, Künstler und Intellektuelle eingeschränkt, Ghettos und Konzentrationslager errichtet, politische Rechte der Staatsbürger jüdischer Abstammung für nichtig erklärt, in den Schulen Erb- und Rassenkunde eingeführt, alle tanzenden Arier in der Tanzkammer der Reichskulturkammer, alle tanzenden Nicht-Arier im Reichsverband des Jüdischen Kulturbundes zusammengefaßt.

Danach ging es noch rigoroser zu: Großangelegte Propaganda-Ausstellungen „Entartete Kunst" und „Der Ewige Jude", „Anschluß" Österreichs, Berufsverbot für jüdische Ärzte, Berufsverbot für jüdische Rechtsanwälte, Enteignung jüdischer Betriebe, Reichspogromnacht, Zutrittsverbot für Juden zu allen kulturellen Veranstaltungen, Ausschluß der Juden aus den Akademien und Hochschulen, Einmarsch in die Tschechoslowakei, Überfall Polens, Beschlagnahmung jüdischen Privateigentums, Einmarsch in Dänemark, Norwegen, Holland, Belgien, Luxemburg, Frankreich, Einmarsch in Jugoslawien und Griechenland, Überfall der Sowjetunion, Auswanderungssperre für Juden, Zwangsmaßnahmen „Judenstern“, Auflösung des Jüdischen Kulturbundes, Massendeportationen, „Endlösung“. Das alles geschieht mitten im traditionsreichen Europa und vor den Augen der Weltöffentlichkeit, die zum größten Teil opportun bleibt.

Zurück zu Mary Wigman: Daß sie der NSDAP soweit fernblieb, daß sie nie Mitglied wurde, weist auf ihre Gesinnung hin. 1935 veröffentlichte sie allerdings das Buch „Deutsche Tanzkunst“, das ihr später als ein Zeichen von Mitläufertum angelastet wurde. Aus dem Vorwort: „Es ist nur natürlich und folgerichtig, wenn das bis zutiefst aufgerüttelte Deutschland die Frage nach dem wahrhaften Deutschtum auch an die Kunst richtet... Daß manches Lebens- und Liebenswerte im ersten Ansturm des gewaltigen Geschehens zu Boden gedrückt, vielleicht zermalmt wurde, ist hart für den einzelnen. Im Zusammenhang mit dem ganz großen Geschehen tritt das Einzelschicksal zurück... Das Tragische, das Heroische – vom Allzuspielerischen bisher verdrängt – brach sich Bahn und gab dem Tanz sein neues, sein deutsches Gesicht. Denn daß dieser Tanz den Bekenntnismut zum Leben als dem ewig geheimnisvoll Webenden und Wirkenden hatte, daß er Gott suchte und mit dem Dämon rang, der er der uralten, der faustischen Sehnsucht nach Erlösung zu allerletzter Lebenseinheit Gestalt gab, das macht sein Deutschtum aus.“ Walter Sorell, der Mary Wigman vor allem in den letzten Lebensjahren begleitet hat, schreibt: „In meiner 15jährigen Freundschaft mit ihr hörte ich sie nie das Buch ‚Deutsche Tanzkunst‘ erwähnen.“ Bereute Mary Wigman, dies je veröffentlicht zu haben?

Mary Wigmans Arbeitsintensität ist Mitte der dreißiger Jahre schwindelerregend. Der amerikanischen Tänzerin Ann Port Bennett, die sie während ihrer Tourneen kennengelernt hatte, schildert Mary Wigman im März 1935 in einem Brief die Aktualität ihres Tanzes: „Um Februar – 28 Tage – hatten wir 24 Vorstellungen in 24 verschiedenen Städten... der Erfolg und Enthusiasmus ungeheuer.“

1936 gibt es für Mary Wigman Ärger. Hanya Holm kann die „Wigman-School of Dance“ nicht mehr unter dem Namen fortführen. Die

New Yorker wollen ihre Kinder keinen Tag länger zu dieser Schule schicken, und es gibt laute Proteste. So muß der Name Wigman aus dem Namensschild verschwinden. Auch Wigmans glanzvolle Dresdner Schule verliert ein ganzes Stück Ansehen. In Berlin werden die Deutschen Meisterstätten gegründet, die, und nicht die Wigman-Schule, Hochschul-Charakter haben. Und sie wird nicht einmal zur Leiterin der Abteilung für modernen Tanz ernannt, einen Position, für die sie sich zweifelsohne am geeignetsten fand. Unter den leitenden Namen finden sich dagegen Laban, Palucca und Marianne Vogelsang. Laban wurde außerdem von Goebbels in die Reichskulturkammer berufen. Innerlich wütend und in ihrem Stolz tief verletzt, unterschreibt Mary Wigman einen Gastlehrervertrag, der ihren Einsatz ab Mai 1938 vorsieht. Eigentlich sollte für sie der Zeitpunkt gekommen sein, allem „nein" zu sagen. Aber sie macht weiter: „Wenn ich das täte – wonach mir in ganz müden Momenten manchmal zumute ist – nämlich alles hinhauen... Es wäre nicht richtig. Ich weiß, daß ich es nicht könnte, selbst in den schwächsten Momenten nicht! So einfach im Stich lassen, wofür man sein ganzes Dasein eingesetzt hat, das kann man nicht. Es steckt zuviel Blut, zuviel Kraft, zuviel Liebe und zuviel Leiden darin und dahinter. Amen."

Auch ein Umzug von Wigmans Dresdner Schule nach Berlin – um dem Zentrum der Geschehnisse näher zu sein – wird von Goebbels' Propagandaministerium nicht zugelassen. Warum förderte die NS-Kulturbehörde sie nicht mehr? Warteten die Nationalsozialisten auf eine politische Geste von Mary Wigman? Oder war der Mary-Wigman-Tanz zu intellektuell, zu individuell, nicht genug „völkisch", also nicht für Nazi-Zwecke verwendbar? Was hatte Goebbels einmal gesagt: „Stehen die Deutschen einmal alle in Reih und Glied, 30 Millionen Trottel, dann ist das ewige Reich Ahasvers angebrochen." Mary Wigmans Tanzkunst scheint ihn nicht davon überzeugt zu haben.

1936 ist das Jahr der Berliner Olympiade. Man bereitet sich auf internationale Gastkünstler und Gäste vor. Das Gesicht der Straßen wird von antijüdischen Hetzparolen gesäubert. Die eklatanteste Absage kommt von der amerikanischen Diva des modernen Tanzes, Martha Graham: „I replied: I would find it impossible to dance in Germany at the present time."

Die Olympiade wird am 1. August mit dem Festspiel olympischer Jugend vor über 100.000 Zuschauern im Berliner Olympiastadion eröffnet. An der Regie des Festspiels ist nicht, wie zu erwarten wäre, Rudolf von Laban, sondern Hanns Niedecken-Gebhard beteiligt. Die Musik zu diesem Spektakel haben die Komponisten Carl Orff und Werner Egk geschaffen. Nach dem Ausklingen der ersten Mammut-Inszenierung „Kindliches Spiel", das von Dorothee Günther und Maja Lex einstudiert und von 3.400 Mädchen und Jungen aufgeführt wird, lösen sich gewaltige Inszenierungen mit chorischen Tänzen ab. Mary Wigmans Beitrag zur Olympiade ist eine von ihr als „feierliche Totenehrung" verstandene Choreographie: „Die Totenklage". Sie tanzt mit ihrem Tanzchor - achtzig Tänzerinnen. Palucca, deren Stern seit 1933 wieder am Himmel steht, tanzt einen Solo-Walzer.

Die Beziehung der Reichskulturkammer zum modernen Tanz ändert sich nach den Olympischen Spielen schlagartig. Die Entwicklung hatte sich schon vorher bemerkbar gemacht. Der moderne Tanz schien ausgedient und seine Zwecke erfüllt zu haben. Der Tanz war doch für das Regime nur ein Instrument. Ein Mittel, das nur in der Übergangsphase benutzt und gefördert werden mußte, um den Menschen die Bewegung schmackthaft zu machen. Um schließlich das Chorische, die Laienchöre mit Hunderttausenden in uniformierten Blöcken zu demonstrieren, dazu brauchten die Hitler-Ideologen keinen Tanz einer Mary Wigman oder einer anderen Tänzerin mehr. Für den Sprung zum Soldaten, der im Gleichschritt marschiert, dem die Mütter und Ehefrauen, auch Schulter an Schulter, zuwinken, bis zum tausendfach gebrüllten „Ja" zum Totalen Krieg brauchte das Regime ganz andere Mittel der Manipulation. Diese Funktion konnte der Deutsche Ausdruckstanz nicht übernehmen. Schritt für Schritt fällt er nun in Ungnade. Die Geldhähne werden zugedreht, und Mißgunst zeigt sich offen. Auch Gret Palucca ist plötzlich in ihrer Existenz bedroht. Ihre vor vielen Jahren verstorbene Mutter war jüdischer Abstammung. Die Reichskulturkammer untersagt Palucca jegliche Aufnahme neuer Schüler. Nach Beendigung der Ausbildung der letzten Schüler soll ihre Schule im April 1939 ein für allemal ihre Tore schließen.

Doch wie einige ihrer Kollegen hat auch Palucca einen Gönner in der Kulturkammer: Hans Hinkel, Reichskulturverwalter, Staatskommissar, SS-Standartenführer. So kann sie sich mindestens mit einer Sondergenehmigung bei eigenen Auftritten trösten. Das Blatt kann sich allerdings jederzeit wenden, und der Sonderstatus kann jederzeit widerrufen werden. Palucca verspricht Gehorsam. Gehorsam war sie auch damals, als sie Tile Rössler, die damalige Leiterin der Palucca-Schule, als Jüdin entließ.

1937 spitzt sich die Lage weiterhin zu. Laban verläßt Deutschland, halb freiwillig, halb zwangsläufig. Die Diskrepanz zwischen ihm und Goebbels ist unübersehbar. Goebbels scheint den Choreographen der Laienchöre, der sich für ein Genie hielt, aber doch naiv genug war, zu glauben, er würde sich bei Goebbels unersetzlich machen, endgültig eliminieren zu wollen. Ein Gerücht über seine Homosexualität, ein „Vorwurf", er habe jüdische Schüler: Und Laban riecht darin die todernste Gefahr. Seiner hohen Position im Rahmen des Propagandaministeriums muß er ade sagen: eine Verbannung auf Schloß Banz; dann darf er nach Frankreich ausreisen.

Die grauen Wolken der Ungnade über dem deutschen Ausdruckstanz: Man wirft Mary Wigman „Judenfreundlichkeit" vor, und wegen ihrer jüdischen Tänzerin Pola Nirenska wird sie attackiert. Andere jüdische Mitglieder der Wigman-Gruppe und jüdische Schülerinnen haben sich bereits zurückgezogen. Wigmans Unbehagen wird zwar größer. Aber ihre feste Überzeugung ist, daß sie trotz aller Ungeheuerlichkeiten die Verantwortung dafür niemals bei den Anführern der Partei suchen darf. Mai 1937, aus ihrem Tagebuch: „Sieg des Kollektivismus über das Individuum! Das liegt nicht in der Hand des einzelnen, das liegt auch nicht im Wollen einer Führergruppe allein. Und die Staatsform, die dieses vertritt, ist über alles Tatsächliche hinaus von einem nicht sichtbaren, nicht greifbaren und doch alles zwingenden Zeitwillen dirigiert. Dem kann sich kein ‚lebendiger' Mensch entziehen."

Doch sie ist verwirrt, kampfesmüde, unruhig. „Was steht mir bevor? Ich muß in diese Hölle hinein... Was mich in meinem tiefsten Wesen erschüttert und bestürzt, das ist die Tatsache, daß die sogenannten ‚künstlerischen Mittel' nur in jenem Teil des Spieles zur Anwendung gelangen, das sich mit den Nachkriegsjahren, den Jahren der ‚Zersetzung' befaßt – die neue Zeit – das Dritte Reich, das symbolisch gefaßt, in Erscheinung treten soll, braucht diese Mittel nicht, da geht es – in diesem Spiel – um die militärisch organisierten Aufzüge der H.J., des B.D.M., der SA, der SS usw. Mir tut tief drinnen das Herz so weh." Es ist eindeutig, was sie entsetzt. Der Anlaß für diese Gedanken ist, daß auch Mary Wigman am 16. Juli 1937 persönlich zur Huldigung des Führers tanzen soll. Nochmals vertraut sie sich ihrem Tagebuch an: „Auch nach Hannles Meinung gibt es hier kein ‚Nein'-Sagen." Wer ist aber Hannle?

Es gab nicht nur den Tanz und die Arbeit in Mary Wigmans Leben; sie pflegte auch einige Liebesverhältnisse. Schon in Hellerau hatte sie Hans Prinzhorn kennengelernt, mit dem sie in einer langen Partnerschaft zusammenlebte. Er war Nervenarzt, Kunstkenner und hegte die gleichen Ideale wie Wigman. Sie waren, wenn nicht leidenschaftlich, doch bis zu seinem Tod im Jahre 1933 sehr eng miteinander verbunden. Er vermittelte ihr viel Wissen über die Seelenlandschaft des Menschen. Ihr expressiver, pathetischer Tanz profitierte davon.

1924 lernte Mary Wigman die schwärmerische Liebe eines viel jüngeren Mannes, Herbert Binswanger, kennen. Hinreißend fröhlich, charmant, ein Schweizer, der Medizin studierte. Ihm gelang es, Mary Wigman von seiner Liebe zu überzeugen und ihr Herz zu erobern. Er entführte sie in zahlreiche idyllische Urlaubsziele, in die Schweiz, nach Frankreich und zum Mittelmeer.

1929 bahnte sich jedoch eine andere Beziehung an. Die sechsjährige Romanze mit Binswanger endete allmählich. Hanns Benkert, eng befreundet mit Mary Wigmans Tänzerin und Assistentin Hanya Holm, ist leitender Ingenieur bei Siemens. In Kürze gewinnt er Wigmans Vertrauen und wird ihr ein nüchterner, sachlicher, kompetenter Berater in allen organisatorischen Angelegenheiten. An Benkerts Seite findet die Tänzerin endlich die ersehnte Geborgenheit, Ruhe und vor allem Sicherheit. Sie spürt, wahrscheinlich zum erstenmal, daß sie endlich angekommen ist. Sie ist 42 Jahre alt.

Hanns Benkert wird ihr „Hannle". Er wird sie in den folgenden dreizehn Jahren lieben, beraten, fördern, schützen. Doch das „Schicksalhafte" ihres Lebens zerstört die Liebesidylle. Denn „Hannle" wohnt nicht lange in der Nähe Dresdens. Bekannt wegen seiner positiven Einstellung zu den NS-Machthabern, wird er in die Chefetage der Siemenswerke, Berlin, berufen und gewinnt noch mehr Einfluß bei den Parteipolitikern. Dadurch kann er zwar Mary Wigman und ihre Schule besser schützen und für großzügige Unterstützung sorgen, die Trennung aber zermürbt die Liebenden.

Es ist auch „Hannle“, der im Mai 1937 versucht, Mary Wigman zu ihrer Teilnahme am Huldigungsmarsch für Hitler zu bewegen. Sie jedoch empfindet nur Leid und Abscheu. Erkannt hat sie, daß ihr Ausdruckstanz keinerlei Bedeutung bei der Huldigung hat, begehrt sind nur riesige Bewegungschöre à la Talhoff und „die militärisch organisierten Aufzüge“. Sie zögert mit ihrer Zusage, was die Selbstgefälligkeit der Nazis nicht duldet und nicht verzeiht. Aus München kommt eine Absage, was ihre Mitwirkung anbetrifft. Im gleichen Moment soll sie einen Antwortbrief geschickt haben, in dem sie um die Erhöhung des vorgeschlagenen Honorars um das Doppelte bittet. Hoffte sie, sich damit geschickt aus der Affäre ziehen zu können?

Von da an hat Mary Wigman in Deutschland keine Chance mehr. Man gewährt ihr keine finanzielle Unterstützung mehr. Ihr Antrag zur Umsiedlung nach Berlin [sie wollte endlich wieder in der Nähe ihres Liebhabers und Gönners Benkert sein] wird rigoros abgelehnt. Die gelenkte Presse schweigt sie beinahe tot. Man setzt allerdings Gerüchte in die Luft, ihre Ascona-Zeit wird ihr vorgeworfen: Sie habe dort ihre Jugend unter Juden und Kommunisten verbracht, in ihre Schule seien viele jüdische Finanzmittel hineingeflossen. Der Absturz droht ihr gnadenlos. „Dein reiches Leben kann Dir niemand nehmen, das Geschaffene mag vergehen, man mag Dich schnell vergessen, aber vielleicht hast Du ein paar Keime eingesenkt, vielleicht war an einigen wenigen Stellen der Erdboden fruchtbar – o, ich möchte keine bittere Frau sein. Ich möchte mit einem wissenden Lächeln in mein Alter gehen – mein Schicksal will ich auf mich nehmen.“ Eine Tagebucheintragung von 1937. Sie wäre nicht Mary Wigman, hätte sie aufgegeben. Sie choreographiert 1937/38 neue Tänze: „Herbstliche Tänze“, „Tanz der dunklen Königin“, „Tanz der lichten Königin“, „Zwiesprache“, „Ruf“. Und sie begibt sich auf neue In- und Auslandstourneen. Die politische Lage heizt sich in Europa gefährlich auf. Hitler überfällt Polen am 1. September 1939, zwei Tage später erklären England, das ganze Commonwealth und Frankreich dem Deutschen Reich den Krieg. Der Zweite Weltkrieg hat begonnen.

Mary Wigman ist eine begeisterte Tagebuch-Schreiberin. Das Wort liegt ihr genausogut wie der Tanz. Auch ihre Korrespondenz mit ihren Freunden und Schülern ist überaus rege. Ihre Tagebücher, geschmückt mit Skizzen, Zeichnungen und Gedichten, erzählen viel von ihrem Leben, über sie selbst, und teilweise sind sie auch wichtige Zeitdokumente. „Es darf keine Frage mehr geben, es darf keine Kritik mehr geben, es gibt nur das eine: eine anständige, eine deutsche Haltung." So lautet die Eintragung im März 1939.

Das Reichspropagandaministerium verbietet Mary Wigman bei der Leipziger Tanztagung im März 1941 das Wort und den Tanz. Bis zu ihr dringt das Gerücht, ihr Tanz gehöre zu den „entarteten" Künsten. Ihr Musiker Hanns Hasting und ihre Assistentin Gretl Curth zählen schon lange zu den NSDAP-Mitgliedern. Es gibt Unruhe, Mißtrauen und Intrigen in der Schule. Die Zahl der Schüler geht ständig zurück, während die Probleme wachsen. Doch die Kämpferin in ihr gibt nicht auf; sie sucht neue Wege. Schließlich trennt sie sich von ihrer Schule und verläßt Dresden. Kurz danach geht das Schulgebäude in den Besitz der Stadt über.

Mary Wigman ist nun in Leipzig und schöpft neue Hoffnung. Es ist Frühling 1942. Die Stadtverwaltung erlaubt ihr, an der neuen Hochschule für dramatische Kunst Gastkurse zu geben. Daß sie, wie vom Oberbürgermeister vorgeschlagen, die Tanzabteilung leiten solle, lehnt die NSDAP jedoch entschieden ab. Die Leitung der Schule in Leipzig liegt in den Händen von Hanns Niedecken-Gebhard.

Wigman choreographiert mit der Komponistin Aleida Montijn Solotänze: den „Tanz der Niobe" und „Abschied und Dank". Mit diesen Tänzen nimmt sie in Hamburg, Berlin und schließlich am 27. April 1942 in Dresden als Solotänzerin Abschied von der Bühne. Sie ist 55 Jahre alt. Den „Tanz der Niobe" zeichnen schwermütige, vom unheilvollen Krieg geprägte Gedanken: „Die Qual, die Not, der Gram, die Angst, das ruhelose Warten und die blicklose Verzweiflung der Mütter im Krieg. Es war, als wollten sie alle mir ihr Leid in den Schoß legen. Als mahnten sie mich: Sage Du es, wir haben keine Stimme und keine Träne mehr..."

Doch ihren „Abschied und Dank", ihren letzten Solotanz, wollte sie als „jenes leise Lächeln, in dem man verzichten kann, ohne zu resignieren", verstanden wissen. „Selbst noch die Fehler, die ich gemacht habe", schrieb Mary Wigman zwanzig Jahre später, „vermag ich nicht zu bereuen. Denn immer noch hat das Leben selber die Rechnung dafür vorgelegt. Man hatte sie voll und ganz zu begleichen."

Ungefähr drei Monate vor ihrem letzten Auftritt als Solotänzerin hatte die Wannsee-Konferenz die Deportation der Juden und damit die „Endlösung" der Judenfrage beschlossen. Vom 24. April 1942 an durften Juden grundsätzlich keine Verkehrsmittel mehr benutzen. Im Juni begannen bereits die ersten Massen-Vergasungen in Auschwitz. 1942 erschienen die ersten anglo-amerikanischen Bomber am „deutschen" Himmel, und im Sommer war die deutsche Siegeseuphorie erstmals gebremst worden. Ab Herbst 1942 durften Juden keine Marken für Fleisch, Milch und Eier mehr bekommen. Doch sind weder Mary Wigmans Schaffensdrang noch ihre Solidarität mit Deutschland oder ihr Glaube an dessen Führung weniger geworden. Allerdings läßt der Alltag immer weniger Freiraum für künstlerisches Schaffen. Täglich wird das Leben schwerer, enger, dunkler, und die Not zeigt sich überall. Wie viele Millionen nimmt auch Mary Wigman die Realität nicht so wahr, wie sie ist, sondern entstellt, selektiert und gesiebt in der Propagandamaschinerie des Nazi-Systems, die den Alltag lückenlos füllt.

Bombenterror über deutschen Städten. Millionen Tote und Obdachlose. Hamburg liegt im Sommer 1943 in Schutt und Asche, und eine Million Menschen verlassen die Heimat zu Fuß. Die Bomber greifen auch Leipzig an. Die Stadt liegt am 4. Dezember 1943 schwer zertrümmert unter dunklen Rauchsäulen. Mary Wigmans Haus ist nur leicht getroffen, und die unerschütterliche Choreographin in ihr notiert drei Tage später: „Ich bin über mich selbst erschrocken, daß sich mitten in der fürchterlichen Wirklichkeit die künstlerische Erlebniskraft regen wollte."

Anfang Juni 1944 stehen sowjetische Truppen bereits in Polen, gleichzeitig beginnen die Alliierten mit der Invasion in der Normandie und erreichen im Oktober die deutsche Grenze bei Aachen. Unzählige Züge mit Millionen jüdischer Bürger aus den besetzten europäischen Ländern waren Richtung Auschwitz gerollt.

Tagebucheintragung vom 6. April 1945: „Es stirbt das Land, das einmal Deutschland hieß und das ich mehr geliebt, als Worte sagen können. Das Land, das meine Wesensart bestimmte, das Wurzel mir und Quell und Nahrung war. Das Land, das blühend einst nun hingerichtet ist, zertrümmert und verwüstet." Ein paar Tage zuvor notiert sie: „Das Grauen wächst. Eiskalt und klebrig kriecht es langsam höher und packt uns schon am Hals... Des Todes Majestät ist abgesetzt. Man stirbt nicht mehr, man geht zugrunde, man verreckt – und wird nicht einmal mehr begraben." Die deutsche Kapitulation vom 7./8. Mai 1945 trifft die Künstlerin wie ein erbarmungsloser Schlag mit voller Wucht. Wohin nun mit ihrer Liebe für das Land, wohin mit ihrer Identität, mit ihrem Selbst? Desorientierung überall. Eine Frage quält sie: „Aber wir waren einmal ein Kulturvolk. Nun gelten wir wohl auch als das nicht mehr. Wird die kleingewordene Schicht der Kulturschaffenden stark genug sein – Auslese! – um den deutschen Wesenskern zu bewahren und zum Wiederaufkeimen zu bringen?"

Sie stürzt sich wieder in die Arbeit. Es finden sich ein paar nach Tanz hungernde Schülerinnen bei ihr ein, bald werden sie mehr, und in einem Notquartier in Leipzig wird atemlos geübt und getanzt – wie zuvor. Mit attraktiven Angeboten versuchen Kulturschaffende in der russischen Besatzungszone sie nach Berlin zu locken. Die Tanzszene steigt wie ein Phoenix aus der Asche. Dore Hoyer gründet ein Tanzstudio in der ehemaligen „Wigman-Schule Dresden", und es dauert nicht länger als sechs Wochen nach der Kapitulation, bis sie ihren ersten Soloabend tanzt.

Die Bombenagriffe auf Dresden haben Gret Palucca um ihr gesamtes Hab und Gut gebracht. Mit einem Schlag ist sie obdachlos geworden. Mit dem Nötigsten im Rucksack und knurrendem Magen wandert sie tagelang durch die Trümmer Dresdens. Wie Millionen andere, so sucht sie eine Bleibe und etwas zu essen. Macht die Not erfinderisch und zielstrebig, oder waren Frauen jener Zeit von besonderer Zähigkeit? Allen Mühseligkeiten zum Trotz findet sie eine Wohnung, einen Schulraum, Schüler und sieben Mitarbeiter. Ende Juli 1945 steht auch sie wieder auf der Bühne. Sie hat viel Nachholbedarf und ist glücklich, wieder tanzen zu können. In jener Zeit lernt Gret Palucca die Kinderärztin Marianne Zwingenberger kennen, mit der sie zwanzig Jahre lang bis zu deren Tod ihr Leben teilen wird. Nun leben und agieren Mary Wigman und Gret Palucca beide in der sowjetischen Zone.

Bei den Gemeindewahlen 1946 ist Palucca parteilose Kandidatin auf der SED-Liste. Wigman nimmt 1947 am SED-Volkskongreß für Einheit und gerechten Frieden im sowjetischen Sektor teil: „Ich weiß nicht - aber eines spüre ich bis in die Wurzeln meines Seins: daß die Trennung des Westens vom Osten das Ende Deutschlands ist." Für die Einheit Deutschlands will sie kämpfen. Dank ihres Interzonenpasses unternimmt Palucca ihrerseits 1947 und 1948 große Tourneen durch ganz Deutschland. Doch schließlich müssen beide großen Choreographinnen im Frühjahr 1949 die Verstaatlichung ihrer Privatschulen hinnehmen. Gret Palucca bleibt trotzdem in Dresden; Mary Wigmans Ausreiseantrag wird genehmigt, und sie verläßt die „Ostzone" mit ihrer Freundin Anni Hess Richtung Berlin-West.

Im Westen findet Wigman vor allem alte Freunde vor. Kurt Jooss ist aus dem Exil zurückgekehrt, Rosalia Chladek ist hier, Harald Kreutzberg, Dore Hoyer tanzen weiter. Das macht Mut, das spornt an und tut der verletzten Seele gut. Eine eigene Schule in Berlin und Sommerkurse in Dresden und in Zürich: das ist ein guter Wiedereinstieg. In West-Berlin ist sie wieder die große Mary Wigman. An Schülern mangelt es nicht, sie kommen von überall her, auch aus dem Ausland. Marianne Vogelsang, Till Thiele, Nora Friedrich und der Klavierbegleiter Ulrich Kessler sind jetzt ihre rechte Hand, und sie, Mary Wigman, tut alles Erdenkliche, um den Ausdruckstanz, den so schnell vergessenen, „absoluten" Tanz, aus dem Dornröschenschlaf zu wecken und ihm einstige Intensität, Ernst und Würde zurückzugeben.

Chorische Studien „Die Wartenden", „Die Heimatlosen", „Klage und Anklage": das sind frappierende Bilder der Nachkriegszeit, die Wigman 1952 choreographiert. Diesen Zyklen folgen 1953 die „Chorischen Studien II" mit Dore Hoyer als Solotänzerin, die überraschend die Premiere absagt, und Mary Wigman notiert: „Die Versuchung: Tue es selber. Keiner könnte es wie Du." Elf Jahre nach ihrem Abschied vom Solotanz begibt sie sich wieder in die Welt, die ihr im Innersten gehörte: „...Die gesteigerte Welt des Darstellerischen nahm Besitz von mir, uneingeschränkt." 1952 erhält sie den Kunstpreis von Berlin, 1954 wird ihr der Schillerpreis in Mannheim verliehen, 1955 wird sie Mitglied der Akademie der Künste in West-Berlin [Gret Palucca war Gründungsmitglied der Akademie in Berlin-Ost], und 1957 würdigt

9 Mary Wigman (Mitte) mit der Tänzerin Lola Rogge (links) und der Bühnenkomponistin Aleida Montijn auf dem Tänzertreffen in Zürich 1949.

10 Mary Wigman in einem Interview im Deutschen Fernsehen vom 20. November 1966.

die Bundesrepublik Deutschland Mary Wigman mit dem Großen Bundesverdienstkreuz.

Privat lebt Wigman in sehr bescheidenen Verhältnissen, ist jedoch überaus großzügig gegenüber Schülern und Freunden. So war sie immer: „Ich habe seit 1945 kein Geld, nie, und werde wohl auch für den Rest meines Lebens nie wieder genug verdienen können.“ So schrieb sie 1949 an die Tänzerin und Freundin Pola Nirenska. Gleichzeitig muß sie erleben, wie im Kulturleben eine entscheidende Gewichtsverlagerung geschieht: Die Kinos sind voll, Musik, Theater, Kabarett wetteifern um die Gunst der Zuschauer, und der Fernseher erobert allmählich die deutsche Wohnstube. Mit ihrem deutschen Ausdruckstanz fühlt sich Mary Wigman langsam recht verloren. Daß sie jetzt öfter mit klassischen Ballettänzern zusammenarbeiten muß, ärgert sie sehr: „Ich möchte jedes einzelne dieser blöden Gänschen schütteln, wenn sie hintereinander herwatscheln und aussehen, als ob sie Unterleibsbeschwerden hätten." 1955 gibt es zwei Choreographien für das Mannheimer Nationaltheater: „Catulli Carmina" und „Carmina Burana" von Carl Orff. Besonders „Carmina Burana" liegt ihr sehr und wird, wie in früheren Jahren, ein überaus großer Erfolg.

35 Jahre gnadenloser Arbeit machen sich bei Mary Wigman bemerkbar. Ihr Körper, den sie zu einem Instrument im Dienste ihrer Tanzvisionen gemacht hatte, meldet sich: starke Schmerzen im Rücken und in den Beinen, die nicht vorübergehen wollen. Sie drohen ihre Lebensbegleiter zu werden. Ignorieren und arbeiten sind Mary Wigmans Zauberworte gegen Krankheiten. So begibt sie sich 1957 in die kräfteverzehrenden Pranken einer sie herausfordernden, völlig gefangennehmenden Aufgabe: die Choreographie und Inszenierung von Strawinskys „Le Sacre du Printemps" zu den Berliner Festwochen. Tage, Nächte, Wochen, Monate schwersten Ringens mit einer unzähmbar wilden und widerspenstigen Musik: „Niemals in meinem Leben habe ich so gekämpft und mich so abgemüht, wie ich's beim ‚Sacre' tat", sagt sie später. „Le Sacre du Printemps", das „Frühlingsopfer", läßt sie die Tanzgruppe und Dore Hoyer als „Opfer" auf einer ovalen, schräg geneigten Bühnenscheibe tanzen, absolut, ohne Requisiten, ohne Dekor. Ein glänzender Erfolg. Sie ist umjubelt, zufrieden und glücklich.

Wie ging es Gret Palucca in den fünfziger Jahren in der damaligen DDR, wo das Leben auf einem anderen Gleis fuhr? Anfänglich sah es im Land so aus, als wäre eine hoffnungsvolle, antifaschistische Zeit wahrer Demokratie angebrochen. Doch das war trügerisch. Denn auch hier begannen staatliche Indoktrinierungsversuche, um die Bevölkerung für die neue antiwestliche Linie zu gewinnen. Auch der Tanz

11 Gret Palucca im Kreis von Elevinnen aus St. Petersburg.

mußte sich den staatlichen Prinzipien anpassen. Bereits 1949 wurde Gret Palucca in ihrer eigenen Tanzschule, die verstaatlicht wurde, zur Angestellten. Sie ist zwar die größte Tänzerin der DDR, ihre Schule ist konkurrenzlos und Vorzeigeobjekt des sozialistischen Staates, allerdings muß sie zahlreiche Konzessionen machen. Andererseits gibt es genug Gründe für Palucca, zufrieden zu sein. Das DDR-Regime erkennt ihre

Verfolgung in der NS-Zeit an und stellt ihr den begehrten Interzonenpaß aus, der es ihr ermöglicht, auch im Westen ihre Improvisationen zu Musiken von Brahms, Beethoven, Milhaud und Satie zu tanzen.

Doch der Ausdruckstanz ist den DDR-Kulturpolitikern, wie einst den Nazis, zu individuell und paßt nicht in das politische Bild. Er wird abgelehnt und sogar verpönt. Nicht die Eingliederung einer Klasse klassischen Balletts in die Palucca-Schule, nicht einmal die Fürsprache eines Bertolt Brecht oder einer Helene Weigel scheinen das Klima zu mildern. Palucca ist nicht zu weiteren Konzessionen bereit; sie bleibt dem Unterricht einfach fern. Bis sich die Partei besinnt und die Tänzerin Anfang 1954 als künstlerische Leiterin in ihre eigene Schule zurückholt. Die ersehnte Ruhe kehrt in ihr Leben ein.

Entschlossen, Paluccas Einfluß zu schwächen, geht die Kulturbehörde nunmehr klüger vor. Ihre Schule wird Schritt für Schritt von innen erobert, bis sie schließlich zu einer reinen Ballettschule unter Leitung einer Parteigenossin wird, während Palucca mit allerlei staatlichen Orden, Titeln und Ehren geschmückt wird. Die Ämter erlauben ihr in den siebziger Jahren Tanzkurse in Stockholm und Bern zu leiten; sie scheinen sicher zu sein, daß sie nicht im Ausland bleibt. Und tatsächlich kehrt sie von allen Auslandsreisen wieder nach Dresden zurück. Ihre lange pädagogische Arbeit beendet Palucca 88jährig im Jahre 1990. Sie hatte ihren letzten Solotanz 48jährig getanzt. Seit Jahrzehnten suchte sie in ihren Ferien Erholung auf der Insel Sylt. Doch begraben werden wollte sie auf Hiddensee an der Ostsee, wo sie ihre letzten Urlaube mit ihrer Freundin verbrachte. So leicht wie ihr Tanz war auch ihr Tod. Sie starb am 22. März 1993.

Wie viele Schüler müssen in allen Jahren durch ihre Hände gegangen sein, durch sie die Freude am reinen Tanz, am eigenen Tanzerlebnis entdeckt und erlebt haben. Das ist im Sinne von Wigman und Palucca nicht unwesentlich. Schließlich erlebte sie noch mit, daß der Tanz, nicht das Ballett, neue Impulse bekam. In einer Wechselwirkung mit der Frauenbewegung brachte die deutsche Tanzszene der siebziger Jahre Choreographinnen hervor, die sich mit den inneren Bildern des Menschen, der kodierten Sprache des zivilisatorisch entfremdeten Körpers befaßten. Weder das Mystisch-Kultische einer Wigman noch das Sprungvolle, Heitere einer Palucca waren für die

Tanzideen der neuen Choreographinnen-Generation eine unmittelbare Quelle der Inspiration. Doch der Ausdruckstanz lebt in den Konzepten einer Susanne Linke, Pina Bausch und Reinhild Hoffmann weiter.

Die letzten Lebensjahre bringen für Mary Wigman noch viel körperliches Leid; ein leichter Tod wie bei Gret Palucca ist ihr nicht beschieden. Sie ringt zudem noch mit vergangenen Kränkungen, wie sie ihr Hanns Benkert zugefügt hatte, der sie im wichtigsten Moment im Stich ließ und ihr damit auch jegliche Protektion bei den Nazi-Machthabern entzog: Er ging bereits 1941 eine Partnerschaft mit einer anderen Frau ein. Nie hat Mary Wigman ihm das verziehen. „Es tut so maßlos weh“, schrieb sie 1943, „und doch sind Teile meines Wesens noch immer von dir durchtränkt. Gelebtes läßt sich nicht auslöschen, Geliebtes stirbt viele Tode – nur den letzten nicht.“

Körperlich hat die Tänzerin Schmerzen, ihre Augen werden zusehends schwächer, und sie hat Angst vor Erblindung. „Ich stehe vor der letzten Stufe, vor totaler Blindheit. Oft bin ich voller Furcht vor der Verdunkelung des Lichts“, so Mary Wigman im Janaur 1973. Ständig stürzt sie, und nach jedem Sturz werden ihre Knochen brüchiger, und sie wird ängstlicher. Der einzige Mensch, der sie noch treu umsorgt, ist ihre Freundin Anni Hess. Gemeinsam fahren sie nach Zürich und nach Ascona, dort empfangen sie alte Freunde, „Hesschen“ liest ihr die Briefe der Freunde und Post aus aller Welt vor. Die letzte Augenoperation von 1973 bringt keine Erlösung. Für den 2. September 1973 planen beide wieder eine Urlaubsreise nach Zürich und in den Tessin. Doch es kommt nicht mehr dazu. Zwei Tage vor der Abreise stürzt Mary Wigman. Ihr körperlicher Zerfall nimmt mit ihrem Tod am 18. September sein Ende. Ein prächtiger Baum, einst voller Lebenskraft und Wille, bricht zusammen. „Alles Gelebte hat Spuren hinterlassen... Auf Vergangenes zurückzublicken, es in der Erinnerung wieder entstehen zu lassen, heißt, es durch den Spiegel der Gegenwart zu schauen... Immer bin ich ein Gegenwartsfanatiker gewesen und in den Augenblick verliebt“, schrieb sie einmal.

Mary Wigmans Urne wird auf dem Ostfriedhof in Essen, im Ruhrgebiet, auf der Grabstelle der Familie Wiegmann beigesetzt.

Finale: Ein sonniger, kalter Februartag im Bergischen Land. Aus einer Kirche erklingt ein Bachsches Orgelpräludium. Wir treten leise ein und nehmen in der letzten Bankreihe Platz. Plötzlich sehen wir im Halbdunkel des barocken Altarraums eine zierliche, grazile weibliche Gestalt. Barfüßig tanzt sie völlig in sich versunken um den Altar, unbeobachtet, nur von der Musik bewegt. Würdige und erhabene Drehungen. Ihr Körper beugt sich hoch auf, die Arme wie die Äste eines Baumes zum Licht emporgestreckt. Sie endet ihren intimen Tanz, von keinem anderen Besucher gestört, mit einer Geste des Dankes, fast einer Opfergebärde gleich. Stumm verharren wir in unserer Kirchenbank; doch dann suchen wir das Gespräch. Wir erfahren, daß die Tänzerin, Margot Karnstein-Kohen, vor rund fünfzig Jahren Schülerin von Mary Wigman und Gret Palucca war, zu deren Unterricht sie in der Hungersnot nach dem Zweiten Weltkrieg viele Kilometer weit pilgerte. Gerührt verlassen wir die Kirche und haben verstanden, daß der Deutsche Ausdruckstanz nicht auf Bühnenbretter angewiesen und heute noch in seiner Urform lebendig ist.

„Das Negative macht mich nicht kreativ“ **Leni Riefenstahl: die Regisseurin von Macht und Schönheit**

Sie ist 96 Jahre alt, hat ein Dutzend berühmter Filme in Deutschland gedreht und monatelang in Zentralafrika Fotos von Nuba-Stämmen geschossen. Noch mit achtzig Jahren tauchte sie in der Südsee und brachte erstaunliche Unterwasseraufnahmen mit. Keine deutsche Filmemacherin ihrer Generation ist so berühmt und so umstritten. Jedoch wird sie bis heute von den allermeisten Menschen mit Verachtung gestraft und nicht an ihrem künstlerischen oder ästhetischen Gesamtwerk gemessen. Nein, wegen drei ihrer Filme aus den dreißiger Jahren wird sie von vornherein abgestempelt. Nur sechs Jahre ihres abwechslungsreichen Lebens widmete sie den politischen und sportlichen Großtaten des Nazi-Reiches. Seitdem ist sie „Hitlers Lieblings-Regisseurin“, die „Botschafterin von Faschismus und Größenwahn“, die das „Sterben für Deutschland“ verherrlichte.

Leni Riefenstahl, eine der begabtesten Frauen dieses Jahrhunderts, deren Namen man nach dem Krieg nur heimlich aussprechen durfte, ist jetzt Ende der neunziger Jahre plötzlich wieder modern: Seit ihrem neunzigsten Geburtstag hat sie einen gewaltigen Schritt aus der verordneten Anonymität in die Neo-Popularität gemacht. Jetzt darf man wieder ihre Filme sehen, jetzt darf man wieder über ihre Filme und über sie als Zeitzeugin reden. Die Diskussion um ihre „Mittäterschaft“ als Filmemacherin der Nazi-Zeit ist mittlerweile zur Lieblingsdiskussion vieler Cineasten geworden. Die Riefenstahl-Diskussion bewegt auch diejenigen, die ansonsten „Nazi-Filme“ als grundweg faschistisch abtun und zu keiner Diskussion bereit sind. Sie beschäftigt Politiker, Ästheten und Kunstkritiker (wie den ehemaligen Chef des Goethe-

Instituts Hilmar Hoffmann), ganz gleich, aus welchem politischen Lager sie stammen.

Doch es war mühsam mit ihr. Jahrzehntelang hatten immer wieder Journalisten und Filmkritiker versucht, die Regisseurin zu einem Interview zu bewegen. In den allermeisten Fällen hat sie abgelehnt, denn wenn sie mit Medien, vor allem mit deutschen Medien, in Berührung kam, wurde es eine publizistische Katastrophe. Besser: eine persönliche Katastrophe für eine Frau, die ihr Tun nicht hinterfragen lassen wollte. Zum Beispiel: die unvergeßlich peinliche Talkshow mit dem ehemaligen TV-Moderator Hans-Joachim Rosenbauer Mitte der achtziger Jahre im Westdeutschen Fernsehen.

Neben Leni Riefenstahl saßen damals im Studio Knut Kiesewetter, ein antifaschistischer Liedermacher der Nachkriegszeit, sowie eine unbekannte „Arbeiterfrau" und Gewerkschafterin, Elfriede Kretschmer. Die griff plötzlich aus heiterem Himmel die Regisseurin an: „Wie kommt man dazu, solche Filme zu drehen, die meiner Meinung nach Rattenfängerfilme sind?" Leni Riefenstahl, die vorher schon bedauert hatte, die Einladung ins Kölner Funkhaus überhaupt angenommen zu haben, wurde blaß. Die Diskussion wurde immer heftiger, nach Leni Riefenstahls Vorstellungen auch unsachlicher, die Regisseurin brach fast vor laufender Kamera zusammen, ließ sich aber immer wieder provozieren und rief: „Ich bin froh, wenn wir abbrechen. Ich bin nicht hier, weil ich wollte, ich wurde gebeten, herzukommen, man hatte mir versprochen, daß es eine faire und unpolitische Unterhaltung wird." Selbst Rosenbauer war froh, als die Scheinwerfer endlich ausblendeten. Es war still im Studio geworden. Sekunden später schellten die Telefone im WDR; die Zuschauer beschwerten sich über die Unsachlichkeit und Aggressivität der Diskussion. Rosenbauer erhielt danach keineswegs nur Zustimmung von den Kollegen; man schwieg betreten, und jeder Journalist ahnte, wie schwierig eine faire Diskussion mit einem Menschen ist, der in seinem Fach zwar genial ist, aber politisch nicht nach rechts und links geschaut hat.

Ein paar Jahre zuvor gab es den legendären Artikel in der „New York Review" vom 6. Februar 1975. Die prominente amerikanische Feministin Susan Sontag schrieb in einem großartigen Essay (der auch in der „Zeit" abgedruckt wurde) über das Werk von Leni Riefenstahl.

„Fascinating Fascism" nannte sie ihre Überlegungen, die in aller Welt aufgegriffen wurden und eine langjährige Diskussion in Gang setzten. Sontag, welche die Filme der Riefenstahl gut kannte, hatte die amerikanische Ausgabe eines Bildbandes über das Volk der Nuba in die Hände bekommen. Fotografin: Leni Riefenstahl, ein Bildband, der ansonsten weltweit Aufsehen und Begeisterung hervorrief. Er zeigte erstmals in großen Farbfotos sogenannte „Primitive", nackt in Tanz- und Kampfszenen, bemalte und tätowierte Körper, selbstbewußt, von Gelassenheit und Ruhe geprägt. Die Amerikanerin war der Meinung, daß Leni Riefenstahl zu Unrecht durch einen solch hervorragend fotografierten Bildband von den „Nazi-Schlacken" gereinigt worden sei. Daß man ihre neueren Kunstwerke wieder so vorbehaltlos anschauen könne, sei der Tatsache zuzuschreiben, daß „es einfach unmöglich sei, ein Kunstwerk abzulehnen, wenn es nur schön ist".

„Die faschistische Form der alten Idee des edlen Wilden schließt die Verachtung für alles Reflektierende, Kritische und Pluralistische ein", fuhr Sontag fort. Riefenstahl huldige der körperlichen Geschicklichkeit und dem Sieg des Stärkeren nach wohlbekanntem faschistischen Muster. Die Posen der Menschen, ob nun blonder Arier oder nicht-arischer Nuba, seien immer viril und hypnotisierend und symbolisierten eine überdimensionale Führergestalt. Damit hat die Feministin recht. Schaut man sich die Fotos und Ausschnitte des nie von Leni Riefenstahl fertig geschnittenen Filmes ihrer fünf Sudan-Expeditionen an, ist man – wie bei vielen exotischen Motiven – erst einmal völlig fasziniert von den eleganten, rhythmischen und tänzerischen Bewegungen der Nuba. Solch selbstbewußte Kraft fasziniert eben – auch heute noch. Leni Riefenstahl filmte vor allem rituelle Kämpfe, kräftige Männer in Kriegerpose, bemalt und mit Speeren bewaffnet.

Und genau das hat man ihr vorgeworfen. Sie hat, wie ihre Kritiker sagen, niemals einen behinderten Menschen des Nuba-Stammes fotografiert, auch keine Alten. Riefenstahl: „Die habe ich gar nicht zu Gesicht bekommen, die saßen abseits in einer Hütte." „Das Häßliche begeistert mich nicht" ist eine für sie und viele andere gültige Erklärung, die für alle ihre Filme gilt. Und zu den Nuba: „Es sind eben gesunde Menschen, jung und schön. Ich habe sie nicht geschaffen. Die hat doch der liebe Gott erschaffen." Worte, die auch der berühmte Bildhauer

Arno Breker (Düsseldorf) gesagt haben könnte, der demselben Schönheitsideal huldigte und ihm auch in der Nachkriegszeit treu blieb.

Seit 1945 muß Leni Riefenstahl mit den immer wiederkehrenden Vorwürfen ihrer Kritiker leben, und man hat den Eindruck – vor allem in jenem legendären „arte"-Film, der 1992 zu ihrem neunzigsten Geburtstag gedreht und 1993 ausgestrahlt wurde –, daß sie sich schon allerlei Antworten zurechtgelegt hatte. „Ich muß damit leben", sagt sie resigniert in die Kamera schauend und spricht plötzlich sogar davon, den Tod herbeizuwünschen, um nicht immer wieder den massiven Angriffen aus aller Welt ausgesetzt zu sein. Diesen todessehnsüchtigen Satz jedoch möchte man ihr in diesem Moment nicht abnehmen. Für einen plötzlichen Tod ist sie noch zu vital, zu sprühend und zu widerspenstig, sie hat gerade wieder eine Tauch-Expedition auf die Malediven unternommen, wagt sich, mit Bleigürtel und schwerer Filmkamera, fünfzig Meter unter Wasser an Haie und Rochen heran, streichelt lebensgefährliche Fische so liebevoll, als wolle sie den Fernsehzuschauern ihre eigene Harmlosigkeit klarmachen: Schaut, der Fisch flieht nicht vor mir. Er spürt meine Sympathie. Ich bin doch gar nicht so schlimm.

Alle Achtung! Sie ist derzeit der Welt älteste Tiefseetaucherin, hat ihren Tauchschein im Alter von 71 Jahren gemacht und mußte deswegen in der Tauchschule ihr Alter um zwanzig Jahre heruntersetzen; ansonsten hätte man sie nicht mehr akzeptiert. Mit ihrem vierzig Jahre jüngeren Lebensgefährten, der ganz in das Bild des Typs Mann paßt, den sie immer filmisch verehrt hat, fliegt, fährt, schwimmt und taucht sie inzwischen im Indischen Ozean, in der Karibik oder an der Küste Ostafrikas. Die junge, langbeinige und hübsche Schauspielerin Leni Riefenstahl, die einst mit Luis Trenker in den höchsten österreichischen und deutschen Alpen vor laufender Kamera ohne Double kletterte, ist nun am Ende ihres wechselhaften Lebens in die tiefsten Tiefen hinabgestiegen.

Liest man ihre zweiteilige Autobiographie (eine autorisierte Biographie hat sie bislang verweigert, und alle Journalisten und Ghostwriter sind an diesem Unterfangen gescheitert), so hat man am Ende, in den siebziger und achtziger Jahren dieses Jahrhunderts, nach fünfzigjähriger Verfolgung als NS-Filmemacherin, nach unzähligen Prozessen mit Filmproduzenten, Verlegern und Kritikern, den Eindruck, sie sei immer noch auf der Flucht. Kein Berg kann hoch genug und kein Ozean tief genug sein, um sie vor den Angriffen ihrer Verfolger zu schützen. Ihr idyllisch gelegenes Haus, 35 Kilometer von München entfernt, das sie sich erst im Alter von siebzig Jahren bauen ließ, ist immer nur für kurze Zeit Zufluchtstätte gewesen. Sobald sich die Vergangenheit meldet, sobald sie die Nazi-Zeit einholt, packt Leni Riefenstahl ihre Koffer und flieht. Flieht vor ihren Gegnern, flieht vielleicht auch vor sich selbst; vor ihrer Verblendung, vor ihrem Starrsinn, vor ihrer Selbsteinschätzung und dem ideologischen Gebäude, das sie sich selbst erbaut hat. Aber auch vor den oft unreflektierten, massiven, stereotypen Vorwürfen unserer Generation, denen Worte wie Sozialdarwinismus (den man ihr so gerne vorwirft) so locker von der Zunge gehen.

Nur ein einziges Mal kam in einem Interview ein Zeichen des Bedauerns aus ihrem Munde. Es war jener „arte"-Regisseur, den sie anfänglich wie einen Anlernling gängelte, der sie aber dazu brachte, zu sagen, den Parteitagsfilm „bedaure" sie. Ansonsten sagte sie, habe sie nichts zu entschuldigen oder zu bereuen. „Immer erwarten die Leute von mir ein Schuldbekenntnis", ergänzte sie mit vorwurfsvollem Blick. „Über meine Lippen ist nie ein antisemitisches Wort gekommen. Ich habe auch keine Atombomben geworfen, und ich habe niemanden verleumdet." Und dann ihre eindringliche Frage an ihre Kritiker und an uns, die Nachkriegsgeneration: „Wo liegt denn meine Schuld?"

Wer so fragt, muß entweder sehr sicher, sehr naiv oder verbohrt sein. Oder aber der Kunst so verfallen, daß er sie wie in einem Glaskasten betrachtet. Der alte ästhetische Anspruch „L'art pour l'art" (Kunst um der Kunst willen) ist vielleicht nur in Riefenstahls erstem eigenen Film „Das blaue Licht" verwirklicht worden. Bereits in der Bauhaus-Zeit der zwanziger Jahre, spätestens aber seit 1933 gab es kein „L'art pour l'art"-Konzept mehr in Deutschland. Alle Kunst, die bildende Kunst, die Musik, das Theater und der Film, war eingebunden in ein größeres, nach gesellschaftspolitischen Maßstäben orientiertes Ganzes. Und über diesem Ganzen wachte nun der Reichspropagandaminister Joseph Goebbels. Er hat, wie Leni Riefenstahl immer betont hat, ihr ganzes filmisches Schaffen boykottieren wollen, nachdem sie ihm als Mann (seit langem bekannt und berüchtigt für seine ständigen Attacken bei gutaussehenden Frauen) eine Abfuhr erteilt hatte. Doch letztlich war auch er Nutznießer ihrer großartigen Kameraführung, die seiner Partei und den Protagonisten zu positivem Image verhalf.

Goebbels, der raffinierteste Demagoge, den Deutschland je kannte, hatte eines verstanden: Propaganda ist nur dann wirkungsvoll, wenn sie nicht als Propaganda sichtbar wird. Er war für die indirekte Taktik – im Gegensatz zum Chefideologen der Partei, Alfred Rosenberg. Die Deutschen sollten, so Goebbels intern, „nicht merken, wohin sie getrieben werden", weder in der Politik noch im Film, dem massenwirksamsten Medium der Partei, die sich Tag für Tag in der Deutschen Wochenschau als Heilsbringer präsentierte.

Darum hat Goebbels auch niemals einen echten, parteiverherrlichenden Propagandafilm in Auftrag gegeben. Nicht bei Star-Regisseuren wie Veit Harlan oder Wolfgang Liebeneier und auch nicht bei Leni Riefenstahl, welche die Hochachtung und Gunst Adolf Hitlers genoß. Zweimal nur gab dieser den Auftrag zu einem Politfilm. Der erste sollte beim Reichsparteitag 1933 in Nürnberg gedreht werden und hieß später „Sieg des Glaubens". Der zweite sollte beim Parteitag 1934 gedreht werden und hieß „Triumph des Willens". Leni Riefenstahl drehte ab 1933 bei allen Reichsparteitagen, doch nur diese beiden Filme brachten den gewünschten Ruhm. Hitler, gerade erst als Reichskanzler etabliert und noch nicht überall bekannt, brauchte ein Medium, das neutral schien und gleichzeitig zu einer großangelegten Hommage fähig war. Welche anderen deutschen Regisseure auch immer dafür in Frage kamen: das Rennen machte Leni Riefenstahl. Als sie „Sieg des Glaubens" fertiggestellt hatte, gab Goebbels Anweisung an alle Ortsgruppen der NSDAP, den Film zu sehen und keine andere Veranstaltung anzuberaumen, die zeitlich mit den Filmvorführungen kollidieren würde. Hitler erschien zur Uraufführung im Ufa-Palast Berlin, der Badenweiler-Marsch, Hitlers Lieblingsmarsch, wurde gespielt, und nach dem Film sangen Tausende das Horst-Wessel-Lied.

Der Titel zum zweiten Film „Triumph des Willens" stammte von Hitler selbst, der Untertitel hieß „Hergestellt im Auftrag des Führers, gestaltet von Leni Riefenstahl". In „Triumph des Willens" steigt Hitler

12 Leni Riefenstahl bei Vorgesprächen mit Adolf Hitler zum Reichsparteitag in Nürnberg 1934.

(das NSDAP-Motto hieß ja „Hitler über Deutschland") wie ein deus ex machina aus einem Flugzeug, während es im Bildtext heißt: „Am 5. September 1934, 20 Jahre nach dem Ausbruch des Weltkrieges, 16 Jahre nach dem Anfang deutschen Leidens, 19 Monate nach dem Beginn der deutschen Wiedergeburt, flog Adolf Hitler..." Der war wenige Tage, bevor er den Auftrag zu dem Film gab, als „Führer und Reichskanzler", damit als Herr des Deutschen Reiches und Oberbefehlshaber der Armee bestätigt worden. Wichtig war nun, seinen politischen Willen aller Welt zu zeigen, den Deutschen und den umliegenden Staaten, die bislang noch fasziniert und neugierig auf den Aufsteiger aus Österreich schauten.

Leni Riefenstahl hat selbst darüber geschrieben, wie der Film zustande kam, und es scheint uns heute wie ein bombastisches, größenwahnsinniges Unterfangen. Wegen der effektvollen Massenwirkung baute man Türme, Brücken und Straßen. Die Stadt Nürnberg unterstützte das Vorhaben großzügig. Nie zuvor waren solch aufwendige Vorarbeiten für einen Film gemacht worden. Nur einmal noch hat das Dritte Reich ein Großaufgebot an „Menschenmaterial" genehmigt: für den Film „Kolberg" von Veit Harlan, der im letzten Kriegsjahr 1945 noch einmal die deutschen Herzen bewegen sollte. Da mußten plötzlich 6.000 längst abgekämpfte Soldaten mitspielen und Hunderte von Matrosen, die den Sturm der Festung Kolberg darstellen sollten.

Im „Triumph des Willens" ist noch niemand abgekämpft. Da werden frische Parolen im Fackelschein an Tausende von Gefolgsleuten verteilt, da steht Hitlers schwarze Gestalt vor dem hellen Himmel, da rufen Dutzende von SA-Leuten und Hitlerjungen aus deutschen Gauen ihre Abkunft und ihre Heimatstädte in die Kamera; großdeutsch wird da schon mit den Grenzen umgegangen, und alle Zwanzigjährigen, blond oder schwarz, sind sauber rasiert und kurzhaarig, ihre Sprache ähnelt einem Roboter. Und immer wieder im Blick der Kamera der neue Mann, der neue Heilsbringer, Hitler, alles andere als arisch dreinblickend, mit schwarzem, mehr südeuropäischen Schnäuzer, bei dessen Physiognomie immer wieder auffällt, daß er alles war, nur nicht „nordisch".

Will man den Memoiren der Neunzigjährigen glauben, so hat sie sich energisch gesträubt, diesen Vorzeigefilm des neuen Regimes zu drehen. Leni Riefenstahl bei einem Besuch in der Reichskanzlei: „Ich fürchte, ich kann diesen Film nicht machen.“ Hitler: „Warum können Sie ihn nicht machen?“ Riefenstahl: „Die ganze Materie ist mir fremd...“ Hitler: „Sie sind zu sensibel. Die Widerstände bestehen nur in Ihrer Einbildung. Machen Sie sich keine Sorgen, und lassen Sie sich doch nicht so bitten, es sind doch nur sechs Tage, die Sie mir schenken sollen.“ Und danach: „Fräulein Riefenstahl, Sie müssen mehr Vertrauen zu sich haben. Sie können und Sie werden diese Arbeit schaffen.“ Damit war die Entscheidung getroffen. Leni Riefenstahl erhielt alle finanziellen und personellen Unterstützungen, die sie brauchte. Schließlich wuchs ihr Stab, den sie in zwei Wochen zusammenstellen mußte, auf 170 Leute an. Den Vorspann zu „Triumph des Willens“ sollte Walter Ruttmann drehen, der sich durch die „Sinfonie einer Großstadt“ einen Namen gemacht hatte. Den Hauptfilm drehte natürlich Frau Riefenstahl. Als Kameramann kam nur Sepp Allgeier in Frage, der Komponist war Herbert Windt.

Um die Großaufnahmen der Massenkundgebung, vor allem der Wehrmacht, optimal ins Bild zu bekommen, mußte extra ein Fahrstuhl an einem Mast angebracht werden, in dem die Kameramänner auf- und abfahren konnten. Mit einer Sondergenehmigung von Albert Speer, Reichsbauminister, gelang auch dies. Um das Rednerpult Hitlers ließ die Regisseurin Schienen anbringen, damit er während der Reden von allen Seiten zugänglich war. Es wurden eigens Balkons an Häusern angebaut, von denen Hitler einen Vorbeimarsch „abnahm“, auf Dächern und Vorsprüngen wurden Sicherungsvorkehrungen für den Riefenstahl-Stab angebracht. Ein Kameramann weigerte sich, unter einer Frau als Regisseurin zu filmen, und er wurde ausgewechselt. Bei allen anderen hatte es sich schnell herumgesprochen, daß Leni Riefenstahl im Auftrag des Führers auftrat. Und sie hatte sich schnell Respekt verschafft.

Am Ende der mehrtägigen Filmarbeiten standen ihr 130.000 Meter Film zur Verfügung, von denen sie höchstens 3.000 Meter verwenden durfte. Hitler hatte zwar keinen Ablieferungstermin genannt, doch der Vertrag mit der Filmgesellschaft Ufa sah vor, daß der Film bis März des Jahres 1935 fertig sein sollte. Die Regisseurin erzählt, daß sie beim Schneiden zahlreiche Aufnahmen der in Reih und

Glied stehenden Wehrmacht weglassen wollte. Die schienen ihr zu steril. Erst im Gespräch mit dem Produktionsleiter Waldi Traut sei ihr klargeworden, daß es der erste deutsche Film war, in dem überhaupt Wehrmacht zu sehen war.

Die Überlegung sei gestattet, ob Hitler auf die bis dahin noch unbekannte Filmemacherin verfiel, weil er ihre politische Naivität ausnutzen wollte. Er wußte ja nur zu gut von der Verführbarkeit durch Uniformen und gleichgeschaltete Aufmärsche und deren Wirkung auf Frauen. Er erlebte, wie sie an Straßenrändern standen, begierig, seine Hände zu fassen, begierig, die eigenen Männer, Väter, Brüder unter den Marschierenden zu sehen.

Leni Riefenstahl war zum Zeitpunkt ihres ersten großen Filmes politisch völlig unbescholten, neutral und leider auch auffällig uninformiert. Hat sie jemals in den vielen Monaten nach dem Ende des Parteitags, allein an ihrem Schneidetisch, über die Massenwirkung ihres Filmes nachgedacht? Die Regisseurin nach dem Krieg: „Ich verdanke diesem Film nach der Verhaftung durch die Franzosen einige Jahre in Lagern und Gefängnissen… Er ist Historie. Ein rein historischer Film." Und weiter: „Ich habe das gezeigt, was sich damals vor aller Augen abspielte, wovon jeder reden hörte. Und alle Welt war davon beeindruckt… Und natürlich konnte ich damals, als junges Mädchen, unmöglich vorausahnen, was kommen würde… Wo waren die Propheten? Weshalb sollte gerade ich einer von ihnen sein? Wie hätte ich es besser wissen sollen als Winston Churchill, der noch 1935/36 erklärte, er beneide Deutschland um seinen Führer? Konnte man das von mir verlangen?"

Als Neuling im Filmgeschäft mußte Leni Riefenstahl sich damals vor allem gegen die großen deutschen Regisseure durchsetzen, ihnen beweisen, wie gut sie war. Und sie war gut, und heute wissen wir, sie war um viele Längen besser als ihre Kollegen Pabst, Hippler, Liebeneiner, Harlan oder Ucicky. Kurz zuvor hatte sie einige der legendären Filme des russischen Regisseurs Sergej Eisenstein gesehen. Von „Panzerkreuzer Potenkim" (1926) war sie so begeistert, daß er ihr immer als Vorbild vorschwebte. Dieser Film sollte ihr Maßstab werden. Jedoch wußte sie auch vom Rausschmiß großer jüdischer Regisseure wie Max Reinhardt, Fritz Lang oder Fritz Kortner, die nicht die einzigen waren.

Sie wußte auch, wie viele jüdische Künstler und Schauspieler bereits das Land verlassen hatten. Sie witterte ihre große Chance.

Liberalität vorgaukelnd, hatte im März 1933 Goebbels vor deutschen Filmschaffenden in Berlin gesagt: „Wer die Zeit versteht, weiß, welche Dramen dem Film auf den Straßen Deutschlands täglich zur Verfügung stehen." Doch wolle er den Film nicht einengen oder reglementieren: „Die Kunst ist frei und die Kunst soll frei bleiben, allerdings muß sie sich an bestimmte Normen gewöhnen." Auch er nannte als künstlerische Richtschnur Eisensteins „Panzerkreuzer Potemkin" (den er später verbot), dann „Die Nibelungen" von Fritz Lang und „Der Rebell" von Luis Trenker. Was er nicht sagte: daß die Regisseure von Eisenstein bis Lang längst als „rassisch nicht tragbar" eingestuft wurden. So schrieb Hans Traub in „Deutsche Kultur-Wacht" (1933) über den Film als politisches Machtmittel: „....Ohne Zweifel ist der Film als Sprache ein vortreffliches Mittel der Propaganda..." Und der „Film-Kurier" schrieb am 29. September 1933: „Die Größe eines Films liegt nicht in einer mit Metropolis-Phantastik hochgezüchteten Zerstörungsgigantik eines zersetzenden, zerstörenden Verbrechertums, sondern im grandiosen Dienst am Volk... Der Scheinwerfer soll heute... auf die Helden in Uniform und Zivil, denen dieser Kampf Pflicht und Berufsehre ist, gerichtet sein..." Nicht nur Goebbels wußte, daß er schon zu Beginn des Jahres 1933 nur noch einen Teil der deutschen Filmschaffenden zur Verfügung hatte. Es galt nun, die begabten Künstler Deutschlands zu fördern. Und Leni Riefenstahl hatte mit „Das blaue Licht" bereits auf sich aufmerksam gemacht.

So kam auch Leni Riefenstahl in den Genuß der finanziellen Großzügigkeit, die Goebbels plötzlich allen im Lande gebliebenen arischen Filmschaffenden zuteil werden ließ. In der 1933 durch das Reichskulturkammergesetz geschaffenen Reichsfilmkammer mußten alle Filmschaffenden erst einmal Mitglied werden. Und da Juden der Beitritt verboten war, fielen sie von vornherein aus. Goebbels richtete, um das Filmschaffen auch genügend kontrollieren zu können, eine Filmoberprüfstelle, eine Filmprüfstelle, eine Kontingentstelle, die Deutsche Kulturfilmzentrale und das Reichsfilmarchiv ein. Außerdem schuf er eine Deutsche Filmakademie mit Sitz in Berlin und Zweigstellen an zahlreichen deutschen Hochschulen. Schauspieler und

Regisseure wurden in ihren Stellungen nach oben befördert, er bot den Schauspielern Altersversorgung an, die sie bislang nicht kannten, er schickte sie regelmäßig in Erholungsheime, die großen und populären Filmhelden erhielten Stargagen, Traumgagen, die wir uns heute nur schwer vorstellen können. Manche wurden bei entsprechender „Führung“ dann Staatsschauspieler oder Kultursenator.

So betrug zum Beispiel vor Kriegsausbruch die Tagesgage von Heinrich George 2.000 Reichsmark, Paul Hörbiger erhielt 1.500 Reichsmark, Werner Krauss 1.000 Reichsmark, Erich Ponto 900 Reichsmark und der später als Faust so berühmt gewordene Will Quadflieg nur 700 Reichsmark. Der Durchschnittsverdienst lag bei ca. 900 Reichsmark im Monat. Curd Jürgens rangierte damals bei 400 Reichsmark und Karl Raddatz nur bei 300 Reichsmark. Bei den Regisseuren standen Willy Forst, Carl Froelich, Gustaf Gründgens, Veit Harlan, Karl Hartl, Heinz Rühmann und Gustav Ucicky mit einem Pauschalhonorar [pro Film] von 80.000 Reichsmark an der Spitze. Es folgten Männer wie Jürgen Fehling, Wolfgang Liebeneier, Geza von Bolvary, Arthur Maria Rabenalt, Paul Verhoeven oder Helmut Käutner mit 40.000 bis 50.000 Reichsmark. Unter ihnen befand sich weder in der Vorkriegszeit noch in der Kriegszeit eine einzige Frau.

Zu „Kultursenatoren“ im Sinne des Propagandaministers ernannt wurden bereits 1935 unter anderm der Dirigent Wilhelm Furtwängler, der Schauspieler Werner Krauss [Darsteller von „Jud Süß“], der Komponist Hans Pfitzner, die Intendanten Heinz Tietjen, Eugen Klöpfer und Gustaf Gründgens, die Schauspieler Emil Jannings [Hauptdarsteller zusammen mit Marlene Dietrich im „Blauen Engel“], Theodor Loos und Friedrich Kayßler sowie der Kameramann Sepp Allgeier, der Leni Riefenstahls bester Mann war. 1937 zeichnete Goebbels den Regisseur Karl Ritter mit dem „Deutschen Nationalpreis für Kunst und Wissenschaft“ aus. Er war Regisseur der Filme „Verräter“, „Patrioten“, „Urlaub auf Ehrenwort“ und „Pour le mérite“, Filme, die nichts anderes als patriotisch waren.

Mit Beginn des Krieges waren Künstler generell auch zum Wehrdienst verpflichtet. Um jedoch den gigantischen Apparat der Film- und Theaterindustrie aufrechtzuerhalten, gab es eine Reichsliste mit freigestellten, den sogenannten UK-gestellten Künstlern. Als das

Kriegsgeschehen sich zuspitzte und die Rüstungsindustrie jede Hand brauchte, kam es jedoch nicht selten vor, daß auch Schauspieler in Berlin – manchmal nicht weit von den Babelsberger Studios – in Betrieben eingesetzt wurden. Wer sich dem widersetzte, mußte mit dem Todesurteil rechnen. So geschehen am 31. Oktober 1943 mit dem Schauspieler Robert Stampa, der „wegen fortgesetzter reichsfeindlicher Tätigkeit in Zusammenhang mit schwerster Zersetzung der deutschen Wehrmacht" erschossen wurde. Noch Ende 1944 errichtete man in Berlin eine Heimarbeits-Werkstatt, in der Schauspieler dienstverpflichtet wurden. Als brave Patrioten erschienen zur Eröffnung Heinrich George, Marianne Hoppe, Paul Henckels, Gustav Knuth und andere.

Zurück zu 1935. Während Leni Riefenstahl in ihren Schneideräumen noch mit dem Parteitagsfilm beschäftigt ist, lassen die Nazis in Berlin harmlose, fröhliche Filme drehen: Erich Engel und sein „Inge und die Millionen", ein Film aus der Weltwirtschaftskrise der zwanziger Jahre, „Krach im Hinterhaus" von Veit Harlan mit der beliebten Schauspielerin Henny Porten, Carl Froelich inszenierte „Oberwachtmeister Schwenke" und Alwin Elling den „ Lustigen Witwenball". Dann kam „Triumph des Willens" in die Kinos und erhielt prompt den Nationalen Filmpreis. Hitler fand den Film so gut, daß er danach nie mehr einen Film über die Wehrmacht und über sich drehen ließ. Erwin Leiser, einer der besten Kenner der NS-Filmszenerie: „Hier wurde er ein für allemal so gezeigt, wie er gesehen werden wollte." Nämlich souverän, redegewandt, mit feurigem Blick, mit ausgestreckter Hand Tausende von Anhängern faszinierend und dämonisierend, im Ausschnitt von der Seite markant beleuchtet und in der Totale von hinten – eine der berühmtesten Kameraeinstellungen der Regisseurin – von beeindruckender Präsenz. Hier setzte Leni Riefenstahl bereits schnittechnisch und kameratechnisch die Maßstäbe, die sie bis heute halten konnte.

Ihre Maßstäbe kamen jedoch nicht alleine von Eisenstein. Denn auch ihr waren die großartigen Filme von Friedrich Wilhelm Murnau bekannt, der 1888 in Bielefeld geboren wurde und mit seinem ersten Film „Nosferatu" schon Furore machte. Er ging nach Hollywood, drehte noch „Our daily bread" und dann seinen legendären letzten Film „Tabu". Die Filmaufnahmen entstanden auf Tahiti, er beobachtete die

Perlenfischer in ihrem täglichen Leben und bei ihren Festen. Kurz vor der Premiere am 18. März 1931 starb Murnau bei einem Autounfall. Seine mythologische Erzählart ist bis heute unerreicht im Filmschaffen der deutschen Regisseure, seine Montagetechnik, seine faszinierenden Bilder gelten als musterhaft. Und schon manche Komponistin und mancher Komponist hat in den achtziger Jahren dieses Jahrhunderts versucht, den suggestiven Bildern Murnaus eine kongeniale Filmmusik zu unterlegen.

Der Vergleich mit Leni Riefenstahl drängt sich auf. Auch sie begann in Deutschland als Regisseurin, auch sie fühlte sich hier später nicht mehr wohl und fotografierte und drehte nach dem Krieg vorwiegend in Afrika. Zwei Filmprojekte erwiesen sich als hoffnungslos. „Die roten Teufel“, ein Film über waghalsige Skiläufer in den Alpen, war zwar noch mit Erfolg in Rom im November 1951 gezeigt worden, doch die gemeinsam mit Jean Cocteau geplante Verfilmung von „Friedrich und Voltaire“ ließ sich nicht realisieren. Zudem lehnte die spanische Zensurbehörde einen Dokumentarfilm über Spanien wegen eventueller religiöser Bedenken ab. Und zu guter Letzt fand sie keinen Produzenten für das Thema „Atomstrahlen“. Sie hatte Mitte der fünfziger Jahre eigens dafür zu den Physikern Werner Heisenberg und Otto Hahn Kontakt aufgenommen und wollte, wie sie in ihren Memoiren betont, auf die verheerenden Gefahren der Atomkraft hinweisen. Das Thema hätte sicherlich manchen Produzenten gereizt, doch von ihr wollte man es nicht behandelt wissen. Dachte man vielleicht, daß sie – wie beim Thema „Kraft und Schönheit“ – der Faszination der Atomkraft erliegen würde?

Trotz aller Fehlschläge der fünfziger Jahre suchte sie neue Themen. Sie las einen Artikel, in dem ein Missionar vom Sklavenhandel berichtete. Der Bericht sprach von 50.000 Verschleppungen jährlich. Leni Riefenstahl horchte auf. Das Thema interessierte sie brennend, sie schrieb einen Drehbuch-Entwurf unter dem Titel „Die schwarze Fracht“ und buchte spontan einen Flug nach Nairobi. Fast ohne Filmtechnik, ganz improvisiert, ging sie auf ihre erste Expedition. Bei einer Fahrt mit einem englischen Begleiter sah sie die ersten schönen Schwarzen, es waren Massai-Bewohner, sie ließ den Fahrer anhalten und fotografierte sie: groß und kräftig, zwar faszinierend für ihr Auge, doch ungeeignet als Sklavendarsteller. Da brach die Suez-Krise auch über Afrika herein, und sie mußte, ohne irgendwelche nennenswerten Aufnahmen gemacht zu haben, zurück nach Deutschland fahren.

Dort hatte inzwischen die Freiwillige Film-Selbstkontrolle ihren Olympia-Film unter die Lupe genommen und festgestellt, er müsse, bevor er irgendwo gezeigt würde, „entnazifiziert" werden, genau: etliche der deutschen Siegerehrungen müßten herausgeschnitten werden. Doch auch nach der Freigabe zeigte sich, daß kaum ein deutsches Kino den Mut hatte, diesen Streifen von 1936 zu zeigen. Nur Japan, das Land, das ihr zeitlebens viel Verehrung entgegenbrachte, hatte Interesse. In Deutschland verschwand der Film bis Mitte der neunziger Jahre in Staatsarchiven und Filmotheken; in Filmhochschulen wurde er jedoch schon lange als meisterhaftes Werk den Studenten vorgeführt.

Die Sehnsucht nach Afrika saß bereits tief. Leni Riefenstahl hatte in einer Zeitung das Foto eines Nuba-Kriegers gesehen. Der hatte sie dermaßen fasziniert, daß sie begann, in Zentralafrika nach diesem Stamm zu suchen. Niemand kannte ihn, kein Reisebüro konnte ihr weiterhelfen, doch endlich gelang es ihr bei ihrer fünften Expedition, in die Nubaberge vorzudringen. Sie war mit einem Begleiter nach Khartoum, der Hauptstadt des Sudan, geflogen, hatte einen Landrover und die nötige Filmausrüstung gemietet und hatte sich der „Deutschen Nansen-Gesellschaft" zu einer Expedition angeschlossen. „Mein Name war in Deutschland ausgelöscht", schrieb sie noch kurz vor ihrer Expedition. Ihre ganze Hoffnung lag im Sudan. Arbeitstitel des Filmes: „Afrikanisches Tagebuch". Etat: 95.000 DM, eine für heutige Verhältnisse unerwartet kleine Summe, die sie von einem nicht näher benannten Sproß des Hauses Krupp erhalten hatte.

Endlich, nach tagelangen Fahrten auf staubigen Pisten, Reifenpannen, organisatorischen Schwierigkeiten mit den Nansen-Leuten, fand sie den Zugang zu den Nubabergen. Und dann sah sie die Menschen, von denen sie bereits jahrelang geträumt hatte. „Eigenartig bemalt, phantastisch geschmückt wirkten diese Menschen wie Wesen von einem andern Stern", schreibt sie in ihrem Nuba-Buch, das 1976 in Deutschland erschien. „Hunderte von Speerspitzen tanzten gegen den glutroten Sonnenball. In der Mitte der Menge hatten sich große und kleinere Kreise gebildet, in denen sich Ringkampfpaare gegenüberstanden, die sich lockten, die kämpften und tanzten und als Sieger auf den Schultern aus dem Ring getragen wurden."

Der Stamm hatte noch nie einen Weißen gesehen, und nun war es eine weiße Frau, die sich ihnen aufdrängte, die nicht lockerließ und sie bei ihren Riten und Tänzen fotografieren wollte. Leni Riefenstahl: „Die Distanz wurde durchbrochen. Sie alle spürten wohl die Sympathie, die ich ihnen entgegenbrachte. Sie berührten meine Arme, die weiße Farbe meiner Haut setzte sie in Verwunderung. Wenn sie mein blondes Haar zaghaft berührten, sagten sie ‚jorri' [hübsch]. Wo ich hinging, begleiteten sie mich und riefen: ‚Leni buna Nuba – Nuba buna Leni' [Leni hat die Nuba gern – die Nuba haben Leni gern]."

Die Filmemacherin ist hingerissen von der Zutraulichkeit der Nuba. Sie wird von ihnen wie eine Schwester aufgenommen, und man erlaubt ihr zu fotografieren. Sie entwickelt bei ihrem ersten Besuch eine derartige Sympathie für den Stamm, daß sie beschließt, wiederzukommen. Als sie kurz darauf einen Abstecher in die Nubaberge macht, alleine diesmal, wird sie bereits wie ein Stammesmitglied empfangen. „Bald wurde ich von ihnen umringt und umarmt. Sie hoben mich auf ihre Schultern und führten mich zu ihren Hütten. Boten wurden ausgeschickt und in kurzer Zeit war ich von Hunderten von Nuba umgeben. Von diesem Augenblick an wußte ich, daß ich zu ihnen gehöre", so die gerührte Filmemacherin, die noch einige Male dorthin zurückkehrte.

Offensichtlich tun ihr die Unvoreingenommenheit und Gastfreundschaft nach allem, was sie in Europa seit Ende des Krieges erlebte, in tiefster Seele gut. Sie gibt sich mit Wasser und Erdnüssen [eine Festtagsspeise] zufrieden, sie nimmt größte Hitze in Kauf, bekommt ihre eigene Hütte, in der sie ihre Filme und das Material lagern kann, und ist fortan – sogar bei den legendären Ringkämpfen – ein Teil der Ihren. Sie schimpft über die Leute, die ihr gesagt haben, „Wilde seien gefährlich", und schimpft nicht, als bei einem Ringkampf die Schwarzen über sie und die ganze Filmausrüstung stolpern. Hunderte von Fotos und Filmen entstehen hier im Laufe von mehr als zehn Jahren. Erste Verleger melden sich, ein New Yorker Verlag will sofort einen Bildband herausbringen. Doch da protestieren plötzlich jüdische Schriftsteller gegen die Veröffentlichung, und der Verlag zieht sein Angebot zurück. Ein richtiger Film über die Nuba ist bisher der Öffentlichkeit nicht preisgegeben worden; das Material liegt noch unfertig in ihrem Privatarchiv. Oder hatte sie gar die berechtigte Angst, daß sie das filmtechnische Niveau von 1936 niemals mehr erreichen würde?

Die Nuba-Fotos sind die ersten Farbfotos der Regisseurin, die in der NS-Zeit nur mit Schwarzweißfilmen arbeitete. Die dunklen Körper glänzen in der Sonne, vor allem bei den jungen Mädchen, die sich vor einem Werbungstanz ganz einölen. Ansonsten sind die Nuba nackt, tragen nur kleine Gürtel, Armreifen oder Halsketten. Ihr einziger Schmuck besteht aus vielfältigen Tätowierungen und Narben. Manchmal, bei Initiationsriten, reiben sich die jungen Männer ganz mit weißer Asche ein. Die jungen Mädchen sind schlank und langbeinig, die männlichen Krieger sehr kräftig. Schon sind die nächsten Vorwürfe programmiert: Sie zeige nur die aus der NS-Zeit bekannten kraftvollen Krieger, sie verherrliche den Kampf und die Stärke. Leni Riefenstahl: „Der Körper der Schwarzen wirkte wie eine Skulptur von Rodin oder Michelangelo."

Noch ahnt sie nicht, daß sie mit ihrer Entdeckung weiteren Expeditionen in das Land der Nuba Tür und Tor öffnete. Einmal wieder ist sie so gefangen von einer Sache, daß sie die Konsequenz nicht sehen will. Schon zwei Jahre später ist ihr Besuch nicht mehr von Begeisterung gekrönt. Die Enttäuschung der deutschen Filmemacherin ist sehr groß, als sie Anfang der sechziger Jahre wieder in den Sudan fährt. Die Freundlichkeit „ihrer" Nuba ist zwar wieder grenzenlos, doch äußerlich sind sie bereits „zivilisiert" worden. Sie tragen billige Kleidungsstücke und sind plötzlich empfänglich für Trinkgelder und europäischen Schmuck. Man erzählt ihr auch von anderen Ethnologen und Fotografen, die inzwischen in der Gegend aufgetaucht seien; außerdem habe man über sie geschimpft, man neide ihr wohl die Entdeckung des Stammes. Leni Riefenstahl, in diesem Punkte so naiv wie unerfahren, ist restlos enttäuscht. Sie findet ein verändertes Paradies vor, was sie nicht erwartet hatte. Das waren nicht mehr ihre Nuba, die ihr blondes Haar streichelten und sie in ihre Hütten lockten. Bei einem ihrer letzten Besuche gerät sie sogar in einen politischen Streit

13 Leni Riefenstahl fotografierte im August 1972 unter dem Pseudonym Helene Jacob die Olympischen Spiele in München.

mit dem Gouverneur des Bezirks. Einige Einwohner hatten nämlich behauptet, sie habe bei einem Umsturz den Feinden mit ihren Apparaturen Lichtsignale gegeben. Mit Mühe kann sie die Schwarzen beruhigen und von ihrer Unschuld überzeugen. Enttäuscht kehrt sie nach München zurück.

Jedesmal, wenn sie Deutschland wieder betrat, hatten sich neue Gewitterwolken gegen die Regisseurin zusammengebraut. Diesmal ist es ein Rechtsstreit mit dem Filmemacher Erwin Leiser, der seit den sechziger Jahren in hervorragenden Dokumentarfilmen und Buchveröffentlichungen auf die Gefahr des Nationalsozialismus aufmerksam macht. Er war von 1966 bis 1969 Direktor der Deutschen Film- und Fernsehakademie Berlin. Er verwendet zum Beispiel in seinem Film „Mein Kampf" kurze Ausschnitte aus dem Parteitagsfilm. Leni Riefenstahl reklamiert die Rechte an diesem Film, ein juristischer Streit beginnt, und Leiser gewinnt.

Dann kommt das Jahr 1972, es ist das Jahr der ersten Olympischen Spiele auf deutschem Boden seit 1936. Leni Riefenstahl erhält den Auftrag, für die englische „Sunday Times" über die Spiele in München zu berichten und zu fotografieren. Sie benutzt, um unbehelligt in das Olympiagelände und auf die Pressetribüne zu kommen, ihren Ausweis mit dem Namen ihres Mannes Jacob. Die „Bavaria" wollte den offiziellen Olympiafilm mit zehn Regisseuren aus verschiedenen Ländern drehen, wobei Leni Riefenstahl die Eröffnungs- und die Schlußfeier übernehmen sollte. Doch da sagt ihr ein Mitglied des Olympischen Komitees, daß Bonn ihm nahegelegt habe, auf Leni Riefenstahl zu verzichten. Leni Riefenstahl bleibt trotzdem im Stadion, erlebt die Terrorakte und die Unterbrechung der Spiele während der Trauerfeier mit. Und schließlich liefert sie der „Sunday Times" hervorragende Fotos, die auch prompt gedruckt werden. Der Titel lautet „Leni Riefenstahl's Second Olympics". Die Jüdische Gemeinde Berlin hatte gegen eine Veröffentlichung protestiert, doch der Verlag stellte sich hinter die Fotografin.

1973 erschien im List-Verlag der erste Bildband mit den Nuba-Fotos. Er wurde vom ersten Tag an ein voller Erfolg und ist in zahlreichen Ländern veröffentlicht worden. Der Erfolg tröstete sie über die vielen Jahre der Diskriminierung und über den Satz hinweg, den ihr ein amerikanischer Verleger kurz zuvor gesagt hatte: „Sie könnten auch wieder in Amerika arbeiten, wenn Sie den Mut hätten, Ihre Schuld während der Nazizeit zuzugeben."

Ein Blick zurück. 1928: Leni Riefenstahl hatte nach einigen kleinen Filmrollen mit dem berühmten Bergsteiger und Filmemacher Luis

Trenker sowie mit dem Regisseur Arnold Fanck (der als Außenseiter und Filmpionier galt) ein Angebot bekommen, zu den Olympischen Winterspielen nach St. Moritz zu fahren und Fanck bei den Dreharbeiten zu begleiten. Restlos hingerissen von der Landschaft und den sportlichen Ereignissen erlebt sie die Tage und verfaßt darüber sogar für den Berliner „Film-Kurier" einen kleinen Artikel. „Schön, unvergeßlich schön war es in der weißen Arena", schreibt sie. Zurück in Berlin, erhält sie weitere Filmrollen („Das Schicksal derer von Habsburg" und „Die weiße Hölle von Piz Palü"). In letzterem unter der Regie von G. W. Pabst muß sie ernsthaft schauspielerisches Talent zeigen. Die Aufnahmen werden in den Schweizer Bergen an Ort und Stelle gemacht. Es gibt noch kein Studio mit künstlichem Schnee, und die Tricktechnik ist auch noch nicht soweit gediehen, um Naturaufnahmen zu imitieren. Und so klettert und purzelt sie in den gefährlichsten Situationen mutig vor der Kamera, wird fast verschüttet, als eine Schneemauer sich während der Dreharbeiten löst, und muß rückwärts in eine Gletscherspalte stürzen – natürlich angeseilt. Diese mutige Szene brachte ihr später die ironische Bezeichnung „Riefenstahl, die Reichsgletscherspalte" ein. Und bei den entscheidenen Szenen in der Gletscherspalte, nur erhellt von Magnesiumfackeln der sie suchenden Männer, gab es oft Szenenbeifall in den deutschen Kinos.

Nach einem weiteren Bergfilm „Stürme über dem Mont Blanc", ist Leni Riefenstahl, mittlerweile ehrgeiziger als ihre Regisseure, unzufrieden mit ihren bisherigen Rollen. Sie möchte einen eigenen Film drehen, und sie nennt ihn „Das blaue Licht"; im Mittelpunkt soll ein junges, unschuldiges Mädchen stehen, das eine Einzelgängerin ist. Es ist 1931, und gerade hat der Tonfilm seinen Siegeszug angetreten. Leni Riefenstahl trommelt ein kleines Filmteam zusammen, die Filmaufnahmen finden in St. Anton und Zürs am Arlberg statt, die Bauern im Ort machen eifrig als Statisten mit, die Firma Agfa stellt ihr das Filmmaterial zur Verfügung, die Regisseurin verkauft ihren letzten Schmuck, verpfändet ihre Wohnung und gründet ihre erste eigene Filmgesellschaft, die Leni-Riefenstahl-Studio-Film GmbH. Harry Sokal, der Regisseur von „Piz Palü", steigt als Geschäftspartner ein.

Die Schneidearbeit – eine Tätigkeit, die Leni Riefenstahl nie zuvor alleine gemacht hatte – bereitet ihr große Freude, und am 24. März

1932 ist im Berliner Ufa-Palast die Uraufführung. Sie wurde ein voller, für die junge Filmemacherin ungeahnter Erfolg. „Das blaue Licht" sei der beste Film der letzten Jahre. Eine mutige, in ihrem Werk, ihrer Besessenheit gläubige Frau habe den abgeblaßten Kinohimmel einstürzen lassen, hieß es in den Kritiken. In Venedig erhielt der Film eine Silbermedaille. Charlie Chaplin und Douglas Fairbanks gratulierten aus Hollywood. Im Frühjahr 1998 wurde der Film, unterlegt mit neuer Filmmusik, in Babelsberg wieder gezeigt: 66 Jahre nach seiner Uraufführung und nach jahrzehntelanger Odyssee.

Auch Adolf Hitler und Joseph Goebbels hatten vom Ruhm dieses Filmes gehört und ihn in Berlin gesehen. Die ungewohnten Lichteffekte, die brillante Schneidetechnik imponierte ihnen. So kam es zum unerwarteten Auftrag zum „Dokumentarfilm" des Parteitags und nach dessen Erfolg zum ehrenhaften Auftrag, die Sommerolympiade in Berlin filmisch festzuhalten. Will man Riefenstahls Memoiren glauben, so war es zu allererst das Olympische Komitee, das den Vorschlag machte, und nicht Hitler. Glaubt man dem NS-Filmspezialisten Erwin Leiser und den NS-Archiven, so war es doch das Propagandaministerium, das ihr den Auftrag gab. Der Film wurde, auch im Widerspruch zu ihr, nicht privat von ihr finanziert, sondern vom Staat; eine logische Schlußfolgerung angesichts der ungeheuren Kosten, die ein 300-Personen-Filmteam verursachte.

Die Gesamtkosten waren auf 1,5 Millionen Reichsmark veranschlagt, die Summe sollte in vier Raten an Leni Riefenstahl ausgezahlt werden, sie selbst erhielt für ihre Regie 250.000 Reichsmark, per Vertrag war sie allein verantwortlich für die künstlerische Gestaltung und mußte die Gesamtsumme beim Propagandaministerium abrechnen. Außerdem wurde eine eigene Olympiade-Film GmbH gegründet, deren Geschäftsführerin Leni Riefenstahl wurde; das Reich sollte auf keinen Fall offiziell als Hersteller des Films in Erscheinung treten. Die Schein-Filmgesellschaft existierte noch bis 1943 und wurde dann liquidiert. Mit der weiteren Auswertung des Films wurde die Riefenstahl-Film GmbH beauftragt, deren alleinige Gesellschafterin Leni Riefenstahl war und heute noch ist.

Hitler jedoch schien nicht sonderlich an den Spielen interessiert zu sein. In einem privaten Gespräch mit ihr hatte er gesagt: „Wir haben keine Chance, Medaillen zu gewinnen, die Amerikaner werden die meisten Siege erringen, und die Schwarzen werden ihre Stars sein. Das anzusehen macht mir keine Freude. Und dann werden viele Ausländer kommen, die den Nationalsozialismus ablehnen. Da könnte es Ärger geben.“ Später, als Deutschland mehr Goldmedaillen gewann als erwartet, besuchte Hitler fast täglich das Stadion, und Leni Riefenstahl hat ihn unzählige Male im Profil aufgenommen, wie er vor Freude die Backen aufblies.

Er war es, der sie ermutigt hatte, einen Film im Olympiastadion zu drehen, und er sagte ihr jede Unterstützung zu. Schon anläßlich des Parteitagfilms schrieb sie: „Der Glaube, daß ein reales, starkes Erlebnis einer Nation ein Neuerlebnis durch den Film finden könne, wurde in Deutschland geboren. Der Führer gibt damit dem Zeitfilm Sinn und Sendung.“ Im Mai 1936 begannen die Probeaufnahmen, damit die Kameraleute üben konnten. Um die Weitspringer und Läufer besser fotografieren zu können, wollte die Regisseurin Gräben um das Stadion herum anlegen lassen. Dazu brauchte man Sondergenehmigungen, und die erhielt sie nach anfänglichen Schwierigkeiten.

Die erste Augustwoche 1936 beginnt. Für die zu erwartenden drei Millionen Zuschauer hatten die Nazis bei allen deutschen Bildhauern mit „deutscher Seele“ monumentale Statuen in Auftrag gegeben (Thorak, Breker, Kolbe), die das Stadion umringten. Allein bei der Eröffnungsfeier läßt Leni Riefenstahl sechzig Kameraleute filmen, sie werden zum Teil am Geländer der Tribüne angeseilt, die Tonkameras müssen ebenfalls befestigt werden und erregen Ärger bei Goebbels. Doch sie setzt sich durch. Auch bei dem Wunsch, die Wettkämpfer wie Mannequins schminken zu dürfen, vor allem die deutschen. Zahlreiche Aufnahmen werden um des Effektes willen außerhalb des Stadions gedreht (niemand hat es später bemerkt).

Um wirkungsvolle Luftaufnahmen zu machen, beantragt sie einen Fesselballon, doch der wird ihr nur zu Probeaufnahmen genehmigt. Das Team filmt und filmt, aus allen Gruben schauen die Kameras, doch viele Zuschauer haben sie kaum bemerkt, so gut sind sie im Boden versteckt. Nur Jesse Owens, der junge amerikanische Sprinter, der zum Liebling des Publikums wurde und mit vier Goldmedaillen nach Hause fuhr, wäre fast in eine der Gruben gestürzt. Doch es ging gut.

Leni Riefenstahl war übrigens nicht die einzige, die das sportliche Großereignis für Deutschlands Zuschauer festhielt. Wer genau hinsieht, bemerkt am Stadionrand etliche große Kameras, die nicht von ihr kontrolliert wurden. Hier filmten erstmals Kameraleute für das gerade in einer Pilotphase experimentierende Fernsehen. Nach der revolutionären Erfindung der Fernsehröhre durch Siegmund Loewe und Manfred von Ardenne, die ihre Neuerung auf der Funkausstellung 1931 vorstellten, hatte man in Berlin eifrig mit großen Firmen wie Bosch, Loewe, Telefunken und Zeiss-Ikon die Entwicklung vorangetrieben. Bis zur Olympiade gab es mehr als 1.000 Versuchs-Fernsehgeräte, großformatig mit hervorragender Bildqualität, die vorwiegend in Postämtern und anderen Behörden aufgestellt wurden und für (fast) jedermann zugänglich waren. Es gab täglich rund 1.000 Fernsehzuschauer, die völlig fasziniert auf den großen Bildschirm starrten und diese Technik zeitweilig für Zauberei hielten. Die Olympiade war die erste direkt übertragene Veranstaltung des neuen Mediums, das man dann vorwiegend für militärische Zwecke weiterentwickelte. Bereits auf der legendären V2-Waffe war eine Kamera angebracht und übertrug lückenlos die Bilder des Flugs nach England. Leni Riefenstahl als erste Fernseh-Regisseurin Deutschlands? Sie ist offensichtlich nicht von diesem neuen Medium begeistert, schreibt ihm vielleicht eine geringere Massenwirkung zu als dem Kino, oder ist einfach nie gefragt worden… Außerdem war sie mit ihrem Olympia-Film ja bald in allen Kinos. Und das war schon eine gewaltige Aufgabe.

Täglich nimmt Leni Riefenstahl während der Olympiade mehr als 15.000 Meter Filmmaterial entgegen, täglich wechselt sie die Kameraleute aus, ermutigt sie, spricht mit den Sportlern, macht neue Vorschläge. Als sie nach Ende der Olympiade das gesamte Material in der Kopieranstalt Geyer abgibt, sind es 400.000 Meter, die nun geschnitten, vertont und kommentiert werden müssen. Leni Riefenstahl begibt sich für viele Monate – schließlich wurden es fast zwei Jahre – in den Schneideraum, schneidet so ungemein beeindruckende Szenen wie den Marathonlauf, die Turmspringer über dem Wasserbecken oder die spannenden Hürden- und Schnelläufe. Immer wieder tauchen im Film Nationalhymnen auf, dann wieder ist es der Jubel der einzelnen Claquen, und immer wieder wird die Stimme des berühmten Stadionsprechers hektisch und laut, wenn ein Deutscher kurz vor einem Medaillengewinn steht. Aus 400.000 Metern muß erst einmal eine Dramaturgie entstehen, die Szenen dürfen nicht langatmig wirken, und die Musik muß die Spannung mittragen. Mitten in der Arbeit muß sie weitere Schikanen von Goebbels ertragen, der ihr die finanziellen Zuwendungen stoppen möchte. Wieder schaltet sie Hitler als Vermittler ein, der ihr hilft.

In die Schneidearbeiten platzt ein Zeitungsartikel hinein. In der „Schweizer Weltwoche" hat unter der Überschrift „Der gefallene Engel des Dritten Reiches" gestanden, sie sei, weil jüdischer Abstammung, aus Deutschland ausgewiesen worden und verstecke sich irgendwo in der Schweiz. Leni Riefenstahl ist empört, und Hitler beauftragt sofort seinen Hoffotografen Heinrich Hoffmann mit einem traulichen Kopf-an-Kopf-Foto, das Hitler, Goebbels und Riefenstahl in ihrem Berliner Garten zeigt. Anschließend ist in Paris ein festlicher Filmabend angesagt: „Das blaue Licht", „Triumph des Willens" und Auszüge aus dem Olympiafilm sollen gezeigt werden. Pfiffe und Buhrufe zu Beginn des Filmes münden schließlich, nachdem der Vorhang gefallen ist, in einen ohrenbetäubenden Jubel. So sei sie nie wieder in einer Stadt gefeiert worden, sagt Leni Riefenstahl später. Und selten sei so viel Kraft und Schönheit irgendwo vereinigt gewesen wie in den sechzehn Tagen der Olympischen Spiele.

Dann kehrt sie in ihre Schneideräume zurück, korrigiert, feilt, verbessert. In Berlin wartet man schon gespannt auf das filmische Ergebnis, doch sie läßt sich Zeit. Sie unterbricht die Arbeit und fährt zur Münchner Ausstellung in das Haus der Deutschen Kunst. Dort ist sie überrascht, viele Werke von Freunden als entartet abgestempelt zu sehen. Auch von der Nazi-Kunst ist sie entsetzt, und das Entsetzen ist nur noch zu steigern durch Hitlers Rede zum Thema Kunst. Sie tröstet sich mit der Vorstellung, daß nicht jeder Kunstsachverstand haben müsse und läßt sich schließlich – wie viele Tausende von Deutschen – von der Emphase und dem Pathos seiner Rede mitreißen. Die große Suggestivkraft seiner Sprache habe sie, schreibt sie in ihren Memoiren, 1937 zum erstenmal wirklich gespürt. Beim Parteitag und bei der Olympiade waren ihr seine demagogischen Fähigkeiten nicht aufgefallen?

Anfang 1938 hatten die Tonaufnahmen für den Olympiafilm begonnen, und die Berliner Symphoniker spielten die von Herbert Windt komponierte Filmmusik. Zusammengestellt wurden die Musikbänder im neuen Tonatelier der Ufa in Berlin Johannistal, und auch hier mußte sich Leni Riefenstahl gegen althergebrachte Meinungen der Tonmeister durchsetzen. Es gab ja keine Dialoge im Film, nur Bilder und Ton, doch die mußten so geschickt eingesetzt werden, daß man die fehlenden Worte vergaß. Die Premiere war für den 12. März 1938 vorgesehen, wurde aber wegen Hitlers Einmarsch in Österreich (fälschlicherweise als „Anschluß" bezeichnet) abgeblasen. Dann ist es endlich soweit. Leni Riefenstahl fährt zum Ufa-Palast in Berlin-Zoo. Reichsbauminister Albert Speer hat das ganze Gebäude festlich verändert und mit Fahnen schmücken lassen. Windt dirigiert seine eigene Filmmusik, die an programmatischer Durchschlagskraft genau zum Gezeigten paßt und die an die russischen Filmmusiken der großen Klassiker erinnert.

Die Regisseurin, die zwei Jahre an dem Material gearbeitet hatte, die wußte, welche Erwartungen ihre Auftraggeber an sie stellten, konnte sich endlich einmal zurücklehnen. Doch schon nach wenigen Minuten gab es Szenenapplaus im Ufa-Palast, man war begeistert. In Tränen aufgelöst, saß sie in ihrem Kinosessel, und als es hell wurde, hörte sie eine nicht endenwollende Ovation. Der griechische Botschafter überreichte ihr einen Ölzweig aus Olympia, dann war alles überstanden. Im Opernhaus wurde ihr ein wenig später der Deutsche Filmpreis 1938 verliehen.

Dann beginnt der Film seinen Siegeszug durch die europäischen Hauptstädte. Vor allem in Paris ist man begeistert, beide Teile („Fest der Schönheit" und „Fest der Völker") werden mit Riesenapplaus bedacht, und die Presse schreibt: „Olympia, es ist mehr und besser als ein Film und selbst als ein Schauspiel. Das ist ein glühendes Gedicht der Bilder, des Lichtes und des Lebens, er ist ohne Alter und fast ohne Nationalität." Und eine andere Zeitung schreibt: „Die ‚Götter des Stadions' (so hieß die französische Version) ist von solcher Größe, solcher Poesie, daß auch die am schwersten zu Bewegenden die Vorführung tief beeindruckt verließen. Ein Film von einem Einfluß, dessen Adel, wenn ich das Wort anwenden darf, diejenigen besser macht, die ihn sehen." Worte, die zwei Jahre vor dem Einmarsch der Deutschen in Frankreich geschrieben wurden. Schließlich erhält Riefenstahls „Olympia-Film" bei der Biennale in Venedig den „Goldenen Löwen". Und zwar noch vor den Filmen von Walt Disney und Marcel Carné.

Ein Jahr später hat Deutschland den Krieg angezettelt. Zufrieden über ihren internationalen Erfolg, hat Riefenstahl ein wenig den Anschluß an das NS-Filmschaffen verloren. Im Reich sind inzwischen andere Regisseure, andere Filmthemen aktuell. Die Murnau- und Eisenstein-Filme sowie die Filme eines Fritz Lang sind verboten. Gespielt werden in den Kinos die „Legion Condor" unter der Regie von Karl Ritter, „Leinen aus Irland" von Heinz Helbig oder das „Lied der Wüste" von Paul Martin mit Zarah Leander und Gustav Knuth. 1940 dreht Veit Harlan mit Werner Krauß „Jud Süß", die Geschichte eines jüdischen Finanzberaters, der sich „unrechtmäßig" bereichert und getötet wird. Und im gleichen Jahr gibt das Propagandaministerium einen der unseligsten, rassistischen Filme in Auftrag: „Der ewige Jude" unter der Regie von Fritz Hippler, als „staatspolitisch wertvoll, künstlerisch wertvoll und jugendwert" bezeichnet.

Wie hier das Schreckbild eines ganzen Volkes, einer ganzen Rasse gezeichnet wird, ist bislang von unerreichter Perfidie. Tenor des Filmes: Für die Juden gibt es nur eine Maxime, das Geld, und diese Geldgier entspringt einem abgrundtiefen Egoismus. „Juden habe keine Arbeiter und Bauern", heißt es an einer Stelle, und „Geschäfte machen sie nur mit den Krankheiten anderer Völker". So ist die Rede von Schmarotzertum und allgemeiner Unbeliebtheit. Schließlich sieht man unzählige Ratten auf der Leinwand klettern. Hippler stellt den Vergleich zwischen Juden und Ratten mit einer Selbstverständlichkeit an, die einem den Atem verschlägt. „Wo Ratten auftauchen, bringen sie Verderben." Und schon werden Zahlen genannt: 47 Prozent aller Kassendiebstähle und 82 Prozent aller Diebeszüge würden von Juden verübt. Als abschreckendes Beispiel eines bekannten Juden nennt man die Bankiersfamilie Rothschild, die sich bekanntlich vor der Steuer drücke. Dann werden von Karl Marx über Ferdinand Lassalle, Tucholsky, Kestenberg bis Rosa Luxemburg einige Juden beim Namen genannt, und wieder muß die Statistik nachhelfen: Von 1.000

Arbeitern seien nur zwei Juden, von 100 Advokaten jedoch schon 49 Juden, und von 100 Ärzten seien es sogar 53. Dagegen läge der Jahresverdienst eines braven Deutschen bei nur 810 Reichsmark und eines Juden bei 10.000 Reichsmark.

Zu guter Letzt werden bei Bach-Musik Vorzeigegestalten wie Uta von Naumburg und der Bamberger Reiter genannt. Den widerlichsten Teil des Filmes nimmt das Kapitel über das rituelle Schlachten ein, das Schächten. Unzähligen Tieren wird der Hals aufgeschnitten, und man sieht die Tiere (der Sprecher sagt „bei lebendigem Leib") verbluten. Tierquälerei sei das, und man müsse das schleunigst verbieten, heißt es. Fazit des Filmes: Sorgen wir dafür, daß unsere Rasse von solchen Schädlingen reingehalten wird. Dies sei die Botschaft der Nationalsozialisten an das deutsche Volk.

Hat Leni Riefenstahl solche Filme gesehen? Kannte sie den Euthanasie-Film „Ich klage an" von Wolfgang Liebeneier (1941) mit Mathias Wieman und Heidemarie Hatheyer? Kannte sie nicht „Ohm Krüger" von Hans Steinhoff (1941), der den Kampf der Buren heroisierte und erstmals die Einrichtung von Konzentrationslagern rechtfertigte? Leni Riefenstahl ist erstaunt, wie funktionstüchtig die Babelsberger Ateliers auch mitten im Krieg sind. Und sie hat schon wieder eine Filmidee. Sie will den Stoff „Tiefland" verfilmen, die Geschichte vom armen Hirtenjungen Pedro, der gegen seinen despotischen Dienstherrn, der seine Bauern unbarmherzig behandelt und bedroht, vorgeht. Er begegnet Martha, der Tochter eines „Zigeuners". Und genau mit der Darstellung dieser Zigeuner, wie man sie damals nannte, handelt sich Leni Riefenstahl den nächsten Ärger ein.

Wie ihr noch Jahre nach dem Krieg ihre Kritiker vorwerfen, habe sie für die Volksszenen zu „Tiefland" „Zigeuner" aus einem polnischen Konzentrationslager „geordert". Es kommt zu Gerichtsverhandlungen, die Statisten werden als Zeugen geladen, es gibt Falschaussagen auf beiden Seiten, doch die Kronzeugin entpuppt sich als eine „gekaufte" Zeugin. Schließlich beschwört Leni Riefenstahl, daß die Sinti und Roma völlige Freiheit während der Dreharbeiten genossen und die gleiche Verpflegung wie alle erhalten hätten. Und sie schwört, sie sei nie in ihrem Leben in jenem KZ gewesen, aus dem sie die Darsteller „ausgeliehen" habe. Der Rechtsstreit mit der Illustrierten „Revue"

(Kindler-Verlag) schlägt hohe Wellen, und seitdem haftet dem Film „Tiefland" ein Makel an.

Als sich Leni Riefenstahl 1945 plötzlich im Innsbrucker Frauengefängnis vorfindet, ist sie in der französischen Besatzungszone. Ihre Mutter, die noch im Kitzbühler Haus wohnt, holt sie zwar eines Tages heraus, doch da wird sie schon wieder verhaftet. Sie erfährt, daß man ihre sämtlichen Filme und ihre Konten beschlagnahmt hat, der Kommandant der französischen Zone bestellt sie zu einem Verhör und läßt sie in eine psychiatrische Anstalt einweisen. Entlassen wird sie erst im August 1947.

Bei aller Verachtung, die man ihr als Person entgegenbringt, sind die Franzosen doch auffällig hinter ihrem jüngsten Film „Tiefland" her. Man macht ihr Angebote, den Film in Frankreich zu Ende zu schneiden und aufzuführen, sie geht darauf ein, doch es wird nichts daraus. Die Affäre um die „Zigeuner" und ihre Vergangenheit als NS-Filmemacherin steht allem im Wege. Leni Riefenstahl kämpft verzweifelt um die Freigabe ihrer Filme, und nach unendlichen Verhandlungen, Rückschlägen und falschen Versprechungen gelingt es ihr. Es ist bereits das Jahr 1953, und sie gründet eigens für „Tiefland" die Junta Film GmbH. Das Material, das nach vielen Jahren in ihre Hände gelangt, ist schadhaft, es fehlen Filmrollen, die sich erst nach einer intensiven Suchaktion in Paris wiederfinden. Sofort begibt sich Leni Riefenstahl an den Schneidetisch.

Zur Uraufführung gelangte der Film erst 1953 in Stuttgart. Danach verschwand er wieder in ihrem Privatarchiv, denn die meisten Kinobesitzer in Deutschland wagten nicht, ihn auf den Spielplan zu setzen. Die Proteste aus aller Welt hören nicht auf, die KZ-Verbände protestieren wegen der Statisten, und beim Filmfestspiel in Cannes wird er aus denselben Gründen abgelehnt.

Leni Riefenstahl, die am 22. August 1902 in Berlin geboren wurde, die anfänglich ganz vielversprechend eine Ausbildung als Ausdruckstänzerin erhielt (und durch einen Unfall die Karriere beenden mußte), hatte 1932 erstmals in dem „Blauen Licht" Regie geführt. Nach drei Großaufträgen für die NSDAP und dem Film „Tiefland" wandte sie sich dann gänzlich dem Kontinent Afrika zu. „Negatives inspiriert mich nicht zur Kreativität", hatte sie gesagt, als sie neunzig

Jahre alt wurde. Ihre Schlußfolgerung, daß Nicht-Schönes ein Synonym für Nicht-Gutes ist, diese gefährliche Schlußfolgerung, der viele Klassiker (angefangen von den griechischen Denkern bis hin zu Schiller und Goethe) erlegen sind, scheint sie nie überdacht zu haben.

Sie hat in ihren Filmen, die sie Dokumentarfilme nannte, niemals Kranke, Alte oder Behinderte gezeigt. Die animierten sie ja bekanntlich nicht zur Kreativität. Die Frage sei erlaubt: Was animiert eine Künstlerin an einem kräftig gewachsenen, kriegerisch dreinblickenden weißen oder schwarzen tätowierten Mann? Vielleicht die erotische Kraft, die virile Unsterblichkeit? Wie schwach muß ich mich selbst fühlen, um Imponiergehabe faszinierend zu finden und mich vielleicht dabei noch geborgen zu fühlen? Leni Riefenstahl, diese selbstbewußte Künstlerin, die alles in den dreißiger Jahren erreichte, was eine Frau erreichen konnte, der Hitler einen Riesen-Etat zu Füßen legte und künstlerisch völlig freie Hand ließ: diese Frau benutzt künstlerisch männliche Stärke, um sich entfalten zu können?

Dem Prädikat Dokumentarfilm wird sie meiner Meinung nach nicht gerecht, wenn sie – wie im Falle des Olympiafilms und bei den Bildern der Nuba – nur die Gesunden und Kämpfenden zeigt. Wie wichtig wäre es, um die Infrastruktur eines fernen Stammes kennenzulernen, auch einen Blick in ihr Sozialverhalten gegenüber Kindern, Mädchen, Kranken und Alten zu tun. Nun, Leni Riefenstahl, die dem Trugbild schön = gut erlag, hat vielleicht nie daran gedacht, daß einige Vertreter ihrer Naziheroen dieselben waren, die für das Abschlachten von Millionen Andersdenkenden, von Millionen Juden verantwortlich waren. Als sie das aber in den Monaten nach Kriegsende erfuhr, hätte sie da nicht dem trügerischen Schein von Schönheit, Nacktheit und äußerlicher Größe ade sagen müssen?

Wie kam es, daß sie dem arbeitslosen, erfolglosen Maler Adolf Hitler aus dem Männerheim, der nach einem mißglückten Aufstand in der Festung Landsberg über sein Leben nachdachte und ein militantes, rassistisches Programm für Deutschland entwarf, erlegen ist? Sein künstlerischer Verstand war gleich Null; daß er sie für seine Filme auswählte, entsprang sicherlich nicht der Erkenntnis eines Sachverständigen, der ihre Kunst schätzte. Warum aber beauftragte er ausgerechnet sie? Die Frage wird wohl immer offen bleiben, wenn wir mit der zuvor gegebenen Antwort nicht zufrieden sind, der Antwort: Hitler erwählte sie zur Hof-Fotografin, weil sie politisch unbescholten, unbefleckt war. Und weil er ihr Können benutzen konnte.

1975 erlebt sie dann endlich – nach unzähligen berechtigten und unberechtigten, überzogenen und sachlichen Zurechtrückungen, Ausladungen und Restriktionen – ein deutsches und internationales Comeback. Die Illustrierte „stern" bringt zwanzig Farbseiten mit über fünfzig Fotos ihrer Nuba-Expedition. Eine Woche danach folgt die „Sunday Times" mit ähnlichen Aufnahmen, eine Ehrung der besten fotografischen Leistung des Jahres 1975 wird ihr vom Art Directors Club Deutschland verliehen. Sogar das berühmte amerikanische Magazin „National Geographic" meldet sich bei ihr und will eine große Farbreportage bringen. Es ist alles vorbereitet, das Layout fertig, und Leni Riefenstahl wartet auf das Erscheinen. Da geschieht im letzten Moment das, was ihr seit Kriegsende immer wieder passiert. Jemand erhebt aus politischen Gründen Einwand; die Serie wird gestoppt und ist nie gedruckt worden. Auch die Zeitung „GEO" interessiert sich für Riefenstahl-Fotos; in Frankreich will man sogar einen zweiten Nuba-Band drucken. Sie ist in aller Munde. Trotzdem: Sie lehnt es ab, obwohl man ihr ein phantastisches Honorar anbietet, dem „stern" ein ausführliches Interview zum 75. Geburtstag zu geben. Diese einmalige Chance, sich in einer großen deutschen Zeitung rechtfertigen zu können, verpaßt sie. Und dies, obwohl der „stern"-Herausgeber der gleiche kräftige, arische Sportler ist, der 1936 die Olympiaflamme trug.

Die Olympiaden jedoch lassen ihr immer noch keine Ruhe. Sie fährt nach Montreal, erfährt Zustimmung und provoziert einen Skandal bei den Gegnern. Dann wird sie vom Japanischen Olympischen Komitee eingeladen, einen Film mit den Athleten zu drehen, die damals, 1936, in Berlin mit dabei waren. Das Angebot nimmt sie an und filmt die inzwischen siebzig- und achtzigjährigen Sportler; die Bildreportage wird vermischt mit den Streifen von damals. Der Film hat großen Erfolg in Japan. Kurz danach erscheint im List-Verlag ihr Bildband über ihre fotografischen Unterwasser-Entdeckungen; Titel „Korallengärten". Schließlich möchte sie wenige Kilometer von München entfernt, in bäuerlicher Umgebung endlich zur Ruhe kommen und hier mit dem Schreiben ihrer Memoiren beginnen. Die interessierten Verlage haben längst eingesehen, daß dies niemand anders vollbringen kann; Leni Riefenstahls Lebensbericht wird eine Autobiographie sein. Am 1. November 1982 beginnt sie mit den Skizzen und dem Niederschreiben, 1987 erscheint ihr Buch in zwei Bänden und ist 1996 zum zweitenmal aufgelegt worden.

Wir wissen, daß sie keine Ethnologin ist, die sich über Jahre mit dem sozialen Gefüge eines Stammes kritisch auseinandersetzt, ihn beobachtet, analysiert, fotografiert (so wie es der französische Ethnologe Marcel Griaule Mitte des Jahrhunderts über zwanzig Jahre im Lande der Dogon in Zentralafrika tat und das Ergebnis in einem bewegenden Dokument filmisch festhielt). So muß sich Leni Riefenstahl als politisch uninteressierte, doch geniale Filmemacherin noch Jahre nach ihrer ideologischen und künstlerischen Mitwirkung bei Reichsparteitagen und Olympiade vorwerfen lassen, sie habe durch die künstlerisch zwar hochwertige, doch kraftstrotzende Qualität ihrer Bilder der Naziideologie Vorschub geleistet, weil genau diejenigen, die diesem Ideal huldigten, alles „Lebensunwerte", alles Nicht-Arische, Kranke, Jüdische und „Minderwertige" ausmerzen wollten. Sie lebt heute noch in ihrem bayrischen Haus, ordnet alte Filme, schneidet Ausschnitte aus Nuba-Expeditionen zusammen, wird zu Aufführungen ihrer Filme eingeladen, wird wieder ausgeladen. Am 12. April 1944 hatte sie in einer „Kriegstrauung" den Major Peter Jacob, Träger des Ritterkreuzes zum Eisernen Kreuz, geheiratet und sich bei Kriegsende bereits wieder von ihm getrennt. Da sie nach dem Olympia-Film in den Kriegsjahren in die Anonymität geriet, wollte sie durch die Heirat eine neue Identität aufbauen? Es ist wenig über Peter Jacob bekannt; nur eins wissen wir, daß er ihr in den Zeiten der Entnazifizierung immer zur Seite stand.

Seit Anfang der achtziger Jahre lebt Leni Riefenstahl mit Horst Kettner zusammen, ihrem jugendlichen Lebensgefährten, der wegen ihr das Tauchen erlernte und dem sie das Filmen beibrachte. Bei allen letzten Expeditionen war und ist er ihr unverzichtbarer „Gehilfe". Er wird einmal mit dem Erbe der Künstlerin reich und berühmt werden. Und er wird weiterhin Rede und Antwort stehen müssen. „Die Gewalt, die viele anzog und gleichzeitig viele Regimegegner zum Verstummen brachte" (ein Gedanke aus Erwin Leisers hervorragender, filmischer Geschichtsaufarbeitung der Nazi-Zeit unter dem Titel „Mein Kampf"): diese Gewalt, die auch von Künstlern, wenn sie überleben wollten, eine totale Unterwerfung verlangte, hat er als ein Kind der Nachkriegsgeneration nicht mehr erlebt. Er sollte – wie viele andere seiner Generation – die Chance zu einer neuen, vorurteilsfreien Sicht, die das Schöne und das Häßliche wertfrei nebeneinander stehen läßt, nutzen. Leni Riefenstahl hat es bisher nicht vermocht. Sie hatte Hitlers Satz vom Nürnberger Parteitag 1935 verinnerlicht: „Ich glaube, wenn unsere gesunden, unverdorbenen Frauen in diesen Tagen den Marschkolonnen zugesehen haben, diesen strammen und tadellosen jungen Spatenmännern, so müssen sie sich sagen: Was wächst hier für ein gesundes, herrliches Geschlecht heran!"

„Ich hatte so ein schönes Kabarett in München"
Erika Mann: eine mutige Zeitzeugin wider den Nationalsozialismus

Lebte sie heute, hätte sie schwungvoll Hilfe für Kinder und Frauen organisiert, da und dort, wo ein Krieg wütet. Sie wäre nie müde geworden, die Industriebosse aufzurufen, keinen Atommüll zu verursachen, Regierungen zu ermahnen, die Menschenwürde zu achten, und Völker zu ermutigen, mehr Demokratie und Freiheit zu fordern. Lebte sie heute, wäre sie eine der populärsten Unesco-Botschafterinnen geworden, sie hätte unzählige Vorträge gegen die Ausbeutung der Menschen, gegen die Entmündigung der Frau, gegen Mißachtung des Individuums gehalten. Lebte sie heute, wäre es auch denkbar, daß sie, ganz zurückgezogen, Bücher für die Erwachsenen von morgen geschrieben hätte.

Sie war die Würze, der „Pfeffer" der Literatenfamilie Mann. „Der Alte verstimmt, die Mahlzeiten trostlos, sobald E[rika] nicht da ist." So Golo Mann, das drittälteste von sechs Mann-Kindern. „Der Alte", der geliebte und gehaßte Schriftsteller Thomas Mann, ist nur auf seine Romanhelden bedacht; er verbringt unzählige Stunden des Tages in seinem von Geräuschen und Störungen abgeschirmten Arbeitszimmer. Der Tagesplan der Familie richtet sich grundsätzlich nach dem noblen Schreibenden. Nur ein virtuos beherrschtes, penibles Timing des Tagesablaufes ist ihm gut genug. Das gelingt seiner Ehefrau Katia (wie sie sich selbst schrieb) trotz ihrer sechs Kinder und zwei Fehlgeburten mit Hilfe einiger Gouvernanten, Zimmermädchen und Dienstboten perfekt. Schon vor der Hochzeit am 11. Februar 1905 hatte Thomas Mann „K.", wie er seine Frau in seinen Tagebüchern nannte, ein „strenges Glück" versprochen. Es sollte für immer gelten. Von den

Exiljahren Manns berichtet Hilde Kahn-Reach, eine Elberfelder Jüdin, die dem schreibenden Zauberer von 1943 an zehn Jahre lang als Sekretärin diente: „Stets um halb fünf bereitete Katja Mann den Earl Grey zu. In der Blechdose auf dem Tisch warteten die harten, runden Ingwerkekse. Ein Duft von Veilchenwasser – Yardley-Toilettenwasser – erfüllte den Raum: Der ‚Meister' erschien nach der Mittagsruhe, erfrischt und neu belebt, zur Konversation und Tee."

Doch Thomas Mann ist äußerst schwierig, launisch, manchmal sogar mürrisch, oder ganz in seinen Gedanken verloren, für niemanden erreichbar. Er lebt auch im Schatten seiner den Tagebüchern anvertrauten „auf Männer gerichteten sexuellen Gefühle", die er sich lebenslang nicht erlaubt offen auszuleben. Katia Mann weiß von diesen Nöten, auch von den späteren „verbotenen Verstrickungen" innerhalb ihrer höchst komplizierten Familie. Doch scheint niemals ein offenes Gespräch in der Familie stattgefunden zu haben. Der Vater ist unantastbar; man scheut kein Opfer, wenn es um die Aufrechterhaltung des „intakten" Familienlebens nach innen und außen geht. Das jüngste Kind, Michael Mann, nimmt am Silvesterabend 1976/77, nachdem er die Herausgabe der bis dahin unter Verschluß gehaltenen Tagebücher seines Vaters beendigt hat, unter Alkoholeinfluß Barbiturate und stirbt.

In den familiären Stunden erwartet Thomas Mann, vornehm und distanziert, gute Unterhaltung, und dies gelingt lebenslang keinem anderen perfekter als seiner humorvollen Ältesten, Erika, die den strengen Vater immer zu lockern und köstlich zu amüsieren weiß. Sie schäumt über vor verrücktester Einfälle und vor ungebremster Lebenslust. Sie ist offen, risikobereit, anregend, zupackend. Ihre spätere Kompromißlosigkeit muß auf ihre Umgebung oft als Streitsucht gewirkt haben. Nicht nur Feinde, sondern auch viele ratsuchende Freunde beschert Erika Mann ihr kritischer Verstand; sie besitzt das Privileg, eine vertrauenswürdige Ratgeberin des großen Literaten, ihres Vaters, in allen Lebenslagen zu sein.

Doch in ihrer Kindheit und frühen Jugend muß Erika einst ihren Eltern und der Umgebung das Leben schwergemacht haben. Die am 9. November 1905 in der Franz-Joseph-Straße in München geborene Erika Julia Hedwig ist gleich nach dem Laufen und Sprechen ein Schreckgespenst der Familie. Nichts ist vor ihr sicher. Sie kann lügen wie ein Weltmeister, läuft „vom Frühling bis in den vorgerückten Herbst, auch in der Stadt" und auch inmitten des vornehmen Münchener Viertels, wo Manns 1914 eine dreistöckige, elegante Villa bauen ließen, mit nackten Füßen herum. Erika äfft Leute nach, sie lärmt, sie rauft sich mit den Nachbarsjungen, und ihre Geschwister und Freunde machen alles mit. Sie ist die Anführerin von „unerzogenen" Gören reicher, berühmter Eltern, die in dieser Gegend an der Isar wohnen. Der Bande gehören Ricki (Richard) und Wölfi (Wolfgang) Hallgarten an, die Söhne einer kultivierten Gelehrtenfamilie, dann die beiden Walter-Mädchen Gretel und Lotte (Töchter des Dirigenten und Mahler-Schülers Bruno Walter, damals Generalmusikdirektor in München) und andere Kinder Prominenter. Klaus, Erikas knapp ein Jahr jüngerer Bruder, ist ihre rechte Hand, und ihre beiden vier und fünf Jahre jüngeren Geschwister Golo und Monika versuchen auch in ihrer Bande mitzumachen. Sie bemalen sich bunt und ziehen wild verkleidet durch die Straßen.

Doch manche Abende, zum Beispiel die Samstage im schönen Zuhause, halten für Erika ein anderes Abenteuer bereit. Wenn ihr „Zauberer", der Vater Thomas Mann, anspruchsvolle Prosa vorliest, oder wenn die Großmutter Hedwig Pringsheim, die einst Schauspielerin war und in ihrer Jugend auf der Bühne des berühmten Theaters in Meiningen stand, zu Besuch kommt und große Literatur rezitiert. Der Vater kann auch phantasievolle Spiele erfinden, die Erika und ihre Geschwister faszinieren. Viele Berühmtheiten von damals, namhafte Dichter, Maler, Musiker, von dem Komponisten Hans Pfitzner bis zum Literaten Hugo von Hoffmannsthal, sind öfter Gäste im Hause Mann. In deren anspruchsvoller Unterhaltung und regen Diskussionen findet Erika genug geistige Anregung und Nahrung. Ihre Eltern nehmen am Münchener Kulturleben aktiv teil, und „die Großen", Erika und Klaus, sind oft dabei. Die geheimnisvolle, schillernde Welt des Theaters fesselt die beiden sehr. Sie finden die Schule „eine gähnende, öde Leere", Lehrer sind unerträglich und langweilig. Die beiden kulturell Privilegierten sind denn auch schlechte Schüler. Während der gesamten Schullaufbahn bleibt es so, egal, ob die Eltern sie in die exklusiven „Reichenschülchen" oder in den Jahren des Ersten Weltkriegs in die Volksschulen, später in die Höheren

Schulen – Erika zum Luisengymnasium, Klaus zum Wilhelm-Gymnasium – schicken. Auch ein lebensreformatorisches Landerziehungsheim bei Fulda, wohin Erika und Klaus 1922 aufgrund einer elterlichen Strafmaßnahme gehen müssen, bringt keine Verbesserung. Diese Lektion war Folge eines Skandals, verursacht von den Mannschen Kindern. Sie waren aus Spaß auf Diebestour gegangen. Klaus Mann rückblickend: „…alles geklaut… Kaum waren die Eltern von der Reise zurück, da ward alles enthüllt: …die Diebstähle, unsere nächtlichen Eskapaden." Die sonst toleranten Eltern waren empört.

Doch Erika gelang es 1924, das Abitur, wenn auch mit dürftigen Noten, abzulegen. Ein schlechter Schüler muß aber auch Thomas Mann gewesen sein. „…ich war schon in Sekunda so alt wie der Westerwald", wird er, der Sohn des Senators Heinrich Mann, eines „feinsinnigen Lübecker Patriziers", später erzählen. Faul und höhnisch, wie er gewesen sei, habe er es nicht bis zur Prima bringen können. Mit Thomas Mann und seinen vier Geschwistern habe die Mutter Julia es gar nicht leicht gehabt. Sie war Tochter eines deutschen Kaufmanns und einer Brasilianerin portugiesischer Abstammung. Der Senator, der Vater Thomas Manns, hatte das große, ererbte Vermögen, heruntergewirtschaftet und war früh gestorben. Julia Mann war dann mit ihren Kindern nach München gekommen. Ihre älteren Kinder, Thomas und Heinrich Mann, waren Bohemiens, Außenseiter, allerdings „mit tadellosen Manieren". „Ich habe nur immer fortgefahren, …zu träumen, Dichterbücher zu lesen und selbst dergleichen herzustellen", erzählt Thomas Mann später.

Das Privileg des Träumens hat Thomas Mann scheinbar lebenslang genossen, und viel verdankte er dabei seiner Frau Katia. Sie war die späte Nachfahrin einer außergewöhnlichen Familie. Die Familie Pringsheim war überaus reich. Katias Großvater, der jüdische Industrielle Rudolf Pringsheim, hatte um 1840 im oberschlesischen Industriegebiet das Eisenbahnnetz aufgebaut, was ihm zu großem Reichtum verhalf. Katias Vater, Dr. Alfred Pringsheim, hatte sich der Mathematik verschrieben und lehrte an der Universität München. Der Mathematiker war ein Bewunderer von Richard Wagner, zu dem er, wie auch zu Richard Strauss, persönlichen Kontakt pflegte und die Bayreuther Festspiele großzügig finanziell unterstützte. Katias Mutter, die Schauspielerin Hedwig Pringsheim-Dohm, „eine verführerische Mischung aus venezianischer Schönheit à la Tizian und problematischer grande dame à la Henrik Ibsen", war die Tochter der berühmten Frauenrechtlerin Hedwig Dohm und des Mitbegründers des Satire-Magazins „Kladderadatsch" in Berlin, Ernst Dohm.

In dem hochherrschaftlichen Renaissance-Palast in der Arcisstraße, wo Hedwig und Alfred Pringsheim mit ihren Kindern lebten und einen heißbegehrten Salon führten, hatte sich Thomas Mann vorstellig gemacht, um die Tochter des Hauses, die schöne Katia Pringsheim, heiraten zu dürfen, die gerade Studentin der Mathematik in München geworden war. Die Wahl Thomas Manns erwies sich als perfekt. Außer der Liebe zu Wagners Musik hatte er zwar nicht viel mit Pringsheim gemeinsam, doch lebenslang hat Katia Mann ihren diffizilen Ehemann, den leicht verwundbaren, egozentrischen Erzähler, geliebt, bewundert und war immer um das Wohl der Familie besorgt. „Das ganze Haus kam zu ihr – jeder mit seinen Sorgen, Hoffnungen und Beschwerden", so Klaus Mann. Die Mann-Kinder wurden spät flügge, die „Älteste", Erika, verließ das Elternhaus im Grunde nie, obwohl sie körperlich und geistig sehr robust wirkte, ihre Selbständigkeit früh errang, ja vielleicht die „Hellste" von allen war.

„Laienbund deutscher Mimiker" heißt die erste Schauspielgruppe, welche die theaterbegeisterten Mann-Kinder 1919 mit ein paar Freunden gründen. Die Eltern, die Freunde des Mannschen Hauses und die Nachbarn sind ihr erstes Publikum. Bald wächst ihr Programm zu einer bunten Palette von Inszenierungen, von Lessing bis Shakespeare. „Sie konnte gurren und keifen, schnarren, stottern und jammern, der russische Akzent war ihr ebenso geläufig wie die sächsische Mundart", schilderte Klaus seine Schwester später. Klaus selbst schauspielert nicht nur, er schreibt auch, leidenschaftlich wie sein Vater. Klaus' Theaterstücke, „Anja und Esther" und „Revue zu Vieren", führt die Gruppe auf, die jetzt aus den beiden Mann-Kindern und zwei unzertrennlichen Freunden besteht: Pamela Wedekind, der Tochter des Dichters, und einem jungen mittellosen Düsseldorfer, dem damals noch unbekannten Gustaf Gründgens. Zwischen 1925 und 1927 treten sie in zahlreichen großen deutschen Städten und sogar im Ausland auf. Ihre Auftritte sorgen nur für Skandale. Sie werden für pro-

14 Erika Mann (links) mit ihrem Bruder Klaus Mann und der Schauspielerin Pamela Wedekind; um 1925.

vokant und obszön gehalten. Denn Klaus' Stücke handeln von Leidenschaft und von Begehren, von der Liebe und auch von der gleichgeschlechtlichen Neigung. Für seine Frauenfiguren scheint Erika Modell gestanden zu haben; Klaus Mann bestätigt das auch. Die beiden Geschwister lieben sich abgöttisch.

Inzwischen waren Erika und Klaus 1924 nach Berlin, in die „Stadt der Moderne", gezogen. Erika ließ sich in Max Reinhardts Schauspielschule teuer ausbilden. Und kaum stand sie mit ersten, kleinen Rollen auf der Bühne, wurde sie 1925 von der Bremer Bühne engagiert. Doch merkte sie bald, daß sie kein Kind für die Provinz war, und kehrte nach Berlin zurück. Klaus hatte sich mittlerweile mit der hübschen Pamela Wedekind verlobt, Erika und der verliebte Gründgens wurden 1926 ein Ehepaar. Die Hochzeit fand im Hotel „Kaiserin Elisabeth" in Feldafing am Starnberger See statt.

Doch all dies scheint ohne jede Ernsthaftigkeit gewesen zu sein. Vielleicht hat sie nur aus Spaß geheiratet? Erika und ihr Bruder sind „solchem Feuerwerk von Charme“ von Gustaf Gründgens gleichermaßen erlegen. Weder Klaus noch Erika lassen sich jedoch binden. Ihr emotionales Leben auf Hochtouren geht höchst freizügig und wechselhaft weiter. So wird die Ehe Erika Manns schon nach einem Jahr getrennt und 1929 geschieden. Auch die Verlobung von Klaus mit Pamela führt zu nichts, sie heiratet im Frühjahr 1930 den fast dreißig Jahre älteren Dichter Carl Sternheim. Am 7. Oktober 1927 winken Erika und Klaus, beide schon ohne Partner, auf dem Deck des Überseedampfers „Hamburg“ in Cuxhaven ihren Freunden und Bekannten, die zum Abschied „Muß i denn zum Städele hinaus“ singen. Klaus' amerikanischer Verleger, der für beide eine Vortragsreise in den USA arrangiert hat, zahlt einen Vorschuß, den Erika sofort für ein schickes Pelzcape ausgibt, das sie jedoch bald – als es mit dem Geld wieder knapp wird – verkauft, um sich nicht vor den Augen der New Yorker Kulturprominenz blamieren zu müssen.

„The Literary Mann Twins“-Tournee: So führen sich die Geschwister, die keineswegs Zwillinge waren, in der Neuen Welt ein. Der Ruhm des Vaters reicht bis hierhin und öffnet ihnen alle Türen. Die charmanten Europäer werden sechs Monate lang in der amerikanischen High Society herumgereicht. An den berühmtesten amerikanischen Universitäten halten sie Vorträge, rezitieren aus deutscher Lyrik, erzählen von der europäischen Jugend, dem Leben auf dem Alten Kontinent. Die teure Tournee endet mit einer dreimonatigen, abenteuerlichen Reise, welche die Mann-Stars nach Honolulu, Japan, Korea, China und Rußland führt.

Wieder in Deutschland, schreiben Erika und Klaus Mann ihr erstes gemeinsames Buch „Rundherum“. Locker und amüsant schildern sie darin ihre Weltreise. Das Buch bringt Thomas Manns Verleger Fischer 1929 heraus. Im Laufe der folgenden Jahre wird Erika Mann immer wieder Bücher mit ihrem Bruder schreiben, den sie allerdings für weitaus talentierter erklärt als sich selbst. Ihre eigene Schreibtätigkeit hält sie für einen zusätzlichen Broterwerb neben ihrer Schauspielerei. Schon gar nicht fühlt sie sich von dem „Familienfluch“ verfolgt, dem ihr Vater, Onkel und ihr Bruder erlegen zu sein scheinen.

Nach ihrer strapaziösen Rundreise erholen sich die Geschwister bei den Eltern in der Münchener Poschinger Straße, in ihrem wahren Zuhause, wo heitere Wiedersehensfreude herrscht. Außer in diesem väterlichen Haus werden beide zeitlebens nirgends heimisch sein. Alle ihre weiteren Domizile sind provisorisch. Weder Klaus noch Erika Mann werden in ihrem Vagabundenleben je eine eigene Wohnung oder gar ein eigenes Haus haben. In allen Teilen der Welt leben sie in Hotels oder in kurzzeitigen Mietwohnungen.

Noch reisefrisch sucht Erika Mann nach neuen Engagements. Auch Thomas Mann hilft seiner geliebten Tochter bei der Suche. Schließlich kommt ein solider Vertrag mit den Bayerischen Staatstheatern zustande. Kurz darauf glänzt Erika Mann in der Rolle der Königin in „Don Carlos" von Schiller. Doch ihre anderen Rollen sind allemal klein, und der Generaldirektor Alphons Pape ist nicht zu größeren Rollen zu bewegen. Alle ihre Bemühungen und Bittbriefe bleiben erfolglos. Weder die Helene aus Hoffmannsthals „Der Schwierige" noch die Thekla in „Wallenstein" oder den Oberon im „Sommernachtstraum" darf sie spielen. Das ärgert sie maßlos, aber auch nicht mehr. Sie ist zäh, kämpferisch und voller Ideen. Resignation ist nicht ihre Sache. Von der Rundfunkproduktion bis zum Film wird kreuz und quer alles unternommen, alles ausprobiert. Sie kann über sich lachen, eine bunte Schar von Verehrern nährt ihr Selbstvertrauen, und ihr Elternhaus bietet ihr die großzügigste Unterstützung, wenn sonst alles danebengeht. Als Thomas Mann 1929 mit dem Nobelpreis ausgezeichnet wird und der 54 Jahre alte Literat am 10. Dezember den Preis in Stockholm entgegennimmt, begleicht er als erstes sämtliche Schulden aus der Weltreise seiner unbeschwerten Kinder Klaus und Erika.

Durch den Nobelpreis wachsen das Prestige und die Popularität Manns weltweit noch mehr. Die Nachfrage nach seinen Werken wird ins Unermeßliche gesteigert. Der Verleger Fischer bringt eine Volksausgabe der „Buddenbrooks" heraus, die zum Verkaufsschlager wird. In den USA steht der „Zauberberg" auf der Bestsellerliste. Seines Vaters „natürlichen Sinn für Maß und Diskretion" lobt der Sohn Klaus: „Der einzige Luxus, den der plötzlich fast reiche Vater sich gönnte, war ein schönes Grammophon mit reich assortierter Plattensammlung, zwei starke Automobile (ein offener Buick und eine Horch-Limousine] und ein Landhaus von sehr bescheidenem Format." Aber auch schöne Reisen werden unternommen, „es wird gut gegessen und getrunken, ...waren sie im Theater, so erscheint am Ende der Chauffeur mit den Pelzen im Foyer", erzählt Golo Mann, der Drittälteste.

Trotz eines hoffnungsvollen Erfolgs als Schauspielerin in „Die liebe Feindin" von Antoine, 1929 in Berlin aufgeführt, der Erika Mann weitere Engagements brachte, ist für sie die Idee einer zweiten Rundreise mit Bruder Klaus weitaus attraktiver. Außerdem gewinnt die „Barbarei" in Deutschland immer mehr an Boden. Man ärgert sich über das „irrationale Gequassele" der Nationalsozialisten. Es wird tagtäglich enger in Deutschland. Ja, die Luft wird dünner, der Bewegungsspielraum wird weniger, frei zu fühlen und frei zu denken wird immer schwieriger. Beide wollen einen Tapetenwechsel und machen sich Mitte April 1930 davon; diesmal per Auto in rasantem Tempo. Erika hat ein leidenschaftliches Faible für flotte Autos und für schnelle Fahrten. Sie hätte auch eine erfolgreiche Rennfahrerin sein können, wie sich später zeigte. Der erste Preis, den sie mit ihrem Freund und Beifahrer Ricki Hallgarten am 6. Juni 1931 am Ende einer von ADAC und FORD veranstalteten Rennfahrt gewinnt, die in zehn Tagen 10.000 Kilometer quer durch Europa ging, bedeutet für Erika nur ein weiteres Abenteuer. Sinn des Lebens liegt bei ihr im Erleben. Ihre Freundinnen und Freunde, die sie oft mit mit dem Bruder Klaus teilt, die jungen Lebenskünstler der zwanziger Jahre aus wohlhabenden, gebildeten Familien, empfinden das gleiche. Erikas Bruder Golo Mann ist gegenüber Erikas Freundesschar eher skeptisch. „Die Freunde der beiden gefielen mir weniger. Erikas Geburtstag neulich mit sehr viel Alkohol, gleichgültigen, ja unerfreulichen Leuten. Ich merke wohl, daß sie den Verkehr nicht hat, der ihren eigenen Qualitäten entspräche." Erika Manns bester, intimster und unersetzlicher Kumpan ist allerdings der Bruder Klaus. Gemeinsam erforschen beide die Welt und das Leben. Seiner Schwester unerschöpfliche Zuneigung und Energie retten Klaus Mann, der durch die überaus heikle Vater-Sohn-Beziehung „belastet" war, vor zuviel Melancholie und Trübsinn, die seinem übersensiblen Wesen ansonsten zueigen sind. Es ist auch Erika Mann, die den allzu dünnen Lebensfaden Klaus Manns verstärkt, wenn er in späteren Jahren immer wieder abzureißen droht.

Vorerst zurück zur zweiten Rundreise, Mitte April 1930, aus der Erika und Klaus Mann ihre Reiseeindrücke an verschiedene Zeitungen senden. „Wir fahren zusammen kreuz und quer durch Europa, wie auf einer endlosen Flucht. In Petsamo, am Nordende Finnlands, träumen wir von Eskapaden in die Polarzone. Von Cadiz ist es nur ein Katzensprung nach Marokko, wird Marokko weit genug sein? Dürfen wir dort etwas zur Ruhe kommen?" Doch alles andere als die Ruhe erwartet sie in diesem undurchsichtigen Land. Den Geschwistern bietet man dort Haschisch an, das sie nicht ablehnen. Der Drogenkonsum ist den beiden allerdings nicht unbekannt. Da Erika Mann die Wirkung des Stoffes zu schwach findet und sie Verdacht schöpft, man habe sie betrogen, der Stoff bestehe „aus Schokoladenpulver mit Zimt", nehmen sie leichtsinnigerweise eine Überdosis. Im Hotel in der Nacht kommt es zu einer Katastrophe. „Es gab gar keinen Halt mehr", erzählt Klaus Mann später, „erst flogen meine Arme davon, dann meine Beine; es folgten Hals und Kopf, schließlich der ganze Körper. Ich löste mich auf, explodierte in tausend Stücke." Beide durchlitten die gleiche Hölle. Beide werden in aller Eile ins Krankenhaus gebracht. Doch auch in späteren Jahren werden die Geschwister weiterhin Drogen konsumieren; bei Klaus Mann führt es zu Abhängigkeit, der er trotz zahlreicher Versuche nicht mehr entkommt. Erika Manns Konsum bleibt lebenslang mäßig.

Die Zeit schreitet mit rasanten politischen Entwicklungen voran und zieht alles in ihren Bann. Linke, demokratische und liberale Intellektuelle stehen als erstes im Mittelpunkt des Fegefeuers der Nationalsozialisten. „Das Exil begann in München. Preußen und andere Teile des Reiches standen schon unter dem Nazi-Terror", schrieb Klaus Mann über diese Zeit in seinem Lebensrückblick „Der Wendepunkt". Die Mißgunst gegenüber der Familie Mann zeigt sich in aller Deutlichkeit, obwohl Thomas Mann, von den ältesten Kindern dabei heftig kritisiert, Zurückhaltung bewahrt. Am 17. Oktober 1930 im Beethovensaal in Berlin hält er seine „deutsche Ansprache": „Der Aufruhr im Saal brach los, als der Redner das deutsche Bürgertum mit dringlichem Ernst ermahnte, Frieden zu machen mit der organisierten Arbeiterschaft und die Idee der sozialistischen Demokratie endlich zu akzeptieren, auf daß die Schmach und Katastrophe des Dritten Reiches verhütet werde. An dieser Stelle erhob sich die gekränkte Ehre von ihrem Sitz und ließ bellende Töne hören", so Klaus Mann. Dagegen ergreift der pazifistische Schriftsteller Heinrich Mann, der Bruder von Thomas Mann, seit langem die Partei der Opposition und ruft alle zu einer gemeinsamen Front auf; er ist einer der ersten, der freiwillig am 15. Februar 1933 ins Exil geht. Auch Klaus Mann ahnt die Gefährlichkeit des „Herrenmenschen" sehr früh, schon 1927 appelliert er in seinen Schriften an die europäische Intelligenz und Vernunft. „Unbestreitbar, ich war gegen Hitler von Anfang an, unbedingt, ohne irgendwelche Vorbehalte." So schließt er sich kurz vor der Machtergreifung Hitlers der überparteilichen, gegen Kriege eingestellten Gruppe Revolutionärer Pazifisten an, der unter anderm Kurt Hiller, Ernst Toller und Kurt Tucholsky angehörten.

Erika Mann allerdings hält die Ideologie der NSDAP für äußerst dumm und lächerlich und versucht ihrerseits den Anhängern der Partei dies wie einen Spiegel vorzuhalten. Sie wehrt sich gegen die Attacken der Hitler-Demagogie auf ihre Art und Weise, zum Beispiel, als der „Völkische Beobachter" sich über ihren Anblick mit den Worten mokierte: „Die Haare über einem nicht ganz kopfähnlichen Gebilde im Herrenschnitt frisiert..." „Sie leistete es sich, den ‚Beobachter' wegen Beleidigung zu verklagen", berichtet Klaus Mann. Dann habe seine humoristische Schwester dem Gerichtshof einige ihrer Fotos überreicht, um den Hof von ihrem schönen Kopf zu überzeugen; „das Hitler-Blatt mußte Strafe zahlen". Es war September 1932. Das Nazi-Blatt, der „Völkische Beobachter", hatte Erika Mann auch als „plattfüßige Friedenshyäne" beschimpft, und in der Ausgabe vom 16.1.1932 attackierte man die ganze Mann-Familie: „Das Kapitel ‚Familie Mann' erweitert sich nachgerade zu einem Münchener Skandal, der auch zu gegebener Zeit eine Liquidierung finden muß."

„Erste Unterhaltung über die Notwendigkeit, Deutschland zu verlassen", hatte Klaus Mann schon am 25. Mai 1931 in seinem Tagebuch notiert. In seinen Erinnerungen erzählt Golo Mann über das damalige Befinden seines Vaters: „Der Alte denkt in die Schweiz zu gehen, glaubt, von den Nazis verhaftet zu werden. Das könnte ihn in der Tat töten, in die Hände dieser widrigen Barbaren zu fallen." Schließlich hatte das Regime sein häßliches Gesicht Thomas Mann im Sommer 1932 gezeigt. Ein an ihn adressiertes Paket mit dem erschreckenden Inhalt: verkohltes Papier, die Asche von seinem „Zauberberg". Rund ein dreiviertel Jahr später werden im Namen des Nationalsozialismus aufgehetzte Schüler, Studenten und Lehrer mit der „Bücherverbrennung" von über 12.500 Titeln beginnen. Die Nazi-Presse droht Klaus und Erika Mann mit gewalt-lüsternen Parolen. „Es gibt eine junge Generation, die ungeistig genug ist, um Dir einmal furchtbar auf die Pfoten zu klopfen", schrieb die „Brennessel", eine Nazi-Zeitschrift, im Februar 1932 im Hinblick auf Klaus. Im bayrischen Ingolstadt gelingt es den nationalsozialistisch Gesinnten sogar, den Bühnenvertrag der Pazifistin Erika Mann aufzukündigen.

Danach gibt es für Erika Mann keine Auftrittsmöglichkeit in Deutschland mehr. Doch der Widerstand findet viele Auswege. Bald begibt sich Erika Mann voller Elan und Zivilcourage in ein völlig neues Abenteuer: Sie gründet mit Magnus Henning, einem 29jährigen Barpianisten, und Therese Giehse, der knapp 35jährigen erfolgreichen Schauspielerin der Münchener Bühnen, ein Kabarett: „Die Pfeffermühle". Ihre Absicht ist eine andere als „das heitere Gespött", das dem deutschen Publikum bisher bekannt war: „Uns war totenernst zumute, aber wir hatten noch genug Humor in uns, um zu sehen, in welcher absurden Situation wir uns befanden. Und obwohl wir schon wußten, daß die Messer uns an der Kehle saßen, waren wir imstande, groteske Dinge zu machen", so Erika Mann. „Ein literarisches Programm mit stark politischem Einschlag; ein anmutig spielerischer, dabei aber bitterernster, leidenschaftlicher Protest gegen die braune Schmach", beschreibt der Bruder die literarisch-politische Bühne, für die er gerne einige Texte schreibt. „Erika war Conférencier, Direktor, Organisator; Erika sang, agierte, engagierte, inspirierte, kurz war die Seele des Ganzen. Nein, die ‚Pfeffermühle' hatte eine Doppelseele; die andere Hälfte hieß Therese Giehse. Sie gehörte dazu, von Anfang an, und mit welcher Intensität, welch unbedingtem Einsatz!" Therese Giehse, die in München geborene Tochter eines jüdischen Kaufmanns und Schauspielerin par excellence, kannte Erika und Klaus schon seit langem; Magnus Henning war ein Freund aus Berliner Zeiten.

In einem Münchener Nachtlokal, der „Bonbonnière", findet die Premiere der „Pfeffermühle" am 3. Januar 1933 vor einem breiten

Publikum statt. Das Kabarett kommt sehr gut an. In kürzester Zeit kann sich „Die Pfeffermühle“ größter Beliebtheit erfreuen. Ein bizarrer Zufall ist es, daß sich die „Bonbonnière“ in der unmittelbaren Nachbarschaft zum Hofbräuhaus befindet, nur durch eine Wand getrennt. „Hitler sprach, wir spielten gegen ihn an, und Herr Frick, Reichsinnenminister, hatte sich verkniffen, seinen Führer anzuhören, saß bei uns in der ‚Pfeffermühle' und fertigte ‚schwarze Listen' an, man sah ihn lebhaft kritzeln. Kam der Faschingsdienstag, kam der Reichstagsbrand, kamen die Massenverhaftungen im Anschluß an diesen…“ So die Kabarettistin in der Rückerinnerung an den Februar 1933.

Die Texte des Programms, das unter anderm aus Chansons, Parodien, Tänzen und Rezitationen bestand, stammten zum größten Teil von Erika Mann. Standen die Texte einmal fest, so mußten sie dennoch täglich je nach Tagesgeschehen aktualisiert werden. „Abends nach der Vorstellung überlegten Erika und ich oft neue Ideen für Texte. Am nächsten Morgen hatte sie über Nacht die Texte bereits gedichtet, und ich konnte die Musik schreiben“, so Magnus Henning, der Pianist.

Erika Manns heiteres, humoristisches Wesen blüht in ihrer neuen Aufgabe voll auf. Sie bietet leichte, sozialpolitische Satire, die allerdings im Laufe der Zeit härter und direkter wird, anspruchsvolle, witzige Unterhaltung, alles klug und humorvoll dargeboten, und vor allem auch das Giftigste, Derbste ohne den erhobenen Zeigefinger: „Was willst du? Butter?! Freche Bohne! Die Butter macht dich faul und fett! Weit wichtiger ist die Kanone und die Granate über'm Bett!“

Allabendlich mahlt „Die Pfeffermühle“ im ausverkauften Haus. Oft sind auch einige Spitzel, vor denen es überall nur so wimmelt, unter den Zuschauern. Viel Mut braucht ein politisches Kabarett zu der Zeit allerdings, auch viel Zivilcourage. 1933: Hitler und die NSDAP sind in die Offensive gegangen. In Bayern toben sich währenddessen SS-Reichsführer Heinrich Himmler und seine rechte Hand Reinhard Heydrich aus. „Der Personalakt Thomas Mann“ der Politischen Polizei ist reif genug, um vorgenommen zu werden. Klaus und Erika verwarnen dringlichst ihre Eltern, die sich seit dem 26. Februar 1933 in der Schweiz befinden, auf keinen Fall zurückzukommen. Auch die nächsten Pläne Erikas müssen eiligst neu überdacht werden: keine deutsche Tournee mehr, auch kein größeres Kabarett in Schwabing, in Münchens Künstlerviertel.

„Ein Massen-Exodus der Dichter setzte ein; noch nie zuvor in der Geschichte hat eine Nation innerhalb weniger Monate so viele ihrer literarischen Repräsentanten eingebüßt", so Klaus Mann. Er selbst verließ Deutschland am 13. März 1933. Alles geschah trotz Vorahnung und Vorbereitung in höchster Eile mit gemischten Gefühlen. „Erika reiste noch am Abend unseres Ankunfttages in die Schweiz zurück, wo sie sich mit den erschreckten Eltern treffen wollte. Ich fuhr 24 Stunden später nach Paris." Für Klaus Mann beginnen ohne seine Schwester wahre Vagabundenjahre. Er wird immer unterwegs sein, mit kurzen Unterbrechungen in New York, bei den Eltern in Zürich, in Paris, Amsterdam, Prag oder Cannes. Erika Mann gelingt es, inkognito nach Deutschland zurückzukehren und in einer Nacht-und-Nebel-Aktion sich in ihr Elternhaus in der Poschinger Straße einzuschleichen, um die väterlichen Manuskripte des ersten Bandes von „Joseph und seine Brüder" zu retten. „Ohne sie hätten die Manuskripte leicht den Weg aller anderen älteren gehen können, die – Buddenbrooks, Zauberberg etc. – in München für immer verschwunden", so Golo Mann.

Erika Mann ist nun in Zürich. Therese Giehse folgt ihrer geliebten Erika kurz darauf. Nach und nach kommen andere Mitglieder der „Pfeffermühle" in die Schweiz. Erika Mann verwendet alles, was sie hat, Ruhm, Charme und Geschick, um die Schweizer Fremdenpolizei in kritischen Situationen bei der Erteilung von Papieren gnädig zu stimmen und nebenbei für sich und die Ensemblemitglieder einen Job zu finden. Und es gelingt ihr. Die Exil-„Pfeffermühle" öffnet am 30. September 1933 im Gasthof „Zum Hirschen" in Zürich ihre Türen. Die Eltern erwerben ein Haus in Küsnacht direkt am Zürcher See.

1934 gewinnt das Kabarett die Grotesk-Tänzerin Lotte Goslar aus der Palucca-Schule, eine Verwandlungskünstlerin, als Mitglied. Auch ein österreichischer Schauspieler, Heinrich Ortmayr, der vor der Emigration dem Düsseldorfer Schauspielhaus angehörte, stand 1934 in der Zürcher „Pfeffermühle" auf der Bühne. Bis zur Auflösung des Kabaretts Anfang 1937 werden noch viele Mitglieder kommen und gehen. Nur die „drei Heiligen", Erika Mann, Giehse und Henning, bilden unerschütterlich den Kern des Ensembles.

Den ersten Triumphen folgen Tourneen in der Schweiz. Später auch im Ausland. Den größten Teil davon organisiert Erika vollkommen allein, ohne Impresario oder Agentur, weil diese ihr nicht korrekt genug arbeiten. Die Sprache der „Pfeffermühle“ wird direkter, schärfer, „gepfefferter“. Weder scheut Erika Mann davor zurück, den von den Nazis ermordeten anarchistischen Dichter Erich Mühsam aufs Programm zu setzen, noch in ihrer Nummer „Prinz von Lügenland“ in SS-Uniform und -Stiefeln auf der Bühne zu parodieren. Damit „verdient“ sie sich allerdings einen Platz auf der vierten Ausbürgerungsliste des Dritten Reiches vom 8. Juni 1935. Der Name ihres Onkels Heinrich stand schon auf der ersten Liste mit Datum vom 23. August 1933. Ihr Bruder Klaus kam unter den Ausgebürgerten der zweiten Liste vor: Er war unter dem 11. November 1934 registriert. Thomas Mann hatte die Nazi-Behörde noch nicht ausgebürgert. „Gleichzeitig aber konfiszierte man sein Hab und Gut, die Bankguthaben, das Münchener Haus mit Bibliothek, Mobilar, den Automobilen und was es sonst noch zu klauen gab; die gleichgeschaltete Presse machte ihn fast täglich zum Objekt absurder Verleumdungen und Gehässigkeiten.“ Thomas Mann bewahrte Beherrschung.

Wenn „Die Pfeffermühle“ spielte, „hagelte es Proteste von seiten der NS-Botschafter und Gesandten“. Das Kabarett erntet auch von Schweizer Seite Ablehnung in bestimmten Kreisen. Es gibt Straßenkrawalle, Tourneen müssen abgebrochen und einige Stücke dürfen nicht mehr gespielt werden. Auch die wenigen Auslandstourneen verlaufen unter zermürbenden behördlichen Restriktionen. Im November 1934 kommt es während einer Vorstellung in Zürich zu einer wütenden „Keilerei“. Später stellt sich die Schweizerin Renée Schwarzenbach-Wille, eine Generalstochter, als die Schlüsselfigur der Ausschreitungen heraus. Ihre Nähe zu NS-Kreisen war weithin bekannt. Die Schwarzenbachs gehörten zu der einflußreichsten und konservativsten Industrie-Elite Zürichs. Annemarie Schwarzenbach, die überaus begabte, sensible Tochter, ist allerdings das schwarze Schaf der Familie. Sie studiert, schreibt Romane, fotografiert, betreibt Journalismus, bereist die Welt, liebt Frauen, nimmt Drogen, lebt gefährlich. Mit den Mann-Geschwistern, die sie 1930 in Berlin kennengelernt hat, verbindet sie eine leidenschaftliche Beziehung, die den Haß ihrer konservativen Mutter auf Erika und Klaus Mann lenkt. Renée Schwarzenbach hat womöglich aus diesem Grund Erika Mann schaden wollen, so wie sie acht Jahre später einen großen Teil des Nachlasses ihrer eigenen Tochter noch an deren Todestag vernichtet haben soll, die nach mehreren Selbstmordversuchen, Entziehungskuren und Psychiatrie-Aufenthalten am 15. November 1942, 34jährig und völlig vereinsamt und verwahrlost, stirbt. Annemarie Schwarzenbach hatte sich offensichtlich unsterblich in Erika Mann verliebt, was jedoch nicht in eine dauerhafte Beziehung mündete.

1935 ist ein schwieriges Jahr für Erika Manns Kabarett. 1936 braucht sie noch mehr Geschick und Durchhaltevermögen, um die Tourneen mit der „Pfeffermühle" fortzuführen. Nirgendwo ist man mehr sicher. Auch in der Tschechoslowakei, in Holland, ja überall, wo man auftritt, lauert Gefahr, ist der Einfluß, die unsichtbare Verfolgung des Dritten Reiches als Zensur, als Krawallmacherei oder nackte Drohung zu spüren.

Von den sechs Kindern der Familie Mann leben zu der Zeit nur noch zwei im Elternhaus: Elisabeth und Michael. Sie gehen in Zürich zur Schule und wollen Musiker werden. Monika, die viertälteste, ist in Florenz und heiratet später den ungarischen Kunsthistoriker Jenö Lanyi. Golo lehrt in Frankreich Geschichte und Philosophie. Oft kommen die Geschwister nach Küsnacht oder verbringen gemeinsam in einer noch friedlichen Landschaft den Urlaub. Es gibt Heiterkeit, es gibt Vertrauen und Liebe, es gibt aber auch lebhafte Diskussionen, wie im Fall „Sammlung". „Die Sammlung" hatte Klaus Mann 1933 in Amsterdam gegründet, eine Literaturzeitschrift, die monatlich bei dem deutschsprachigen Querido-Verlag herauskam und unterstützt wurde von Annemarie Schwarzenbach und einem Mitglied der legendären Familie Rothschild. Die Zeitschrift, die nur zwei Jahre überlebte, erreichte eine beachtliche Auflage von 3.000 Exemplaren und bot ein breites Forum. „Zu den Mitarbeitern gehörten fast alle exilierten deutschen Dichter und Literaten, außerdem aber auch eine ziemlich stattliche Reihe nicht-deutscher Autoren von internationalem Prestige", so Klaus Mann. Albert Einstein, Heinrich Mann, Bertolt Brecht, Jean Cocteau, Ernest Hemingway, Boris Pasternak waren zeitweise Mitarbeiter. Doch Thomas Mann, von seinem in politischen Fragen vorsichtigen deutschen Verleger Gottfried Bermann Fischer beeinflußt, zog seinen Namen nach der ersten Ausgabe der „Sammlung" demonstrativ zurück. Zuvor war es zu schweren Diskussionen mit Erika Mann wegen ihres „unmündigen Vaters" gekommen, wie sie den Vater dem Bruder 1933 beschrieb: „Daß Du dem Klaus und der ‚Sammlung' in den Rücken gefallen bist (oder wie sonst willst Du, daß ich es nenne?) und ihm mehr damit verdorben hast, als je ein Nazi in ‚idiotischer Rohheit' es konnte..." Der Vater blieb aber stur. Er blieb auch gegenüber den Bemühungen seines Verlegers stur, ihn wieder nach Deutschland zu holen. Später erfuhr man, daß der Dichter, wäre er nach Deutschland gekommen, wegen eines „Schutzhaftbefehls" von Heidrich festgenommen worden wäre. Für ein „klares Wort" über Deutschland brauchte Thomas Mann von da an noch gut zwei Jahre. Er wollte Geduld zeigen und hoffte, daß die Deutschen selbst „innerlich und gründlich" mit dem „Gesindel" fertigwurden, woran sein Sohn Klaus schon seit 1935 nicht mehr glaubte. Am 11. März 1935 schrieb Klaus Mann seiner Mutter, Deutschland bringe „die Kraft nicht mehr auf, von innen heraus sein Regime zu stürzen".

Doch der Offene Brief Thomas Manns in der „Neuen Zürcher Zeitung" vom 3. Februar 1936, auf den Erika Mann und viele andere mit größter Spannung gewartet hatten, lehnte die nationalsozialistische Herrschaft eindeutig ab, aus der „nichts Gutes kommen kann, für Deutschland nicht und für die Welt nicht". Am 5. Dezember desselben Jahres erschien im „Völkischen Beobachter" eine Anzeige des Reichsministeriums des Inneren mit dem Titel „Ausstoßen von Volksschädlingen". Es ging dabei um die Aberkennung der deutschen Staatsangehörigkeit des Dichters Thomas Mann, Katia Manns und weiterer vier Kinder. Während seiner Jahre im Exil, die ihm eine offensichtliche Revision seiner Vorbehalte gegenüber Juden brachten, muß Thomas Mann unter seiner Ausbürgerung sehr gelitten haben. Dieser Willkürakt politischer Macht scheint schmerzvoll an ihm gezerrt haben. Thomas Mann, der mit 58 Jahren ins Exil ging, war durchaus „deutsch", hing im Geiste an deutschen Werten, an deutscher Tradition. Nun saß er in Zürich und dachte an die „Münchener Atmosphäre..., die alte deutsche Mischung von Kunst und Bürgerlichkeit, hier noch ganz lebendig und gegenwärtig..."

Erika Mann hat in diesem Punkt keinerlei Ähnlichkeit mit ihrem Vater. Auf alles reagiert sie schnell, in Worten und in Aktionen, ohne Grübelei, ohne langes Abwägen, völlig risikofreudig. War sie am 8. Juni 1935 ausgebürgert worden, so flog sie vier Tage später nach London, und am 15. Juni hatte sie die Urkunde des Standesamtes Ledbury von ihrer Verheiratung mit einem homosexuellen Engländer aus dem Bekanntenkreis ihres Bruders, dem jungen Dichter Wystan Hugh Auden, in der Tasche. Ein paar Tage später landete sie als verheiratete „englische Lady" wieder in Europa. Zu ihrem englischen Ehemann, mit dem sie nie zusammen lebte, pflegte sie immer eine gute Freundschaft.

Je bedrohlicher es in Europa wurde, desto kampflustiger fühlte sich Erika Mann. Zu einem sehr gewagten Schritt kam es im Herbst 1936. Nachdem sie im Mai des Jahres auch Therese Giehse einen englischen Gentleman, den Schriftsteller John Hampson-Simpson, als Ehemann verpaßt hatte, schmiedete sie Ende September im New Yorker Hotel „Bedford" mit Klaus Mann bei Zigaretten und Drinks neue Pläne. Beide Mann-Kinder spürten, daß sie in Europa nicht mehr gut aufgehoben waren. Und drei Monate später kämpften Erika Mann, Henning, Lotte Goslar, Sybille Schloß und Therese Giehse, die kaum Englischkenntnisse besaß, gegen ihr Lampenfieber an: Es ist der 5. Januar 1937, die „peppermill"-Premiere in New York. „Erika öffnete ihre Kleinkunstbühne vielleicht etwas übereilt..., in einem schmucken, aber nicht sehr stimmungsvollen, kleinen Theater im obersten Stockwerk eines Wolkenkratzers... Das Programm zündete nicht, schlug nicht ein", berichtet Klaus Mann. Und dabei blieb es. Der Vertrag mit der Columbia Concert Corporation, das kräftige Sponsoring von Annemarie Schwarzenbach, Vicki Baum, Emil Ludwig und anderen halfen nichts. Es scheint so, daß die „peppermill"-Nummer, die englisch übertragenen „Pfeffermühle"-Songs und -Sketche, den Amerikanern inhaltlich nichts sagte. Die Niederlage ist zu groß, die „Pfeffermühle"-Artisten hält nichts mehr zusammen. Henning und die Giehse gehen zurück nach Europa. Lotte Goslar geht nach Hollywood.

Erika Mann dagegen scheint keine Träne über das Desaster zu verlieren. Warum auch? Amerika ist gegenüber den Emigranten wohlwollend, bringt für ihre Not Verständnis auf, hier schätzt man die Demokratie, hier ist man von der politischen „Hitze und Doppelbödigkeit“ des alten Kontinentes am weitesten entfernt. Außerdem bringen die Amerikaner den „Literary Mann Twins“ viel Sympathie entgegen. Klaus und Erika sind voller Hoffnung und genießen ihr Zusammensein. Aus dieser Konstellation heraus bahnt sich etwas Neues an. „Es begann unter freiem Himmel, vor ungefähr 23.000 Menschen, am 15. März 1937 im New Yorker Madison Square Garden. Es war die ‚Peace and Democracy Rally‘, die erste große öffentliche Massenkundgebung in den USA gegen Hitler.“ Erika Mann war die einzige Frau in einer Vielzahl prominenter Redner. Sie verlas ein Grußtelegramm ihres Vaters und hielt einen begeistert aufgenommenen Vortrag über „Die Frau im Dritten Reich“.

Ein Tor hatte sich geöffnet, Erika Mann stürzte sich voller Kraft in ein von ihr bis dahin unbekanntes lecturer-life, sie entwickelte sich zu einer „Wanderpredigerin“. Diese lecturer-Tätigkeit, in Europa nicht so verbreitet, „gehört zu den Besonderheiten des amerikanischen Lebens. Romanciers, Polarforscher, Politiker, exilierte Prinzen, Tennismeister, Religionsstifter, Köche, Medien, Blumenzüchter, Zeitungskorrespondenten, Psychoanalytiker sind im Nebenberuf ‚lecturers‘, während andere sonst überhaupt nichts tun: sie reisen umher und plaudern“. So Klaus Mann, der selber als lecturer mit seiner Schwester – später auch ohne – kreuz und quer durch Amerika reiste. Ein lecturer mußte über viel Kommunikations- und Reisefreudigkeit verfügen, frei sprechen können und die Kunst besitzen, das „Hörenswerte“ geschickt, attraktiv und fesselnd an den Mann zu bringen.

Erika Manns kabarettistisches Talent gibt ihren lectures einen besonderen Touch. Politisch heikle, ja schwer nachvollziehbare Themen verwandeln sich auf ihrer Zunge in leicht verständliche, überzeugende, aufklärerische Unterhaltungen. Vom deutschen Alltag unter Hakenkreuzfahnen erzählt sie, vom Exilleben, von der politischen Situation in Europa.

Als Katia Manns alte Eltern noch in Deutschland festsitzen, Golo Mann für die Exilzeitschrift „Maß und Wert“ in Zürich arbeitet, Monika in London lebt, Elisabeth und Michael heiraten und Thomas Mann an seinem Roman „Lotte in Weimar“ sitzt, reisen seine beiden Ältesten im Juni 1938 als Berichterstatter für verschiedene amerikanische Blätter über Paris und Perpignan nach Spanien, wo seit 1936 der Bürgerkrieg herrscht. Sie fahren durch „die ausgestorbenen Dörfer, Landstraßen, verstopft von Flüchtlingen und Panzerwagen", sie sprechen „mit Soldaten, Arbeitern, Hausfrauen, Literaten", „mit den Männern von der Internationalen Brigade", „mit Verwundeten, mit Ausgebombten…, mit Halbwüchsigen, mit Witwen, mit Atheisten und mit Gläubigen, mit Analphabeten und mit Schriftgelehrten".

Klaus Mann selber arbeitet an seinem Roman „Vulkan", und der Amsterdamer Querido-Verlag bringt Ende September 1938 Erika Manns Buch „School for Barbarians" (10 Millionen Kinder. Die Erziehung der Jugend im Dritten Reich") heraus. Das Buch wird in drei Monaten 40.000mal verkauft.

„Die Dinge sagen, die heute gesagt werden müssen." Das ist der rote Faden, der sich durch das Leben Erika Manns hindurchzieht. Immer wieder wird sie im Verlauf der Zeit Bücher schreiben, davon einige gemeinsam mit ihrem Bruder Klaus, wie „Escape to life" (1939), „The other Germany" (1940); andere schreibt sie allein, wie „The lights go down" (1940). Hätte sie aber in einer friedvolleren Zeit gelebt, wäre sie vielleicht nur bei Kinderliteratur geblieben. Ihre frühesten Veröffentlichungen waren bekanntlich Kinderbücher: „Jans Wunderhündchen" (1931), „Stoffel fliegt übers Meer" (1932), „Muck, der Zauberonkel" (1934). Ihr Buch-Illustrator war einer ihrer besten Freunde, Ricki Hallgarten, der Sohn von Konstanze Hallgarten, der Vorsitzenden der Pazifistischen Liga München. Ricki starb von eigener Hand am 5. Mai 1932. Seine Tat hinterließ bei Erika und Klaus maßlose Erschütterung und Trostlosigkeit. Tragische Abschiede von nahen Freunden, Verwandten und Bekannten müssen wie ein Fluch auf dem Leben der Geschwister gelegen haben. Ihre beiden Tanten väterlicherseits hatten sich 1910 (Carla Mann) und 1927 (Julia Mann) das Leben genommen. „Neue Selbstmord-Epidemie. Ernst Weiß…, Walter Hasenclever…, Walter Benjamin… Wieviel Verluste!" schrieb Klaus Mann am 12. Juli 1940. Ein Jahr davor hatte sich Ernst Toller in New York das Leben genommen, und Gretel Walter, mit der Erika und Klaus von Kind an eng befreundet waren, wurde im Sommer 1939 von ihrem Ehemann erschossen. All das riß bei Erika und Klaus Mann tiefe Wunden.

Viel später, nach dem Kriegsende, kommt Erika Mann auf die Kinderliteratur zurück: „Unser Zauberonkel Muck" (1952), „Christoph fliegt nach Amerika" (1953), „Wenn ich ein Zugvogel wär", „Till bei den Zugvögeln", „Die Zugvögel auf Europafahrt", „Die Zugvögel singen in Paris und Rom" (1953-1955), „Die Zugvögel" (1959).

Und jetzt wieder zurück nach Amerika. Von einer friedlichen Zeit ist Erika Mann Ende der dreißiger Jahre noch weit entfernt. Der Bürgerkrieg in Spanien ging gerade zu Ende, da begann Hitler mit seinen Offensiven; Massenflucht, Verleumdungen. Zerstrittene Linke und Emigranten prägen auch das Bild in den USA. Das Leben verlangt viel von Erika Mann. Neben ihren zahlreichen Vorlesungen, schriftstellerischen und journalistischen Tätigkeiten und ruhelosen Reisen arbeitet sie in Hilfsorganisationen für Exilierte mit. Auf dem bekannten Gemälde „Die geistige Emigration" von Arthur Kaufmann stehen Albert Einstein und Erika Mann vor einer Schar von Emigranten und demonstrieren damit ihre außerordentlich große Popularität. Zwischen 1933 und 1944 sind schätzungsweise 200.000 Deutsche und Österreicher in die USA gegangen. Viele von ihnen, vorwiegend Schriftsteller, ließen sich in New York nieder. Erika Mann berät und begleitet außerdem ihren vielgefragten Vater während seiner Vortragstourneen in der Neuen Welt; die Eltern sind 1938 nach Princeton übergesiedelt. Im April 1941 ziehen sie nach Pacific Palisades, Kalifornien, und sind dabei gänzlich auf die Hilfe ihrer Amerika-erfahrenen Tochter angewiesen.

1940 gründete Klaus Mann in New York seine „Decision", eine „kritische Rundschau für freie Kultur". Die „Decision" erscheint ein Jahr lang, und diesmal gehört Thomas Mann zu den Autoren. Auch Erika Mann unterstützt einmal wieder mit aller Kraft das Projekt ihres Bruders. „Gesundheit spielte keine Rolle, und Rücksicht auf sich selbst war und blieb ihr fremd. Aber dafür mußte sie bezahlen: mit Schlaflosigkeit und Aufputschmitteln, mit unendlich vielen Zigaretten und chronischer Nervosität", so Irmela von der Lühe, Erika Manns Biographin.

In Kalifornien baute sich Thomas Mann ein eigenes Haus. Eine moderne Villa mit einem großen Palmengarten entstand, die er mit seiner Frau im Februar 1942 bezog. „Ich treibe es so unter äußeren Umständen, für deren Gunst ich nicht dankbar genug sein kann – in dem schönsten Arbeitszimmer meines Lebens. Die Landschaft um unser Haus herum, mit dem Blick auf den Ozean, sollten Sie sehen… Heitere Sinneseindrücke sind nicht wenig in solchen Zeiten, und der

Himmel ist hier fast das ganze Jahr heiter und sendet ein unvergleichliches, alles verschönendes Licht", schrieb er am 15. März 1942 an Hermann Hesse. Erika Mann genoß das neue Elternhaus immer sehr, so oft ihre Pflichten es ihr erlaubten. Auch gab es hier einen großen Freundeskreis. Franz und Alma Mahler-Werfel, Bruno und Lisl Frank, eine Tochter Fritzi Massarys, Leon Feuchtwanger, Martin Buber, Eva Hermann, Else und Bruno Walter.

Dem letzteren ist Erika Mann in diesen Jahren leidenschaftlich zugetan; den Dirigenten kannte sie seit ihrer Münchener Zeit und war mit seinen Töchtern eng befreundet. Erika Mann hatte sich immer wieder in Frauen und Männer verliebt. Es waren Affären und Beziehungen, doch viele blieben unverbindlich und von kurzer Dauer. Auch ihre einzige relativ lange Beziehung zu Martin Gumpert in den USA, einem emigrierten Berliner Arzt und Schriftsteller, scheint mehr für Gumpert als für Erika Mann von Bedeutung gewesen zu sein. Doch zu dem dreißig Jahre älteren Bruno Walter entflammt eine leidenschaftliche, aussichtslose Liebe. Wieviel davon auf Gegenseitigkeit beruhte, weiß man nicht genau. Erikas Liebe geht nicht in Erfüllung und hinterläßt Wunden, die sie in fieberhaftem Arbeiten und Reisen zu vergessen sucht.

„Aus Frankreich… lauter Hilferufe, desperate Bitten um amerikanische Visen, ‚affidavits', Geld, etc. Alles will in die Vereinigten Staaten", schreibt Klaus Mann im Juli 1940, doch seine Schwester drängt es wieder zu mutigen Taten, und sie fliegt am 19. August über Lissabon nach London. Klaus Mann notiert am 6. September in seinem Tagebuch: „Göring schickt seine Geschwader über den Ärmelkanal… E. hat gewiß keine Angst. Aber ich." Während London im September 1940 von Deutschen bombardiert wird, spricht Erika Mann neunmal im Senderaum der BBC, direkt an die Deutschen gerichtet. Neunmal ruft sie diese zur Vernunft auf. Amerikanische Blätter drucken ihre vom Kriegsschauplatz übertragenen Berichte.

Von Oktober 1940 bis zum Ende des Zweiten Weltkriegs appelliert auch der damals 65jährige Thomas Mann über Rundfunk an das Gewissen seiner deutschen Landsleute: „Ich spreche diese vaterländischen Grüße hier auf Platten, die nach New York geschickt werden. Dort läßt man sie durch das Telefon nach London laufen, von wo sie per Radio nach dem Kontinent gesandt werden. Alle Schweizer Freunde hören sie immer. Wer sie in Deutschland hört, das wissen freilich die Götter", schreibt er am 22. Juli 1941 an Ida Herz.

Schon am 1. November 1940 notiert Klaus Mann: „E. aus England zurück. Und schon spricht sie von ihrer nächsten Expedition ins Kriegsgebiet!" 1943 hat Thomas Mann, der selber in seiner Jugend aus dem Waffendienst als „untauglich" entlassen wurde, drei seiner Kinder in Uniform. Seiner „Ältesten", dem „Erikind", wie er Erika Mann nennt, ist es sogar gelungen, Kriegskorrespondentin mit Offiziersrang der US-Army zu werden. Bis zum Ende des Krieges pendelt sie nunmehr zwischen Amerika, England, Europa, dem Nahen Osten und Nordafrika und berichtet für englischsprachige Zeitungen. Ihr Bruder Klaus, ihre „zweite Hälfte", befindet sich derweil als Angehöriger der US-Army mit der Einheit „First Mobil Radio Broadcasting" in Italien. Auch er hält Rundfunkansprachen und schreibt für Flugblätter, die millionenfach über deutschen Städten abgeworfen werden. „Einsamkeitsgefühl doch immer nur, wenn sie nicht da", hatte Klaus Mann einst, 1933, in den ersten Exiltagen, seinem Tagebuch anvertraut. Die beiden Geschwister, die sehr unter der Trennung leiden, wissen nicht, daß das Leben sie nie wieder so eng, so bedingungslos zueinander führen wird.

„An Miss Erika Mann, US war correspondent, London", adressiert Klaus Mann als US-Soldat am 22. 6. 1944 einen Brief aus Italien: „Ob Du noch in England bist oder schon irgendwo in der Gegend von Cherbourg? Ach, wie ich Dich kenne, warst Du unter den ersten, die gelandet sind." Recht hatte er. Als die Westalliierten am 6. Juni 1944 in der Normandie landeten, war Erika Mann als Kriegskorrespondentin dabei. Nach und nach schickte sie aus allen Gebieten, die von den Alliierten befreit wurden, ihre Kriegsberichte. Schließlich sah sie 1945 ihr Land wieder, dessen unkenntlich gewordenen Städte und Menschen. Anfang Mai 1945 war auch Klaus Mann von „Stars and Stripes" zur Sonderberichterstattung nach Deutschland geschickt worden. In einem US-Militärjeep fuhr er in Begleitung eines Fotografen über Österreich nach Deutschland. Sein Münchener Elternhaus an der Poschinger Straße stand zwar noch, zeigte aber schwere Spuren einer erbarmungslosen Zeit. „Über zerborstene Stufen kletterte ich zum Portal und schlüpfte durch ein rußgeschwärztes Loch – wohin?

Wo befand ich mich?... Durch Schutt und Asche tastete ich mich weiter ins Haus hinein. Fremd, fremd, fremd – und doch auch wieder nicht", erinnerte sich Klaus Mann später. Ähnlich würde dies auch Erika Mann schildern können. Doch sie hat ihr „Privates" kaum zu ihrem Thema gemacht. Sie hat im Gegensatz zu ihrem Vater und Bruder die Zeit durch keine Tagebucheintragungen festgehalten. Erika Mann berichtete dagegen von den Nürnberger Prozessen sowie aus vielen deutschen Städten, die sie bereiste. Es gelang ihr schließlich auch, ihren Bruder wiederzutreffen. Nach zweijähriger Trennung verbrachten Erika und Klaus, zwei müde Freiheitskämpfer, das Weihnachtsfest 1945 wieder vereint in Zürich.

1945 wünschte man „im Namen des Volkes", endlich solle Thomas Mann wieder nach Deutschland zurückkehren: „Bitte kommen Sie bald und geben Sie den zertretenen Herzen durch Menschlichkeit den aufrichtigen Glauben zurück, daß es Gerechtigkeit gibt, man nicht pauschal die Menschheit zertrennen darf, wie es so grauenvoll hier geschah... Ich glaube, stete Wachsamkeit, auch über sich selbst, sichert allein die Freiheit des allverbindenden Geistes..." So der Offene Brief von Walter von Molo vom 4. August 1945 in der „Hessischen Post". „Fern sei mir Selbstgerechtigkeit", antwortete Thomas Mann darauf. „Wir draußen hatten gut tugendhaft sein und Hitlern die Meinung sagen. Ich hebe keinen Stein auf, gegen niemanden. Ich bin nur scheu und ‚fremdle', wie man von kleinen Kindern sagt. Ja, Deutschland ist mir in all diesen Jahren doch recht fremd geworden." Thomas Mann kehrte nicht mehr zurück.

Auch Erika und Klaus Mann bleiben „draußen". Vorerst wollen sie ihre Hoffnung auf einen inneren Wandel in Deutschland setzen. „Man kann nicht sagen, daß nur die deutschen Führer für die Tragödie der vergangenen Jahre verantwortlich zu machen sind. Der Nationalsozialismus hatte gewisse Wurzeln im geistigen Charakter und der Tradition der Deutschen... Das Deutsche Volk kann nicht von außen her umerzogen werden. Jede wirksame Umerziehung muß von innen heraus wachsen." So Thomas Mann im Mai 1947.

Doch der Wandel in Deutschland läßt auf sich warten. Auch die Alliierten haben scheinbar kein Interesse mehr an diesem Thema. Der amerikanische Präsident Roosevelt stirbt am 12. April 1945. Die Weltmächte führen die Völker ab 1946 in eine neue Ära des Kalten Krieges und des hemmungslosen Wettrüstens hinein. In den USA beginnt eine politische Welle gegen den Kommunismus. Die McCarthy-Bewegung nimmt in Kürze hysterische Maße an. Man riecht in jedem, der sich nicht deutlich pro-amerikanisch zeigt, einen Kommunisten. Die Bespitzelung, Verfolgung und Verhöre gehören zur Tagesordnung.

Erika Manns publizistischer Einsatz ist seit Ende des Krieges bei den Alliierten nicht mehr gefragt, so wie man andererseits in Deutschland nichts von Exilliteratur wissen will. Sie stellt fassungslos fest, daß sie für die Westalliierten uninterresant geworden ist, ja sogar buchstäblich unerwünscht. 1950 fürchten Erika Mann und ihr Anwalt, daß sie in den USA interniert und mundtot gemacht werden soll. Die deutsche Presse, die Erika Mann einst als FBI-Agentin denunziert hatte, unterstellt ihr und Klaus Mann nun auch, zu „Stalins fünfter Kolonne" zu gehören. Dieselbe Beschuldigung hört Erika Mann auch aus den Kreisen von McCarthy. Thomas Mann attackieren die westdeutsche und die amerikanische Presse im Chor als „Mitläufer des Kommunismus" – die letztere wohl mit der Rückendeckung des FBI. Erika Mann hatte sich im Sommer 1948 bei den Alliierten unbeliebt gemacht, als sie die Blockade Berlins als „russische Antwort" auf das separatistische Streben der Westalliierten in der Währungsreform betitelt hatte. Sie lehnte strengstens die eigenmächtige Handlungweise Amerikas ab und plädierte für die Notwendigkeit eines gemeinsamen Vorgehens der westlichen Alliierten mit den Sowjets. Ihr Vater wiederum hatte seinerseits im Sommer 1949, als er zum erstenmal Nachkriegsdeutschland besuchte, nicht nur in Goethes Geburtsstadt Frankfurt seine Ansprache im Goethejahr gehalten, sondern auch in Goethes Todesstadt Weimar, als ein Hinweis „auf die tiefere Einheit seines getrennten Heimatlandes".

Die Anschuldigungen treffen die Mann-Familie sehr. Sie wehrt sich; es gibt Offene Briefe, Stellungnahmen, Richtigstellungen, Proteste. Ihre politische Enttäuschung ist grenzenlos. Einer der Manns gibt auf: Klaus Mann. Mit dem Scheitern seiner politischen Hoffnungen, aber auch mit den Qualen seiner ruhelosen persönlichen Beziehungen und seiner Drogenabhängigkeit, mit dem zu großen Schatten seines Vaters wird er nicht mehr fertig. Am 20. Mai 1949 beschließt er, sich in Cannes, Südfrankreich, das Leben zu nehmen, er stirbt am Tag darauf an einer Überdosis Schlaftabletten. Erika Mann und ihre Eltern sind gerade in Stockholm, nur der jüngste Bruder Michael ist anwesend und spielt am Grab des Bruders auf seiner Bratsche.

Die Nachricht vom Tod Klaus Manns ist ein „schwerster Schock“ für die alten Eltern, und noch viel mehr für Erika Mann, der sie für den Rest ihres Lebens nicht mehr losläßt. Sie zerbricht an diesem irreparablen Verlust. An Eva Hermann schreibt sie am 17. Juni 1949: „Waren wir doch Teile voneinander – so sehr, daß ich ohne ihn im Grunde gar nicht zu denken bin.“ Sie wußte wohl, daß ihre Beziehung einer Symbiose ähnelte und von Klaus' Seite die Bindung sogar gefährlich eng war. Die seit langem gehegte Selbstmordbereitschaft war Klaus Mann nach eigenen Worten nur deshalb eine Qual, weil er sich der zerstörerischen Wirkung auf seine Schwester, die er in vielen seiner Romanheldinnen verewigte, bewußt war. Doch glaubte Klaus Mann letztlich, immer mehr von seiner Schwester vernachlässigt worden zu sein. „Sie ist eine Verlassene, hat den Weggenossen verloren, den sie immer klammernd an ihrer Seite festzuhalten suchte“, schrieb Thomas Mann am 24. 5. 1949 an seinen Bruder Heinrich.

In ihrem Schmerz vergräbt sich Erika Mann zuerst in die intensive Beschäftigung mit dem letzten Werk ihres Bruders. Sie übersetzt es und bringt es im Rahmen eines Gedächtnisbandes ein Jahr nach seinem Tod im Amsterdamer Querido-Verlag heraus: „Die Heimsuchung des Europäischen Geistes“. Von da an wird sie sich mit aller Konsequenz dafür einsetzen, die Werke Klaus Manns, die man auch im Nachkriegsdeutschland verschweigen will, sowie seine Briefe zu verlegen.

Erika Mann wirkt in dieser Zeit vermehrt als rechte Hand ihres Vaters, eine Funktion, die sie schon seit 1946 innehatte. Doch sind Erika Mann und ihre Eltern durch die unglückseligen Entwicklungen des „zu ungeheurer Macht aufgestiegenen Landes“ Amerika gleichermaßen beunruhigt. Ihr einstiges Gefühl des Zuhauseseins hat sich längst in Fremdheit verwandelt. Ihre Hoffnung auf eine neue, friedliche Weltordnung ist völlig getrübt. Die schwere Entscheidung, Amerika nach fünfzehn Jahren des Exils endültig zu verlassen, fällt im Sommer 1952.

In Erlenbach bei Zürich fängt im Dezember 1952 für Erika Mann ein neues Kapitel ihres Lebens an, das ab 1954 in Kilchberg bei

Zürich fortgesetzt wird, wo Thomas Mann ein Haus kauft: „...mit schönem Blick auf den See..., ganz nahe dem Ländlichen, den Wäldern der freien Natur, und doch in bequemem Kontakt mit der Stadt gelegen." „Die Rolle der Organisatorin und Managerin, Agentin, Pressesprecherin und Hausbestellerin war ihr auf den Leib geschneidert. Inzwischen organisierte sie ein anderes Bühnengeschehen, sie managte das Großunternehmen Thomas Mann", so Irmela von der Lühe. Auch die Verfilmungen seiner Werke will Thomas Mann von seiner Tochter überwacht wissen, ja selbst die Drehbücher soll sie schreiben, was sie mit Erfolg annimmt. Nostalgisch mutet sie sich sogar zu, die Rolle der Oberschwester Amalie in Thomas Manns „Königliche Hoheit" selbst zu spielen.

Wie früher mit ihrem Bruder Klaus, tritt Erika Mann Anfang der fünfziger Jahre nun mit ihrem Vater, der jetzt öfters kränkelt und mehr Liebe und Aufmerksamkeit braucht, als unzertrennliches Paar auf. Sie schafft es, wieder das alte „Erikind" von einst zu sein, mindestens für ihren Vater, den sie wie jeher mit ihrem Humor und Witz erheitert. In dieser Zeit, während sie für ihren Vater bis zur Erschöpfung arbeitet, scheint sie wieder glücklich gewesen zu sein. Rund ein Jahr nach dem Tod des Bruders war auch ihr Onkel Heinrich Mann verstorben; außer Erika lebten die anderen Mann-Kinder überall verstreut. Doch Erikas Zuhause war wieder voller „großer" Freunde, es fehlte nicht an Ehrungen und nicht am Gefühl, ein Mittelpunkt des kulturellen und geistigen Geschehens Europas zu sein.

Zu Schillers 150. Todesjahr nimmt Thomas Mann trotz seiner bitteren Erfahrung von 1949 eine Einladung nach Stuttgart und Weimar zu einer Festrede an. Diesmal von Erika Mann begleitet, tritt der 79jährige Dichter im Mai 1955 seinen zweiten „Doppelbesuch" Deutschlands an. Erika Mann ist sichtlich gerührt von dem von Ovationen begleiteten Triumph ihres Vaters. Schließlich chauffiert sie ihren mit dem Ehrendoktor der Jenaischen Schilleruniversität ausgezeichneten Vater und ihre Mutter Katia zurück nach Kilchberg, wo sie Anfang Juni den Rummel um seinen 80. Geburtstag „managt". Die Geburtstagsfeier im Schauspielhaus Zürich ist ein fröhlicher Akt mit Freunden und einer Flut von Gratulationen, Telegrammen, Geschenken und Ehrungen aus aller Welt. Erika Mann sieht ihren einstmals geliebten Bruno Walter, den alten Freund ihres Vaters aus München und Amerika, zu Ehren des Jubilars Mozarts „Kleine Nachtmusik" dirigieren und hört ihre alte Therese Giehse, die Freundin aus den „Pfeffermühle"-Zeiten, Thomas-Mann-Texte zitieren.

Doch rund drei Monate vor Erika Manns 50. Geburtstag, am 12. August 1955, stirbt Thomas Mann infolge einer Thrombose an einem Kreislaufkollaps im Zürcher Kantonsspital. Nun fühlt sich die Tochter des großen Erzählers als „nur noch ein bleicher Nachlaßschatten". Das ist in Anbetracht des enormen Umfangs und der Kompliziertheit seines Nachlasses – dazu kamen 10.000 Briefe – eine waghalsige Aufgabe für die Tochter. Mit dem Vorwurf der Inkompetenz und Subjektivität wird ihre Nachlaßverwaltung später beschimpft werden, an der Qualität ihrer herausgeberischen Leistung wird gezweifelt, sie würde dem Leser einiges vorenthalten, Vaters Texte selektieren und nach eigenem Gutdünken vorgehen. Erika Mann schimpft zurück, dementiert, wirbelt wie in frühen Jahren, und wenn nötig, klagt sie bis zur letzten Instanz, vor allem, wenn es um die Werke ihres Vaters und ihres Bruders Klaus geht.

Doch es gibt auch andere Dinge, die Erika Manns Aufmerksamkeit erregen; vor den politischen Geschehnissen, vor der Weltlage hat sie nie untätig bleiben können. Sie hat sich nie zurücklehnen können, hat bei jedem Anlaß offen ihre Meinung kundtun müssen. So gibt es weiterhin zahlreiche publizistische „Einmischungen" Erika Manns, auch in den Jahren nach dem Tod des Vaters. Sie unterstützt die Kampagnen für die Abrüstung, die 68er Studentenbewegung und ist gegen den Vietnam-Krieg. Kurzum: Bis zuletzt ist sie immer dort zu hören, wo sich der Wunsch nach Frieden und Demokratie Raum verschafft. Weder ihre zunehmenden ernsthaften gesundheitlichen Beschwerden noch die Krücken, auf die sie seit Frühling 1964 angewiesen ist, halten sie davor zurück, ihr „tätiges Leben" voller Anteilnahme fortzusetzen: „Ich will Gerechtigkeit und eine neue Zeit und Frieden überall, das ist mein Ziel." Diesem Wunsch ist sie ihr ganzes Leben lang treu geblieben.

Infolge eines Gehirntumors stirbt Erika Mann, nicht ganz 64jährig, am 27. August 1969 in Zürich. Am 30. August bettet man Thomas Manns „kühnes, herrliches Kind" zu ewiger Ruh seine Seite.

Ausgewählte Literatur

Else Lasker-Schüler:

Deine Sehnsucht war die Schlange. Ein Else Lasker-Schüler Almanach. Hrsg. von Anne Linsel und Peter von Matt. Wuppertal 1997

Jüdin – Deutsche – deutsche Jüdin? In: Ariadne. Almanach des Archivs der deutschen Frauenbewegung (Hrsg.). Kassel 1993

Lasker-Schüler, Else: Mein Herz. Berlin und München 1912

Lasker-Schüler, Else: Mein blaues Klavier. Jerusalem 1943

Lasker-Schüler, Else: Gedichte 1902-1943. München 1959

Lasker-Schüler, Else: Gesammelte Werke. München 1969-1986 (jetzt bei Suhrkamp, Frankfurt)

Marbacher Magazin 71/1995. Else Lasker-Schüler 1869-1945. Bearbeitet von Erika Klüsener und Friedrich Pfäfflin. Marbach 1995

Meine Träume fallen in die Welt. Ein Else Lasker-Schüler Almanach. Hrsg. von Sarah Kirsch, Jürgen Serke und Hajo Jahn. Wuppertal 1997

Möhrmann, Renate: Tilla Durieux – Paul Cassirer. Berlin 1997

Sanders-Brahms, Helma: Gottfried Benn – Else Lasker-Schüler. Berlin 1997

Schnöring, Kurt: Auschwitz begann in Wuppertal. Jüdisches Schicksal unter dem Hakenkreuz. Wuppertal 1981

Wulf, Joseph: Literatur und Dichtung im Dritten Reich. Eine Dokumentation. Berlin 1966 und 1983

Eta Harich-Schneider:

Harich-Schneider, Eta: Charaktere und Katastrophen. Berlin 1972

Harich-Schneider, Eta: Die Kunst des Cembalospiels. Kassel 1939 und 1972

Harich-Schneider, Eta: Moderne Musik u. japanische Komponisten. Tokio 1949

Harich-Schneider, Eta: The Present Condition of Japanese Court Music. New York 1953

Harich-Schneider, Eta: A History of Japanese Music. 1973

Neupert, Hanns: Das Cembalo. Kassel 1951

Olivier, Antje und Braun, Sevgi: Sie spielte auf Chopins Klavier. Wanda Landowska und die Renaissance des Cembalospiels. In: Dies.: Apolls Töchter. Große Sängerinnen und Interpretinnen auf den Bühnen der Welt. Düsseldorf 1997

Wanda Landowska. In: de Vries, Willem: Sonderstab Musik. Music Confiscations by the Einsatzstab Reichsleiter Rosenberg under the Nazi Occupation of Western Europe. Amsterdam 1996

Wanda Landowska. In: de Vries, Willem: Sonderstab Musik. Organisierte Plünderungen in Westeuropa 1940-1945. Köln 1998

Hannah Höch:

Da-da zwischen Reden zu Hannah Höch. In der Reihe: Der andere Blick. Frauenstudien in Wissenschaft und Kunst. Hrsg. von Jula Dech und Ellen Maurer. Berlin 1991

Hannah Höch. Schnitt mit dem Küchenmesser. Dada – Spiegel einer Bierbauchkultur. Hrsg. von Jula Dech. Frankfurt 1993

Mouvement Dada. In: Janco, Marcel (Hrsg.): Dada Zürich. Zürich 1985

Nationalsozialismus und Entartete Kunst. Die Kunststadt München 1937. Hrsg. von Klaus Peter Schuster. München 1987

Sanouillet, Michael (Hrsg.): Dada. München 1973

Wulf, Joseph: Die bildenden Künste im Dritten Reich. Eine Dokumentation. Berlin 1966 und 1983

The Photomontages of Hannah Höch. Walker Art Center 1996

Lotte Lenya:

Eisel, Stephan: Politik und Musik zwischen Zensur und politischem Mißbrauch. München 1990

John, Eckhard: Musik-Bolschewismus. Die Politisierung der Musik in Deutschland 1918-1938. Stuttgart/Weimar 1994

Jüdische Musikerinnnen und Musiker in Frankfurt 1933-1942. Ausstellungskatalog. Hrsg. von Judith Freise und Joachim Martini. Frankfurt 1990

Prieberg, Fred K.: Musik im NS-Staat. Frankfurt 1989

Prieberg, Fred K.: Musik und Macht. Frankfurt 1991

Spoto, Donald: Die Seeräuber-Jenny. Das bewegte Leben der Lotte Lenya. München 1990

Weber, Horst (Hrsg.): Musik in der Emigration 1933-1945. Verfolgung, Vertreibung, Rückwirkung. Stuttgart/Weimar 1994

Wulf, Joseph: Musik im Dritten Reich. Eine Dokumentation. Berlin 1966 und 1983

Vicki Baum (Auswahl):

Ankum, Katharina von: Rückblick auf eine Realistin. Frankfurt 1998

Baum, Vicki: Menschen im Hotel. Berlin 1929 und 1998

Baum, Vicki: Hotel Shanghai. Amsterdam 1939/Köln 1997

Baum, Vicki: Liebe und Tod auf Bali. Amsterdam 1937/Köln 1984

Baum, Vicki: Marion lebt. Stockholm 1942

Baum, Vicki: Die goldenen Schuhe. Köln 1959

Baum, Vicki: Es war alles ganz anders. Berlin 1962

Dick, Jutta und Sassenberg, Marina (Hrsg.): Jüdische Frauen im 19. und 20. Jahrhundert. Lexikon zu Leben und Werk. Reinbek 1993

Die Dame. Ein deutsches Journal für den verwöhnten Geschmack 1912 bis 1943. Reprint des Ullstein-Verlages. Berlin 1980

Pacher, Maurus. Sehn Sie, das war Berlin. Weltstadt nach Noten. Berlin 1987

Quack, Sibylle: Zuflucht Amerika. Zur Sozialgeschichte der Emigration deutsch-jüdischer Frauen in die USA 1933-1945. Bonn 1995

Vicki Baum. In: Renate Wall (Hrsg.): Verbrannt, verboten, vergessen. Kleines Lexikon deutschsprachiger Schriftstellerinnen 1933-1945. Köln 1989

Clara Haskil:

Apropos Clara Haskil. Mit einem Essay von Eike Wernhard. Frankfurt 1997

Clara Haskil: Wenn ich wenigstens des Teufels Adresse wüßte. In: Frauen mit Flügel. Lebensberichte berühmter Pianistinnen. Hrsg. von Eva Rieger und Monica Steegmann. Frankfurt 1996

Clara Haskil. In: Hauert, Roger (Hrsg.): Die großen Interpreten. Genf 1962

Spycket, Jérome: Clara Haskil. Lausanne 1975

Spycket, Jérome: Clara Haskil. Eine Biographie. Bern/Stuttgart 1977

Spycket, Jérome: Clara Haskil. Album. Lausanne 1984

Wolfensberger, Rita: Clara Haskil. Eine Biographie. Mit Beiträgen von Pierre Fournier, Ferenc Friscay, Joseph Keilberth, Rafael Kubelik, Igor Markevitch und Peter Rybar. Bern/Stuttgart 1961

Charlotte Salomon:

Broder, H. M. und Geisel, E.: Premiere und Pogrom. Der Jüdische Kulturbund 1933-1941. Texte und Bilder. Berlin 1992

Charlotte Salomon: Ausstellungskatalog. Jüdisches Historisches Museum Amsterdam. Amsterdam 1972 und 1981

Dick, Jutta und Sassenberg, Marina (Hrsg.): Jüdische Frauen im 19. und 20. Jahrhundert. Lexikon zu Leben und Werk. Reinbek 1993

Fischer-Defoy, Christine: Charlotte Salomon – Leben oder Theater? Das „Lebensbild" einer jüdischen Malerin aus Berlin 1917-1943. Berlin 1986

Fischer-Defoy, Christine: Paula Salomon-Lindberg. Berlin 1992

Gual, Ramon und Larrieu, Jean (Hrsg.): Vichy, l'Occupation Nazie et la Résistance Catalane. Perpignan 1996

Salomon, Charlotte: Ein Tagebuch in Bildern 1917 bis 1943. Hamburg 1963

Salomon, Charlotte: Leben? oder Theater? Ein autobiographisches Singspiel in 769 Bildern. Mit einer Einleitung von Judith Herzberg. Köln 1981

Mary Wigman/Gret Palucca:

Bock, Petra: Zwischen den Zeiten – Neue Frauen und die Weimarer Republik. In: Neue Frauen zwischen den Zeiten. Hrsg. von Petra Bock und Katja Koblitz. Berlin 1995

Giazitzidis, Katja: Eine goldene Zeit für den Tanz – die Zwanziger. In: Neue Frauen zwischen den Zeiten. Hrsg. von Petra Bock und Katja Koblitz. Berlin 1995

Jarchow, Peter/Stabel, Ralf: Palucca. Berlin 1997

Karina, Lilian/Kant, Marion: Tanz unterm Hakenkreuz. Eine Dokumentation. Berlin 1996

Karina, Lilian/Sundberg, Lena: Modern Dance. Geschichte, Theorie, Praxis. Berlin 1992

Kemper, Magdalena: Eine schöne Bescherung. Magdalena Kemper im Gespräch mit Julia Tardy-Marcus. In: Zwischen Aufbruch und Verfolgung. Künstlerinnen der zwanziger und dreißiger Jahre. Hrsg. von Denny Hirschbach und Sonia Nowoselsky. Bremen 1993

Klein, Gabriele: Frauen, Körper, Tanz. Eine Zivilisationsgeschichte des Tanzes. Weinheim 1992 und München 1994

Lämmel, Rudolf: Der Moderne Tanz. Berlin 1928

Loesch, Ilse: Mit Leib und Seele. Erlebte Vergangenheit des Ausdruckstanzes. Berlin 1990

Meudtner, Ilse: „...tanzen konnte man immer noch". Erinnerungen. Hrsg. von Dietrich Steinbeck. Berlin 1990

Müller, Hedwig: Mary Wigman. Leben und Werk der großen Tänzerin. Hrsg. von der Akademie der Künste, Berlin. Weinheim und Berlin 1986/1987

Peter, Frank-Manuel: Valeska Gert. Tänzerin, Schauspielerein, Kabarettistin. Berlin 1987

Peter, Frank-Manuel: War Harald Kreutzberg ein „alter Nazi"? In: Tanzwissenschaft 2. Deutsches Tanzarchiv. Köln 1996

Rohde, Hedwig: Tanz und Vision. In: „Deutsches Allgemeines Sonntagsblatt", Hamburg, 16. November 1986

Servos, Norbert: Zur Massenchoreographie des Faschismus und einige Schlußfolgerungen zum Tanz. In: Ballett international. Köln 1990

Sorell, Walter: Mary Wigman. Ein Vermächtnis. Wilhelmshaven 1986

Stöckemann, Patricia: Lola Rogge. Tänzerin. Pädagogin. Choreographin. Ein Leben für den Ausdruck. Wilhelmshaven 1991

Wigman, Mary: Die Sprache des Tanzes. Stuttgart 1963 und München 1986

Leni Riefenstahl:

„Der letzte Mann – Friedrich Wilhelm Murnau". In: Thomas Nikolaus Pfaender: Verabredungen mit der Vergänglichkeit. Streifzüge zu Berliner Grabstätten und Friedhöfen. Bielefeld 1996

Drewniak, Boguslaw: Der deutsche Film 1938-1945. Düsseldorf 1987

Goebbels, Joseph: Reden 1932-1945. Hrsg. von Helmut Heiber. Düsseldorf 1971/72 und Bindlach 1991

Hoffmann, Hilmar: Die Funktion von Film und Kino im Dritten Reich. In: Hilmar Hoffmann/Heinrich Klotz (Hrsg.): Die Kultur unseres Jahrhunderts 1933-1945. Düsseldorf/Wien/New York/Moskau 1991

Hoffmann, Hilmar: Mythos Olympia. Autonomie und Unterwerfung von Sport und Kultur. Berlin 1993

Leiser, Erwin: „Deutschland, erwache!" Propaganda im Film des Dritten Reiches. Reinbek 1968

Leiser, Erwin: „Mein Kampf". Filme contra Faschismus. Berlin 1965

Riefenstahl, Leni: Memoiren 1902-1945. München 1987 und Berlin 1996

Riefenstahl, Leni: Memoiren 1945-1987. München 1987 und Berlin 1996
Riefenstahl, Leni: Die Nuba. Menschen wie von einem anderen Stern. Berlin 1990
Riefenstahl, Leni: Hinter den Kulissen des Reichsparteitagfilms. München 1935
Riefenstahl, Leni: Korallengärten. München 1978
Sontag, Susan: Fascinating Fascicm. In: „New York Review" vom 6. Februar 1975, deutsche Übersetzung in: „Die Zeit" vom 2. und 9. Mai 1975

Erika Mann:

Grunewald, Michael: Klaus Mann 1906-1949. München 1984
Härle, Gerhard: Männerweiblichkeit. Zur Homosexualität bei Klaus und Thomas Mann. Frankfurt 1988
Keiser-Hayne, Helga: Beteiligt euch, es geht um eure Erde. Erika Mann und ihr politisches Kabarett die „Pfeffermühle" 1933-1937. Düsseldorf 1981 und München 1990
Krüll, Marianne: Im Netz der Zauberer. Eine andere Geschichte der Familie Mann. Frankfurt 1994
Lühe von der, Irmela: Erika Mann. Eine Biographie. Frankfurt 1996
Lühe von der, Irmela: Geschwister im Exil. Erika und Klaus Mann. In: Frauen und Exil. Exil-Forschung. Ein Internationales Jahrbuch, Band 11. Hrsg. im Auftrag der Gesellschaft für Exilforschung von Claus-Dieter Krohn, Erwin Rotermund, Lutz Winckler und Wulf Koepke. München 1993
Lühe von der, Irmela: „Meine etwas kindische Art, Geschichten zu erzählen..." Die Schriftstellerin und Publizistin Erika Mann im amerikanischen Exil. In: Zwischen Aufbruch und Verfolgung. Künstlerinnen der zwanziger und dreißiger Jahre. Hrsg. von Denny Hirschbach und Sonia Nowoselsky. Bremen 1993
Magele, Gudrun: „Oh Ratlosigkeit, gelähmter Flügel der Seele". In: Virginia Frauenbuchkritik Nr. 21. Hrsg. von Anke Schäfer. Wiesbaden 1996
Mann, Erika und Mann, Klaus: Bilder und Dokumente. Katalogbuch zur Ausstellung. Münchener Stadtbibliothek. München 1990
Mann, Erika und Mann, Klaus: Escape to Life. Deutsche Kultur im Exil. München 1991
Mann, Erika und Mann, Klaus: Rundherum. Abenteuer einer Weltreise. Reinbek 1982
Mann, Erika: Zehn Millionen Kinder. Die Erziehung der Jugend im Dritten Reich. Amsterdam 1938 und München 1986
Mann, Erika: Das letzte Jahr. Bericht über meinen Vater. Frankfurt 1956
Mann, Golo: Erinnerungen und Gedanken. Eine Jugend in Deutschland. Frankfurt 1986
Mann, Katja: Meine Ungeschriebenen Memoiren. Hrsg. von Elisabeth Plessen und Michael Mann. Frankfurt 1974
Mann, Klaus: Der Wendepunkt. Ein Lebensbericht. München 1981
Naumann, Uwe: Klaus Mann. Hrsg. von Beate Kusenberg und Klaus Schröter. Reinbek 1984
Schettler, Katja: Wort für Wort der Welt leserlich gemacht... Stationen aus dem Leben Hilde Reachs, einer Elberfelder Jüdin, die im Exil in den Vereinigten

Staaten Sekretärin bei Thomas Mann war. In: Exil. Forschung, Erkenntnisse, Ergebnisse. XVII. Jahrgang. Hrsg. von Edita Koch und Frithjof Trapp. Frankfurt 1984

Schmidlin, Yvonne und Wysling, Hans (Hrsg.): Thomas Mann. Ein Leben in Bildern. Zürich 1994

Zanco-Prestel, Anna (Hrsg.): Erika Mann. Briefe und Antworten, 2 Bände. München 1984/85

Allgemeine Literatur zur NS-Zeit (Auswahl):

Das Dritte Reich. Ein Lesebuch zur deutschen Geschichte 1933-1945. Hrsg. von Christoph Studt. München 1997

Die Juden. Ein historisches Lesebuch. Hrsg. von Günter Stemberger. München 1995

Dümling, Albrecht und Girth, Peter (Hrsg.): Entartete Musik. Dokumentation und Kommentar. Düsseldorf 1988 und 1993

Enzyklopädie des Nationalsozialismus. Hrsg. von Wolfgang Benz, Herman Graml und Hermann Weiß. Stuttgart 1997 und Frankfurt 1997/98

Hahn, Barbara (Hrsg.): Frauen in den Kulturwissenschaften. Von Lou Andreas-Salomé bis Hannah Arendt. München 1994

Heer, Hannes (Hrsg.): Im Herzen der Finsternis. Victor Klemperer als Chronist der NS-Zeit. Berlin 1997

Hervé, Florence: Wir fühlten uns frei. Deutsche und französische Frauen im Widerstand. Essen 1997

Hervé, Florence und Nödinger, Ingeborg (Hrsg.): Lexikon der Rebellinnen. Dortmund 1996

Humberg, Oliver und Hötzel, Stephan (Hrsg.): Das geistige Deutschland angesichts der jüdischen Frage. Positionen 1922-1938. Wuppertal 1994

John, Eckhard: Musikbolschewismus. Die Politisierung der Musik in Deutschland 1918-1938. Stuttgart/Weimar 1994

Jüdischer Almanach 1998. Hrsg. von Jakob Hessing und Alfred Bodenheimer. Frankfurt 1997

Klapdor, Heike: Überlebensstrategie statt Lebensentwurf. Frauen in der Emigration. In: Frauen und Exil. Exil-Forschung. Ein Internationales Jahrbuch, Band 11. Hrsg. im Auftrag der Gesellschaft für Exilforschung von Claus-Dieter Krohn, Erwin Rotermund, Lutz Winckler und Wulf Koepke. München 1993

Köhler, Otto: Hitler ging – sie blieben. Der deutsche Nachkrieg in 16 Exempeln. Hamburg 1996

Kogon, Eugen: Der SS-Staat. Frankfurt 1946

Konzentrationslager. Dokument F 321 für den Internationalen Militärgerichtshof Nürnberg. Hrsg. vom Französischen Büro des Informationsdienstes über Kriegsverbrechen. Frankfurt 1988

Lasker-Wallfisch, Anita: Ihr sollt die Wahrheit erben. Breslau – Auschwitz – Bergen-Belsen. Bonn 1997

Meding, Dorothee von: Mit dem Mut des Herzens. Die Frauen des 20. Juli. Berlin 1992

Musik im Exil. Folgen des Nazismus für die internationale Musikkultur. Hrsg. von Hanns-Werner Heister, Claudia Maurer Zenck und Peter Petersen. Frankfurt 1993

Reich-Ranicki, Marcel (Hrsg.): Gesichtete Zeit. Deutsche Geschichten 1918-1933. München 1969 und München 1980

Rosenberg, Alfred: Der Mythos des 20. Jahrhunderts. München 1942

Schenk, E. G.: Vom Massenelend der Frauen Europas. Bonn 1988

Schröder, Nina: Hitlers unbeugsame Gegnerinnen. Der Frauenaufstand in der Rosenstraße. München 1997

Strobl, Ingrid: Die Angst kam erst danach. Jüdische Frauen im Widerstand 1939-1945. Frankfurt 1998

Thalmann, Rita: Frausein im Dritten Reich. München/Wien 1984

Über allem die Partei. Schule, Kunst, Musik in Wuppertal 1933-1945. Hrsg. von Klaus Goebel. Oberhausen 1987

Unter Hakenkreuz und Bombenhagel. Die Irreführung einer Generation in Beispielen und Augenzeugenberichten aus Wuppertal. Hrsg. von Klaus Goebel. Wuppertal 1989/90

Verfolgung und Widerstand in Düsseldorf 1933-1945. In: Texte zur Zeitgeschichte. Hrsg. vom Deutschen Gewerkschaftsbund, Kreis Düsseldorf. Düsseldorf 1989

Zehl-Romero, Christiane: Anna Seghers. Mit Selbstzeugnissen und Bilddokumenten. Reinbek 1994

Bild- und Textnachweis

Bildnachweis

Umschlagabbildung:

University of New Hampshire, Gary Samson, Standort: Museum Folkwang Essen

Abbildungen Innenteil:

Archiv für Kunst und Geschichte: Abb. 3, 4, 14; Archiv Rheinische Post: Abb. 10; dpa: Abb. 13; Else Lasker-Schüler-Archiv: Abb. 1; Keystone: Abb. 11; KPA: Abb. 5; Verlag Florian Noetzel: Abb. 9; Jewish Historical Museum, Amsterdam: Abb. 8; dpa/Süddeutscher Bilderdienst: Abb. 7; Ullstein Bilderdienst: Abb. 2, 12; Verlagsarchiv: Abb. 6

Textnachweis

Anna Seghers/Herzfelde, Wieland aus: „Ein Briefwechsel 1939-1946" © Aufbau Verlag, Berlin und Weimar 1985

Erika Mann: „Kaelte" (S.11) aus: Das politische Kabarett „Pfeffermühle" Copyright © mit Genehmigung des Rowohlt Verlages, Reinbek

Else Lasker-Schüler: Briefauszug v. 23. 10. 1912, „Ein alter Tibetteppich" und Briefauszug an Finanzminister a. D. Dr. Reinholdt: Jüdischer Verlag im Suhrkamp Verlag, Frankfurt/Main, Brief vom 7. 5. 1940; Brief vom 28. 9. 1928: Else Lasker-Schüler-Archiv, Wuppertal

Gottfried Benn: aus: „Gesammelte Werke in vier Bänden". Hrsg. v. Dieter Wellershoff. Band 1: Essays, Reden, Vorträge. Klett Cotta, Stuttgart 1959, 8. Aufl. 1994

Hannah Höch (S.104): Galerie Remmert & Barth, Düsseldorf

Mary Wigman/Gret Palucca: Zitate aus: Ilse Meudtner: „...tanzen konnte man immer noch". Erinnerungen. Hrsg. v. Dietrich Steinbeck. Edition Hentrich & Tank, Berlin 1990, Tagebuch 1937: Hedwig Müller: „Mary Wigman. Leben und Werk der großen Tänzerin." Quadriga Verlag, Weinheim und Berlin 1986, „Sprache des Tanzes." Ernst Battenberg Verlag, Stuttgart 1962